北大知识产权评论

Peking University Intellectual Property Review

(2022—2023年卷)

刘银良　主编
孙靖洲　副主编

图书在版编目（CIP）数据

北大知识产权评论. 2022—2023 年卷/刘银良主编；孙靖洲副主编. —北京：知识产权出版社，2024.6

ISBN 978-7-5130-9356-9

Ⅰ.①北… Ⅱ.①刘… ②孙… Ⅲ.①知识产权—文集 Ⅳ.①D913.04-53

中国国家版本馆 CIP 数据核字（2024）第 089767 号

责任编辑：刘 睿 刘 江　　　　责任校对：谷 洋
封面设计：杨杨工作室·张冀　　　责任印制：刘译文

北大知识产权评论（2022—2023 年卷）

刘银良　主　编
孙靖洲　副主编

出版发行：知识产权出版社有限责任公司	网　　址：http://www.ipph.cn
社　　址：北京市海淀区气象路 50 号院	邮　　编：100081
责编电话：010-82000860 转 8344	责编邮箱：liujiang@cnipr.com
发行电话：010-82000860 转 8101/8102	发行传真：010-82000893/82005070/82000270
印　　刷：北京中献拓方科技发展有限公司	经　　销：新华书店、各大网上书店及相关专业书店
开　　本：787mm×1092mm　1/16	印　　张：22.75
版　　次：2024 年 6 月第 1 版	印　　次：2024 年 6 月第 1 次印刷
字　　数：402 千字	定　　价：138.00 元

ISBN 978-7-5130-9356-9

出版权专有　侵权必究
如有印装质量问题，本社负责调换。

编委会

主　　编　刘银良

副 主 编　孙靖洲

编 委 会　郭　雳　刘银良　易继明
　　　　　　杨　明　边仁君　孙靖洲

本卷执行编辑　张靖辰　张钧凯　王　颖

构建充分实现知识产权经济和社会价值的法律体系（代序）

2023年有着诸多标签和"元年"之称。它是疫情之后全球完全解封的第一年，是基于大语言模型（Large Language Model，LLM）的人工智能元年，也出现了拥有记录以来"最热的夏天"……在一个面临气候变化威胁，思考着人工智能是否会带来新一轮工业革命，并努力从疫情中恢复的时间里，我们需要重新思考知识产权和知识产权法对人类生存与经济发展，财富增长与社会平等，文化创造和科技创新与人格完善和文明发展的价值，致力于用创新和法律的力量来建立一个更美好、更公平和更平等的世界。

最近几十年，对知识产权客体——著作权、专利权、商标权和商业秘密等——的特别关注，主要来源于推动社会和经济发展的需求。在信息产品和技术成为财富和经济增长新来源的背景下，知识产权在信息时代对创新的促进作用得到充分肯定，并成为一些经济体和公司的财富来源；知识产权的理论框架和保护范式也随之发生重要转变，从激励－公共物品保护框架转向了所有权范式。[①] 知识产权法也从需要在垄断权利和自由竞争的平衡中不断寻求正当性的法律，变成了拥有天然正当性的财产法。越来越多的，具有一定文化、科学，特别是经济价值的无形资产开始权利化过程，并以越来越长的保护时间，越来越大的保护范围和越来越少的限制和例外成为"无形资产"。

然而，知识产权所关注的主题，创作、发明、商业上重要的标志和商业秘密等，也深刻影响着人们的人身自由、文化权利和政治权利，这包括人们的职业自由，获取信息资源和科技发展红利的权利，以及参与和建构文化与社会生活的自由和权利。

---

① 埃尔金科伦，扎尔茨伯格. 数字时代的知识产权法经济学［M］. 刘劭君，译. 北京：知识产权出版社，2023：3-8.

于是，在不平等加剧的全球背景下，知识产权法财产法化所造成的"赢者通吃"局面，不仅制约了依赖于既有内容和数据的新业态，还加剧了权利持有人和使用者与公众的利益冲突；能源、医药和教育等领域的现有鸿沟随着数字技术和人工智能的发展应用而进一步扩大。① 很明显，数字时代新的信息生成和传播方式已经挑战了知识产权的基本原则，知识产权法也需要做出改变以适应和促进新环境和新技术背景下的创新与竞争。②

以著作权法为例，虽然早有学者质疑专有权利在"创造不再稀缺"时的必要性，③ 但在人工智能元年，人们可谓全方位地感受到该前提假设可能真实发生的威力。④ 自 2023 年年初，一系列关于生成式人工智能（Generative AI，GenAI）应用的著作权和版权诉讼纠纷就开始在全世界范围内出现，涉及人工智能生成物的版权地位，人类在与 GenAI 互动时的独创性定性，以及 GenAI 训练数据的侵权认定等问题。⑤ 虽然法院判决在一定程度上仍然贯彻了知识产权制度中的人类中心主义，但是学者的论述见仁见智。⑥ 更为复杂和值得思考的问题其实是后两个，因为它们分别关涉著作权的基础，即作品，以及著作权法的基础关系，即著作权人和使用者的关系。

人类参与可否，以及何时能够满足作品独创性要求的问题，本质是受著作权保护的作品的内核究竟是什么。一方面，如果认为人类对 AI 的命令（prompt）和对生成物参数的调整，可以为 AI 生成物附上人格烙印而使其成为作品，那实际上就是将这一过程与人们通过对审美表达的积极吸收和创造性重组而形成的审美实践相媲美，

---

① WIPO. Report of the Director General to the Assemblies of WIPO - July 6 to 14, 2023 [EB/OL]. (2023-12-03) [2024-01-01]. https://www.wipo.int/about-wipo/en/dg_tang/speeches/a-64-dg-speech.html.

② Peter Yu. The Algorithmic Divide and Equality in the Age of Artificial Intelligence [J]. Florida Law Review, 2020 (2): 331.

③ Mark A. Lemley. IP in a World Without Scarcity [J]. New York University Law Review, 2015 (2): 468.

④ Daryl Lim. AI & IP Innovation & Creativity in an Age of Accelerated Change [J]. Akron Law Review, 2019 (3): 814; Mark A. Lemley, Bryan Casey. Remedies for Robots [J]. University of Chicago Law Review, 2019 (5): 1311.

⑤ Andersen v. Stability AI (1/13/2023); (6/28/2023); Silverman v. OpenAI (7/07/2023); Kadrey v. Meta Platforms (7/07/2023); Chabon v. Meta Platforms (9/12/2023); Authors Guild v. OpenAI (9/19/2023); Concord Music v. Anthropic (18/10/2023); Kadrey v. Meta Platforms, Case 23-cv-03417-VC (20 November 2023); Andersen et al. v. Stability AI et al., Case 3: 23-cv-00201 (13 January, 2023); 北京互联网法院（2023）京 0491 民初 11279 号民事判决书。

⑥ Pamuela Samuelson. Allocating Ownership Rights in Computer-Generated Works [J]. University of Pittsburgh Law Review, 1986, 47: 1185; Annemarie Bridy. Coding Creativity: Copyright and the Artificially Intelligent Author [J]. Stanford Technology Law Review, 2012 (5): 1; James Grimmelmann. There's No Such Thing as a Computer-Authored Work - And It's a Good Thing, Too [J]. Columbia Journal of Law & the Arts, 2016, 39: 403.

进而可能减损，乃至剥夺人们从审美游戏中体验学习、想象和人格表达与自我实现的热情与乐趣。① 另一方面，如果完全否认人们对 AI 生成物的改进会呈现人类的独创性表达，进而可以被定性为作品，那么不仅于学理相悖，而且会显著减损人工智能作为创造工具的技术价值，并很可能阻碍人工智能应用商业模式的建立。

在争论 GenAI 训练数据集侵权问题时，著作权人与包括人工智能企业、消费者和再创作者的广义使用者②的关系空前紧张。有学者主张 AI 对作品的复制不是版权法所称的使用，因为它不是通过对作品表达进行翻版而营利，复制只是为了"学习"作品中的思想、事实或功能。③ 还有学者虽然承认 AI 复制了作品，但是认为其因使用方式和目的的转换性而构成合理使用。④ 另有学者认为由于人类作者在文学和艺术生产市场上被 AI 寄生侵占了，所以著作权人需要得到补偿，但是不应当享有财产规则的保护。⑤ 也有立法者基于财产权利和科学研究与科技产业发展的利益平衡，而主张强制著作权人开放文本/数据挖掘的权限给科研机构，但是允许采用主动退出的方式来禁止商业机构的文本/数据挖掘。⑥ 种种看法和解决方案不一而足，但问题的关键仍落在了如何在支持人类作者的同时，对新技术带来的作品开发利用红利进行公平的再分配。

事实上，不论是作品的独创性问题，还是合理使用问题，我们都没有在前人工智能时代很好地解决它们。我们没有将著作权法与作品和著作权本身具有的社会价值相联系，忽视了文学艺术创作对个人体验自由，对社会成员道德和政治素质的培养作用，也在一次又一次的技术发展和革新中固化乃至加剧了知识产权固有的促进不平等的倾向，电子权利管理系统、惩罚性赔偿和间接侵权的扩大化即是

---

① Barton Beebe. Bleistein, the Problem of Aesthetic Progress, and the Making of American Copyright Law [J]. Columbia Law Review, 2017, 117: 319.
② 刘银良. 著作权法中的公众使用权 [J]. 中国社会科学, 2020 (10): 193.
③ 李安. 机器学习的版权规则：历史启示与当代方案 [J]. 环球法律评论, 2023, 45 (6): 97; Mark A. Lemley, Bryan Casey. Fair Learning [J]. Texas Law Review, 2021 (4): 743; Tatsuhiro Ueono. The Flexible Copyright Exception for "Non – Enjoyment" Purposes – Recent Amendment in Japan and Its Implication [J]. GRUR International, 2021 (2): 145 – 152.
④ 林秀芹. 人工智能时代著作权合理使用制度的重塑 [J]. 法学研究, 2021, 43 (6): 170; James Grimmelmann. Copyright for Literate Robots [J]. Iowa Law Review, 2016 (2): 657.
⑤ Martin Senftleben. Generative AI and Author Remuneration [J]. International Review of Intellectual Property and Competition Law, 2023, 54: 1535.
⑥ Rossana Ducato, Alain Strowel. Limitations to Text and Data Mining and Consumer Empowerment: Making the Case for a Right to Machine Legibility [J]. International Review of Intellectual Property and Competition Law, 2019, 50: 649 – 684.

著例。① 可以说，人工智能的快速发展给了我们一个全面反思著作权法的契机。鉴于此，我们更应该从立法而非法解释的视角来思考著作权法对人工智能在创作领域应用的规制问题，因为法政策的调整往往牵一发而动全身，会直接影响文化艺术产业和人工智能产业的发展，并间接影响（下一代和以后几代）人类作者投身于文学和艺术领域的热情，以及建立在人工智能、超级计算和自动化基础上的数字创新浪潮。

在进入21世纪第三个十年后，知识产权法内部的各个部门法都加速迎来修改和调整。在2020年分别对《著作权法》进行第三次修改和《专利法》第四次修改后，《商标法》也于2023年迎来了第五次修订草案的征求意见稿。国家知识产权局也将对《反不正当竞争法》的修改提上了工作日程。② 这无疑是对我国科技进步和经济社会发展形势需要做出的积极回应。根据《知识产权强国建设纲要（2021—2035年)》，知识产权的研究和立法工作还可以在以下方面加强和进一步完善。

首先，坚持人类命运共同体理念，法律人，特别是知识产权学人需要怀着对人类平等和地球保护的种种关切，回应数字化生活对信息资源获取与财富再分配提出的新挑战。《世界人权宣言》和《多哈宣言》要求知识产权尊重人权、公共健康权，以及文化和艺术发展自由，确保人人得分享技术进步及其产生的福利，提高发展中国家人民对新技术、新药物的可及性和可负担性。《马拉喀什条约》和《修改TRIPs议定书》等国际条约均是各个国家和地区在这一振聋发聩的宣言下做出的重要努力。我国作为国际知识产权秩序维护和构建的深度参与者和制定者，有必要将知识产权"最少受惠者的最大利益"纳入分配考量，③ 塑造公平、平等和理性的知识产权制度。这也同时意味着，我国不仅需要进一步细化和落实《专利法》的药品强制许可制度，推进绿色低碳技术专利的市场化应用，还有必要在《商标法》和《著作权法》的修订和完善中关注消费者和使用者的权利，保障公共空间和公有领域，缩减信息传播者与权利持有者的利益差。

其次，充分利用法律、条例和部门规章等多元监管方式，发挥其各自特色，建立和完善点线面结合的知识产权治理体系。以著作权治理体系为例，虽然《著作权

---

① Peter S. Menell. Property, Intellectual Property, and Social Justice: Mapping the Next Frontier [C]. Brigham-Kanner Property Rights Conference Journal, 2015: 147.
② 国家知识产权局：《2023年知识产权强国建设纲要和"十四五"规划实施推进计划》。
③ 约翰·罗尔斯. 正义论：修订版 [M]. 何怀宏，何包钢，廖申白，译. 北京：中国社会科学出版社，2009: 65.

法》早在2020年就完成了修改，但是相配套的《著作权法实施条例》《著作权集体管理条例》《作品自愿登记试行办法》《计算机软件著作权登记办法》，以及《民间文学艺术作品著作权保护条例》等下位规范并未进行相应修改。与之相比，德国从第一部《著作权法》问世开始，与其相关的配套措施几乎都是一起颁布。多层级、全流程的规则体系在产业格局变化快、技术发展迅速、参与者众且利益关系复杂的当今愈发重要。不论是通过著作权集体管理组织来敦促大型内容平台回报著作权人，还是建立作品自愿登记制度来应对人工智能产业对文化艺术创作市场的侵蚀，抑或通过提升对民间文学艺术作品的保护，发挥我国在传统知识、民间文艺等领域的突出优势，都是适应于我国科技进步和经济社会发展形势需要的重要措施。

最后，加强对知识产权基础性理论的研究，将知识产权的立法工作从专注于具体、单一的部门转向以知识产权理论框架和保护范式为基础的领域立法。放眼欧洲，自欧盟于2016年出台《一般数据保护条例》（General Data Protection Regulation）以来，欧盟就一直保持着全球数据治理的"领头羊"地位，并着力发挥"布鲁塞尔效应"，凭借其统一的市场而产生单方面监管全球的效力。[①] 从旨在重塑科技巨头与著作权人平衡，提高大型内容传播平台监管责任的《数字化单一市场版权指令》（Directive on Copyright in the Digital Single Market），到遏制科技巨头垄断行为的《数字市场法》（Digital Market Act），再到对人工智能进行全面监管，力图平衡人工智能的创新发展与安全规范的《人工智能法案》（AI Act），欧盟在大数据、人工智能、基因技术等新领域的积极布局，反映了法学研究和技术治理的新趋势。欧盟采取领域立法固然有其自身特殊原因，但是毋庸置疑，在新技术和新业态可以催生、引领新产业的背景下，领域立法确实有利于构建响应及时、保护合理的治理体系，也有助于提高监管规则的适用性和统一性。

在时代要求知识产权和知识产权法更公平、更平等、更有利于人类发展的背景下，我们向读者呈现《北大知识产权评论（2022—2023年卷）》。以全面探讨我国的知识产权法为目标，这一卷精心收录了一系列涉及商标法、专利权、著作权、反不正当竞争法等"大知识产权法"领域的论文，涵盖从理论到制度、从传统问题到新兴领域，以及从方法论到基本权利的深入研究，并采用教义、实证、比较和历史等多种研究方法。在新的一年里，我们期待更多的探讨、更多的启发，并真诚邀请

---

① Anu Bradford. The Brussels Effect [J]. Northwestern University Law Review, 2012, 107: 1.

知识产权同人为《北大知识产权评论》贡献独特的思考与见解。在共同努力下,愿我们的集刊成为知识产权领域的交流平台。

副主编　孙靖洲

(慕尼黑大学法学博士、北京大学法学院博士后)

目 录

一、商标法与专利法

表达自由视角下商标反淡化的合理边界 ………………… 孙玮蔓（003）

商标法中"不良影响"条款的制度运行成本优化 ………… 兰 昊（028）

"双碳"目标下专利制度的理念更新与制度调适 ………… 张 明（049）

专利制度异化问题之对策研究 …………………………… 李冬梅（066）

FRAND 承诺法律性质探讨 ………………………………… 张煜召（088）
　　——基于类型化与法律适用的分析

论专利无效宣告决定对专利许可合同的追溯力 ………… 丁志程（110）
　　——基于请求权基础理论的分析

二、著作权法

同人作品的法律规制 ……………………………………… 闫 申（131）

界定著作权法保护的最小单位 …………………………… 任祖梁（155）

数字化图书馆在线借阅版权问题研究 …………………… 张钧凯（175）

软件著作权诉讼专家辅助人的适用困境与完善研究 …… 陈 实 李星锐（190）

论著作权侵权惩罚性赔偿的司法适用 ………………………… 余学亮（214）
　　——以《著作权法》第54条第1款为中心

舞蹈定格画面著作权保护的困境与纾解 ………………………… 任文璐（240）
　　——兼评"杨丽萍诉云海肴餐厅装潢"案

民间文学艺术保护进路探讨 ……………………………………… 孙子涵（254）
　　——以民间音乐保护体系构建为视角

民间文学艺术作品的类型化与保护路径 ………………………… 刘银良（274）

三、新兴问题与理论问题

生成式人工智能治理的中国路径 ………………………………… 刘卫锋（291）
　　——以ChatGPT为中心

论企业数据权益保护制度 ………………………………………… 张靖辰（308）
　　——基于结构功能主义的分析框架

私法一般条款的适用：法解释还是法续造？ …………………… 王威智（326）

编后语："大传统"与"小传统" ……………………………… 张靖辰（346）

Contents

I. Trademark Law and Patent Law

The Rational Boundary of Trademark Antidilution from the Perspective of
  Free Speech .... Sun Weiman (003)
Optimization of the Operational Costs of the "Adverse Effects" Provision
  of Trademark Law .... Lan Hao (028)
The Patent System under the "Double – Carbon" Goal: Concept Update
  and System Adjustment .... Zhang Ming (049)
Research on Measures of Patent System Alienation .... Ji Dongmei (066)
The Legal Nature of FRAND Commitments: An Analysis Based on
  Typology and Application of Laws .... Zhang Yuzhao (088)
The Retroactive Effect of Patent Invalidation on Licensing Agreements:
  An Analysis Based on the Theory of Claim Basis .... Ding Zhicheng (110)

II. Copyright Law

Legal Regulation of Fan Works .... Yan Shen (131)
Defining the Minimum Unit of Protection in Copyright Law .... Ren Zuliang (155)

Research on Copyright of Online lending in digital Library ……… Zhang Junkai (175)

Study on the Application Dilemma and Improvement of Expert Supporter
 in Software Copyright Litigation …………………… Chen Shi Li Xingrui (190)

On the Judicial Application of Punitive Damages for Copyright Infringement:
 Centered around Article 54 (1) of the Copyright Law ………… Yu Xueliang (214)

Dilemma and Solution of Copyright Protection of Dancing Stop – motion
 Pictures: Comment on "Yang Liping v. Mystic South – Yunnan Ethnic
 Cuisine" …………………………………………………… Ren Wenlu (240)

On Approaches to the Protection of Expressions of Folklore: From the
 Perspective of the Construction of Folk Music Protection System … Sun Zihan (254)

On the Typification and Protection Pathways of Folklore Works …… Liu Yinliang (274)

III. Emerging and Theoretical Issues

The Chinese Path of Generative Artificial Intelligence Governance
 Centered around ChatGPT ………………………………… Liu Weifeng (291)

On the Protection System of Enterprise Data Rights and Interests: An
 Analytical Framework Based on Structural Functionalism …… Zhang Jingchen (308)

The Application of General Clause of Private Law: Interpretation or
 Creation of Law? ………………………………………… Wang Weizhi (326)

Afterword: "Gtreat Tradition" and "Little Tradition" ………… Zhang Jingchen (346)

一、商标法与专利法

表达自由视角下商标反淡化的合理边界

孙玮蔓*

【摘　要】 在消费社会中，商标负担起传递信息、彰显个性和弘扬文化的功能，成为重要的信息文化符号，这导致商标法与表达自由的矛盾激化。一方面，社会公众使用商标符号进行表达的需求不断增强；另一方面，商标成为重要的企业资产，商标权人试图对其实现物权式支配。实践中，商标反淡化正在侵蚀表达自由。商标符号是语言表达体系的一部分，商标权需要尊重语言发展的规律和语言实践的常理；从这一角度来看，物权式支配观念既不现实，也不合理。我国的"淡化"概念模糊不清，导致反淡化保护无序扩张，侵蚀表达自由；认识和证明淡化损害是应对这一问题的关键。因此，本文提出重构反淡化及其限制规则：认定冲淡需要在联系的基础上以调查实验证据证明损害可能性，"搭便车"应严格解释为对商誉的攀附，认定合理使用时避免将通用名称作为要件，重申通用名称化撤销制度的客观性。

【关键词】 表达自由　淡化　商标合理使用　通用名称　损害可能性

驰名商标反淡化保护与表达自由存在紧张关系。1988年，美国国会尝试在《兰哈姆法》中增加反淡化条款，引起了有关言论自由的担忧，导致该条款在众议院审查时被删除。1995年的《美国联邦商标淡化法》为反淡化保护规定了比较广告、新闻报道与评论、非商业性使用三种例外，这才得以通过。[①]《欧盟商标指令》也在序言第27条明确规定，该指令应以充分尊重表达自由的方式应用。

我国学界关于商标反淡化的研究大致可以分为三类。第一类介绍域外反淡化的

---

* 孙玮蔓，清华大学法学院博士研究生。
① 邓宏光. 美国联邦商标反淡化法的制定与修正［J］. 电子知识产权，2007（2）：32.

情况，如美国的反淡化制度或比荷卢的联想理论。① 第二类探讨反淡化的理论基础，如以商标的广告功能或跨学科的理论工具加以论证。② 第三类对反淡化的实践加以反思，如指出法院在淡化认定中缺乏论证，主张要求调查实验证据以防止商标权利的不合理扩张。③ 反淡化与表达自由的冲突是反思的重点。有学者认为反淡化影响了公众的表达自由，应当摒弃相关规定；④ 有学者指出商标的公共符号属性和社会文化价值；⑤ 也有学者聚焦于商标戏仿和比较广告两个典型问题。⑥

美国是淡化理论的发源地。自1927年谢克特提出保护商标独特性以来，在淡化理论发展的过程中，反淡化是否会导致语言垄断影响表达自由的争论在美国始终存在，本文第三部分将对此进行梳理。近年来，也有学者从反淡化对言论自由的影响、⑦ 非商业使用的判断、⑧ 表达性通用化现象⑨等不同角度论述限制反淡化的重要性。

商标权与表达自由之所以会发生冲突，是因为二者具有共同的基础——符号。就其本质来说，商标是一种符号；符号是人类表达的媒介，商标符号正在成为社会公众的语言表达中不可或缺的一部分。现实中的种种冲突，正是商标权人与社会公众抢夺商标符号所致。然而，商标的功能在于指示商品或服务来源，这种指示行为对于社会公众而言，与以其他语言符号指示其他事物的行为并无区别，是日常语言表达的一部分。对于驰名商标而言，公众在语言表达中积极采用商标符号，也是提升商标知名度和塑造品牌形象的必要条件。这意味着，商标权与表达自由需要遵守同一套客观规律，即语言规律。不尊重语言规律的主张，不仅是对表达自由的侵蚀，也有悖于商标的根本属性。这也启示我们，商标权与表达自由并非单纯的对立关系，

---

① 彭学龙. 商标淡化的证明标准——美国"维多利亚的秘密"诉莫斯里案评述 [J]. 法学, 2007 (2): 33-42; 郑瑞琨. 驰名商标淡化与反淡化问题研究——以联想理论为视角 [J]. 电子知识产权, 2006 (12): 16-18.
② 杜颖. 商标淡化理论及其应用 [J]. 法学研究, 2007 (6): 44-54; 卢洁华, 王太平. 商标跨类保护的跨学科解释 [J]. 知识产权, 2016 (4): 18-26.
③ 陈贤凯. 驰名商标淡化的科学测度——调查实验在司法中的运用 [J]. 知识产权, 2018 (2): 31-41.
④ 魏森. 论商标法对表达自由的保护 [J]. 法律科学（西北政法大学学报）, 2020 (4): 160-161.
⑤ 姚鹤徽. 论商标保护、自由竞争与表达自由 [J]. 邵阳学院学报（社会科学版）, 2015 (3): 16.
⑥ 邓宏光. 论商标权与言论自由的冲突 [J]. 内蒙古社会科学（汉文版）, 2006 (1): 24-29; 张惠彬. 论言论自由与商标权之协调 [J]. 新闻与传播研究, 2015 (7): 86-96, 128; 吴汉东. 知识产权领域的表达自由：保护与规制 [J]. 现代法学, 2016 (3): 9-10.
⑦ Denicola R C. Trademarks as Speech: Constitutional Implications of the Emerging Rationales for the Protection of Trade Symbols [J]. Wisconsin Law Review, 1981 (2): 158-207.
⑧ Curran P D. Diluting the Commercial Speech Doctrine: Noncommercial Use and the Federal Trademark Dilution Act [J]. University of Chicago Law Review, 2004 (3): 1077-1108.
⑨ Dreyfuss R C. Expressive Genericity: Trademarks as Language in the Pepsi Generation [J]. Notre Dame Law Review, 1990 (3): 397-424.

二者也有一定的契合性，在处理表达自由问题时，对商标权"反求诸己"也是一种可行的思路。

本文第一部分描述反淡化侵蚀表达自由的现象，并探究现象背后商标权人与社会公众的不同诉求。面对双方的诉求，本文并未沿用旧有的思路，将二者放在对立的位置上各自论述后进行利益平衡。相反，本文第二部分从商标权与表达自由的交汇点，即符号和语言规律出发，对商标权人的行为观念加以分析。分析发现，商标权人的物权式支配观念既不现实，也不合理，其诉求有悖于语言发展的规律和语言实践的常理。第三部分尝试"反求诸己"，对我国的反淡化制度加以检讨，发现"淡化"概念的模糊导致商标反淡化无序扩张，侵蚀表达自由。为此，本文梳理淡化理论的发展历史，发现认识和证明淡化损害是避免表达自由问题的关键，也是目前理论和制度的困境。第四部分由此入手，对反淡化及相关规则的适用提出建议，切实解决反淡化侵蚀表达自由的问题。

需要说明的是，《最高人民法院关于审理涉及驰名商标保护的民事纠纷案件应用法律若干问题的解释》（以下简称《驰名商标司法解释》）第9条第2款将淡化分为冲淡、玷污和"搭便车"三种类型，[①] 本文主要关注冲淡式淡化，对"搭便车"也有讨论，但不涉及玷污式淡化。在没有特殊说明的情况下，本文所称的淡化均指冲淡式淡化。

一、商标反淡化侵蚀表达自由的现状

（一）商标反淡化侵蚀表达自由的现象

商标权与表达自由的矛盾始终是商标法上的重要问题，商标戏仿、非商标性使用、合理使用等命题都或多或少地承载了保障表达自由的使命。然而，观察司法实践和一些理论观点可以发现，商标权人正在以反淡化为理由干预商标戏仿和非商标性使用行为，合理使用制度在反淡化的语境下也难以发挥其功能。

商标戏仿正在受到以反淡化为名的干预。商标戏仿大致可以分为狭义与广义两种，狭义的戏仿指用戏仿而成的标识指示自己商品来源的行为。如在"今日油条案"中，

---

① 分别对应法条中的"减弱驰名商标的显著性"、"贬损驰名商标的市场声誉"和"不正当利用驰名商标的市场声誉"。

行为人在早餐店中以"今日油条"模仿"今日头条",被商标权人起诉,有观点认为涉案行为构成淡化式侵权。① 广义的戏仿则以文化娱乐为目的,通常带有讽刺色彩,与表达自由保护戏仿的目的更为契合。同时,广义的戏仿通常也是非商标性使用行为,这使得商标权人的干预更加缺乏合理性。2001 年的贺岁片《大腕》为了讽刺广告泛滥的社会现象,在片中戏仿了多个商标,如在葬礼情节中,将"报喜鸟"戏仿为"报丧鸟"。有观点认为,该影片将商标戏仿作为看点,是不劳而获的"搭便车"行为,应获得 TRIPs 协议下对商标的跨类保护(《商标法》反淡化规则的前身)。②

其他非商标性使用行为也在受到以反淡化为名的干预。在美国,由于媒体和政治家们以"星球大战计划"称呼里根总统提出的战略防御计划,"星球大战"的商标权人以淡化为由起诉了一个相关的公共利益集团。③ 针对商标被解释为通用名称的行为,欧盟法规定了字典订正请求权,使得商标权人有权干涉字典等参考工具所编写的词条含义。于是有观点主张,我国也应赋予商标权人干涉字典编写的权利;④ 更有观点建议商标权人干预政府部门、媒体和公众的使用。⑤ 这种干预也被冠以反淡化之名。⑥

商标合理使用是重要的商标权限制制度,对于保障表达自由意义重大。然而,当纠纷进入淡化语境后,合理使用制度却常常失效。试举两例加以说明。

在"老干妈案"⑦ 中,行为人在牛肉棒零食的包装上标注了"老干妈味",与之并列的还有原味、黑胡椒味等,该商品中的确添加了老干妈牌豆豉酱。北京知识产权法院一审认为,"老干妈"不是食品口味的通用名称,因此不构成合理使用;行为人的使用行为,会导致"老干妈"通用化为一种口味名称,导致其显著性和识别性减弱。北京市高级人民法院二审回避了"通用名称"这一术语,将说理修正为"老干妈不是对商品口味的常见表述方式"。该案判决存在三个问题。第一,在描述性合理使用框架下,《商标法》第 59 条第 1 款并不要求商标是通用名称或常见表述

---

① 宁立志,叶紫薇. 商标侵权认定标准及其价值取向——以"今日油条"案为例 [J]. 华中师范大学学报(人文社会科学版),2021 (6):36-44.
② 艾传涛.《大腕》侵权了吗 [J]. 法制与经济,2002 (4):13-14.
③ Lucasfilm, Ltd. v. High Frontier, 622 F. Supp. 931.
④ 赖波军. 驰名商标的显著性丧失及法律保护 [J]. 科技与法律,2004 (1):78;刘斌斌. 比较法视角下商标的通用名称化及其救济 [J]. 甘肃社会科学,2012 (1):133.
⑤ 袁真富. 论商标退化及其法律规制 [J]. 西南大学学报(社会科学版),2010 (3):92.
⑥ 在 Ty Inc. v. Perryman, 306 F. 3d 509 一案中,商标权人的律师在法庭辩论中坚持保留以淡化起诉字典出版商的权利。
⑦ (2017) 京民终 28 号,2017 年中国法院 50 件典型知识产权案例。

方式才能构成合理使用,本案可以适用"直接表示商品……其他特点"这一情形。第二,行为人的确在商品中添加了老干妈牌豆豉酱,可以构成指示性合理使用。两审法院并未考虑这些可能性。第三,北京知识产权法院一审认为,行为人的使用行为"将导致其通用化为一种口味名称",亦有理论观点认为这是行为人败诉的主要原因。[1] 事实上,网络上有许多"老干妈拌饭""老干妈鸡片盖饭"等家常美食的食谱,也存在吐槽某食物"一股老干妈味"的网友发言,这意味着"老干妈"在某种程度上已经成为油制辣椒豆豉酱这一特殊口味的代名词。本案被告的使用其实是"老干妈"通用名称化的后果,而非原因。

在"香槟案"中,行为人以"香槟人生"命名其生产的香水,并将其标识于香水包装上。北京知识产权法院认为,"香槟"不是起泡葡萄酒的通用名称,所以不能成立合理使用,涉案行为构成淡化侵权。[2] 与上述疑问相同,通用名称并不是构成合理使用的必要要件,法院却以此为理由,草草结束了有关合理使用的讨论。认定通用名称是一项复杂的工作,法院认定商标不是通用名称,既没有给当事人提供举证的机会,也没有展开足以令人信服的说理,毋宁说是一种托词。这使得合理使用抗辩在淡化案件中几乎无法成立。

(二) 社会公众与商标权人的不同诉求

从以上案例中不难发现,商标的地位和功能已经发生变化。传统上,商标只是商品生产的副产品,是用以标识商品或服务来源的工具,商标法的目的是防止消费者混淆。此时,商标较少发挥表达性功能,商标权利范围也相对狭窄,商标权与表达自由的冲突并不严重。然而进入消费社会,人们需要通过消费不同的商品展现自己的社会地位和生活方式,[3] 商标正可以将商品与特定的文化意义联系起来,为本来千篇一律的商品赋予差异化的符号价值。[4] 因此,商标符号不可避免地积累文化内涵于其上,成为企业生产和消费者消费的对象。[5]

---

[1] 段玉进. 从"老干妈"案看驰名商标通用名称化防范 [D]. 厦门:厦门大学,2018:8.
[2] 北京知识产权法研究会. 案例:地理标志集体商标"香槟(Champagne)"被一审法院认定为驰名商标 [EB/OL]. (2022-03-15) [2023-11-04]. https://mp.weixin.qq.com/s/whxgPzEHEV_cqEcfK90LCQ.
[3] 安东尼·加卢佐. 制造消费者:消费主义全球史 [M]. 马雅,译. 广州:广东人民出版社,2022:55-60.
[4] 安东尼·加卢佐. 制造消费者:消费主义全球史 [M]. 马雅,译. 广州:广东人民出版社,2022:17-18.
[5] 彭学龙. 商标法的符号学分析 [M]. 北京:法律出版社,2007:5.

对于社会公众而言，这一变化意味着使用商标符号进行表达的需求不断增强。商标符号承载了越来越多的文化内涵，因此在语言表达体系中占据了日益重要的位置，社会公众在文化意义上使用商标符号的需求愈发强烈。在戏仿的案例中，行为人将代表科技互联网的"今日头条"与代表日常生活的早餐店联系在一起，通过反差感娱乐消费者；将代表消费娱乐的"报喜鸟"与悲伤肃穆的丧葬仪式结合，通过强烈的对比和荒诞感讽刺广告宣传无孔不入的现象。戏仿之所以能够带来独特的娱乐感受，是因为商标符号上凝结了复杂多层次的文化内涵，戏仿者能够隐晦但高效地刺激受众思考其原有内涵与戏仿者主观表达之间的反差。在合理使用的案例中，"香槟"承载着浓厚的法式、浪漫、优雅的文化内涵，"老干妈"一词虽不具备文化内涵，但也已经成为油制辣椒豆豉酱这种特殊口味的代名词，能够高效传递信息。在此基础上，行为人以"香槟人生"向消费者传递浪漫优雅的文化内涵，以"老干妈味"向消费者传递食品的口味特点，合情合理，难以通过其他描述替代。

使用商标符号进行表达的需求不可回避。随着消费成为现代社会一种重要的，甚至可以说是主要的文化活动，[1] 随着大型企业通过符号工程"成为文明生活的主要机构"，[2] 商标作为一种文化符号，被嵌入社会文化和语言系统的核心地带。"从某种意义上说，商标是一种正在兴起的通用语：一个人只要充分掌握这些词汇，就能为整个世界所理解，并在这个过程中享受到归宿感。"[3] 回避商标符号，就相当于回避了当下最具潮流的文化时尚。

对于商标权人而言，商标地位与功能的变化意味着商标成为企业的重要资产。商标权人不再满足于以消费者混淆为立足点的商标权利范围，不断推动商标权扩张，商标法发展出现财产化的趋势。[4] 从上文案例中可以发现，商标权人试图对商标符号实现物权式的完全支配，拒斥任何未经授权的使用、收益，意欲达到和物理上占有有体物一样的效果。这种物权式支配观念表现在两个方面。第一，希望垄断对商标符号的使用，不允许他人借助商标符号获得任何表达便利。在上文所述案例

---

[1] 张筱薏，李勤. 消费·消费文化·消费主义——从使用价值消费到符号消费的演变逻辑 [J]. 学术论坛，2006（9）：36.

[2] Edwards G W. The Evolution of Finance Capitalism [M]. Londres/New York: Longmans, Green and Co., 1938: 162. 转引自：安东尼·加卢佐. 制造消费者：消费主义全球史 [M]. 马雅，译. 广州：广东人民出版社，2022：19.

[3] Dreyfuss R C. Expressive Genericity: Trademarks as Language in the Pepsi Generation [J]. Notre Dame Law Review, 1990（3）：397-398.

[4] 吕炳斌. 商标财产化的负面效应及其化解 [J]. 法学评论，2020（2）：55-67.

中，行为人借助商标符号简洁高效地向消费者传递信息与文化内涵，商标符号已经成为社会文化的一部分，成为大众表达和娱乐的媒介。商标权人却无法容忍这种使用，于是以淡化理论为武器，试图将商标符号传递信息文化的功能垄断在自己手中。①

第二，商标权人希望控制商标符号的含义，尤其是避免商标具有通用含义。尽管2013年修正的《商标法》第49条第2款规定，商标通用化撤销不以商标权人的主观过错为要件，但过错撤销观点在我国始终占有一席之地。这种观点认为，商标权人只要积极维权、没有懈怠，就不应为他人的使用行为承担商标通用化的后果。②为此，需要为权利人配置"请求权"，如字典订正请求权，鼓励商标权人干预他人的表达行为。③ 在"老干妈案"和"香槟案"中，法院将通用名称作为合理使用的认定要件，是为了确保商标权人有效阻止任何可能导致商标通用化的使用，本质上也是这一观点的延伸。合理使用在淡化案件中的失效由此发生。

总之，商标地位与功能的变化既创造了社会公众使用商标符号的需求，也造成了商标权人的物权式支配观念。然而在实践中，反淡化成为一种万能理由，支持着商标权人对公众表达的干预；为公众表达留存自由空间的合理使用制度却时常失效。在这一进一退之中，商标权和表达自由之间的平衡被打破，商标反淡化不停地侵蚀着表达自由。

二、对物权式支配观念的检讨

商标权人试图对商标符号实现物权式的完全支配，这是反淡化侵蚀表达自由问题在观念层面的成因。有观点认为，驰名商标是商标权人长期劳动和大量投入的成果，维系着重要的品牌价值，商标权人支配商标符号的诉求合情合理。④ 本节指出，商标符号本身也是语言表达体系的一部分，商标权人不论有何理由，都需要尊重语言发展的规律和语言实践的常理。从这一角度来看，物权式支配观念并不现实，商

---

① Dreyfuss R C. Expressive Genericity: Trademarks as Language in the Pepsi Generation [J]. Notre Dame Law Review, 1990 (3): 403.
② 冯晓青. 商标通用名称化及相关侵权问题研究——以"金丝肉松饼"商标侵权纠纷案为考察对象 [J]. 政法论丛, 2015 (3): 81-82; (2018) 京73行初3240号, 2021年中国法院50件典型知识产权案例.
③ 袁真富. 论商标退化及其法律规制 [J]. 西南大学学报（社会科学版）, 2010 (3): 92.
④ 宁立志, 叶紫薇. 商标侵权认定标准及其价值取向——以"今日油条"案为例 [J]. 华中师范大学学报（人文社会科学版）, 2021 (6): 42.

标权人在此观念指导下的种种行为也不合理。

（一）物权式支配观念的不现实性

宏观来看，商标符号被广泛使用、其含义发生变化是一种符合语言规律的必然结果。语言是人类传递信息和社会交际的工具，无时无刻不在被社会公众使用；语言是一种持续变化的事物，任何使用中的活语言都会发生变化。[①] 在语言的各个子系统中，词汇与社会交际的联系最为直接，其变化速度也就最快。[②] 商标符号是在市场上发挥着指代作用的活符号，被社会公众广泛使用是其命运的必然；公众的广泛使用必然会推动商标符号含义的变化，符号含义的变化又可以刺激公众在新的含义上使用符号。物权式支配观念与商标作为活符号的属性存在根本冲突，因而具有不现实性。

微观来看，商标符号含义演变是一种自然的词义演变过程，有其自身的规律。广大消费者在语言实践中，可能会将商标符号误用为商品名称，或受广告营销影响不自觉地以商标称呼商品；如果受话人能够理解这种使用，与发话人完成交流，这种使用就有可能被重复、扩散，为商标增添与商品有关的含义。一旦商标知名度提升，商标符号也会逐渐具有公共文化属性，消费者可能会赋予其引申义，如将"百事可乐"作为日常的祝福语，以满足彰显时尚潮流的语用需求。[③] 成千上万消费者的使用恰似为江河带来活水的支流，维持了商标符号的活跃，也不断为符号含义注入新的成分；商标权人想要阻止新含义的注入，就如同夏鲧筑堤堵水，只能是徒劳无功。

商标符号会发展出新的含义，并不意味着商标权人必然会失去商标权，因为人类大脑可以理解和利用符号的多重含义，[④] 指示来源的含义与其他含义有时是可以共存的。在"*Google* 案"[⑤] 中，"google"一词被广泛使用为网络检索含义的动词，但这并不影响消费者同时意识到 Google 是一种商品或服务的来源。"老干妈案"与此类似，社会公众在意识到老干妈标识着特定豆豉酱来源的同时，也常常使用该词

[①] 叶蜚声. 语言学纲要 [M]. 北京：北京大学出版社，2010：191.
[②] 叶蜚声. 语言学纲要 [M]. 北京：北京大学出版社，2010：194.
[③] 张少敏. 对臆造类商标专名通用化的哲学思考 [J]. 广东外语外贸大学学报，2016 (1)：122.
[④] Dreyfuss R C. Expressive Genericity: Trademarks as Language in the Pepsi Generation [J]. Notre Dame Law Review, 1990 (3): 413–414.
[⑤] *Elliott v. Google, Inc.*, 860 F. 3d 1151.

来描述一种具有豆豉酱和油制辣椒等多种特点的特殊口味。商标权人不必以反淡化为武器，对设想中"减弱驰名商标的显著性"的行为严防死守。

即使新含义的发展真的会导致商标变成通用名称，使商标权人面临失去商标权的危险，这种趋势也是难以逆转的，主要原因有两点。第一，通用名称化是消费者采取更高效的语言策略的结果，而提高交流效率是人类使用语言的本能。在认知事物时，人类倾向于将注意力放在最突出的特点上。例如，消费者认知新出现的商品时需要消耗较多的认知资源，此时，文字商标往往是最直观突出、最不易引起歧义的特征，以文字商标来指代新概念具有很强的有效性和扩散性。① 这导致新出现商品的商标更容易变成通用名称。② 消费者在使用商标符号时，通常会使用"某某牌的某商品"结构的语言标记，如"凤凰（牌的）自行车"。③ 此时，"凤凰自行车"构成了"种差+属概念"的结构。在词汇发展过程中，属概念可能会被省略，种差会被保留下来替代原来的完整结构。④ 若该品牌在同类商品中占据主导地位，则商标符号有可能逐渐发展出"某商品"的含义。例如，英文地名"morocco"已经具有山羊皮革的含义。这些词义演变都是人类采用转喻的手段提高交流效率的结果。⑤

第二，商标权人的商业策略也会助推商标通用名称化。商标只是发展业务的工具，商标权人对商标符号的选用必然要服务于业务的发展。从这一角度看，一些会增加通用名称化风险的因素往往意味着商业利好，如商品是市场上的新事物，或该品牌的商品占据市场优势地位。一些商标与历史、地理或艺术等相关，或具有描述性和暗示性，这类固有显著性较低的商标具有更高的通用化风险，却能够更好地表现企业文化，引起消费者更多的联想，便于消费者记忆。⑥ 若经营者在经营和宣传中没有突出强调与商标不同的商品名称，商标变成通用名称的风险也会更高；⑦ 但

---

① 张绍全. 词义演变的动因与认知机制 [J]. 外语学刊, 2010 (1): 32-34.
② 阎志军. 商标演变为商品通用名称的探讨——兼论企业正确实施名牌战略和保护知识产权的对策 [J]. 科技进步与对策, 1997 (5): 65; 袁真富. 论商标退化及其法律规制 [J]. 西南大学学报（社会科学版）, 2010, 36 (3): 88.
③ 张少敏. 对臆造类商标专名通用化的哲学思考 [J]. 广东外语外贸大学学报, 2016, 27 (1): 121.
④ 李国南. 试论英语专有名词普通化 [J]. 现代外语, 1991 (1): 39.
⑤ 张绍全. 词义演变的动因与认知机制 [J]. 外语学刊, 2010 (1): 32.
⑥ 董丽杰. 语言学视域下商标命名研究 [D]. 长春: 吉林大学, 2008: 16-28; 杨丹菊. 洗发水商标词的社会语言学分析 [J]. 青年文学家, 2011 (2): 112.
⑦ 阎志军. 商标演变为商品通用名称的探讨——兼论企业正确实施名牌战略和保护知识产权的对策 [J]. 科技进步与对策, 1997 (5): 65; 王玉. "iPhone"花落谁家——由两巨头商标之争看商标退化 [J]. 中华商标, 2007 (2): 62.

这可以让商标符号成为语言焦点，加深消费者对该品牌的印象，实现更好的宣传效果。此外，经营者加大宣传力度，会导致商标符号更深、更广地嵌入社会语言系统，也可能会加快商标通用名称化的进程。①

即使是受到物权保护的有体物，也可能随着时间流逝而发生损坏或灭失。商标符号的含义发生演变，商标的显著性逐渐下降，就如同有体物不停折旧、损坏。商标符号为商业目的而生，为了实现商业目的，商标权人必须将商标符号更深、更广地嵌入社会语言系统，就如同室外雕塑需要摆放在室外才能实现其价值。摆放在室外的雕塑不可避免地受到风吹、日晒、雨打，因此会比摆放在室内的有体物更快损坏。同样，深度参与语言实践的符号，其词义演变会速度更快、更加不受控制，这一后果也是商标权人必须承受的。

（二）物权式支配观念的不合理性

商标权人意欲对商标符号实现物权式支配，无法得到商标法理论的支持。在传统理论中，商标只是用以标识商品或服务来源的工具，商标法以保护消费者利益为目的，物权式支配显然与此背离。劳动自然权学说也不足以论证物权式支配的合理性。该学说在认可通过劳动将共有物拨归私有的同时，也为财产权设置了"足够多同样好"的限制条件。②语言具有网络效应，商标符号建立起文化内涵，在成为企业重要资产的同时，也奠定了自己在公众表达中的重要地位。公共领域内没有留下足够多同样好的符号满足公众的表达需求，因此需要对商标权利加以限制。③更激进的观点认为，商标显著性的形成、品牌形象的塑造，都离不开公众的使用和传播，这是公众付出的劳动；因此，在品牌塑造成功之后，公众也应针对商标符号享有一定的表达利益。④

商标权人为了实现物权式支配所进行的行为，也不符合语言实践的常理。20世纪90年代，可口可乐公司为防止"Coca-Cola"变成通用名称，派工作人员在美国各地的餐馆点可口可乐，对那些没有提供真正可口可乐的餐馆发出警告，或诉诸法

---

① 张少敏. 对臆造类商标专名通用化的哲学思考 [J]. 广东外语外贸大学学报, 2016 (1): 121.
② 洛克. 政府论（下篇）[M]. 叶启芳, 瞿菊农, 译. 北京: 商务印书馆, 1964: 19.
③ Merges R P. Who Owns the Charles River Bridge? Intellectual Property and Competition in the Software Industry [A/OL]. (1999-04-02) [2023-11-04]. https://www.law.berkeley.edu/files/criver.pdf.
④ Wilf S. Who Authors Trademarks [J]. Cardozo Arts & Entertainment Law Journal, 1999 (1): 1-46; Gerhaedt D R. Consumer Investment in Trademarks [J]. North Carolina Law Review, 2010 (2): 427-500.

院。① 尽管在法律上,"Coca-Cola"尚未成为通用名称,但在现实交易场景中,用其他可乐类商品回应顾客对可口可乐的需求也较为常见。即便有顾客对此不满,那也只是消费者权益的问题。如果餐馆没有在提供可乐的过程中使用可口可乐商标,这种日常的口头沟通很难被认为是商标侵权,可口可乐公司的行为未免过度侵入了社会公众的日常语言交流。

如前文所述,为了控制商标符号的含义,一些观点甚至鼓励商标权人干预媒体文章和字典对商标符号的使用,这会导致这些具有公共属性的语料失去客观性。媒体文章的传播对象是社会公众,其对词语符号的选用通常符合社会公众对该符号的一般认知和使用习惯。字典则是一种工具书,服务对象为全体社会成员,因此必须具有客观性。② 二者是确认词语符号含义的重要参考,也是判断商标是否成为通用名称的重要证据。若允许商标权人干预,会使二者失去客观记载语言状况的功能,也有可能增加举证的困难,影响商标通用化撤销制度的正常运转。

一些商标符号由于种种原因,处于多重性质共存的复杂状态,垄断此类商标的使用更加不具有合理性。"香槟"一词早在民国时期就传入我国,在我国一度成为起泡葡萄酒的通用名称。原国家工商局于1989年发出关于停止在酒类商品上使用"香槟"的通知,原国家质检总局于2013年批准对"香槟"进行地理标志保护,这才使之免于完全沦为通用名称的命运。然而这并不能改变绝大多数社会公众认为香槟是一种酒的类别的事实。"解百纳"的情况与之类似。"解百纳"本是红葡萄品种的名称,张裕公司于20世纪30年代注册"解百纳"作为其干红葡萄酒的商标。经过数十年的发展,解百纳几乎成了干红葡萄酒的通用名称。2001年,张裕公司申请商标注册,引起业内多家企业的联合反对。该案持续了整整十年,商标局和商评委的态度摇摆不定。最终,双方达成和解,张裕集团享有商标专用权,但允许中粮集团等六家公司无偿无限期使用该商标。③ 由此可见,商标权人以外的社会公众并非没有使用商标符号的需求,只是在其他案件中,需求方并没有掌握足以抗衡商标权人的话语权,无法争取到相对有利的结果。

---

① 刘斌斌. 比较法视角下商标的通用名称化及其救济 [J]. 甘肃社会科学, 2012 (1):131.
② 苏新春. 当代汉语变化与词义历时属性的释义原则——析《现代汉语词典》二、三版中的"旧词语"[J]. 中国语文, 2000 (2):180.
③ IPRdaily 中文网. 商标曾历经9年劫难的"解百纳",又陷商标侵权纠纷?[EB/OL]. (2019-10-21) [2023-11-04]. https://www.sohu.com/a/348376905_195414;龙凤呈祥. 常听到"张裕解百纳"的"解百纳"到底是什么?[EB/OL]. (2022-06-26) [2023-11-04]. https://zhuanlan.zhihu.com/p/534056741.

三、对商标反淡化无序扩张的检讨

反淡化侵蚀表达自由的问题也有制度上的成因。淡化被称作商标法中最模糊的概念，[①] 其内涵本就不甚清晰；在法律继受过程中，我国理论界和司法实践对于反淡化也缺乏一致、合理的认识。"淡化"的内涵和外延始终处于模糊状态。这导致反淡化保护在突破商品类别和混淆可能性限制的同时，又缺乏来自规则内部的自我限制，成为干涉他人表达行为的万能理由。梳理淡化理论的发展历史和争议问题可以发现，认识和证明淡化损害是避免反淡化侵蚀表达自由的关键，也是目前理论和制度的困境。

（一）我国"淡化"概念的模糊

第一，反淡化保护缺乏明确的法律依据。《商标法》第13条第3款的加入本是为了履行《巴黎公约》和TRIPs协定的相关义务，对该条款的解释应当与对上述国际条约规定的理解一致，即以混淆为基础。[②] 相关立法资料也将"误导公众"的含义明确限制在了直接混淆和间接混淆的范围之内。[③] 然而，《驰名商标司法解释》第9条第2款突破了该条款的本意，将淡化引入我国法律体系，导致混淆与淡化关系混乱。[④] 这也意味着我国缺乏对淡化理论的充分探讨和清晰共识，为商标反淡化无序扩张，成为商标权人干预公众表达的万能理由埋下了伏笔。

第二，淡化认定中的"损害可能性"要件名存实亡。分析《商标法》第13条第3款和《驰名商标司法解释》第9条第2款的文义，易知反淡化保护以"损害可能性"为要件，且"误导公众"或"相当程度的联系"并不等同于损害，联系与损害分属不同的逻辑阶段，需要分别论证。然而在司法实践中，法院几乎不会针对损

[①] Mccarthy J T. Proving a Trademark Has Been Diluted: Theories or Facts [J]. Houston Law Review, 2004 (3): 403.

[②] 邓宏光. 我国驰名商标反淡化制度应当缓行 [J]. 法学，2010 (2): 99-100; 李友根. "淡化理论"在商标案件裁判中的影响分析——对100份驰名商标案件判决书的整理与研究 [J]. 法商研究，2008 (3): 135-136.

[③] 中华人民共和国商标法释义（2013年修改）[Z/OL]. (2013-12-14) [2023-11-04]. http://www.npc.gov.cn/npc/c12434/c1793/c1853/c22754/201905/t20190521_178377.html.

[④] 刘维. 我国注册驰名商标反淡化制度的理论反思——以2009年以来的35份裁判文书为样本 [J]. 知识产权，2015 (9): 19-25, 78; 徐珉川. 商标权利构造的理论困境与规范出路 [J]. 法学评论，2018, 36 (3): 57-69; 吴青. 驰名商标跨类保护的实证研究与法律适用 [J]. 电子知识产权，2020 (5): 91-102.

害进行说理，认定"相当程度的联系"就可以成立淡化的观点成为主流，损害要件对裁判结果并不产生影响。① 这意味着法院变相放宽了提供反淡化保护的条件，是商标反淡化无序扩张，成为商标权人干预公众表达的万能理由的直接原因。

第三，"搭便车"与通用名称化是否属于淡化并不明确。《驰名商标司法解释》第9条第2款将"不正当利用驰名商标的市场声誉"列为淡化损害的一种类型，这意味着我国的反淡化保护可以容纳阻止"搭便车"这一情形。但在司法实践中，"搭便车"较难单独构成损害行为，只能起到补充的作用。② 关于通用名称化，有观点认为其是淡化的一种，③ 有的文献未将其列入淡化，④ 也有的文献明确反对淡化包括通用名称化。⑤ 我国缺乏对淡化内涵的充分认识，法官在认定淡化时又缺少有效说理，这导致司法实践中的淡化成为一个空心的概念，一种形式化的说辞。在这种情况下，不明确以上关系，会导致"搭便车"或通用名称化的内涵"偷渡"进入淡化概念之中，使淡化成为商标权人控制商标符号的武器。"搭便车"和通用名称化隐藏在冲淡概念之下，既没有得到充分的讨论，也没有被划定合理的界限，为商标反淡化的无序扩张推波助澜。

（二）证明淡化损害是避免表达自由问题的关键

上述问题的存在，部分要归咎于我国在继受淡化理论过程中的误解。一些文献时常引用谢克特的商标独特性理论或比荷卢的联想理论，或提及广告功能和"搭便车"，⑥ 却并没有认清上述理论和概念间的关系，没有意识到淡化理论经过了怎样的发展和革新。因此，有必要梳理淡化理论的发展脉络，澄清其中的误解；并观察支

---

① 刘维. 我国注册驰名商标反淡化制度的理论反思——以2009年以来的35份裁判文书为样本[J]. 知识产权, 2015 (9): 24; (2014) 京知民初字143号; (2017) 皖01民初526号; (2017) 粤民终633号; (2017) 京民终28号; (2017) 最高法行申1038号; (2022) 京民终170号.
② 张军荣. 驰名商标反淡化的误区和出路[J]. 重庆大学学报（社会科学版）, 2018 (6): 151; (2012) 高行终字第669号.
③ 郑成思. 知识产权法[M]. 北京: 法律出版社, 2003: 187; 冯晓青. 注册驰名商标反淡化保护之探讨[J]. 湖南大学学报（社会科学版）, 2012, 26 (2): 140.
④ 杜颖. 商标法[M]. 北京: 北京大学出版社, 2010: 171; 李明德. 美国知识产权法[M]. 北京: 法律出版社, 2014: 662.
⑤ 丘云卿, 魏育东, 冯炯明. 论驰名商标的淡化与退化[J]. 华南理工大学学报（社会科学版）, 2008 (1): 31-35; 汪张林. 论商标退化的法律规制[J]. 江南论坛, 2012 (1): 23-25.
⑥ 郑瑞琨. 驰名商标淡化与反淡化问题研究——以联想理论为视角[J]. 电子知识产权, 2006 (12): 16-18; 蒋尉. 从混淆理论、反淡化理论到联想理论[J]. 学术论坛, 2007 (8): 62-66; 杜颖. 商标淡化理论及其应用[J]. 法学研究, 2007 (6): 44-54; 李雨峰. 重塑侵害商标权的认定标准[J]. 现代法学, 2010, 32 (6): 44-55.

持淡化理论的学者如何回应有关批评，为解决我国的问题提供启示。

1927年，谢克特在《哈佛法律评论》发表论文，主张保护商标的独特性才是商标保护唯一的合理基础，应该突破商品类别的限制，对臆造性商标和任意性商标实施跨类保护。① 此后，反淡化保护在美国州法中逐渐发展起来。然而，对这一理论的批评也接踵而至，主要集中在两个方面。其一，反淡化保护的利益缺乏清晰明确的界定，各州立法没有就"淡化""独特品质"等概念给出定义，这使得人们认为淡化只是一个寻求禁令救济的空泛理由。② 其二，对保护商标独特性③的强调，引发了语言垄断的担忧。④ 保护商标独特性更像是保护版权，这种诉求让商标与商业交易分离，偏离了商标法的领地。⑤ 实际上，这两个方面是互相关联的。反淡化保护的利益缺乏界定，就有语言垄断的风险；要避免语言垄断，就需要明确界定保护的利益。

在谢克特之后，理论界不断讨论上述两方面问题，现代淡化理论逐渐成型。针对什么是反淡化保护的利益的问题，考尔曼将商标的功能分为三个层次：一是象征所售商品具有共同的来源，二是对商品等级或质量的保证，三是广告功能，并认为反淡化所保护的正是广告功能。⑥ 1976年，帕蒂肖提出，淡化理论的基础在于商标的"商业磁性"，并引用法兰克福特法官的论述来阐释这一概念：商标具有引导消费的心理功能，可以传达商品令人向往的特质。这一观点与考尔曼所称的广告功能异曲同工。在此基础上，帕蒂肖认为，认定淡化的要件之一是系争行为有实际削弱商标显著性的可能性。⑦商标的显著性（distinctiveness）来源于其独特性（uniqueness）、长期使用、商品服务的优良质量、有效的广告宣传等不同因素的综合作用，是一个关乎相关市场中消费者心理状态的事实问题。⑧

除了明确反淡化所保护的利益，首先引入淡化理论的马萨诸塞州也从限制反淡

---

① Schechter F I. Rational Basis of Trademark Protection [J]. Harvard Law Review, 1927 (6): 831.
② Dilution: Trademark Infringement or Will-o'-the-Wisp [J]. Harvard Law Review, 1964 (3): 529.
③ "Distinctiveness"可以有独特性、显著性两种翻译，本部分大多翻译为独特性，因为该词常与"uniqueness""singularity"替换使用，并以臆造、任意商标进行具体解释。
④ Handler M W. Are the State Antidilution Laws Compatible with the National Protection of Trademarks [J]. The Trademark Reporter, 1985 (3): 278-279.
⑤ Middleton G E. Some Reflections on Dilution [J]. The Trademark Reporter, 1952 (42): 178-180.
⑥ Callman R. Unfair Competition without Competition [J]. The Trademark Reporter, 1947 (3): 188.
⑦ Pattishall B W. Dilution Rationale for Trademark-Trade Identity Protection, Its Progress and Prospects [J]. Northwestern University Law Review, 1976 (5): 618, 629.
⑧ Pattishall B W. Dilution Rationale for Trademark-Trade Identity Protection, Its Progress and Prospects [J]. Northwestern University Law Review, 1976 (5): 618.

化保护对象的范围入手，试图消除有关语言垄断的担忧。该州的众议院法案备忘录提出，该法案不会创造垄断，原因之一是该法案只保护杜撰的（coined）或独特的（peculiar or unique）标识，不受传统商标法保护的描述性词汇、地理词汇和人名词汇不会受到该法案的保护。① 在马萨诸塞州的司法实践中，对于内在显著性较低但已经获得第二含义的标识，法院并未完全否定反淡化保护的可能性，② 但整体持较为谨慎的态度，防止商标权人垄断公共词汇。③

遗憾的是，上述讨论未能解决一个突出问题，那就是淡化损害究竟是否存在，又应如何证明。这一理论缺陷导致法官无法清晰区分混淆和淡化，或在判决中以各种方式回避对淡化损害的说理论证。④ 在这种境况下，逐渐有观点认为，阻止"搭便车"才是反淡化保护的真正目的。⑤ 事实上，有关"搭便车"的讨论一直在淡化理论发展的历史上若隐若现地存在着。无论是在谢克特1927年论文引用的德国"Odol案"中，还是在美国为商标提供跨类保护的早期案件中，被告"搭便车"的主观目的都影响了法院的判决。⑥ 直到21世纪，阻止"搭便车"的隐藏动机仍然影响着淡化案件判决；波斯纳法官甚至明确提出，"搭便车"应该成为淡化的一种类型。⑦

美国理论界对于这种以反淡化之名行反"搭便车"之实的现象持批判态度。纵观淡化理论的发展历程，至少在字面上，反淡化保护的立足点始终在于跨类使用对商标的损害，"搭便车"不被认为是商标法领域的问题。⑧《美国联邦商标淡化法》明确给出淡化的定义后，"搭便车"在其中更不具立足之地。⑨ 反对较为坚决的学者认为，

---

① House Bill No. 656 of Massachusetts; Derenberg W J. The Problem of Trademark Dilution and the Antidilution Statutes [J]. California Law Review, 1956 (3): 452.

② *Libby v. Libby*, 103 F. Supp. 968.

③ *Pro - Phy - Lac - Tic Brush Co. v. Jordan Marsh Co.*, 165 F. 2d 549; *Dobeckmun Co. v. Boston Packaging Mach. Co.*, 139 F. Supp. 321.

④ Welkowitz D S. Reexamining Trademark Dilution [J]. Vanderbilt Law Review, 1991 (3): 538 - 539, 572 - 573, 579.

⑤ Welkowitz D S. Reexamining Trademark Dilution [J]. Vanderbilt Law Review, 1991 (3): 545 - 546; Farley C H. Why We Are Confused about the Trademark Dilution Law [J]. Fordham Intellectual Property, Media & Entertainment Law Journal, 2006 (4): 1185; Beebe B, et al. Testing for Trademark Dilution in Court and the Lab [J]. University of Chicago Law Review, 2019 (3): 660.

⑥ 彭学龙. 商标法的符号学分析 [M]. 北京：法律出版社，2007：285；Callmann R. Unfair Competition without Competition [J]. The Trademark Reporter, 1947 (3): 178.

⑦ Franklyn D J. Debunking Dilution Doctrine: Toward a Coherent Theory of the Anti - Free - Rider Principle in American Trademark Law [J]. Hastings Law Journal, 2004 (1): 132; *Ty Inc. v. Perryman*, 306 F. 3d 509.

⑧ Welkowitz D S. Reexamining Trademark Dilution [J]. Vanderbilt Law Review, 1991 (3): 558, 567.

⑨ Bone R G. A Skeptical View of the Trademark Dilution Revision Act [J]. Intellectual Property Law Bulletin, 2007 (2): 193.

"搭便车"只是一种空洞的说辞,商标侵权仍应立足于损害。① 较为温和的学者也主张将"搭便车"问题放到阳光下讨论,而不是任其在淡化的阴影下不受限制地发展。②

1995年,美国国会通过《联邦商标淡化法》,将淡化定义为"著名标识识别和区分商品或服务能力的减弱"。受到这一定义和法经济分析方法的影响,淡化损害研究的关注点由商标本身转向了消费者的认知和行为。兰德斯和波斯纳在一系列论述中提出,对著名商标的使用会导致消费者在将标识与特定产品联系起来的过程中花费更多的时间和精力,即提高了"想象成本"或"消费者检索成本"。③ 这一观点被认为是"有关淡化损害最值得信服的分析"。④ 但无论是针对消费者认知的理论分析,⑤ 还是测试消费者反应的实证研究,⑥ 都没能证明这种损害确实存在。

有关淡化损害的理论困境在司法实践中表现为《美国联邦商标淡化法》的解释问题,即认定淡化的标准究竟是淡化可能性还是实际淡化的问题。2003年,美国联邦最高法院在"Moseley案"⑦中依据联邦法案文义,主张应当证明实际淡化。2006年,美国国会通过《商标淡化修正法》,推翻了"Moseley案",明确商标权人只需要证明淡化的可能性,就可以获得反淡化救济。⑧

虽然"Moseley案"与修正法案观点不同,但二者在淡化理论的发展方向上并不存在根本性的冲突。"Moseley案"澄清了一点基本认识:即使用相同或近似标识所引起的精神联想并不一定导致淡化,法院应该坚持要求商标权人举证证明淡化损害,而不是满足于商标受到损害的理论假设。⑨ 在修正法案中,冲淡型淡化被重新定义

---

① Lemley M A, Mckenna M P. Owning Mark (et) s [J]. Michigan Law Review, 2010 (2): 137-190.

② Franklyn D J. Debunking Dilution Doctrine: Toward a Coherent Theory of the Anti-Free-Rider Principle in American Trademark Law [J]. Hastings Law Journal, 2004 (1): 117-168; Beebe B, et al. Testing for Trademark Dilution in Court and the Lab [J]. University of Chicago Law Review, 2019 (3): 662.

③ 威廉·M. 兰德斯, 理查德·A. 波斯纳. 知识产权法的经济结构 [M]. 金海军, 译. 北京: 北京大学出版社, 2016: 252; Landes W M, Posner R A. Trademark Law: An Economic Perspective [J]. Journal of Law & Economics, 1987 (2): 307; Posner R A. When Is Parody Fair Use [J]. Journal of Legal Studies, 1992 (1): 75; *Ty Inc v. Perryman*, 306 F. 3d 509, 511.

④ Klerman D. Trademark Dilution, Search Costs, and Naked Licensing [J]. Fordham Law Review, 2006 (4): 1764.

⑤ Tushnet R. Gone in Sixty Milliseconds: Trademark Law and Cognitive Science [J]. Texas Law Review, 2008 (3): 507-568.

⑥ Heald P J, Brauneis R. The Myth of Buick Aspirin: An Empirical Study of Trademark Dilution by Product and Trade Names [J]. Cardozo Law Review, 2011 (6): 2575; Beebe B, et al. Testing for Trademark Dilution in Court and the Lab [J]. University of Chicago Law Review, 2019 (3): 657.

⑦ *Moseley v. V Secret Catalogue*, 537 U. S. 418.

⑧ 15 USCS § 1125 (c).

⑨ Mccarthy J T. Proving a Trademark Has Been Diluted: Theories or Facts [J]. Houston Law Review, 2004 (3): 713, 720.

为"源于来源指定与著名商标的近似而产生的联系，该联系削弱了著名商标的显著性"。该定义本身为淡化施加了限制，即联系本身不足以构成淡化，只有损害了商标显著性的联系才能获得救济。这一立场与"*Moseley* 案"一致，二者共同反对了一些法院仅凭"存在联系则存在损害"的理论推理提供救济的做法，要求商标权人提供证据对损害进行一定的证明。① 在这一大前提下，实际淡化与淡化可能性不再是根本性的分歧，而只是证明标准的区别。这也可以佐证我国一些法院忽略"损害可能性"要件的不合理性。

通过以上梳理可以发现，淡化理论想要摆脱垄断语言的指责，不影响表达自由，关键在于明确其所保护的利益，避免淡化成为"寻求禁令的空泛理由"。在这方面，目前的突出问题在于认识和证明淡化损害。此外，也需要限制反淡化保护的对象，尤其是对于具有公共词汇性质的标识，对其反淡化保护应持较为谨慎的态度。这两个要点为后文的解决方案带来了重要启示。

四、反淡化及其限制规则的重构

遵循前文所述的两个要点，本文从两个方面入手解决反淡化侵蚀表达自由的问题。其一，重构淡化认定规则，明确反淡化所保护的利益，重视对淡化损害的证明。其二，在淡化语境下重构商标权限制规则，针对具有公共词汇性质的商标符号，以合理使用和通用化撤销制度保障公众的使用。

（一）以调查实验证据单独证明损害可能性

前文指出，在我国的司法实践中，法院常常认为有联系就有淡化，"损害可能性"要件名存实亡。这部分归咎于对联想理论的误读。联想理论起源于比荷卢的商标法及司法实践，以"联想的可能性"代替"混淆可能性"作为认定商标侵权的基础，是一种在扩张商标权利范围上较为激进的观点。② 一些学者将该理论与欧洲有关驰名商标的规定乃至美国的淡化理论混为一谈，将反淡化保护与禁止联想画上了

---

① Beebe B. A Defense of the New Federal Trademark Antidilution Law [J]. Fordham Intellectual Property, Media & Entertainment Law Journal, 2006 (4): 1169.
② 陈玮婧. 驰名商标保护的"联想理论"探析——以"卡地亚"商标侵权案为视角 [J]. 武汉交通职业学院学报, 2014 (3): 28.

等号。① 实际上，所谓的联想理论并不具有成熟的理论框架，影响十分有限。② 目前，《欧盟商标条例》有关淡化的条文明确区分了联系和损害。③ 综上所述，无论是我国、美国还是欧盟，均要求在联系的基础上单独证明损害可能性。

我国与美国都规定了多因素测试法作为证明损害可能性的方式，考虑的因素包括驰名商标的显著程度、知名度、两商品的关联度、两标识的相似度等。④ 但多因素测试法采用间接证据分析损害，以法官的主观感受推测消费者的认知，受到许多质疑。⑤ 实际上，多因素测试法最多只能证明联系，并不能证明损害可能性。

多因素测试法不能证明损害可能性，首先是由其具体内容决定的。在品牌延伸理论中，消费者将著名商标与新的商品类别建立起心理联系的可能性受到以下因素的影响：著名商标与原商品类别之间的联系强度（在商标法中表述为商标的显著性），两个标识之间的相似度，商品类别的相似度等。⑥ 将这些因素与多因素测试法相比对，就会发现，多因素测试法测试的是消费者是否在著名商标和新商品之间建立起心理联系，而非损害可能性。

多因素测试法不能证明损害可能性，也是实证研究所揭示的。有研究者将受试者分为两组，给其中一组播放将著名商标冠以新类别商品的广告；给另一组播放著名商标的原版广告。结果显示，相比于后一组受试者，前一组受试者将著名商标与原有商品类别联系起来的反应时间增加95毫秒。⑦ 这95毫秒能否证明淡化损害的真实存在，受到多种质疑。有学者认为，95毫秒的时间差异微乎其微，很难说明消费者承受的检索成本需要法律加以纠正。⑧ 有学者指出，实验环境与真实的购买环境不同，现实购买场景给消费者带来的刺激可以抵消跨类使用带来

---

① 郑瑞琨. 驰名商标淡化与反淡化问题研究——以联想理论为视角 [J]. 电子知识产权, 2006 (12)：17；陈玮婧. 驰名商标保护的"联想理论"探析——以"卡地亚"商标侵权案为视角 [J]. 武汉交通职业学院学报, 2014 (3)：28；林山泉. 联想理论在认定驰名商标与企业名称权冲突中的运用 [J]. 中华商标, 2006 (4)：51；冯晓青. 注册驰名商标反淡化保护之探讨 [J]. 湖南大学学报（社会科学版）, 2012, 26 (2)：141.

② 陈灿平. 驰名商标司法认定新探 [J]. 法学杂志, 2014 (9)：48；陈玮婧. 驰名商标保护的"联想理论"探析——以"卡地亚"商标侵权案为视角 [J]. 武汉交通职业学院学报, 2014 (3)：28.

③ 《欧盟商标条例》Article 9 2. (c).

④ 《驰名商标司法解释》第10条；15 USCS § 1125 (c) (2) (B).

⑤ 陈贤凯. 驰名商标淡化的科学测度——调查实验在司法中的运用 [J]. 知识产权, 2018 (2)：34.

⑥ Simonson A F. How and When Do Trademarks Dilute：A Behavioral Framework to Judge Likelihood of Dilution [J]. The Trademark Reporter, 1993 (2)：149-174.

⑦ Morrin M, Jacoby J. Trademark Dilution：Empirical Measures for an Elusive Concept [J]. Journal of Public Policy & Marketing, 2000 (2)：268-270.

⑧ 张军荣. 驰名商标反淡化的误区和出路 [J]. 重庆大学学报（社会科学版）, 2018 (6)：152.

的心理影响。① 有学者进一步实验发现，上述实验的对照组设置存在缺陷，95毫秒的反应延迟不能归咎于淡化，而是源于淡化广告引起了受试者的惊讶和谨慎。② 也有研究者对现实情况进行了调研，发现"CADILLAC""HARVARD"等著名商标虽然遭受了多年、大量的跨类使用，但仍高效地发挥着其作为商标的最初功能。③

除"95毫秒"实验及其引起的批评外，相关研究也报告了另外两个与法律假设相反的发现。有研究者检验两商品类别、特点（如口香糖的口味）之间相似性的高低是否会影响消费者的反应时间。结果显示，商品的相似不仅不会导致受试者反应延迟，反而会加快受试者的反应，即强化了著名商标与原商品的联系。④ 另一个与法律假设相悖的发现是，越强大的商标反而越不易被淡化，⑤ 这与给予驰名商标特殊保护的思想不符。总之，多种证据证明，淡化损害未必真实存在，多因素测试法是靠不住的。

本文主张，商标权人必须提交调查实验证据证明淡化损害。淡化损害至今未能得到明确的证实，因此在司法实践中，对淡化的认定必须慎之又慎，避免以法官的主观感受推测复杂的现实情况。调查实验被誉为最具客观性和科学性的证明方式，能够帮助法院了解消费者真实的心理感受，也能促进商标法这门关于消费者认知的学科真正向科学靠拢。⑥ 虽然不同的调查实验方案都或多或少地存在问题，⑦ 但至少，它们比目前的多因素测试法更为可靠，也具有更大的进步空间。

目前，学者与商标权人提出的调查实验方案五花八门，用以衡量淡化损害的变量也并不一致。例如，"95毫秒"实验及后续的实证研究根据消费者将商标与原商品类别联系起来的反应时间确定是否存在损害，品牌典型性实验根据消费者看到商

---

① Tushnet R. Gone in Sixty Milliseconds: Trademark Law and Cognitive Science [J]. Texas Law Review, 2008 (3): 528; 姚鹤徽. 商标侵权构成中"商标使用"地位之反思与重构 [J]. 华东政法大学学报, 2019 (5): 48-60.
② Beebe B, et al. Testing for Trademark Dilution in Court and the Lab [J]. University of Chicago Law Review, 2019 (3): 611-668.
③ Heald P J, Brauneis R. The Myth of Buick Aspirin: An Empirical Study of Trademark Dilution by Product and Trade Names [J]. Cardozo Law Review, 2011 (6): 2571-2573.
④ Pullig C. Brand Dilution: When Do New Brands Hurt Existing Brands? [J]. Journal of Marketing, 2006 (2): 58.
⑤ Simonson A F. How and When Do Trademarks Dilute: A Behavioral Framework to Judge Likelihood of Dilution [J]. The Trademark Reporter, 1993 (2): 163; Morrin M, Jacoby J. Trademark Dilution: Empirical Measures for an Elusive Concept [J]. Journal of Public Policy & Marketing, 2000 (2): 270-271.
⑥ 陈贤凯. 驰名商标淡化的科学测度——调查实验在司法中的运用 [J]. 知识产权, 2018 (2): 35, 41.
⑦ 陈贤凯. 驰名商标淡化的科学测度——调查实验在司法中的运用 [J]. 知识产权, 2018 (2): 38-40.

标后联想到原商品类别的比例确定是否存在损害,[①] 也有的方案通过多要素的综合指标衡量品牌资产是否有所流失。[②] 在司法实践中要求调查实验证据,可以促进不同实验方法的提出和去芜存菁,这也有利于对淡化损害乃至"淡化"概念的进一步澄清。如果某一种调查实验方法能够得到较广泛的认可,该方法用以衡量损害的变量就可能很接近淡化的真正内涵。

要求调查实验,会提高商标权人举证的成本,但这不是拒斥这一观点的合理理由。反淡化保护的范围限于驰名商标,拥有驰名商标的公司一般具有强大的经济实力,调查实验的成本对其而言并不畸高。更何况,是否应当展开调查实验,判断依据不应是所需费用的绝对数值,而应是其在具体案件中的成本收益情况。[③] 较高的举证成本有助于筛选出商业价值较高并真正处于危急状态的商标。在维权开支由败诉方承担的规则下,如果商标权人不愿暂时性地为维权付出调查实验的成本,则可以认为该驰名商标的商业价值较小,或商标权人并没有真正觉得商标受到了严重的损害。此时,将商标符号更多地置于社会公众的表达自由中,发挥其作为信息文化符号的价值,或许是更好的安排。同时,调查实验有助于澄清事实和解释法律,为其他类似案件提供指导,甚至起到法律续造的作用,其社会收益是难以估量的。

(二)"搭便车"应严格解释为对商誉的攀附

我国存在以"搭便车"为由扩张商标权利的倾向。在电影《大腕》和"今日油条"案中,均有学者认为,以他人商标为噱头吸引公众的注意力,属于"搭便车",因此构成商标淡化。[④] 司法实践虽然对搭便车式淡化的认定十分谨慎,但以"搭便车"为由认定不正当竞争却相对宽松。房地产开发商以模特装点楼盘平面广告,模特所拎的手提包上使用了 PRADA 或 LV 商标,此种行为被判决为攀附商标声誉的不正当竞争行为,法律依据仅仅是《反不正当竞争法》中的原则性条款。[⑤] 如果法官在认定冲淡式淡化时严格遵守以调查实验证据单独证明损害可能性的认定标准,那

[①] 陈贤凯. 驰名商标淡化的科学测度——调查实验在司法中的运用 [J]. 知识产权, 2018 (2): 37.

[②] Magid J M, et al. Quantifying Brand Image: Empirical Evidence of Trademark Dilution [J]. American Business Law Journal, 2006 (1): 1–42.

[③] 陈贤凯. 用数字说话——商标调查实验的司法应用 [M]. 北京: 知识产权出版社, 2021: 20.

[④] 艾传涛.《大腕》侵权了吗 [J]. 法制与经济, 2002 (4): 13–14; 宁立志, 叶紫薇. 商标侵权认定标准及其价值取向——以"今日油条"案为例 [J]. 华中师范大学学报(人文社会科学版), 2021 (6): 40.

[⑤] 潘志成. 论商标声誉攀附行为与商标侵权行为的区别 [J]. 中国工商管理研究, 2008 (2): 54–57; 姚建军. 攀附商标声誉行为及其法律规制 [J]. 人民司法, 2014 (16): 92–95.

么冲淡将变得较难成立，不排除会有大量的商标权人和法官向"搭便车"这一相对宽松的条款"逃逸"。因此，有必要明确"搭便车"的内涵，限制其在商标相关案件中的适用。

"搭便车"应严格解释为对商誉的攀附，即借助消费者对于原商品质量和特征的认识，使消费者对自己的商品怀有同样的期待。单纯吸引注意和刺激兴趣的行为，不能归入"搭便车"的行列。从文义上看，《驰名商标司法解释》第9条第2款的表述为"不正当利用驰名商标的市场声誉"。声誉是一种社会评价，不应脱离经营者的业务来理解。从体系上看，商标法属于财产法，而非行为法。[①] 商标法的目的是提高商品质量和促进消费者利益，商标法所保护的财产是与商品质量和特点有关的商誉，而非商标的吸引力所带来的利益。我国《反不正当竞争法》第6条将有关商业标识的不正当竞争行为明确限制在混淆的范围之内，也不能为商标法中的"搭便车"提供扩大解释的理由。相反，一般而言，消费者因对原商品的信赖而对新商品具有同样的期待，这只有在消费者存在或多或少、或直接或间接的混淆的情况下，才有可能发生，这样解释反倒让商标法上的"搭便车"与反不正当竞争法暗合。

在收紧冲淡式和搭便车式淡化的认定的同时，应鼓励商标权人更多地立足于混淆寻求跨类保护，如此，商标保护便不会出现不合理的缺口。自20世纪以来，混淆理论不断扩张，已经弥补了淡化理论提出时商标法对商标保护的不足。[②] 相比于淡化，混淆理论的优势在于其概念明确，理论成熟，能够更为恰当地划定商标权利范围。当法院为淡化理论的模糊不清及其代表的商标权扩张趋势感到担忧时，通常的应对方式就是以混淆加以限制。[③] 这足以说明，相比于淡化，混淆理论能够更好地实现利益平衡。同时，鼓励商标权人更多地立足于混淆寻求跨类保护，也有助于向《商标法》第13条的立法本意回归，避免司法实践过分地突破立法机关确定的利益权衡。

（三）避免以通用名称为合理使用的要件

司法实践常常在法律规定之外，要求通用名称作为认定合理使用的要件，这与合理使用的理论有关。有关描述性合理使用的通说区分商标符号的"第一含义"和

[①] 虽然起源于美国的淡化理论源于反不正当竞争的理念，但从我国法律的继受过程来看，我国的驰名商标保护制度主要继受自《巴黎公约》和TRIPs协定，延续了商标法固有的财产权模式。

[②] 彭学龙. 商标法的符号学分析 [M]. 北京：法律出版社，2007：301-305.

[③] Mccabe K B. Dilution – by – Blurring: A Theory Caught in the Shadow of Trademark Infringement [J]. Fordham Law Review, 2000 (5): 1827-1876.

"第二含义"，认为商标权的范围只及于第二含义，其他经营者仍然可以在第一含义上使用该符号描述自己的商品。然而，"第一含义""第二含义"的区分已经无法满足社会公众的表达需求：商标符号能够传递信息文化内涵，这种内涵可以与商标含义共存，既不属于第一含义，又不属于第二含义；也有些商标因历史原因而具有法律承认的商标和公众认为的通用名称这双重性质，社会公众使用此类商标进行表达的需求也需要以合理使用制度加以保护。因此，合理使用不应以通用名称为前提，不应仅豁免对符号第一含义的使用。对于尚未成为通用名称的商标符号，也应存在合理使用的适用空间。

具体来说，如果系争行为的确构成淡化，那么在以下两种情况中也需要认定合理使用。其一，该商标在公众的普遍认知中已经成为通用名称，或非常接近通用名称的红线，但尚不能认定为通用名称，如香槟。其二，该商标符号的使用具有表达性，且这种表达方式具有修辞上的独特性，难以被其他表达方式替代，如电影《大腕》对商标的戏仿。[①] 在具体案件中，这两种情况的认定可以相对收紧，因为前端淡化的门槛已经设定得很高；如果系争行为真的会给商标带来损害，那么在商标没有通用化或表达没有独特到非此商标不可的地步时选择保护商标权，也不会对表达自由形成多大的威胁。

《商标法》第59条第1款的文义相对宽泛，可以支持上述两种情形下的适用。除商标含有通用名称外，法条还规定了商标直接表示商品特点的情形，并对可能被表示的特点进行了列举："质量、主要原料、功能、用途……及其他特点"。这明显是一个挂一漏万的开放式列举，末尾的"及其他特点"为该条款的适用提供了相当的弹性。同时，该条款并未限制商标表示商品特点的方式，不论该商标来源于自然语言，其第一含义可以表示其他商品的特点；还是该商标由权利人创造，后续发展出可以表示其他商品特点的内涵，都可以适用。

描述性合理使用不以通用名称为前提，可以避免合理使用和通用名称化撤销的制度功能重叠。我国《商标法》第49条第2款规定，商标成为商品的通用名称，可以被申请撤销。该规定与合理使用制度都以满足公众使用商标互相交流的需求为目的，二者的不同点在于，通用化撤销是在商标完全丧失显著性后使之完全归于公共领域，是一个在极端情况下进行极端化处理的制度。但商标成为通用名称是一个

---

① Dreyfuss R C. Expressive Genericity: Trademarks as Language in the Pepsi Generation [J]. Notre Dame Law Review, 1990 (3): 418.

漫长而复杂的过程，二者的界限很难清晰划定。在此过程中，公众使用商标进行表达的需求始终存在，需要更加灵活柔性的制度进行补足。合理使用制度恰好可以个案化地对商标权人和社会公众的利益进行权衡。在商标尚未完全通用化，或商标局和法院为是否认定通用名称而犹豫不决时，合理使用制度可以在满足公众使用需求的同时，避免过分破坏商标权，也为之后重新权衡权利人与公众的利益留下余地。如果法院以通用名称作为认定合理使用的前提，则两制度的功能完全重叠，合理使用就此被架空，这种结果显然是不合理的。

近年来，商标性使用问题获得了理论界的关注。不同于正面规定商标侵权抗辩的传统思路，商标性使用试图将商标侵权限定在相对明确的范围内，从反面划定不侵权的范围。这一视角的转换从侧面反映出社会公众使用商标符号进行表达的需求日益丰富多元，难以通过事前立法清晰明确地界定，商标法需要更加灵活的制度来限制商标权。扩张合理使用制度也可以满足这一需求。

（四）重申通用名称化撤销制度的客观性

一方面，认定通用名称不应考虑是否存在他人侵权行为，也不应考虑商标权人是否具有主观过错，因为这种观点背离了该制度的初衷。各国商标法均禁止不具备显著性的通用名称注册成为商标，从规范的角度看，是因为通用名称无法用以识别商品来源，无法发挥商标的功能；[1] 从功利主义的角度看，是因为语言具有网络效应，在某一短语成为一类商品的标准称呼后，要求竞争者和消费者采用次优的称呼或描述，会增加交流成本。[2] 同理，商标成为通用名称后，也存在类似的问题，因此任何利益受到影响的主体都可以申请撤销。由此可见，该制度关注的是商标成为通用名称的结果，并不关心其中的原因和过程。那种认为存在他人侵权，或商标权人积极维权就不应将商标通用化撤销的观点背离了该制度的初衷。如果因为此类原因，强行维持一个已经成为通用名称的商标，会对公共利益造成较大的损害。

另一方面，应当避免导致商标通用名称化脱离混淆和淡化两种判断标准，独立成为第三种认定商标侵权的理由。商标符号作为语言系统的参与者，被社会公众不断使用，其含义会发生怎样的变化，难以预测也难以干预。商标权人想要控制商标

---

[1] 杜颖. 商标法 [M]. 北京：北京大学出版社，2010：19.
[2] Merges R P. Who Owns the Charles River Bridge? Intellectual Property and Competition in the Software Industry [A/OL]. (1999 - 04 - 02) [2023 - 11 - 04]. https://www.law.berkeley.edu/files/criver.pdf：37 - 38.

符号的含义，避免商标通用名称化，往往不合理也不可行。因此，商标通用名称化不应成为干预他人表达行为的独立理由，怀有此类关切的商标权人应该在既有的制度框架下寻求救济。商标成为通用名称是商标显著性下降的极端状态，若系争行为真的会带来这种风险，则可以利用冲淡式淡化进行救济，前提是能够在联系的基础上以调查实验证明损害可能性。冲淡式淡化、"搭便车"、合理使用等各种制度都应在原轨道上运行，不应为通用名称化的风险改变轨道，或放低标准；更不能在法律规定之外开辟轨道，将通用名称化构建为商标侵权的第三种类型，以此为由干预字典中的词条解释等与商标侵权风马牛不相及的表达行为。

五、结　语

商标反淡化制度是商标权利扩张的典型表现，与表达自由产生了较为严重的矛盾。淡化理论的现实基础是消费社会中商标地位与功能的转变，但不应忽略的是，这种转变同时也导致了社会公众使用商标符号进行表达的需求增强。面对商标权人肆意干预公众表达行为的种种现象，我们不能一味满足商标权人的物权式支配欲望，忽视商标反淡化正在侵蚀表达自由的事实。

商标权与表达自由不是单纯的对立关系，二者也具有内在的契合性。商标和表达具有共同的基础——符号，商标符号正在深度参与语言表达系统，行使商标权也需要遵循语言发展的规律和语言实践的常理。因此，本文认为表达自由和商标权之间不存在权利相互性理论所认为的无法回避的冲突，也没有要简单地将二者放在对立的位置上进行利益平衡，而是以语言规律作为标准，对物权式支配观念作出否定性评价。物权式支配与商标活符号的性质存在根本性的冲突，无论商标权人如何侵入社会公众的语言实践，都只能是徒劳无功。

同样考虑到商标权与表达自由的契合性，本文尝试通过检讨反淡化制度应对反淡化侵蚀表达自由的问题。检讨发现，商标权人的物权式支配欲望之所以能够成为现实，是因为我国对"淡化"概念认识不足，法院认定淡化较为随意，反淡化保护无序扩张。本文梳理淡化理论的发展脉络后指出，避免引起表达自由问题的关键在于认识和证明淡化损害，同时也需要限制对具有公共词汇性质标识的保护。

在此基础上，本文提出对反淡化及其限制规则进行重构。首先，认定冲淡式淡化应在联系的基础上以调查实验证据证明损害可能性；其次，"搭便车"应严格解释为对商誉的攀附，单纯利用商标符号吸引消费者注意力的行为不能构成淡化；再次，法院应遵守法律规定，避免将通用名称作为认定合理使用的要件，并适度扩张合理使用的适用；最后，法院在认定通用名称时不应考虑他人的侵权行为和商标权人的主观因素，也要避免通用名称化独立成为第三种认定商标侵权的理由。

（责任编辑：张靖辰）

The Rational Boundary of Trademark Antidilution from the Perspective of Free Speech

Sun Weiman

Abstract: In a consumer society, trademarks function as mediums for conveying information, individuality and culture, becoming important cultural symbols, which has sharpened the inherent conflict between trademark rights and free speech. On the one hand, the public demands more use of trademarks in expression. On the other hand, trademarks have become important assets for enterprises, and the owners of the marks attempt to completely control their marks as a right in rem. In practice, the public's free speech is being infringed by antidilution. Trademarks are a part of the language system, the trademark law needs to respect the general rules of language development and practice. From the linguistic perspective, the ideology of complete control is neither realistic nor rational. The concept of dilution in China is confusing, resulting in the irrational extension of antidilution, which is infringing the public's free speech. It is vital for the problem to analyze and prove the harm of dilution. Therefore, this article proposes to reconstruct the rules of antidilution and its restriction. Firstly, in addition to mental association, likelihood of harm should be proven by investigative survey in order to prove dilution by blurring. Secondly, the concept of free – riding should also be strictly restricted to the appropriation of goodwill on the goods' quality or characteristics. Thirdly, genericide is not necessary for descriptive fair use. Lastly, the objective nature of the generic term rule should be recognized.

Key Words: Free speech; Dilution; Restriction on trademark right; Generic term; Likelihood of harm

商标法中"不良影响"条款的制度运行成本优化[*]

兰 昊[**]

【摘　要】 从制度运行成本的视角来分析和完善法律制度的尝试符合改革发展和法治建设的需要。《商标法》第10条第1款第（8）项的"不良影响"条款出现了认识分歧，制度运行会因为缺乏快速而准确的理解判断而变得不够顺畅，同时产生更多的预防和纠正成本来维护"不良影响"条款规制效果实现。现阶段制度运行成本问题凸显与"不良影响"条款是一种对复杂情形的抽象评价有关，也与其体系定位不清有关，还与经济社会的发展变化有关。基于原因分析提炼出的若干降低成本的思路并不能直接作为优化方案。在经过与制度内部规定是否相协调、与立法本意和立法追求是否相契合、与经济社会发展的形势与变化是否相衔接的考量和评估后，发现将"不良影响"条款定位为《商标法》第10条第1款的兜底规定并包括三个具体方面的做法，能够具有制度运行成本优化的效果，且符合开展成本优化的基本考量，适宜作为缓解"不良影响"条款制度运行成本问题的对策和出路。

【关键词】 商标法　制度运行成本　商标注册　"不良影响"条款

一、引　言

《商标法》第10条第1款规定了不得作为商标使用的八种情形，其中第（8）项针对的是"有害于社会主义道德风尚或者有其他不良影响的"标志，因而该项规

---

[*] 本文是国家社科基金项目"新时代中国知识产权制度的运行成本优化研究"（项目编号18BFX161）的阶段成果。

[**] 兰昊，法学博士，中国法学会法治研究所助理研究员。

定也被称为"不良影响"条款。在商标授权确权的多年实践中,通过"不良影响"条款驳回商标申请注册的情形不在少数,因而也形成一定的"可循之章"。但是,如果我们结合相关案例,就会发现"不良影响"的评判并不统一,整个商标授权确权制度的运行会因此变得不顺畅,制度运行成本也会因此增加,影响了商标法律制度运行的效率。

制度运行成本可以有两种理解。第一种是广义理解,指的是运行一种制度所耗费的社会资源投入,是相比于没有这种制度而言的。这里的成本具体由三个部分构成:一是制度产生的成本,接近于立法过程产生的成本;二是制度执行的成本,制度一般通过权利义务的方式,规范、约束、指引特定对象的行为,从而达到一定的效果,比如利益分配的效果或者秩序形成的效果,因此,制度执行的成本是指制度所指向的对象按照制度内容进行一定行为所产生的成本,接近于遵法守法过程所产生的成本;三是制度保障的成本,制度经过设计和实施来产生一种效果或者局面,但是可能存在特定对象没有按照制度内容进行一定行为,导致这一效果或者局面不理想的情况,因而需要采取一定措施来保障制度目的的实现,所以,制度保障的成本指向的是纠正不理想的制度执行情况所需要的成本,接近于司法或执法过程产生的成本。广义理解的制度运行成本主要用于反映一项制度设立与否的比较,倾向于对制度必要性分析。

第二种理解是狭义理解,即是指一种制度在运行过程中产生的成本,是在已经存在某种特定制度的前提下来分析的,具体指的是实现该制度预期效果所需的成本。制度的预期效果是通过规范、约束、指引特定对象的行为来实现的。因此,当规范、约束、指引的内容清晰明确时,特定对象能够快速、精准获知自己需要进行的行为,同时操作的环节少、难度小,因而能够又快又好地实现制度预期的效果;而当规范、约束、指引的内容较为模糊,又或者涉及较多较复杂的环节,特定对象的行为就有可能不到位,此时就需要额外的成本来预防或者纠正这些不到位。额外的预防成本一般体现为咨询调查或管理控制上的成本,额外的纠正成本一般体现为争议解决的成本,比如诉讼、仲裁、调解所产生的成本。狭义理解的制度运行成本主要用于反映追求一定效果时,不同制度内容设计之间的比较,侧重对制度合理性或者优越性的分析。

本文所探讨的制度运行成本问题为狭义理解的成本。评判的标准是在制度运行过程中,是否会因为制度规定引发特定对象的行为不到位而需要额外的预防或者纠正成本来实现制度原本预期的效果，以及这种额外的预防或者纠正成本是否合理。制度运行成本优化用于法律制度研究，具有以下三点必要性：首先，制度运行成本是制度本身合理性的标志之一，也是制度功能价值实现与否的重要视角；其次，制度运行成本会影响资源配置的效率，反作用于社会经济活动；最后，制度需要顺应经济社会的发展变化进行调整，这是推进国家治理现代化的内在要求。①

任何一项制度都会有其特定的效果追求，但是制度内容设计的不同，会导致实现该制度预期效果的成本不同。本文将从当前"不良影响"条款的运行情况出发，指出其中运行成本问题的主要表现，然后对运行成本问题的形成原因进行解析。针对当前现状和背后原因，本文提炼出几种主要的优化思路，并根据制度运行成本优化的主要考量，对这些思路进行分析、选择、整理、组合，最终探索出适宜的路径，以优化"不良影响"的评判体系，降低制度运行成本，提高制度运行效率。

二、"不良影响"条款的制度运行成本问题

当特定标志属于《商标法》第 10 条第 1 款第（8）项的"有害于社会主义道德风尚或者有其他不良影响的"情形时，该标志将不能作为商标使用，这意味着，如果向商标管理部门申请注册的是这种标志，将可能面临被驳回申请的后果。即使申请注册成功，这样的注册商标也可能最终被撤销。因此，是否属于"不良影响"关乎注册商标的取得和存续。然而，无论是"有害于社会主义道德风尚"，还是"有其他不良影响"，在具体评判时都面临一定的不确定性，导致的结果是，不同主体对于是否属于第 10 条第 1 款第（8）项之情形存在不同的认识和判断。这样的分歧主要表现在，是只要存在一定的不良影响即可？还是所产生的不良影响需要满足一定的形式或者程度要求？这一分歧在下面两种情况中体现得较为明显。

第一种情况是将公众熟知的或者具有一定影响的名词或图案作为标志申请注册。如果认为只要存在一定的不良影响即可，那么这些名词或图案被用作商标都可能导

---

① 制度运行成本分析其实定位为一种研究视角或思路，主要用于观察和改进制度设计，属于一种探索和尝试，笔者对于制度运行成本进行过相关论述。参见：兰昊. 我国职务发明制度运行的成本检视与优化探索 [M] // 林秀芹. 中外知识产权评论（第五卷）. 厦门：厦门大学出版社，2021：83–101.

致原来已经建立的联系和形成的秩序被"搅乱",因而确实会带来一定的不良影响,一些司法裁判据此认为特定标志属于《商标法》第10条第1款第（8）项之情形。比如在"THE HARRIS PRODUCTS GROUP案"中,法院认为引起来源混淆属于"不良影响"的情形。① 类似的情况也在"刘德华案"中出现,法院认为将名人姓名用作商标会导致与名人之间关系的猜测和联想,进而产生误导,因而属于"不良影响"的情形。②

然而,如果认为所产生的不良影响需要满足形式或者程度要求,那么这些名词或图案可能需要"另眼相看"——虽然产生了不良影响,但是并非"不良影响"条款所指向的不良影响。有观点指出,仅侵犯特定民事权益而造成相关公众混淆的不属于"不良影响",相关公众混淆与"不良影响"条款无必然联系。③ 在"姚明一代案"中,二审法院推翻了一审法院的裁判理由,认为来源混淆不属于"不良影响"。④ 类似的情况还有"亚平案"。⑤ 最高人民法院《关于审理商标授权确权行政案件若干问题的意见》（法发〔2010〕12号）第3条明确排除"不良影响"条款适用于"仅损害特定民事权利"的商标注册,似乎传达出"不良影响"有特定形式或程度要求。甚至最高人民法院还就此进行过阐述,认为"商评委将使用申请商标的结果易导致消费者误认误购作为具有不良社会影响的理解,既与不良影响条款的规范对象和立法本义不符,亦不适当地扩大了该条款的适用范围"。⑥ 但是在"1892

---

① 法院认为,由林肯公司申请注册"THE HARRIS PRODUCTS GROUP"商标,易使相关公众误认为该商标指定使用的商品来源于HARRIS产品集团,这种对相关公众的误导损害了不特定消费者的利益,是对公共利益的损害,构成《商标法》第10条第1款第（8）项所称的"不良影响"。参见北京市高级人民法院（2012）高行终字第1085号行政判决书。

② 法院认为,争议商标与艺人刘德华的姓名完全相同,故争议商标注册、使用在化妆品等商品上,不仅可能不正当借用艺人刘德华的知名度和影响力,从而使其合法权益受损,还难免引起广大消费者对相关商品与艺人刘德华之间关系的猜测和联想,进而产生误认和误购,因此,争议商标已经构成《商标法》第10条第1款第（8）项所述的"有其他不良影响的标志",不得作为商标注册和使用。参见北京市第一中级人民法院（2011）一中知行初字第2272号行政判决书。

③ 杨建军,彭菲. 商标注册中"不良影响"的司法认定[J]. 陕西师范大学学报（哲学社会科学版）,2020,49(5):60-71.

④ 法院认为,被异议商标"姚明一代 YAOMING ERA"为文字商标,商标整体及其构成要素"姚明一代""YAOMING ERA"均不存在影响社会主义道德风尚或有损公共利益、公共秩序的情形。参见北京市高级人民法院（2011）高行终字第1100号行政判决书。

⑤ 法院认为,相关公众可能会认为争议商标核定使用的商品与邓亚萍存在某种关联,但这种后果不会对我国政治、经济、文化、宗教、民族等社会公共利益和公共秩序产生消极、负面影响。参见北京市高级人民法院（2011）高行终字第168号行政判决书。

⑥ 最高人民法院（2016）最高法行再7号行政判决书。

及图案"中,将引起公众误认视为"不良影响"的情况又一次出现。①

第二种情况是对于一些带有低俗含义或者负面色彩的用语。如果认为只要存在不良影响即可,对程度持较低要求或者无要求,那么一些标志可能从字面或图案上看不出不良色彩,但是当实际使用在某些类别的商品或者服务上时才会表现或者需要在特定人群或者特定行业中才能体会出不良影响,可以符合"不良影响"之认定。在"根据地"②、"三军"③等案件中,法院均认定标志与具体商品或者服务结合会产生不良影响,这意味着,标志本身虽没有不良影响甚至具有正面影响,但如果其使用将产生不良影响,该标志也不能作为商标申请注册和使用。④并且,对于是否具有"不良影响",只需要在当代社会背景和指定商品或服务的相关市场背景下考量就可以。⑤另外,如果程度要求较低,那么只要对部分人群产生不良影响,也构成"不良影响"之情形。有观点曾指出,应当根据不良影响的具体类型,以相关领域的特定主体为判断标准,而非以相关公众或一般公众为判断主体。⑥因此,在"城隍"⑦和"PRINCE OF PEACE"⑧案件中,法院认为对特定宗教及特定人士

---

① 法院认为,本案中的诉争商标为图文组合商标,文字为"1892",图形为张弼士的头像;根据原审查明的事实,张弼士生前为中国第一个工业化生产葡萄酒的企业即张裕集团前身张裕酿酒公司的创立人,曾对中国葡萄酒业做出过一定的贡献,在葡萄酒行业内具有一定的知名度和影响力,本案涉案商标申请人与张裕酿酒公司无任何关联,其将张弼士的头像注册在第33类商品上,容易使相关公众认为其商品来源、品质特点与张弼士或者张裕公司有特定联系,导致误认,可能对我国社会公共利益和公共秩序产生消极、负面的影响,构成《商标法》第10条第1款第(8)项所指情形。参见最高人民法院(2020)最高法行申7105号行政裁定书。

② 法院认为,"根据地"的基本含义为"赖以存在的基地、基础",虽然该含义不会损害社会主义道德风尚或产生不良影响……申请商标指定使用在"替他人推销、商业评估、商业调查"等服务项目上……其存在减损"根据地"严肃性、神圣性的可能性,进而会伤害相关公众的爱国情感。参见北京市高级人民法院(2017)京行终1535号行政判决书。

③ 法院认为,申请商标"三军"容易使相关公众联想到陆军、海军、空军的统称,将其作为商标使用在杀虫剂、卫生巾等商品上,有损军队威严,易产生不良影响。参见北京知识产权法院(2015)京知行初字第887号行政判决书。

④ 李扬.“公共利益”是否真的下出了“荒谬的蛋”?——评微信商标案一审判决[J].知识产权,2015(4):29 - 34.

⑤ 许亮.商标注册“不良影响”条款的理解与适用——基于比较法和法解释学的分析[J].电子知识产权,2020(11):70 - 80.

⑥ 周波.不良影响判断主体的确定[N].中国知识产权报,2014 - 07 - 25(7);董维富.“具有不良影响”判定的实例解析[J].中华商标,2015(6):59 - 62.

⑦ 法院认为,将"城隍"作为商标加以使用,将对信奉道教的相关公众的宗教感情产生伤害,并对社会公共利益和公共秩序产生消极、负面的影响,因此,争议商标的注册使用违反了《商标法》第10条第1款第(8)项的规定,依法应予撤销。参见北京市高级人民法院(2014)高行终字第485号行政判决书。

⑧ 法院认为,申请商标"PRINCE OF PEACE"的字典含义为"耶稣基督",该含义虽然可能并不为中国的相关公众普遍认知,但是不管中国的相关公众是否能够认识到"PRINCE OF PEACE"的字典含义,都不影响申请商标文字作为宗教用语的客观事实,因此以申请商标文字作为商标可能会产生宗教上的不良影响。参见北京市高级人民法院(2010)高行终字第839号行政判决书。

的不良影响构成《商标法》第10条第1款第（8）项的情形。

然而，如果所产生的不良影响需要满足一定的形式或者程度要求，那么则会要求不良影响较为凸显，比如能够直观从字面或图案上感受得到，或者要求一般公众和普通消费者都能感受得到。支持的观点指出，"不良影响"条款的适用应当仅限于标志本身，而不能扩大至使用行为。[①] 在"老海军案"中，法院采取了这样的思路。[②] 在具体判断时，指出虽然《商标法》第10条并未明确限定判断主体，但是从该条款自身属性及其法律后果进行分析，将判断主体的范围划定为"社会公众"更加符合立法目的。[③] 由于"一般认知"对"不良影响"的程度要求更高，这意味着仅对特定人士产生"不良影响"但未达到对普遍认知的"不良影响"的标志，依然可以作为商标注册使用，比如"乡巴佬"就是这种情况。[④] 因此，如果影响达不到这样的程度，或者效果上不能为一般公众所否定，则不构成第10条第1款第（8）项的"不良影响"之情形。在"骷髅及带血刺环图案"案件中，法院从"一般认知"出发来评价，是贯彻这一要求的体现。[⑤] 但是，在"通寻兵案"中，两审法院对是否构成"不良影响"存在不同认识，再一次说明分歧的存在。[⑥]

上述分歧反映出"不良影响"评判存在模糊性，而这种模糊性会导致较高的制度运行成本。由于对特定标志是否属于《商标法》第10条第1款第（8）项之情形缺乏快速而准确的理解判断，因而需要更多额外的预防和纠正成本来保护"不良影响"条款规制效果实现。预防上的成本表现在说明和记录上，即商标的申请人需要投入成本搜集资料、咨询意见等来论证和说明其所申请的标志不属于"不良影响"。

---

① 刘建臣. 异化与回归：原样保护原则下"不良影响"条款的适用——以"微信"商标案为视角［J］. 电子知识产权，2015（9）：26-38.
② 法院认为，该项所规定的"不良影响"，根据规定的文义仅指标志本身的不良影响，不包括将标志使用在指定商品上所可能导致的不良影响。参见北京市高级人民法院（2015）高行（知）终字第911号行政判决书。
③ 陶钧. 关于标志具有"其他不良影响"的价值界定与判定方法——以"符号学"为视角进行认知［J］. 法律适用，2020（16）：94-104.
④ 法院认为，"乡巴佬"一词在过去年代曾具有贬义，但不可否认的是，该词现在已被赋予一种新的淳朴含义和幽默意味，已成为中性词汇，因此，原告关于被异议商标存在有悖于社会主义道德风尚或有其他不良影响的主张不能成立。参见北京市第一中级人民法院（2010）一中知行字第1466号行政判决书。
⑤ 法院认为，根据相关公众的一般认知，该图形表现形式血腥，容易导致相关公众产生不舒服的联想，进而损害心理健康，产生不良的社会影响。参见北京知识产权法院（2015）京知行初字第4363号行政判决书。
⑥ 本案中，二审法院审理后认为，相关公众不会因将申请商标误认为"通信兵"，而将使用申请商标的商品误认为通信兵系统的军工产品，并产生误导消费的其他不良影响，因此原审法院有关申请商标使用在指定商品上易使相关公众认为该商品为通信兵系统的军工产品，继而误导消费，造成不良影响的认定有误。参见北京市高级人民法院（2014）高行（知）终字第2456号行政判决书。

一定情况下，商标的申请人还可能需要通过社会调查等方式，来查明其所申请使用的标志不构成《商标法》第10条第1款第（8）项的"不良影响"情形。由于"不良影响"无法提供清晰明确的指引，这样的预防工作就显得尤为重要，同时，也正是因为缺乏可预见性，不同主体对于是否属于"不良影响"会产生不同认识，比如不同行业、不同地区、不同年龄段甚至不同文化背景的主体。考虑到"不良影响"是商标无效的"绝对事由"，因而这些不同主体的不同预判将可能导致纠纷和争议的产生，并转化为复议、诉讼等化解认识冲突的过程，也就意味着，因为对"不良影响"缺乏较为统一、确定的认识和判断，更多的行政复议和行政诉讼将为此产生。商标授权确权过程的争议解决成本相当高，从商标局驳回到商评委复审，再到北京知识产权法院、北京市高级人民法院的行政诉讼，整个过程下来多少有点"耗时耗力"。因此，"不良影响"条款由于不确定性突出，导致商标注册制度的运行成本增加，引发资源过多耗费的问题。

三、"不良影响"条款之制度运行成本问题的形成原因

（一）"不良影响"条款是对复杂情形的抽象评价

《商标法》设置"不良影响"条款的目的，是维护社会公共利益和公共秩序，防止某件商标的注册对正常的社会秩序、道德观念产生负面影响。[①] 伴随市场经济规模的增加，商标不再单纯地作为商品来源提供者信息传递的工具，也包含着社会文化传播等多重功能。所以，作为一种商业表达，商标同时也会发挥文化的功能。[②] 因此，《商标法》在规范商标注册的同时，也要引导商标上所承载文化的积极走向。在这种情况下，《商标法》"不良影响"条款起着"匡正"商标所传递文化之走向的作用。然而，实际情况中商标的表现形式千差万别，同时对于文化走向的引导也会因为文化的地域性、时代性而有所不同。对此，《商标法》作为一种法律制度，既要应对可能出现的变化，又要保持其该有的稳定，因而采取概括抽象的表述有助于应对实践中复杂多变的各种情况。可是，也正是这种对复杂情况的抽象评价，容

[①] 商评委. 关于《商标法》"其他不良影响"的理解与适用［N］. 中国工商报，2013-12-05（B03）.
[②] 杜颖，张建强.《商标法》"不良影响"条款的适用探析——基于"MLGB 商标无效宣告案"的思考［J］. 电子知识产权，2017（5）：76-82.

易导致制度运行成本的增加。有观点指出,"不良影响"条款本身具有高度的概括性,其调整范围的开放性导致其内涵具有较高的不确定性,使得对该条款司法适用的规制是一项难以达到终极完美但立法、司法实践及理论又不得不竭力为之的工作。① 因此,"不良影响"条款的制度运行成本问题离不开其"一步式"的规范设想,即通过抽象的表述规范复杂的情形。

(二)"不良影响"条款的体系定位不清会增加制度运行成本

"不良影响"条款的范围存在争议和分歧,一个重要的原因在于"不良影响"条款和《商标法》第10条中的其他条款的关系并不清晰,或者说"不良影响"条款本身的体系定位是有一定模糊性的。有观点指出,对我国《商标法》第10条第1款第(8)项有关"不良影响"的规定不宜作过于狭隘的理解,其应理解为关于商标不得注册绝对事由的兜底条款,但凡"违反公序良俗损害公共利益和公共秩序"且《商标法》规定的其他绝对事由都无法对号入座的,可以适用该条款加以调整。② 据此来看,一些引起误导或混淆并由此带来某种不良影响的标志,或者具有不良影响但是程度不高的标志,也可以将其认定为"不良影响"之情形,从而禁止其注册使用,因为结合整个第10条来看,不得作为商标使用的标志应当排除种种不良影响的存在。这样,"不良条款"的控制范围就相对较大,对形式和程度的要求也相对较低。然而,也有观点认为,从条文看,我国《商标法》第10条第1款第(8)项是一个列举加概括的例示性规范,根据例示性规范的适用规则,"不良影响"条款并非兜底条款,仅指与有害于社会主义道德风尚相类似的,可能对我国政治、经济、文化、宗教、民族等社会公共利益和公共秩序产生消极、负面影响的情形,属于禁用禁注的绝对理由之一。③ 所以,"不良影响"条款的控制范围是有限的,至少对于隐含误导性或可能导致来源混淆的名称、热词的注册申请,是无法作为处理依据或者驳回理由的。还有论述认为,在我国《商标法》中,商标的商业意涵已经由第10条第1款第(7)项规范,"不良影响"是针对商标的文化意涵,所以该看法主张整体考量和"不浪费"条款,认为对于其他条款已经解决的问题,《商标法》不必重

---

① 马一德. 商标注册"不良影响"条款的适用 [J]. 中国法学, 2016 (2): 225-237.
② 黄汇. 商标法中的公共利益及其保护——以"微信"商标案为对象的逻辑分析与法理展开 [J]. 法学, 2015 (10): 74-85.
③ 孔祥俊, 夏君丽, 周云川.《关于审理商标授权确权行政案件若干问题的意见》的理解与适用 [J]. 人民司法, 2010 (11): 21-29.

复规范。① 这样，"不良影响"的范围虽带有开放性，但必须排除其他条款已经明确规定的情形，也意味着其不是一个总的兜底条款，而是专指区别于其他情形的特定方面的条款。根据这样的认识，"不良影响"条款对所产生的影响形式、类别、程度都有要求。因此，总体来看，由于第10条第1款第（8）项存在作为条文兜底还是专指特定情形抑或同时兼有的不同定位理解，带来不确定性的同时导致"不良影响"条款运行上的不顺畅，从而增加整个制度的运行成本。

（三）经济社会的发展变化导致制度运行成本问题更加突出

改革开放以来，我国经济社会快速发展，文化也越发多元。在这样的背景下，一些亚文化、非主流文化开始出现，甚至形成一定的影响力。然而，这些亚文化和非主流文化有时比主流文化更容易进入人们"记忆"。因此，一些商业主体为了更快获得商业标识上的知名度，会通过使用亚文化和非主流文化的文字、图像或者其他符号申请注册商标，来达到"博眼球"、"蹭热点"甚至"哗众取宠"的目的。这些亚文化和非主流文化的文字、图像或者其他符号很多尚未形成统一或者共识性的社会评价，使得在判断是否具有不良影响时，站在较为潮流的人群中可能持肯定态度，而站在接触较少或年长一代的人群中则可能持否定态度或者表示"不太理解"。比较典型的例子是"白富美"商标。② 另外，由于亚文化和非主流文化的影响，一些本身字面可能并无不良含义的文字、图像或其他符号，与特定类别商品或服务结合之后，容易让人产生不当联想，比如"央视一套""二人转"用在计生产品上的情形。文化大环境的变迁，以及亚文化和非主流文化的出现并且逐渐流行，为致力于引导健康文化走向，培育良好文化氛围的"不良影响"条款带来了适用上的挑战，基于不同的文化背景，或者处于不同的文化视角的主体，在看待同一标志时，可能得出不同的结论。这样的社会发展变化进一步增加"不良影响"评判的困难，同时也会影响制度运行的效率，导致额外的成本。

---

① 李琛. 论商标禁止注册事由概括性条款的解释冲突[J]. 知识产权, 2015 (8): 3-9.
② 法院认为："白富美"作为描述相貌姣好且具有大量财富的女性的词汇，其本身是中性的，并无任何贬损含义，不存在有害于社会主义道德风尚或者有其他不良影响的情形；原审判决虽然宣称要坚持以市场实际为原则，但是在实际判断中又认为"白富美……在一定程度上宣扬了不必通过艰苦奋斗、服务社会而获取大量财产的价值追求，该价值追求违背了我国人们共同生活及其行为的准则、规范及在一定时期内社会上流行的良好风气和习惯"，这一判断是对中国当代社会伦理道德的一个错误认识，是将裁判者自己所坚守的道德标准强加给了全体中国人。参见北京市高级人民法院（2015）高行（知）终字第2558号行政判决书。

四、"不良影响"条款之制度运行成本优化的思路选择与考量因素

（一）"不良影响"条款之制度运行成本优化的思路选择

"不良影响"条款在实际运行过程中，因为缺乏准确的识别判断，制度运行并不顺畅，额外的防错纠错过程及判定认定环节可能因此产生，整个制度的运行成本也就有可能因此增加。若要优化制度运行的成本，最主要的方向在于努力形成更为一致性的认识，从而提高"不良影响"条款的可预见性，让相关主体能够更为精准地估量商标的可注册性，避免触犯"不良影响"条款而最终无法获得使用。因此，沿着减少模糊性和提高确定性的方向，可以发现有这么几种优化制度运行成本的思路。

思路一是在顺承原有规定基础上提高评判的准确度和清晰度，对包括"不良影响"条款在内的整个《商标法》进行一定的解释、说明，从而形成更具有操作性的评判体系。简而言之，就是针对模糊地带进行细化，通过相对统一的标准和尺度抑制分歧的产生，来达到控制制度运行成本的目的。在2019年中国知识产权十大案件之一的"MLGB案"中，法院就曾尝试形成更精确、更细致、更明晰的评判标准。北京市高级人民法院认为：是否属于"其他不良影响"的判断主体，应当为全体社会公众，而非诉争商标指定使用的商品或者服务的"相关公众"，否则所得出判断结论容易"以偏概全"；是否属于"其他不良影响"产生的判断时间，一般应当以诉争商标申请注册时的事实状态为准；是否属于"其他不良影响"含义的判断标准，一般应当根据标志信息内容的"固有含义"进行判断，避免将诉争商标标志或者其构成要素在特殊语境、场合等情况下，通过演绎、联想等方式后，所形成的非通常含义负载于诉争商标标志或者其构成要素之上；是否属于"其他不良影响"的举证责任，一般应当由主张诉争商标具有"其他不良影响"的当事人承担举证证明责任。[①] 这一系列细化措施无疑有助于降低"不良影响"评判标准的模糊性。与之做法相近，北京知识产权法院举办涉"不良影响"条款商标驳回复审案件审理情况

---

① 北京市高级人民法院（2018）京行终137号行政判决书。

通报会，会上澄清了一些评判"不良影响"的模糊地带。① 目前来看，这一思路有助于提升裁判的效率和裁判结果的一致性，但是在细化的方向上，不同主体可能存在不同认识，比如在判断主体上，就存在"相关公众"② "社会公众"③ "一般消费者"④ 的不同选择。

思路二是采用更灵活的评判方式，让不同的复杂情形匹配针对性的尺度标准，在提高适应性的同时达到降低运行成本的目的。由于不同主体对"不良影响"秉持不同标准，即使均认可"不良影响"有形式或者程度上专门性的要求，而非只要存在可能性即可，也不见得在形式或者程度具体表现上就能够形成一致意见，或者建立统一标准。因此，既然直接判断存在困难，那么干脆将判断的难题交给申请人。具体做法是，在操作上为可能具有"不良影响"的标志贴上标签，被贴标签的商标会在商标行政管理部门进行专门公示，与此同时给予商标申请人一定的期限决定是否继续完成申请获得注册商标。此时对于商标申请人而言，可以形成对其申请标志的一定预见，并评估是否要继续申请该标志。由于被贴上可能具有"不良影响"的标签，那么意味着该标志即使注册下来，也有可能因为触犯"绝对无效"事由而被撤销，这样的风险需要商标申请人知悉。总而言之，思路二其实是把判断是否属于"不良影响"的难题交回给了商标的申请人，让他们决定是否要去"冒险"。同时，贴上标签和专门公示，也更有助于商标申请人和法院等裁判者获知相关行业、地域、年龄段或文化背景的人群的反馈。该思路其实是通过前置程序，控制"不良影响"条款运行的次数和频率，来减少制度运行成本的——通过提示这些"擦边"标志的申请，来预防潜在的争议处理环节。

思路三是变更原有方式为更低运行成本的方式，减少因操作困难导致的运行不畅，提高结果的可靠程度。具体在"不良影响"条款问题上，则有两种做法。一种做法是将"不良影响"部分去掉，第10条第1款第（8）项变更为"有害于社会主义道德风尚"。变更之后的直接效果是，是否属于"其他不良影响"的评判过程将

---

① 张航. 北京知产法院通报涉"不良影响"条款商标驳回复审案件审理情况 [EB/OL]. (2020 – 11 – 06) [2023 – 07 – 17]. https://bjgy.bjcourt.gov.cn/article/detail/2020/11/id/5564183.shtml.
② 该案中法院根据相关公众的一般认知作出裁判。参见北京知识产权法院（2015）京知行初字第4363号行政判决书。
③ 该案中法院强调判断主体应为社会公众而非"相关公众"。参见北京市高级人民法院（2017）京行终874号行政判决书。
④ 该案中法院认为应当从我国国情、历史、社会观念、市场效果等方面出发，结合我国经济社会文化背景，以一般消费者对该商标的认知为主要因素，加以综合判断。参见最高人民法院（2018）最高法行再91号行政判决书。

得到省略，而第（8）项也将更专注于"有害于社会主义道德风尚"之上。结合众多涉及"不良影响"认定的纠纷可以发现，主要的争议标志可分为两种：一种是将公众熟知的或者具有一定影响的名词或图案作为标志申请注册；另一种是使用一些带有低俗含义或者负面色彩的用语申请注册商标。其中，第一种标志有可能通过《商标法》第10条第1款第（7）项①或者第32条②得到规制，而第二种标志则有可能构成"有害于社会主义道德风尚"，因而即使去掉"不良影响"部分之后，其原有功能依然能够通过其他规定和条款得到相当程度的维持，至少目前是这个情况。"有害于社会主义道德风尚"其实主要针对的是一些反映不良习俗或者破坏公序良俗的行为，因此相比于"不良影响"，这一规定其实针对性更强，判断起来也更为便利。另一种做法是将"不良影响"与"有害于社会主义道德风尚"相分离，并单独作为第（9）项，成为整个第10条第1款的兜底条款。这样变更之后，"不良影响"的定位更加清晰，指向更加明确，也更容易形成统一认识，有助于减少理解和判断上的困难。作为兜底条款，"不良影响"可以不用对形式和程度作专门性的要求，在适用和认定上更有利于达成一致。

（二）"不良影响"条款之制度运行成本优化的考量因素

"不良影响"条款之制度运行成本优化还涉及其他因素需要予以重视和考量：

一是与制度内部规定相协调。在选择优化方案时，需要考虑"不良影响"条款的基本情况，即作为《商标法》第10条第1款的情形之一，与其他七种情形共同构成商标"绝对无效"的事由。因此，"不良影响"不是一个孤立的条款，需要整体分析。如果将"不良影响"部分去掉，第10条第1款第（8）项变更为"有害于社会主义道德风尚"，整个《商标法》第10条第1款的规制范围是否会因此打了折扣存有疑问。如果选择把"不良影响"明确列为所有情形的兜底条款，它的指向又是什么呢？若其可以阻止将公众熟知的或者具有一定影响的人名、地名、热词、熟词、流行词等作为标志申请注册，那么与第（7）项可能出现重叠；若其可以规制使用一些带有低俗含义或者负面色彩的用语申请注册商标，那么与第（8）项又可能出现重叠。如果赋予其独立指向，是否又会导致整个第10条第1款规制范围的不

---

① 《商标法》第10条第1款规定，下列标志不得作为商标使用，其中第（7）项是"带有欺骗性，容易使公众对商品的质量等特点或者产地产生误认的"。

② 《商标法》第32条规定：申请商标注册不得损害他人现有的在先权利，也不得以不正当手段抢先注册他人已经使用并有一定影响的商标。

当扩大呢？可见，在选择优化方案的时候，应当考虑方案是否与制度内部规定之间相协调。

二是与立法本意和立法追求相契合。虽然成本优化的方案和举措对制度本身而言是有所帮助的，或者说是有积极意义的，但是不能因制度运行成本的优化而更改制度的本意和追求，否则，制度很可能因成本优化的方案而"变味"。"不良影响"条款是第10条第1款中规定的一种情形，与其他条款共同构成一扇"规范之门"，排除不符合要求的标志申请注册商标。因此，"不良影响"条款的强制性应当得到贯彻，所申请的标志一旦属于"不良影响"之情形，那么应当被绝对排除在商标注册的大门之外。此时，如果只是要求申请人自己"掂量"一下是否注册，而不实质性地做好把关，即使最后因触犯"不良影响"被撤销，所不利后果也已经产生。《商标法》第10条第1款既有事前预防的目标定位，也有事后补救的功能价值。如果因为回避分歧而"牺牲"前者，虽然有助于制度运行成本的优化，但是可能与立法本意和立法追求相违背。因此，在选择优化方案时，需要考虑是否能够发挥制度本来的作用，而不更改其原来意图实现的效果。

三是与经济社会发展的形势与变化相衔接。2021年中共中央、国务院印发《知识产权强国建设纲要（2021—2035年）》（以下简称《强国纲要》），描绘出我国加快建设知识产权强国的宏伟蓝图。在知识产权的创造、保护和应用上，我国针对当前经济社会发展的情况，提出了更高的要求。虽然商标本身不像版权、专利那样，与国家的文化实力、创新能力紧密挂钩，但是商标能通过其上的品牌影响力而带动整个国家的影响力。品牌影响力主要通过良好的商业经营实现，而品牌本身的符号组合在一定程度上也会帮助品牌崛起和壮大。因此，反对低俗、粗陋、负面色彩浓烈、违背社会主义道德风尚的字词符号是实现知识产权事业高质量发展的必然要求之一。《强国纲要》中提到建设促进知识产权高质量发展的人文社会环境，第（17）项指出，要推动知识产权文化与法治文化、创新文化和公民道德修养融合共生、相互促进。在优化制度运行成本的思路中，对"不良影响"如果采取宽松的解释，要求达到某种程度，或者表现为某种形式才予以规制，然后通过判断主体、判断标准的细化来实现这样的要求，虽然能够减少判断上的困难并优化制度运行成本，但是一些不良色彩较为隐秘，而结合实际使用却能发现，或者在特定人群或者特定行业体会明显的标志，有可能因此获得注册并投入使用。这些不良色彩虽然一开始影响力有限，但在这个资讯传播极为迅速的时代，不良色彩广泛扩散是有可能的。而且，这些标志对于实现知识产权强国的愿景并无益处。因此，考虑到经济社会发展的形势与变化，在选择优化思路时，应当分清其是否与知识产权强国建设的总体方向相一致。

五、"不良影响"条款之制度运行成本优化的具体路径

虽然存在几种优化制度运行成本的思路，但是我们必须根据与制度内部规定相协调、与立法本意和立法追求相契合、与经济社会发展的形势与变化相衔接的考量进行选择、调整、组合，才能形成针对"不良影响"条款实际情况的合适方案。

（一）明确"不良影响"条款为第10条第1款的兜底规定并包括三个具体方面

第（8）项"不良影响"条款的完整表述为"有害于社会主义道德风尚或者有其他不良影响的"，从体例结构和文义表述来看，第（8）项"不良影响"条款作为整个第10条第1款的兜底性条款具有可操作性。一方面，第（8）项"不良影响"条款置于整个第10条第1款的最后一项；另一方面，第（8）项"不良影响"条款的表述较为抽象和概括。"不良影响"条款的兜底性色彩也在相关司法解释有所体现。[1] 最高人民法院在《关于审理商标授权确权行政案件若干问题的规定》提出："商标标志或者其构成要素可能对我国社会公共利益和公共秩序产生消极、负面影响的，人民法院可以认定其属于商标法第十条第一款第（八）项规定的'其他不良影响'。将政治、经济、文化、宗教、民族等领域公众人物姓名等申请注册为商标，属于前款所指的'其他不良影响'。"[2] 因此，将整个第（8）项"不良影响"条款定位为第10条第1款的兜底规定，具有一定的现实依据。

虽然第（8）项"不良影响"条款被定位为兜底性条款，但是这个"兜底"针对的是第10条第1款所针对情形的兜底，而非所有商标不得注册之情形的兜底，因此"不良影响"条款的兜底性应当受到《商标法》第10条第1款本身适用范围的限制。对于《商标法》第10条第1款的适用范围，可以这样加以把握。

---

[1] "不良影响"指的是"商标的文字、图形或者其他构成要素对我国的政治、经济、文化、宗教、民族等社会公共利益和公共秩序产生消极的、负面的影响"。全国人大常委会法制工作委员会. 中华人民共和国商标法释义 [M]. 北京：法律出版社，2013：27.

[2] 《最高人民法院关于审理商标授权确权行政案件若干问题的规定》（法释〔2017〕2号）第5条。

第10条第1款列举了八种情形，除第（8）项"不良影响"条款的指向较为宽泛之外，其他七项的指向还是比较清晰明确的。如果进行归纳和梳理，大致可以总结出三种会受到第10条第1款控制的不得注册为商标的情况：

一是带有欺骗性和误导性的标志，即标志本身使用在其申请的商品或服务上时，会产生"虚假宣传"的效果。比如第（4）项"与表明实施控制、予以保证的官方标志、检验印记相同或者近似的，但经授权的除外"；以及第（7）项"带有欺骗性，容易使公众对商品的质量等特点或者产地产生误认的"；这两项都具有防止标志与商品或服务的"表里不一"的作用。

二是割裂或者搅乱了原有的专属性对应联系的标志。由于一些字词符号本身是专门只带某些人名、地名或者事物，具有专属性的对应联系，而这种专属性的对应联系长年累月地存续，因而需要特别加以保护。值得注意的是，这些专属性对应联系区别于仅仅因为知名度而建立的对应联系，前者建立在地理、历史、政治、经济、文化、军事、民族、宗教的基础上，所以具有强烈的不可割裂性与不可搅乱性。比如第（1）项"同中华人民共和国的国家名称、国旗、国徽、国歌、军旗、军徽、军歌、勋章等相同或者近似的，以及同中央国家机关的名称、标志、所在地特定地点的名称或者标志性建筑物的名称、图形相同的"；第（2）项"同外国的国家名称、国旗、国徽、军旗等相同或者近似的，但经该国政府同意的除外"；第（3）项"同政府间国际组织的名称、旗帜、徽记等相同或者近似的，但经该组织同意或者不易误导公众的除外"；第（5）项"同'红十字'、'红新月'的名称、标志相同或者近似的"。

三是传递出道德观念、善恶标准、国家安全与发展认知下负面信息的标志。标志作为商标在特定商品或服务上适用，经过一定的市场运作与市场流通，标志本身的符号信息也会进入公众的视野，甚至融入公众的生活，进而具备一定的传播价值。因此，如果不对这一过程加以控制，社会的风俗观念会因为商标的使用而受到影响。在此认识上，《商标法》对标志的文化价值或者信息功能加以规范，并体现在第10条第1款，第（6）项"带有民族歧视性的"的标志属于这种情况。

"有害于社会主义道德风尚"是第（8）项的前半句内容，与"不良影响"一起，涵盖上述三种情形。首先，带有欺骗性和误导性的标志，因为违背诚实信用原则，以及可能违背商业道德，不符合社会主义道德风尚，会产生不良影响。其次，割裂或者搅乱了原有的专属性对应联系的标志，因为往往与地理、历史、政治、经济、文化、军事、民族、宗教有关,容易破坏国家形象、民族尊严,又或者损害国际交往、社会稳定。社会主义道德风尚是国家层面、民族层面、社会层面、个人层面都必须遵守的共同准则、观念、规范,标志的使用不仅影响个人之间的交往,还可能损害国家之间、民族之间的交往,具有不良影响。因此,维护社会主义道德风尚,需要考虑国家层面、民族层面、社会层面,需要将相互尊重、相互爱护,和平共处、和谐共生贯穿始终,要维护好特定的专属性对应联系。最后,传递出道德观念、善恶标准、国家安全与发展认知下负面信息的标志,本身就带有不良影响,又可以直接归入"有害于社会主义道德风尚"的情形。综合来看,第(8)项"不良影响"条款作为兜底性规定,能够对上述三个方面的情形进行概括。另外,"有害于社会主义道德风尚"与"有其他不良影响"二者之间在法律的表述上是"或"的关系,实际上"有害于社会主义道德风尚"的情形一般都会有不良影响,因而"有其他不良影响",可以理解为一些不同于"有害于社会主义道德风尚"的不良影响。

第10条第1款规定的是商标禁止注册、使用的情形,这里的"禁止"的是任何一个市场主体,而并非有的人不可以注册或使用,有的人却可以注册和使用。[①]因此,"绝对禁止"是第10条第1款的主要特征,也是"不良影响"条款范围的重要限制,上文提到的三个方面,都具有被"绝对禁止"的必要性。

首先是带有欺骗性和误导性的标志。这类标志本身就带有虚假宣传的色彩,违反了诚实信用原则,如果允许其使用,会造成相关公众的错误认知,损害特定主体的合法利益。但是要注意,这里的欺骗性和误导性,是标志的虚假性所致,而非标志的近似性所致。标志的虚假性要通过标志本身和标志使用的商品或服务类别来分析判断,而标志的近似性主要通过标志与其他名称、标志的符号表现来分析。后者不必然构成绝对禁止情形,甚至多数情况下属于"相对禁止"情形,如《商标法》第32条的情形。从第(4)项以及第(7)项的表述可以印证这一点。实践中,判断属于"绝对禁止"还是"相对禁止"的方法是,分析该标志与特定商品或服务的结合产生的欺骗性和误导性,是否属于不可避免会导致的欺骗和误导,且不能通过一定方式来防止混淆,比如由近似商标的权利主体自己注册使用。属于这种情况时,才应当通过第10条第1款来禁止注册使用。

---

① 张韬略,张伟君.《商标法》维护公共利益的路径选择——兼谈禁止"具有不良影响"标志注册条款的适用[J].知识产权,2015(4):61-71.

其次是割裂或者搅乱了原有的专属性对应联系的标志。这类标志如果被允许使用，将破坏该文字符号上原来的象征意义或者特殊含义，又或者导致不恰当或者不必要的联系。然而，值得注意的是，"绝对禁止"是一种原则上的要求。"经该国政府同意的除外""经该组织同意或者不易误导公众的除外""但经授权的除外"的例外情形表明，经过同意或者授权之后，这些原则上禁止被用作商标的标志也可以作为商标来使用。① 此即意味着，如果经过同意或者授权，这种专属性对应联系就没有被割裂或者搅乱。现实生活中，很多文字或者符号都可能有其专属对应性，甚至有象征意义与特殊含义，但是作为"绝对禁止"情形的，必须有地理、历史、政治、经济、文化、军事、民族、宗教的基础，或者说其不可割裂性和不可搅乱性十分突出，否则依然不能通过"不良影响"条款来禁止注册和使用。其他的一些割裂或者搅乱了原有的专属性对应联系的标志，比如使用名人姓名或者企业名称，则由于不具有地理、历史等基础，而需要通过《商标法》第32条加以规制。

最后是传递出道德观念、善恶标准、国家安全与发展认知下负面信息的标志。这类标志是因为其对社会主义道德风尚的危害而被列入"绝对禁止"。虽然这种道德观念、善恶标准、国家安全与发展认知可能因不同地域、不同时期、不同行业、不同宗教、民族以及不同文化背景而有所不同，但是在这种情况下，"绝对禁止"并不需要区分情形，因为只要对部分群体而言是传递出了道德观念、善恶标准、国家安全与发展认知下负面信息，这种信息就有可能在今天这个互联网时代迅速传播开来，不论其有多隐晦。因此，在这个方面，"绝对禁止"的限制作用没有前两个方面那么突出。

作为兜底性规定，虽然"不良影响"条款可以涵盖第10条第1款所指向的多种情形，但是在已经存在第（1）至（7）项的情况下，兜底性的"不良影响"条款应当存在一定的适用顺序，即只有在明确不属于第（1）至（7）项所列情形下，才能根据上文提到的三个方面，以及结合"绝对禁止"的定位，再去分析是否属于第（8）项"有害于社会主义道德风尚或具有其他不良影响"，而非一上来就通过兜底性规定进行判断。

从这一思路来看，"不良影响"条款的指向范围是存在开放性的，但也是有所限制的，因而可以说是一种有限制的开放。具体评判时，可以从三个方面——带有

---

① 邓宏光. 商标授权确权程序中的公共利益与不良影响：以"微信"案为例[J]. 知识产权，2015（4）：53-60，71.

欺骗性和误导性的标识,割裂或者搅乱了原有的专属性对应联系的标志,传递出道德观念、善恶标准、国家安全与发展认知下负面信息的标志——来分析和把握,但是要注意,"不良影响"条款的指向范围不属于前七项所涉及的具体情形。

(二)明确为兜底规定并细化的做法具有成本优化效果并符合主要考量

在判断是否属于第(8)项规定的"不良影响"时,应首先分析涉案情形是否属于《商标法》第10条第1款规定的前七种情形,如果属于则不再适用"不良影响"条款,如果无法纳入,则接下来分析涉案情形是否是带有欺骗性和误导性的标志,如果是,将通过判断属于"绝对禁止"还是"相对禁止"的方法来分析是否适用"不良影响"条款阻止注册或使用;如果是割裂或者搅乱了原有的专属性对应联系的标志,则必须有地理、历史、政治、经济、文化、军事、民族、宗教的基础,或者说其不可割裂性和不可搅乱性十分突出,才通过"不良影响"条款来禁止注册和使用;如果是传递出道德观念、善恶标准、国家安全与发展认知下负面信息的标志,只要对部分群体而言是传递了这样的负面信息,就可以通过"不良影响"条款来阻止注册和使用。

由于"不良影响"的模糊之处主要源于该条款是否具有形式和程度上的特别要求,现在选择将该条款定位于兜底性规定,并细化为三个方面,同时要求经过"绝对禁止"的检验,意味着在这个模糊之处进行了一种细化,进而至少可以进一步明确立场,减少因立场存在不同、把握存在差异导致的不同认识和不同判断,同时也有助于缓解这一模糊之处所致的额外预防成本和额外纠正成本。将"不良影响"细化为三个方面并强调"绝对禁止",实际上相当于提供了更加清晰的范围界定和适用要求,以便后续的具体判断,从而提高了兜底性规定判断本身的可操作性。

定位为第10条第1款的兜底规定,并细化为三个具体方面的做法,符合制度运行成本优化的三个主要考量。首先,这一做法能够与内部规定相协调,既包括第10条第1款的内部规定,也包括《商标法》其他条文的内部规定。定位为兜底规定,意味着第(8)项的情形与第10条第1款中规定的其他情形,不仅不会相互重复,而且相互补充,共同发挥规范商标注册的功能;另外,细化为三个方面,意味着"不良影响"条款虽然是兜底性规定,但只是第10条第1款的兜底性规定,而非所有不予注册事由的兜底性规定，从而保持了第 10 条第 1 款与《商标法》其他条文之间的区分关系。其次，这一做法能够与立法本意和立法追求相契合。定位为兜底规定，意味着保留了"不良影响"条款本身的"开放"色彩与"包容"作用，保留了整个第 10 条第 1 款的弹性，以应对复杂多变的现实情况。而且，在商标申请的环节中，因为"不良影响"条款的存在且属于一种不予注册的情形，因而其原始的事前预防的功能得以继续发挥，相比于将"不良影响"删去的思路，定位为兜底规定并细化的做法更符合《商标法》设置该条文的本意和追求。最后，定位为兜底规定能够更好地与经济社会的发展形势相衔接，尤其是将范围明确细化为三个具体方面之后，对于一些将带有低俗含义或者负面色彩的用语申请注册为商标的情形，将得到更为明确的评价，这有助于防范负面信息通过商标进行传播，形成良好的知识产权文化，推动知识产权强国的建设。

六、结　　语

长期以来，"不良影响"条款都属于《商标法》中分歧较大的条文，这样的情况容易导致对标志能否作为商标注册使用的不同结论，在实际运行时，多出风险控制和争议处理过程容易引发额外的预防成本和纠正成本，对此我们需要采取一定方式加以优化。结合目前的情况来看，将"不良影响"条款定位为第 10 条第 1 款的兜底规定，并将指向范围限定在带有欺骗性和误导性的、割裂或者搅乱了原有的专属性对应联系的、传递出道德观念、善恶标准、国家安全与发展认知下负面信息的三种情况，同时要求不属于前七项已列举情形且满足"绝对禁止"之检验，是比较适宜的方案。在这一方案之下，"不良影响"的评价更清晰明确也更具有可操作性，整体运行的效率将得到提升。

法律制度运行必然会有成本，不可能完全避免，也不追求完全避免。能够实现特定价值目标且运行成本得到控制的，固然是最好选择。之所以使用制度运行成本的研究视角和研究思路，主要是因为它会从制度设计的整体合理性出发，探讨如何打造出更好运行的制度，而不是只关注现有制度设计应该按照哪种方式来理解和适用。虽然制度运行成本的优化方向也要考虑减少制度内容的模糊性和环节的复杂性，但是，不是每个制度的运行成本都适合采用这种在原规定上按原旨意细化的方式加以优化，有些制度或者规定确实是要保留弹性和空间的，过于细化和明确反而不利于其发挥作用。因此,制度运行成本的优化方向还有其他选择:如放大弹性空间,融入意思自治、尊重当事人意愿等方式,让不同的复杂情况匹配不同的认定、评判思路;又如直接对制度进行大刀阔斧地调整,变更为一种低运行成本的规定方式,或者直接删去可实施性差的部分。

制度运行成本研究的视角和思路,以及对我国知识产权相关法律进行制度运行成本优化的研究,依然属于一种探索和尝试。固然,法教义学等研究方法可以发现并尝试解决"不良影响"条款中存在的特定问题,但是,制度运行成本研究会指出"不良影响"条款所存在的表述不明、定位不清、步骤环节复杂等引发成本增加的问题,同时还会提出除解释或者细化之外的优化措施和对策。在此基础上,它提供了一种有所不同的研究过程,让我们对知识产权法多了一种观察和认识。这一研究视角和研究思路能够提醒大家注意:一些追求公平正义或者追求灵活处理的制度规定在设计时需要慎重,应尽量避免运行成本过高以及应尽量匹配能够控制运行成本的措施,否则可能会效果不佳。不过也要注意的是,制度运行成本的优化是一种制度改进的方向,是有条件的,必须要考虑到能否实现制度原来的目标价值,能否保证内部规定的协调统一,能否适应经济社会的发展需要,因此不是每个法律制度都能够得到制度运行成本的优化。

(责任编辑:张靖辰)

Optimization of the Operational Costs of the "Adverse Effects" Provision of Trademark Law

Lan Hao

Abstract:The attempt to analyze and improve the legal system from the perspective of the operational costs of the system is in line with the needs of reform, development, and the construction of the rule of law. There are differences in understanding of the "adverse effects" provision in Article 10, Paragraph 1(8) of the Trademark Law, and the operation of the system may not be smooth enough due to a lack of quick and accurate understanding and judgment, simultaneously generating additional preventive and corrective costs to maintain the regulatory effectiveness of the "adverse effects" provision. At present, the prominent cost issue is related to the abstract evaluation of complex situations and unclear positioning of the "adverse effects" provision, as well as the development and changes of the economy and society. Several ideas to reduce the cost derived from causal analysis cannot be directly used as optimization solutions. After considering and evaluating whether they are consistent with the internal regulations of the system, whether they align with the legislative intent and pursuit, and whether they connect with the situation and changes in economic and social development, it is found that positioning the "adverse effects" provision as a fallback provision in Article 10, Paragraph 1 and incorporating three specific aspects can optimize the operational costs of the system and meet the basic considerations for optimization. This approach is suitable as a strategy and solution to alleviate the problem of operational costs of the "adverse effects" provision.

Key Words: Trademark law; Operational costs of the system; Trademark registration; "Adverse effects" provision

"双碳"目标下专利制度的理念更新与制度调适

张 明[*]

【摘　要】"双碳"目标的庄严承诺彰显中国构建人类命运共同体的大国责任与担当。"双碳"目标的实现离不开绿色技术的支持,也有赖于专利制度的保障。现行专利制度在推动"双碳"目标实现的进程中仍然存在现实困难,体现在推动绿色专利产业化、实现绿色专利惠益共享和构建顺应"双碳"目标的服务与保护体系三个方面。因此,专利制度的优化与发展亟待全新的原则理念支持。沿循"绿色原则"的理念引导,从专利申请制度看,专利制度应当完善绿色专利的优先审查程序以推动绿色技术的创新创造。从专利实施制度看,专利制度应当健全绿色专利特别许可制度以推动绿色专利的实施运用。而从专利保护制度看,专利制度应当明确限制专利停止侵害请求权的适用条件以平衡专利私利与社会公益。

【关键词】"双碳"目标　绿色专利　绿色原则　制度调适

实现碳达峰、碳中和目标("双碳"目标)是中国应对气候变化危机、推动构建人类命运共同体的庄严承诺。2020年,习近平主席在第七十五届联合国大会一般性辩论中首次提出,中国将提高国家自主贡献力度,采取更加有力的政策和措施,二氧化碳排放力争于2030年前达到峰值,努力争取2060年前实现碳中和。"双碳"目标如期实现离不开绿色技术的研发创新与推广运用。而绿色技术的创新、推广和运用则有赖于更健全的法律体系来提供稳定的制度保障和制度激励。对此,国家"十四五"规划在明确制定碳排放达峰行动方案和锚定努力争取2060年前实现碳中和目标的同时,强调强化绿色发展的法律保障以构建绿色发展的政策体系。推动法

---

[*] 张明,法学博士,中国计量大学法学院讲师,硕士生导师。

治建设则是实现"双碳"目标的应然路径。① 其中,作为激励创新和推动科技成果转化实施的法律制度,专利制度无疑发挥着举足轻重的作用。随着"双碳"目标的实现成为未来数十年的核心焦点,专利制度如何更为有效地促进绿色技术的创新与实施将成为关注焦点。

绿色技术的有效推广运用与专利制度密切关联。研究表明,专利制度在实现低碳发展方面发挥着重要作用。② 低碳专利等绿色专利的商业化是缓解中国严峻的碳减排形势的迫切之举。③ 实现制度优化以降低绿色技术的推广运用成本对实现"双碳"目标亦具有重要意义。④ 如何促进绿色专利的实施和转化是绿色技术和绿色专利的研究焦点。⑤ 然而,实践表明,专利制度并未能有效地推动绿色技术的推广运用。在此背景下,反思现行专利制度在推动"双碳"目标实现进程中的不足,探索专利制度的理念更新和制度调适,进而实现绿色技术的推广运用无疑具有深刻的现实意义。基于此,本文拟以现行专利制度推动"双碳"目标实现的实践困境为研究切入点,尝试探讨专利制度的理念更新和制度调适。

一、现行专利制度推动"双碳"目标实现的实践困境

专利制度推动"双碳"目标的实现有赖于发挥专利制度在推动绿色技术创新、实施与运用过程中的激励作用。长期以来,在"生态化"理念的引导下,专利制度得以持续完善以日趋顺应生态环境保护和减缓气候变化的趋势。然而,从既有实践看,现行专利制度在推动"双碳"目标实现的过程中仍然面临诸多现实困境。这些现实困境主要体现于专利制度在推动绿色专利产业化、实现惠益共享和构建绿色专利服务与保护体系三个方面。

(一)现行专利制度未能有效推动绿色技术的产业化发展

绿色技术的产业化是实现绿色技术有效推动"双碳"目标实现的核心环节。有

---

① 高桂林,陈炜贤. 碳达峰法制化的路径 [J]. 广西社会科学,2021 (9):13-19.
② 朱雪忠. 论低碳发展与我国专利法的完善 [J]. 知识产权,2011 (6):3-8,99.
③ 罗敏. 低碳专利商业化激励机制研究 [J]. 科学学研究,2018 (10):1795-1800.
④ Kerui D, et al. Do Green Technology Innovations Contribute to Carbon Dioxide Emission Reduction? Empirical Evidence from Patent Data [J]. Technological Forecasting & Social Change, 2019 (1):297-303.
⑤ 吕子乔. 促进绿色技术实施的路径研究——以绿色专利标准化为视角 [J]. 科技与法律,2020 (5):9-15.

鉴于绿色技术产业化对实现"双碳"目标的重要性，2021年发布的《"十四五"国家知识产权保护和运用规划》中亦专门强调要"推动绿色专利技术产业化"。绿色技术的产业化是绿色技术创新成果商品化和市场化的过程，涵盖绿色技术创新、转让与实施运用全流程的各个环节。作为实现绿色技术产业化的制度保障，专利制度在绿色技术产业化过程中能否发挥应有的保障作用关键在于能否对绿色技术的发展做出积极有效的回应。[①] 然而，现行专利制度尚未实现对绿色技术产业化的保驾护航。

从绿色专利的审查授权环节看，专利优先审查制度的低效运行阻滞绿色技术的专利化进而影响技术的产业化实现。近年来，各国专利制度普遍创设了绿色专利的快速审查制度以期鼓励和推动绿色技术的创新。[②] 绿色专利的快速审查制度对推动"双碳"目标的实现具有无可争议的正当性和有效性。国家知识产权局于2017年公布施行的《专利优先审查管理办法》即属于一种专利快速审查制度，其中即规定涉及节能环保等国家重点发展产业的专利申请可以请求优先审查。但是，《专利优先审查管理办法》规定了前置的推荐制度，即除特定情形外，专利申请优先审查请求书应当由国务院相关部门或者省级知识产权局签署推荐意见。这一前置程序可能因部门差异和地域差异而出现审查程序和审查标准的差异化发展，进而影响专利优先审查的实效。此外，《专利优先审查管理办法》还对可优先审查的专利进行了数量限定。这一系列限制性条件即可能因为优先审查的高门槛和数量稀缺而使得大量的绿色技术无法享受专利优先审查制度的便利性，进而可能抑制专利优先审查制度的实效性。从目前可供查询的官方数据看，国家知识产权局于2018年发布的《中国绿色专利统计报告（2014—2017年）》显示，2017年中国绿色专利申请量是8.1万件。而相比数量庞大的绿色专利申请量，2017年中国的专利优先审查量仅为1.8855万件。[③] 即便前述优先审查专利全部为绿色专利，优先审查比例也不足25%。这也意味着，绝大多数的绿色专利申请尚无法享受到专利优先审查制度所带来的制度优惠。优先审查制度的实际效能显然有待加强。

从绿色专利的实施运用环节看，专利产业化相关制度的繁杂束缚绿色专利的产业化。绿色技术的专利化只有在其进一步产业化后才能最大限度地助力"双碳"目

---

① 宋歌. 绿色技术产业化与专利制度创新问题初探［J］. 电子知识产权，2016（2）：68-74.
② 曹炜. 绿色专利快速审查制度的正当性研究［J］. 法学评论，2016（1）：133-140.
③ 陈婕. 优先审查：让需要优先者驶入审查快车道［EB/OL］.（2019-06-02）［2023-04-03］. http://www.iprchn.com/cipnews/news_content.aspx? newsId=116748.

标的实现。其中至少可能涉及绿色专利的成果转化和成果转化后的推广运用两个环节。然而，从既有实践看，现行专利制度未能有效地推动绿色专利的产业化发展。一方面，绿色专利成果的转化与实施运用面临制度束缚。以职务发明制度为例，长期以来，高校、科研院所和国有企业等企事业单位在推动中国绿色技术创新过程中发挥着重要作用。因此，国有企事业单位职务发明创造的实施运用对推动包括绿色专利在内的科技成果转化意义重大。但是，国有资产法律法规对国有企事业单位无形资产处置自主权的限制性规定极大地桎梏了职务发明创造的转化和实施运用。[①] 这就使得大量绿色专利处于闲置状态而不利于实现绿色专利的产业化。另一方面，专利制度推动绿色专利实施运用的实效性仍有待观察。例如，专利开放许可制度是晚近《专利法》修订中的新增内容，旨在促进专利的实施和运用。但是，有鉴于专利权是私权的本质属性，绿色专利是否实施开放许可将由专利权人自行决定。这意味着，专利制度需要赋予专利权人更多的制度激励以促动专利权人通过开放许可的方式实施其专利。然而，除专利年费的减免外，现行《专利法》并未赋予专利权人更多的优惠以激励其开放许可绿色专利。此时，专利权人能够获得的相对利益较少，因而也很难有足够的动力实施开放许可。换言之，在现有的市场环境下，若要鼓励专利权人对其绿色专利实施开放许可，需要通过制度设计以尽可能保障专利权人实施开放许可所获得的收益。因此，在仅赋予专利权人专利年费减免的制度环境下，现行专利制度试图通过专利开放许可制度推动绿色专利的实施应用，其未来效果仍然有待观察。

基于以上两方面考量，现行专利制度在绿色技术产业化的诸多核心环节中均存在制度激励不足或者制度效果欠佳的现实困境。这使得现行专利制度难以有效实现对绿色技术产业化的保驾护航。基于此，如何有效地完善专利制度供给以推动绿色专利的产业化发展将成为未来需要重点考虑的现实问题。

（二）现行专利制度难以实现绿色技术的惠益共享

实现绿色技术的惠益共享对"双碳"目标的有效达成无疑具有深刻的现实意义。为此，专利制度需要综合运用强制许可制度、发明专利的推广应用制度等制度工具，使尽可能多的市场主体享受到绿色专利带来的技术收益进而促进"双碳"目

---

① 张明. 职务发明人合理分享创新收益的实现路径研究 [J]. 科学学研究, 2020 (11): 2087-2096.

标的最终实现。然而，既有专利制度在推动实现绿色技术的惠益共享方面仍然存在明显的效能不足。第一，从专利制度的整体安排看，专利制度中关于绿色专利实施运用的内容大多以政策的形式予以体现，或规定在层级较低的部门规章中。除关于专利实施运用的概括性规定外，《专利法》及其实施细则中尚无关于绿色专利实施运用的直接规定。关于绿色专利实施运用的规定大多散见于政府部门所出台的部门规章，如国家发展和改革委员会所制定的《节能低碳技术推广管理暂行办法》等。第二，从专利法律规则层面看，尽管《专利法》中的诸多条款强调要促进专利的"实施和运用"。但是，相关规则的实际可操作性明显存在不足。例如，强制许可条款曾被视为推动绿色专利实施运用的最直接规定，也是推动绿色专利实施运用和惠益共享的最有效规则。但是，自《专利法》实施以来，援引强制许可条款而实施绿色专利的现实案例尚未实际发生。如何准确适用既有规则而推动绿色专利的实施运用仍然有待进一步观察。第三，从现实运行看，绿色产业的发展受制于专利技术的情形仍然广泛存在。这也在一定程度上反映出现行专利制度未能有效实现绿色技术的惠益共享。部分绿色专利的专利权人，即使不自行实施相关绿色专利，也长期采取"不实施、不许可"战略以维护其市场地位。联合国发布的报告亦坦言，"为扩大垄断权而兴起的战略性专利和一系列立法已经使得专利制度非常复杂……知识产权制度及其执行已经有些过分"。[①] 在未能有效推动绿色技术实施运用的境况下，实现"双碳"目标仍任重而道远。

从更广阔的全球层面看，知识产权国际制度同样未能创设有利于绿色技术惠益共享的制度体系。而日趋高标准和严苛的知识产权国际规则将进一步倒逼各国国内专利制度的强化升级。长期以来，技术转让和分享一直是国际社会关注的话题，并被视为国际经济新秩序建立的核心环节。当前，全球各国已经充分意识到绿色技术共享在应对气候变化等环境问题中的重要性。但是，在具体的制度构建和实施路径上，各国的进展十分有限。例如，第二十一届联合国气候变化大会通过的《巴黎协定》明确提出要"充分落实技术开发和转让，以改善对气候变化的抗御力和减少温室气体排放"。但是，在具体执行过程中，受限于强制力的不足以及规则条款的原则性和灵活性等诸多因素，《巴黎协定》的实施和技术共享目标的实现艰巨而繁重。

---

① 联合国秘书长. 促进开发、转让和推广清洁和环保技术的推动机制备选办法［EB/OL］. (2019 - 09 - 04)［2023 - 04 - 11］. https://documents-dds-ny.un.org/doc/UNDOC/GEN/N12/497/22/pdf/N1249722.pdf?OpenElement.

此外，发达国家在国际经贸体系中对高标准知识产权规则的坚守也使得发展中国家在绿色技术的惠益共享方面举步维艰。① 由此可见，现行专利制度无论在国际层面还是国内层面均未能卓有成效地推动绿色专利的实施与运用。面向未来，强化绿色专利的实施运用以实现技术的惠益共享将是专利制度优化面临的重要环节。

（三）现行专利制度未能建构顺应"双碳"发展需求的绿色专利服务与保护体系

绿色专利助力"双碳"目标的实现需要良好的知识产权服务与保护体系支持。而优质的绿色专利服务与保护体系则进一步需要专利制度提供强有力的制度支撑和指引。然而，从既有实践看，现行专利制度未能搭建顺应"双碳"目标发展需求的服务与保护体系。一方面，从绿色专利的服务体系看，与绿色专利服务体系相关的法律规定尚不多见，而多零星散见于法规、规章甚至政府政策层面。这些零散分布的专利法规和政策使得在全国范围内搭建互联互通的服务体系变得困难重重。进一步从服务机构体系看，有鉴于"双碳"目标的重要性，各级地方政府先后建立了关于绿色技术和绿色专利的服务机构。例如，国家发展改革委办公厅即批复同意在浙江设立国家绿色技术交易中心。这些低层级的法律规范和零散于各地方的绿色专利服务平台能否实质性地推动绿色专利的实施运用尚存疑问。另一方面，从绿色专利的保护体系看，尽管强化知识产权保护已经成为大趋势，但考虑到绿色专利所承载的公共利益属性，建构平衡私人利益与公共利益的绿色专利的保护体系仍然有待进一步探索。作为一项私权，绿色专利的保护体系首先强调对绿色专利的权利保护以有效激励创新主体的创新。对此，国家层面和地方层面相继出台了一系列的文件以强化对专利等知识产权的权利保障。以绿色专利的司法保障为例，在《最高人民法院关于充分发挥审判职能作用为推进生态文明建设与绿色发展提供司法服务和保障的意见》中，最高人民法院即强调要妥善审理绿色专利、技术转让等知识产权纠纷。这无疑明确了对绿色专利的司法保护。但同时需要关注到，长期以来，专利的司法保护仍然存在其固有的不足，包括诉讼周期长、举证困难等。因此，在当前环境下，绿色专利的保护体系仍然有待进一步强化。此外，更需要意识到的是，绿色专利的实施和应用关系到社会的整体福祉，是社会公共利益的现实体现之一。现行

---

① 王鸿. 气候变化背景下的知识产权国际保护之争［J］. 河海大学学报（哲学社会科学版），2016（5）：72-77.

专利制度中对公共利益保护的法律规则极为有限,且适用情形有限、适用条件不明。这无疑会打破私人利益与公共利益本应保持的平衡而阻碍绿色专利的推广运用。因此,现行专利制度仍然有待于进一步地完善绿色专利的服务与保护体系。

综上,现行专利制度在绿色专利产业化、惠益共享和服务与保护体系三个方面仍然存在不尽人意之处。这些环节涉及绿色专利从研发创新到实施运用的诸多环节,直接影响绿色专利在实现"双碳"目标中的有效性。因此,需要进一步反思的是,现行专利制度在价值立场等方面存在何种现实问题。而这也将成为未来完善专利制度以推动绿色专利助力"双碳"目标实现的逻辑起点。

二、"双碳"目标下现行专利制度实践困境的理论反思

有鉴于现行专利制度在推动"双碳"目标实现的过程中存在诸多现实困境,对现行专利制度开展理论反思无疑具有深刻的现实意义。专利制度推动"双碳"目标实现,首先在于赋予绿色技术以专利权而激励绿色技术的研发创新,核心则是在平衡专利私权利益与公共利益的基础上推动绿色技术的实施运用。尽管中国的专利制度历经三十余年的发展已经有了长足进步并形成完善的制度体系,但是,现行专利制度在推动实现"双碳"目标时仍然存在不尽完善之处,需要进一步反思与求索。

(一)现行专利制度强调绿色专利的私权保护而忽视对公共利益的维护

从价值层面看,绿色专利具有双重属性。毋庸置疑,绿色专利是一项私权,是国家在社会主体开展科技创新后赋予其的一项排他的独占性权利,是技术创新者智力成果的价值体现。随着环境问题的日益恶化和实现"双碳"目标的日趋紧迫,作为解决环境问题和实现"双碳"目标的重要一环,绿色技术的作用日益凸显。因此,为了激励绿色技术创新,强化对绿色专利的保护具有无可厚非的正当性。赋予绿色技术强有力的专利保护亦将有助于绿色技术的不断创新、发展与进步。[①] 与此同时,绿色专利亦具有公共属性。绿色专利所旨在解决的环境问题关系到社会公众的整体利益。绿色专利的有效推广应用与社会公众的日常生活休戚相关。然而,私

---

① Patrick G. The Role of Patent Law in Incentivizing Green Technology [J]. Northwestern Journal of Technology and Intellectual Property, 2013(2): 41-45.

权利与公共利益之间必然存在对立与冲突。过度强化对私权利的保护无疑会对公共利益的保护产生负面影响。因此，如何平衡绿色专利权人与社会公众之间的利益关系是专利制度所必须解决的核心问题之一。

结合既往实践看，现行专利制度在私权保护与公益维护上呈现出"此长彼消"的特点。一方面，晚近的制度发展趋势表明，中国专利制度顺应时代潮流，正在迈向专利权强保护行列。"强保护"已经成为中国知识产权的政策导向和实践走向。[①] 在此进程中，绿色专利成了"强保护"的重点环节。例如，2020年"4·26 世界知识产权日"的主题为"为绿色未来而创新"，即强调了要加强对绿色技术的知识产权保护。由此不难发现，强化对绿色专利的知识产权保护正在成为现行专利制度变革和知识产权保护的工作重点。另一方面，在迈向强保护的进程中，现行专利制度却未能同步强化对公共利益的维护。"知识产权在依法合理保护创造者私权的前提下，应当寻求私权与社会公益的某种平衡。"[②] 然而，尽管立法者竭力制定平衡私权与社会公共利益的专利制度，但现行专利制度对社会公共利益的保护仍不尽充分。例如，尽管《专利法》中关于强制许可的规定可以适用于绿色专利，但是，援引强制许可规则而成功推动绿色专利实施运用的案例迄今尚未出现。基于此，重视对绿色专利的私权保护而忽视对公共利益的维护无疑会对"双碳"目标的实现形成掣肘。

（二）现行专利制度关注绿色专利的创新激励而疏于推动绿色专利的实施运用

专利权的授予被视为激励创新、鼓励发明创造的核心措施。绿色专利的创新激励亦是如此。但是，绿色专利的价值核心并非仅在于技术的创新，而更在于绿色技术的实施运用对解决日益严峻的环境问题所产生的切实效果。这意味着，在实现"双碳"目标的进程中，绿色专利的实施运用相较于绿色专利的权利授予而言具有更为重要的作用。

结合既往实践看，相较于绿色专利的实施运用，现行专利更关注绿色专利的创新激励。一方面，从制度的具体规则层面看，尽管《专利法》在创新激励和实施运用方面均制定了相应条款，但是在具体实践中，专利制度的发展表现出"重创新，

---

① 易继明. 知识产权强国建设的基本思路和主要任务 [J]. 知识产权, 2021 (10): 13-40.
② 张冬, 李博. 知识产权私权社会化的立法价值取向 [J]. 知识产权, 2012 (3): 55-58.

轻运用"的特点。从下位法的规则完备程度看，与创新激励相关的规则体系更为完备。例如，《专利审查指南》《专利优先审查管理办法》等专利授权确权的法律规则均与绿色专利的创新激励密切关联。与之形成鲜明对比的是，在实施运用方面，除《专利法实施细则》中的零散规则外，与之相关的专门性规则尚无章可循。虽然《专利实施强制许可办法》与绿色专利的实施运用密切相关，但有鉴于强制许可制度尚无适用先例的现实境况看，《专利实施强制许可办法》的实践意义有限。另一方面，从制度的实施层面看，与绿色专利创新激励相关的制度得到了更广泛的实施。基于前文所提及的数据，尽管绿色专利的优先审查制度未能得到充分的实施，但至少已经在推进实施，并产生了一定的成果。对于绿色专利的实施运用而言，以《专利法》中所规定的三种特别许可形式（国有企事业单位发明专利的推广应用、开放许可、强制许可）为参照，以前述三种特别许可形式呈现的绿色专利实施运用形式尚未出现。这也意味着，绿色专利实施运用仍然主要通过权利人自用或者授权第三方商业许可的形式呈现。因此，现行制度在充分关注绿色专利的创新激励时尚未能有效地推动绿色专利的实施运用，不利于"双碳"目标的实现。

基于以上两点，不难看出，现行专利制度在推动"双碳"目标实现的过程中仍然存在诸多现实不足而有待进一步反思。因此，迫切需要回答的是，现行的专利制度应当如何予以进一步完善以有利于推动绿色专利的实施运用，进而实现"双碳"目标？制度变革，理念先行。因此，在完善专利制度的进程中，还需要思考的是，应当秉持何种理念予以推进专利制度的调适？这既是专利制度优化的现实需要，也是"双碳"目标实现的必然要求。

三、绿色原则："双碳"目标下专利制度的理念更新

长期以来，效率原则被视为知识产权制度的一项基本原则。作为一项操作性原则，效率原则可以保障知识产权体系平稳并且尽可能以最低的成本运行。[①] 在效率原则的指引下，专利制度在创设过程中赋予了发明人对发明成果所享有的排他性权利，以激励社会公众投资于科研创造活动。知识产权效率原则无疑强有力地推动了科技进步。然而，绿色专利具有公共利益属性，其有效实施运用与否关系到社会公

---

① 罗伯特·P. 莫杰思. 知识产权正当性解释 [M]. 金海军，史兆欢，寇海侠，译. 北京：商务印书馆，2019.

众乃至全人类的整体利益。因此，单纯倚赖效率原则显然不足以实现绿色专利的推广运用。在此背景下，《民法典》所新增的"绿色原则"无疑具有鲜明的指引作用。作为知识产权制度的母体和法律归属，《民法典》对知识产权做出了宣示性、原则性规定。[①] 而在其中，包括绿色原则在内的民法基本原则无疑属于知识产权制度的基本遵循。[②] 因此，绿色原则的理念将大大促进专利制度在发展进程中注重对财产私益与社会公益的有机平衡。"双碳"目标下，绿色原则无疑将成为专利制度变革和调适的全新理念指引。

（一）绿色原则引导专利制度优化绿色专利的申请制度以激励绿色技术创新

现代法律体系中，公法与私法相互渗透、相互融合的现象日渐明显。专利制度中包含大量的行政法规则，例如专利授权环节中的专利审查规则等。尽管绿色原则等民法原则无法直接应用于规制行政行为。但是，作为拓展依法行政之法属性的民法典，[③] 其本身亦具有促进行政治理念革新的功效。而民法典作为私权保护法，需要公法规则与之配合，进而实现对权利的有效保护。与之相类似，民法典所确立的基本原则亦需要公法规则与私法规则相协同而予以有效落实。

绿色原则要求民事主体在从事民事活动时"有利于节约资源、保护生态环境"。因此，绿色原则也指明了行政机关行使行政权的方向，即应当保障和推动民事主体从事"有利于节约资源、保护生态环境"的民事行为。就专利制度而言，作为保护智力成果的专门制度，专利制度中的公法规则应当通过完善具体制度规范的形式，激励社会公众展开绿色创新活动，创造出更丰富的绿色技术成果，以实现生态环境的可持续发展。在此背景下，优化专利审查行政程序以使专利制度向着最有利于激励绿色技术创新的方向发展无疑具有重要意义。尽管国家专利行政管理部门已经就绿色专利的优先审查出台了管理办法，但是现行《专利优先审查管理办法》在激励绿色技术创新的过程中未能有效发挥其制度功效。如前文所统计，绿色技术享受专利优先审查的比例不足绿色技术专利申请量的25%。究其缘由，绿色专利优先审查制度规定了一系列的前置程序，包括申请人的一致同意、优先审查请求书应当由国

[①] 吴汉东. 试论"民法典时代"的中国知识产权基本法 [J]. 知识产权, 2021（4）：3-16.
[②] 吴汉东.《民法典》知识产权制度的学理阐释与规范适用 [J]. 法律科学（西北政法大学学报），2022（1）：18-32.
[③] 章志远. 行政法治视野中的民法典 [J]. 行政法学研究, 2021（1）：42-52.

务院相关部门或者省级知识产权局签署推荐意见等。这无疑背离了专利优先审查的初衷而潜在地加重了绿色专利申请人的负担。在绿色原则的统摄下,绿色原则对专利制度的优化提出了更为明确的任务,即应当更具建设性地优化绿色专利的审查程序以更有效地激励绿色技术的创新创造。因此,如何实现对绿色专利技术的创新激励成为专利制度未来发展所迫切需要应对的现实问题。

(二) 绿色原则要求专利制度关注绿色专利的实施运用以有效应对环境问题

作为对日趋严峻的环境危机的现实回应,《民法典》总则编中所确立的绿色原则将保护环境的基本理念融汇于民事法律规则之中并贯穿整个民事活动。在此背景下,绿色原则对专利制度的发展与变革显然具有积极的指引作用,引导专利法等专利制度向更为绿色环保的方向发展。绿色原则强调节约资源,保护生态环境。因此,绿色原则潜在包含着"物尽其用"的理念。这对于绿色专利的实施运用具有正向的激励引导作用。既有研究亦表明,绿色原则的适用重点之一即在于要强调物尽其用并致力于实现绿色使用。[①] 尽管这一理解与适用更多地指向物权法领域,但是,考虑到专利法等知识产权被视为一项准物权的权利属性,[②]"物尽其用"的理念对专利法等专利制度无疑同样具有适用价值。

在绿色原则的引导下,"物尽其用"理念要求构建有利于推动绿色专利实施运用的专利制度,充分挖掘绿色专利在实现"双碳"目标进程中的技术价值。这意味着,专利制度应当积极地正向推动绿色专利的实施运用。专利制度需要强效激励绿色专利的实施运用以实现"智力"资源的最大化利用,进而实现生态环境的保护。具体而言,在绿色原则的指引下,推动绿色专利的实施运用包含着内外源两层含义。一是要完善专利制度以激励专利权人尽可能地行使专利权的积极权能,包括自行或者许可第三人实施专利技术方案以推动绿色专利的产业化。二是要完善专利制度的特别许可制度以避免专利闲置。基于内外双重制度构建以期实现绿色专利的有效实施运用。综上,在实现"双碳"目标的进程中,基于绿色原则的要求,专利制度的发展与调适需要更积极地回应绿色专利的要求,通过制度构建有效地推动绿色专利在合理的限度内实施运用。

[①] 王旭光.《民法典》绿色条款的规则构建与理解适用 [J]. 法律适用,2020 (23):14 – 29.
[②] 郑成思. 知识产权论 [M]. 北京:社会科学文献出版社,2007.

（三）绿色原则引导专利制度优化以平衡私人利益与社会公益

基于利益平衡的理念，知识产权制度在保护权利主体追求个人利益的同时要增进社会公共利益。[①] 然而，专利制度对权利人个人利益保护的关注远胜于对社会公共利益的关注。以专利保护制度为例，专利的司法保护是专利权人应对专利侵权行为以保障自身利益的核心救济手段。长期以来，停止侵权被视为人民法院要求侵权人首先应当承担的民事责任。在传统"停止侵权当然论"的理念下，当发生专利侵权纠纷时，人民法院即会判令侵权行为人停止侵权行为，力图从保护专利私权的角度给予专利权以全面的保护。这一理念适用于一般专利侵权案件并无不妥。但是，就绿色专利的侵权纠纷而言，"停止侵权当然论"并非绝对明智之选。环境问题的日益凸显需要专利司法保护在面对绿色专利侵权纠纷时平衡专利私利与社会公益。对此，绿色原则无疑为人民法院审理侵害绿色专利权案件时提供了指引。具体而言，绿色原则要求人民法院在审理案件时考虑环境公共利益价值以求达到节约资源、保护环境的目的。这意味着，就侵害绿色专利权案件而言，当侵权成立时，若判令侵权行为人承担停止侵权的法律责任可能有违绿色原则（如浪费资源或破坏环境等）而不利于实现"双碳"目标的，人民法院可考虑不判令侵权人承担停止侵权的法律责任。基于此，绿色原则对公共环境利益的正向引导无疑使得相关案件的裁判逻辑更为周延。[②] 同时，不判令停止侵权的裁判结果也有效地避免了绿色专利的闲置进而有效地推动了绿色专利的实施与运用。《最高人民法院关于审理侵犯专利权纠纷案件应用法律若干问题的解释（二）》（以下简称"《专利解释（二）》"）第26条规定，人民法院基于公共利益的考量而不判令停止侵权已经有法可依。但是，现行法律规则尚未明确专利侵权案件中"公共利益"的判定因素，亦未明确合理费用的计算方式。因此，如何在专利司法保护的规则适用层面更有效地落实绿色原则理念仍将是专利制度未来发展所迫切需要回应的现实问题。

综上，绿色原则为专利制度的发展提供了新的理念。专利制度的直接目的是给予权利人私权保护以激励创新，而其最终目的则在于促进技术创新成果的广泛传播与利用。"双碳"目标的实现，归根结底需要绿色专利的有效实施应用。因此，在绿色原则的理念指引下，如何优化完善现行专利制度以推动绿色专利的实施应用将

[①] 冯晓青. 知识产权法中专有权与公共领域的平衡机制研究 [J]. 政法论丛, 2019 (3)：55-71.
[②] 张广良. 绿色原则在知识产权侵权救济中的适用 [J]. 知识产权, 2020 (1)：10-16.

成为当下亟待思考的现实问题。

四、"双碳"目标下专利制度的优化与调适

现行专利制度在推动"双碳"目标实现的进程中仍然存在诸多不足而有待进一步完善。沿循绿色原则的指引，专利制度需要有针对性地做出制度优化与调适以更有效地推动绿色专利的实施运用。具体而言，在绿色原则的基本理念下，专利制度的发展需要着力解决好三方面问题：一是进一步完善专利制度以激励绿色技术创新；二是激励绿色专利的实施运用以有效应对环境问题；三是完善绿色专利的司法保护制度以实现专利私利与社会公益的平衡。

（一）完善绿色专利申请制度以进一步激励绿色技术的创新创造

绿色技术的创新创造是实现科技驱动"双碳"目标实现的技术前提。因此，"双碳"目标的实现需要绿色技术的创新创造以源源不断地提供智力支持和技术支持。在此进程中，专利申请制度理应为绿色技术的授权确权提供制度保障和制度支持。

完善专利申请制度重点在于提升绿色专利优先审查制度的实效。提升绿色专利的优先审查制度可考虑从以下两方面着手。一是明确绿色专利在专利优先审查制度中的适用范围。专利优先审查的适用范围应当对绿色专利申请予以特别的关注和支持。根据《专利优先审查管理办法》（2017）的规定，涉及节能环保、新能源等领域的专利申请可以请求优先审查。然而，这一概括性的分类在实际适用过程中较为模糊且难以完整囊括所有品类的绿色专利。因此，问题的关键即在于如何更准确地界定绿色专利适用专利优先审查制度的范围。考虑到目前专利审查是以国际专利分类表为参照对专利申请进行分类的现实情况，享受专利优先审查的绿色专利申请范围即可考虑以国际专利分类法（IPC）为准据参照世界知识产权组织（WIPO）的国际专利分类绿色清单（IPC Green Inventory）予以界限划定。这样既可以清晰地厘定绿色专利申请的准确范围，也可以以最小的制度衔接成本实现目的。二是适度简化绿色专利优先审查的程序。基于前文的分析，《专利优先审查管理办法》对专利优先审查的数量限制和前置性推荐程度会抑制专利优先审查制度的实效而影响绿色技术的产业化发展。因此，适度简化绿色专利优先审查程序，取消绿色专利优先审查

的前置推荐程序，转而由专利初审部门予以统一初步审查和繁简分流无疑有助于更有效地实现绿色专利优先审查的制度目标。总而言之，考虑到绿色专利对实现"双碳"目标的重要意义，应当为绿色专利设定较为宽松的优先审查制度，以最大限度地推动绿色专利的创新创造。

（二）健全绿色专利特别许可制度以推广绿色专利的实施运用

绿色专利助推"双碳"目标实现，根本在于绿色专利的有效实施运用，充分激活"沉睡"专利的实施价值。同时，绿色原则所蕴含的法律理念亦需私法规则的规范性构造以避免成为"口号式"的倡导性规定。[①] 因此，基于绿色原则的指引，专利制度的优化应当以推动绿色专利的"物"尽其用而助力"双碳"目标的实现。从既往的实践看，三种类型的特别许可均未能得到有效实施。因此，推广绿色专利的实施运用亟待对绿色专利的特别许可制度予以重点完善。

一方面，专利开放许可制度为推动绿色专利的实施运用提供了制度空间。专利开放许可是晚近《专利法》修订的新增内容。开放许可制度的建立具有重要的现实意义，可以在一定程度上解决信息不对称问题，并能够起到促进专利实施的作用。[②] 因此，推动建立政府引导、市场主导的绿色专利当然许可制度无疑是实现绿色专利实施运用的重要环节。具体而言，政府引导意味着政府部门可以搭建一个绿色专利开放许可的信息公开平台，结合税费等政策优惠以引导绿色专利的专利权人积极地推广其绿色专利的实施。政府搭建的信息公开平台既可以促进专利权人与市场主体的信息对接和搭建信息沟通的桥梁，还可以提升许可效率并降低交易风险。而市场主导则鼓励知识产权中介机构积极与绿色专利权利人接洽专利开放许可事宜，通过挖掘高价值专利资源并在官方平台中发布专利当然许可信息以实现各方的互利共赢。通过政府和市场的合力，绿色专利的权利人才能够通过开放许可制度享受到实实在在的收益。如此良性循环，专利开放许可才能有效地推动绿色专利的实施运用。

另一方面，绿色专利的强制许可制度是推动绿色专利实施运用的重要制度工具。就中国而言，《专利法》中的强制许可条款可被解释用于绿色专利的强制许可。这既包括基于公共利益考量而采取的强制许可，也包括未充分实施专利而采取的强制许可。

[①] 单平基.“绿色原则”对《民法典》“物权编”的辐射效应 [J]. 苏州大学学报（哲学社会科学版），2018（6）：85-96.

[②] 易继明. 专利法的转型：从二元结构到三元结构——评《专利法修订草案（送审稿）》第8章及修改条文建议 [J]. 法学杂志，2017（7）：41-51.

但是，强制许可条款的适用标准极高。这就使得希望通过援引强制许可条款而实现绿色专利的强制推广实施难度极大。基于此，可考虑制定专门的绿色专利强制许可条款以明确绿色专利强制许可的标准和要件。这既可以向专利权人明确国家推动绿色专利实施运用的立法价值取向，也有利于明确绿色专利强制许可的实施标准。

综上，在绿色原则的引导下，通过优化专利制度中的当然许可制度和强制许可制度将为绿色专利的实施运用打开更广阔的发展空间。这不仅有利于"双碳"目标的实现，也有利于体现出绿色专利的价值进而有助于实现专利权人私利与社会公共利益的平衡。

（三）优化绿色专利保护制度以平衡专利私利与社会公益

专利保护制度是保护绿色专利权利人的重要制度手段。如前所言，专利司法保护制度通过"停止侵权"的禁令制度赋予专利权人强有力的私权保护，并对专利的实施运用产生重要影响。然而，绿色专利因其所承载的公共利益属性而使得对其予以司法保护不可避免地需要考虑对公共利益的维护。对此，尽管《专利解释（二）》第26条之规定已经予以明确，但是，第26条的相关措辞较为宽泛，在适用于具体案例时难以准确把握。因此，如何在绿色专利侵权案件中准确适用前述条款无疑是绿色专利保护制度所面临的重大现实问题。对此，首先，从适用的一般原则看，在绿色专利侵权案件中，人民法院应当审慎地限制专利权人的停止侵害请求权而不判令停止侵权。这亦是激励绿色专利权利人持续创新的应然要求。不合理限制专利权人的停止侵害请求权将会导致绿色专利保护的不充分而无法有效地激励绿色技术的创新创造和实施运用。其次，就公共利益的考量而言，环境利益可被囊括入公共利益的范畴，但不判令停止侵权的适用与否仍应当在具体案件中基于要素权衡而予以综合判断。相关考量因素包括：（1）需要保护的环境公共利益的重要程度；（2）被控侵权人的主观状态和可责性；（3）金钱救济之充分性；（4）判令停止侵权对公共利益的损害程度等。人民法院通过对前述一系列要素的权衡利弊以实现对专利私利与社会公益平衡保护。最后，就合理费用而言，应当探索更为明晰的合理费用计算标准。合理费用不仅是给予专利权人私人利益的补偿，也是专利制度激励创造的应有举措。[①] 因此，掌握合理费用的"火候"对平衡专利私利与公共利益以及激励绿

---

① 黄玉烨，鲁甜. 专利停止侵害请求权限制的司法适用——以专利司法解释（二）第26条为视角[J]. 北京理工大学学报（社会科学版），2018（3）：122-131.

色技术的创新创造和实施运用具有重要意义。对此，合理费用的计算可以借鉴专利使用费的计算方式，即结合涉案专利曾收取的许可费、使用与涉案专利类似的其他专利所需要支付的许可费、涉案专利有效期和使用期限等因素予以综合判定。当然，在合理费用的计算上，人民法院还应当给予原被告充分的协商机会以满足当事双方的意思自治。

综上，在绿色原则的基本理念下，专利制度的优化与调适需要从绿色专利的申请制度、实施许可制度和保护制度三个层面予以综合应对。如此，绿色专利才能够予以有效地实施应用进而实现"双碳"目标的成就。

五、结　　语

当前，中国正在迈向实现"双碳"目标的关键阶段。在实现"双碳"目标的进程中，专利制度起到重要的制度保障作用。对于中国而言，现行专利制度无法切实推动绿色专利的实施运用，因而对"双碳"目标的回应不足，需要对专利制度做出相应优化。在立足于基本国情的基础上，中国应积极借鉴有益经验，秉承《民法典》"绿色原则"为全新的制度发展理念，从专利申请制度、实施制度和保护制度三个层面，有效推动专利制度的优化与调适，进而为中国实现"双碳"目标提供有力制度保障。如此，专利制度才可以更好地发挥其在实现"双碳"目标中的保障和助推作用。

（责任编辑：张靖辰）

The Patent System under the "Double – Carbon" Goal: Concept Update and System Adjustment

Zhang Ming

Abstract: The solemn commitment to the "Carbon Peaking and Carbon Neutrality" goal demonstrates China's responsibility as a world power to build the community with a shared future for mankind. The "Carbon Peaking and Carbon Neutrality" goal cannot be achieved without the support of green technology and depends on the protection of the patent system. The current patent system still has practical difficulties in the process of promoting the realization of the "dual carbon" goal, which is reflected in three aspects: promoting the industrialization of green patents, realizing the benefit sharing of green patents, and building a service and protection system that conforms to the "dual carbon" goal. Therefore, the optimization of the patent system urgently needs the support of new principles and concepts. Following the guidance of the concept of "green principle", from the perspective of the patent application system, the patent system should improve the priority examination procedure of green patents to promote the innovation and creation of green technology. From the perspective of the patent enforcement system, the patent system should improve the special licensing system for green patents to promote the implementation and application of green patents. From the perspective of the patent protection system, the patent system should clearly limit the applicable conditions for the patent to stop infringing the right of claim, so as to balance the private interest of the patent and the social welfare.

Key Words: "Carbon Peaking and Carbon Neutrality" goal; Green patent; Green principle; System adjustment

专利制度异化问题之对策研究[*]

季冬梅[**]

【摘　要】 专利制度异化造成社会成本增加，阻碍专利激励创新等社会目标的实现。具体而言，非正常专利申请与低质量专利造成公共资源浪费，专利滥用行为扰乱竞争秩序并损害公共利益，非理性的恶意维权违背诚实信用原则，破坏社会信赖关系。异化行为受到制度内部原因与外部因素的双重作用，需要结合制度内在特质与实施的外在效果进行分析。专利固有的不稳定性、强垄断性与制度设计的疏漏是异化发生的内部原因；而制度实施的历史及社会背景、不同主体间的利益冲突则是异化出现的外部因素。为矫正专利制度异化，需要回归价值本源与制度初衷，探明在不同产业领域的差异化效应，并关注社会效益最大化对专利制度的具体要求。通过推动制度衔接与优化规则设置、引导相关行为的理性选择、完善知识产权信用体系，可以实现对专利的综合治理，应对专利制度异化问题，推动制度目标的有效实现。

【关键词】 专利异化　综合治理　制度效应　对策研究

一、引　言

专利制度被赋以激励创新、鼓励发明、推动科技进步与经济发展等期待。专利权人借助对技术信息的独占权利获得竞争优势与经济利益，社会公众则通过公开的内容进行知识了解、学习与改进。基于保护私权、促进创新等多元化价值基础，专

---

[*] 本文是北京市教育委员会科研计划一般项目"优化北京营商环境背景下专利制度异化问题研究"（项目编号：SM202210038007）的阶段成果。

[**] 季冬梅，法学博士，首都经济贸易大学法学院讲师。

利制度自诞生以来，便通过保护范围、保护期限、强制许可等规则，不断完善以实现保护专利权人私利与维护社会公共利益之间的动态平衡。专利制度通过专利授予、行使、转化、保护等全流程发挥重要作用，专利技术的良性发展与有效运用有助于提升社会整体经济效益。然而，制度规则的实施效果常会受到经济、文化、科技、政策等多重社会因素影响，在实际实施过程中容易发生异化问题，无法确保制度一直沿着理性方向前进，面对新的社会现象，强调稳定性与确定性的法律制度常力有未逮。

专利蕴含的个人利益与制度利益、社会利益时常发生冲突与矛盾，在发展与运行过程中容易滋生异化现象，导致实施效果与立法目标背道而驰。目前，专利制度异化问题已经引发广泛关注与思考，[①] 但研究视角往往较为抽象，未能聚焦具体行为，并进行类型划分和系统分析，缺乏具有融贯性的对策研究。基于类型化思维，本文将围绕专利权授权、行使、保护的不同阶段，对专利异化现象展开观察与分析。具体而言，在授权环节，非正常专利申请与低质量专利、问题专利造成公共资源浪费与制度成本增加；在专利行使阶段，权利滥用乃至构成垄断等乱象频出，阻碍制度价值的实现；在专利保护过程中，利用专利权利效力不确定、权利缺乏物理边界等特征，权利人提起恶意诉讼、进行恶意维权，以及实施"专利蟑螂""专利海盗"等行为屡禁不止，扰乱市场秩序与公平竞争的环境。为降低我国专利制度异化带来的成本问题，需要挖掘异化背后的内部因素与外部诱因，比较与借鉴其他国家的相关经验做法，探索应对专利异化问题的综合治理路径，推动专利制度的理性发展与社会功能的有效发挥。

二、授权—行权—维权：专利异化的类型化表现

异化理论是马克思思想的重要组成部分之一，意味着客体与主体的对立、对象与人相敌对，"对立"与"敌对"表述的是客体或对象疏离了人的需要，作为价值判断而出现。[②] 在这一哲学意涵下，制度异化则是指制度作为人所建构的行为规范与活动框架，本是人追求自由与解放的途径与方式，在一定条件下，却与人相对立，

---

① 张改珍. 关于专利异化的历史考察 [J]. 科技管理研究，2012，32（22）：165–172.
② 马建青. 异化与历史目的：马克思思想的历史目的之维 [M]. 哈尔滨：哈尔滨工业大学出版社，2015：31.

成为束缚与奴役人的一种手段与力量。① 知识产权制度的发展过程中伴随着多次异化现象，从最初的垄断特权发展为私人权利，从国家内部授权发展为国际公认客体，从推动进步的机制演变为竞争工具与牵制手段。现代知识产权实践中所表现出来的妨碍技术创新、压制商业竞争、阻碍技术利用、限制国际贸易、耗费各方资源、侵占公有领域、滥用垄断地位、减损消费者权益等现象引发关注。② 专利制度异化问题频发，专利法运行实施的方向逐渐偏离设立初衷，预期的制度效果无法得以有效实现。围绕授权、行权及维权的链条，专利异化呈现出不同样态。

（一）授权异化：非正常申请与低质量专利

当今，无论是对于一个国家或地区，还是对于某一创新主体、市场主体，专利数量均是判断创新能力与科技竞争力的重要指标之一。③ 受此影响，对专利数量的追捧在我国科技创新发展战略中曾长期存在。得益于鼓励创新发明、促进专利申请的社会环境与公共政策，我国近年来在专利申请数量上突飞猛进。但在巨大的专利申请量背后，隐藏着非正常专利申请与专利质量较低等问题，专利"多而不精""大而无用"等问题影响制度实施效果，相关行为偏离理性轨道，专利异化问题日益明显。在专利授权阶段，非正常专利申请是典型的异化行为表现，即申请人不合理地进行大量专利申请，浪费公共资源，损害公众信赖利益，扰乱市场管理秩序。④ 我国在专利授权数量上已成为公认的知识产权"大国"，在专利质量上却令人担忧，专利发展已进入"重数量"到"数量和质量并重、以质量为主"的目标转型期。

据统计，2008—2018年，中国专利无效申请的数量逐年上升，⑤ 2019年我国无效宣告请求量为0.6万件，结案0.5万件；2020年专利无效审查案件小幅下降至4423件，但2022年又重新上升至7900件。但其中问题专利和低质量专利数量较

---

① 刘月玲. 论制度异化——基于马克思的异化思想 [J]. 齐鲁学刊, 2014 (5): 75-79.
② 袁真富. 知识产权异化：囚徒的困境 [M]. 王立民, 黄武双, 译//知识产权法研究（第三卷）. 北京：北京大学出版社, 2006: 22-25.
③ World Intellectual Property Organization, Global Innovation Index 2021 [EB/OL]. [2022-07-07]. www.wipo.int/edocs/pubdocs/en/wipo_pub_gii_2021.pdf. 中国科技部. 国家创新能力评价指标体系（征求意见稿）[EB/OL]. [2023-11-08]. https://www.most.gov.cn/zxgz/cxdc/cxdczbtx/201311/t20131129_110675.html.
④ Herbert Hovenkamp. The Rule of Reason and the Scope of the Patent [J]. San Diego Law Reiview, 2015 (52): 515-554.
⑤ 集佳知识产权代理公司. 2008—2018年度中国专利无效案件统计分析报告 [J]. 中国知识产权, 2019 (3).

多，难以有效转化和应用。① 这些专利本身质量偏低，通常在不满足"新颖性、创造性、实用性"等条件下被错误授权。② 这些专利本应属于公有领域，却因为私人主体所占有，无法有效发挥促进科技进步与社会发展的作用。专利权人利用低质量的专利权来驱逐竞争对手，提升市场潜在进入者的投资成本。专利效力的不确定是与低质量专利共生的负面效应，③ 与之相关的还有专利范围的不确定与可专利性标准的不统一，导致专利无法充分发挥其价值，从而造成制度成本提升与社会资源浪费，逐渐侵蚀社会公众对专利体系的信赖，阻碍他人实施或改进技术方案，违反了专利法中的比例原则。

此外，低质量专利的涌入往往会诱发非理性效仿行为与错误选择。为应对"专利圈地运动"的局面，避免自己陷入侵权纠纷，创新主体或市场主体纷纷热衷于专利挖掘，试图通过在专利申请上的优先性抢占市场优势。在专利授权的先申请原则下，提交专利申请时间的先后会直接影响是否能够获得授权，因此一些主体常常未将技术方案充分验证、优化之后就申请专利，导致技术方案容易存在瑕疵或缺陷。在后续的专利授权、行使、转化、保护环节，低质量专利的负面效应将传递至后续环节与链条，造成更高的社会成本。例如在知识密集型产业中，专利数量膨胀与范围扩张还进一步引发了"专利蟑螂""专利海盗"等问题，扰乱市场竞争秩序。

（二）行权异化：专利的滥用行为

专利体系中的潜在"危机"，即过度保护或不当保护可能会阻碍创新而非促进创新。专利制度的实际运作中，专利滥用行为层出不穷，形式多样，专利权滥用及其他不当行使专利的行为影响市场运行效率，偏离了激励创新、维护公平竞争和增进社会福利的目标。④ 一些关键性专利的权利人可能进行"敲竹杠"，通过专利劫持，索取不合理的高额许可使用费，最终或造成谈判破裂，或被许可方被迫接受不合理条款。这一问题在标准必要专利领域尤为突出，容易造成交易成本上升、公共利益受损等问题。⑤ 例如美国高通公司利用其拥有的标准必要专利，获得在 CDMA

---

① 杜爱霞. 马克思主义理论对专利制度改革的启示 [J]. 河南社会科学，2021，29 (4)：102-108.
② Guerrini, Christi J. Defining Patent Quality [J]. Fordham Law Review, 2014, 82 (6): 3091-3142.
③ R. Polk Wagner. Understanding Patent Quality Mechanisms [J]. University of Pennsylvania Law Review, 2009 (157): 2135-2144.
④ 徐棣枫. 不正当行为抗辩制度之移植可行性及设计构想——基于《专利法》第四次修改中的"诚实信用原则"[J]. 东方法学，2018 (6)：28-36.
⑤ 祝建军. 标准必要专利滥用市场支配地位的反垄断法规制 [J]. 人民司法，2020 (13)：50-55.

手机芯片市场中的优势地位，借此向交易相对方收取不合理的技术许可费，并要求被许可人不得挑战专利效力等。这些不合理的条款将给交易相对方带来额外成本，排除或限制竞争，损害社会公共利益，阻碍专利制度目标的实现。

为应对上述"阻碍性专利"（blocking patents）与其他专利滥用问题，我国2020年《专利法》明确规定"禁止专利权滥用原则"，对专利权人行使专利的行为发挥约束与规制，避免滥用行为损害他人利益或社会利益。具体而言，专利滥用行为可以划分为两种类型，一是制度滥用，二是权利滥用。① 制度滥用是指不合理利用专利制度，其行为外观符合法律要求或不具有违法性，但其实质侵害了专利的制度利益，违背制度目标，产生社会成本，典型行为如"专利流氓""专利蟑螂"等，其导致专利实施转化的效率受到严重影响，甚至引发技术市场中"劣币驱逐良币"的现象。而权利滥用是指权利行使超出了专利的合理范围，违背了专利权利蕴含的比例原则，侵蚀他人利益或社会公共利益，专利权人常常通过合同约定的形式，延伸自己的权利范围，造成对他人不合理的限制或提出不合理的要求。然而，专利法中的"禁止专利权滥用"作为原则性条款，规定较为笼统、模糊，在实践中如何进行专利滥用行为的判断，需要依据更加细化、具体的规则与标准，并与反不正当竞争法、反垄断法实现有效衔接，协同作用，共同规范权利的行使方式。

（三）维权异化：非理性的维权行为

专利诉讼是专利权人维护自身权利并寻求救济的重要途径，但实践中存在诸多问题，如专利诉讼周期长、维权成本高并影响创新激励效应的实现；而专利侵权滥诉、恶意诉讼还有可能异化为权利人进行恶性竞争的工具，扰乱竞争秩序，阻碍市场健康发展。② 专利保护过强会导致公共利益受损，资源分配失衡，③ 一些专业维权公司或成为"非专利实施主体"（Non-Practicing Entity，NPE）并非旨在利用专利保护公司的创新成果，而是将专利作为攻击型武器，用来威胁和阻碍竞争对手的商业计划。④ 业界将这种模式称为"进攻型专利聚合"，即通过购买专利向目标公司提

---

① 张伟君，单晓光. 滥用专利权与滥用专利制度之辨析——从日本"专利滥用"的理论与实践谈[J]. 知识产权，2006（6）：67-70.
② 姚志坚，柯胥宁. 知识产权恶意诉讼的司法认定及规制[J]. 人民司法，2019（1）：48-53.
③ 韩成芳. 药品专利权的功能异化与修正[J]. 电子知识产权，2021（2）：13-25.
④ 亚当·杰夫，乔希·勒纳. 创新及其不满：专利体系对创新与进步的危害及对策[M]. 罗建平，兰花，译. 北京：中国人民大学出版社，2007：114.

出专利诉讼或以诉讼相威胁，借此来获取损害赔偿和专利许可使用费。[①] 这些行为潜伏于营商环境中，导致市场经营者在平常生产经营中小心谨慎，市场环境下信任缺失，创新发展受到不利影响。

通过对我国实践案例的调查研究发现，适用《专利法》"禁止专利滥用"条款的主要情形之一就是恶意维权，这一异化行为源自专利权人对专利制度的曲解与误读。目前我国市场环境中多强调保护原创、抵制侵权，强化对知识产权的保护，以此鼓励科技创新与市场繁荣。受此影响，市场环境中逐渐培育起抵制知识产权侵权的文化思想，对侵犯他人著作权、商标权、专利权的行为给予道德与法律的谴责。而专利权除了作为私权获得运用与保护外，在商业活动中常作为市场主体进行竞争的工具。国内外对专利进行强保护的环境，也成为滋生专利滥诉行为的土壤。一些专利权人对此加以不当利用，为打压竞争对手而发出恶意警告函，造成对方市场声誉受损，利益下降。以"双环公司与本田公司确认不侵权案"[②] 为例，本田公司向双环公司及其经销商发出侵权警告，在起诉后仍继续发出警告并扩大发送范围，并利用新闻报纸等方式让公众知悉，影响双环公司生产经营。被侵害的商事主体不仅遭受经济损失，其商业信誉、市场声誉等也受到影响，这同时也违背了竞争法的立法宗旨与目标实现。

由此可见，社会实践中的专利异化行为还会与不正当竞争行为存在交叉，应对相关问题，除适用专利法"禁止专利滥用"条款外，也需要结合《反不正当竞争法》的规定展开体系化解读与适用。在"坦萨土工合成材料（中国）有限公司诉泰安现代塑料有限公司知识产权诉讼损害责任纠纷案"[③] 中，山东省高级人民法院认为，该案专利权被确认无效，但专利权人出于不正当竞争的目的向泰安现代塑料有限公司的客户和潜在客户发送不实警告函，以侵害其正常经营和商誉为由提起诉讼，构成滥用专利权与不正当竞争行为。专利恶意维权的发生，还常常伴随着基础权利的瑕疵，以及原告主张被告构成侵权的外观形式，与权利滥用的事实基础存在本质差异。但由于专利恶意维权问题愈演愈烈，受害方与法官又很难直接从专利法中得出或推断我国立法对恶意维权行为的法律规制，因而导致司法实践中向"禁止专利滥用"原则的逃逸。

---

① 孟奇勋. 专利集中战略研究［M］. 北京：知识产权出版社，2013：5.
② 最高人民法院（2014）民三终字第 7 号、（2014）民三终字第 8 号判决书.
③ 山东省高级人民法院（2015）鲁民三终字第 220 号民事裁定书.

三、异化原因：专利制度的内部因素与外部因素

专利制度本身携带异化的基因，这种基因在资本的催化和加持下获得扩张的动力。① 现阶段对产权保护、激励创新的社会需求产生对专利制度的路径依赖，趋利性进一步导致专利被异化为竞争工具，而专利规则缺乏对权利人行为的理性安排，难以进行有效约束与指引。因此，为矫正专利异化现象，基于社会事实的充分观察，探索背后的因果律，探明应对的具体策略十分必要。面对具有偶联性与复杂性的制度实施现状，基于化约式的思维路径，专利异化的产生原因可以区分为制度的内在与外在两个方面。

（一）专利制度异化的内部原因

首先，专利效力的不稳定性是其与生俱来的特质，无论对于专利申请人还是专利审查员，要穷尽所有现有技术及其他对比文件来判断专利的有效性，在时间与成本上都是难以实现的。且专利审查员由于自身科技文化背景与知识积累的局限，往往难以做出绝对正确的判断。再者，专利审查往往受到期限限制，而面临日益增加的专利申请数量，在有限的时间内作出授权审查，需对专利审查员的专业性、效率提出更高的要求。不少研究指出专利授权条件与行政授权机关应当重视专利质量问题，提升授权质量，减少错误授权；② 增加专利审查员的数量、优化行政机制、投入更多资金等；或呼吁第三方主体的加入，吸纳市场竞争者或社会公众参与专利质量检验与授权审查。③ 但这些对策仅仅是从审查的流程或形式上进行完善或弥补，无法从根本上解决低质量专利存在的问题。此外，为了提升专利授权的概率，专利申请人还会在撰写专利的方式、表达上精心设计，通过包装掩盖技术方案不满足授权条件的真相。专利申请人更加偏向于采用模糊性、原则性的技术表达，以便在之后按照专利局的要求进行范围或特征的灵活修改，提升专利授权概率。这些都会加剧专利效力不确定的问题，并带来额外的制度成本。日益增加的专利申请量给审查机关带来成本和压力，将专利质量的提升与完善完全交付于专利授权机关成为过于

---

① 杜爱霞. 马克思主义理论对专利制度改革的启示 [J]. 河南社会科学，2021，29 (4)：102-108.
② Colleen Chien. Comparative Patent Quality [J]. Arizona State Law Journal, 2018 (50)：71-140.
③ Yelderman Stephen. Improving Patent Quality with Applicant Incentive [J]. Harvard Journal of Law & Technology, 2014, 28 (1)：77-136.

理想化的选择，实际中会存在重重困难和阻力。

其次，专利权具有强垄断性，其作为保护智力成果的一种权利行使，比著作权保护更为彻底、全面，对技术信息的构思、想法进行更加全面的保护。专利权人可以借助该独占性排他权利获得竞争优势与市场地位。"霍布斯定理"指出，专利权人的个人私益与社会公众的利益之间存在天然屏障，即便与他人进行合作、共享会带来技术创新的剩余价值，但在经济性驱使下，行为人会以毁损剩余利益为风险，争取获得更多的利益份额。[1] 因此，基于理性经济人的收益成本分析，为尽快收回前期投入成本，一些专利权人会借助专利杠杆获取收益。专利保护范围越大，覆盖内容越多，越容易对潜在侵权人、市场竞争者进行限制。而专利局则需要通过审查进行筛选，将不符合授权条件的技术驳回，避免申请人过度使用杠杆获取与其社会贡献不合比例的收益，维护公有领域资源。此时就会存在专利权权利范围界定的内在张力与矛盾，权利范围界定较窄时，获得授权的可能性将会上升，因为涉及的现有技术范围会缩小，但会给他人规避侵权的行为选择提供空间；权利范围较宽泛时，专利权人可以针对更多的主体与实施专利的行为主张侵权，从而获得更多的独占优势，但会面临专利无效的可能性增加的风险。

最后，专利制度的具体安排与规则设计缺乏对异化行为的及时矫正与行为指引。专利制度长期以来被视为鼓励创新、保护发明的有效机制，但对专利异化制度应对的关注与思考并不充分。虽然《专利法》2020 年修订中新增了"禁止专利滥用"条款，对专利权人的行为进行约束，但该行为对应的法律后果尚不明确，这一原则性、笼统性的条款规定，难以为行为人提供具体指引，导致实施效果受到影响。与之相似，《民法典》在第 132 条规定"禁止权利滥用"时，也没有给予司法适用效果的明示规定或暗示启发，导致很多受恶意维权行为侵害的市场主体诉求无门，恶意维权者的行为却仍然肆无忌惮。对此，需要从行为法律效果的角度，明确违法行为带来的法律后果，以惩罚行为人，发挥威慑、约束的作用。行政机关应针对专利异化问题采取具体措施，例如加大非正常专利申请的打击力度、对专利垄断等滥用行为施加罚款，并在实践中不断细化异化行为认定的规则与标准，为权利人提供明确、具体的行为参照。

---

[1] Robert Cooter, Steven Marks. Bargaining in the Shadow of the Law: A Testable Model of Strategic Behavior [J]. The Journal of Legal Studies, 1982, 11 (2): 225-243.

（二）专利制度异化的外部因素

专利制度与社会经济发展息息相关，受功利主义思想的影响，专利与专利制度都带有工具性色彩，与社会发展的整体目标战略关系密切，对科技与经济的变化呈现及时的回应性。因此，除专利制度本身固有的特征导致专利异化问题外，制度以外的政治、经济、历史、文化等社会因素，也会诱发专利异化，导致非理性的相关行为。

首先，我国专利制度诞生与实施的历史背景会对制度实施效果产生影响。在欧美等国家，专利制度是"由下而上"诞生的，即现有呼吁专利保护的社会需求，公民呼声层层传递最终推动立法。在市场经济发展尚不充分、科技创新水平较为落后的初期，我国政府采取"自上而下"的模式颁布并实施《专利法》。[1] 其背后原因在于，社会建设初期，获取、分享、了解相关科技信息进行学习模仿的需求更强，物质与技术基础尚不足以支撑大量创新成果的产出。与此同时，欧美发达国家在科技与经济方面占据优势地位，专利制度起步较早，发展成熟，制度实施效果较好，但给我国参与国际社会的科技与经济竞争带来压力，中国企业常受制于国外高新技术企业拥有的专利特权。由于缺乏创新保护的社会基础，专利制度的价值与功能无法长期有效实现与发挥。在此社会背景下，对制度产生曲解、误用的问题随之而来。我国现阶段出现大量的专利恶意囤积、恶意诉讼等行为就往往源自行为人对专利制度价值的误读，将专利作为攫取个人经济利益的工具，而非保护发明、鼓励创新的武器，最终导致制度异化问题日益严重。

此外，从专利制度扮演的社会角色看，在知识经济时代，专利的重要性提高了，专利的社会影响扩大了，由于技术的发展和人们对专利的高度重视，专利权的性质也发生了极大的变化，不仅由最初的垄断特权进化为一种法律权利，更从一种具有正当目的的法律权利渐渐地异化为一种竞争工具。[2] 目前我国专利申请质量低而数量高的背后原因之一，是这一模式能够给市场经营者带来切实的利益。一些市场主体或创新主体会选择高数量、低质量的专利安排，进行专利组合包的安排，以此获得更多范围的专利回报，同时降低遭遇损失或侵犯他人权利的风险，具有"趋利避

---

[1] Sun Z., Lei Z., Wright, B. D., et al. Government targets, end-of-year patenting rush and innovative performance in China [J]. Nature Biotechnology, 2021 (39): 1068–1075.

[2] 王太平. 知识经济时代专利制度变革研究 [M]. 北京：法律出版社，2016：78.

害"属性。即便专利质量较低,也能够为市场主体提供其所需的竞争优势,因为单个专利的有效性容易遭受质疑,专利保护范围也相对较为狭窄、有限,从而导致竞争优势的流失。

最后,政府实施的公共政策对市场主体与创新主体的行为产生直接影响。我国地方政府对创新企业的支持存在"重专利数量,轻专利质量"的现象。[①] 为矫正这一现象,政策制定与实施需要从更加长远并关注过程与实质的视角展开,而非盲目追求数量赶超。在新发展阶段,专利工作的发展方向应从注重数量增长向提升质量和价值转变。[②] 在现代创新经济体系下,或许依靠数量获胜的专利竞赛能够给市场主体带来更好的路径,通过专利数量规模形成的竞争优势也相应地具有规模效应,能够用以阻挡专利效力挑战带来的风险,编织更为牢固的科技创新之网。这些都促使专利权人为追求个人利益的最大化,而选择违背制度理性的专利申请、行使与保护行为,也导致专利制度的整体性目标与行为主体的个体性目标不再一致,甚至冲突频发。例如恶意维权行为的背后就在于行为人受到利益驱动,试图以维护权利的表面形式,掩盖侵害他人利益的实质目的,专利权沦为市场主体获取竞争优势的不当工具。

四、专利制度异化问题的分析进路

(一)回归专利制度的价值本源与制度初衷

事物总会存在一个理想的状态,该状态可以体现事物或事物价值的本质。由于外界的影响,事物的这个理想状态与事物相分离,变成与事物相对立的状态。通过人的努力,事物回归到原本理想的状态,实现异化的回归。[③] 专利制度的本质就是以"开放"换取"保护",权利人将技术方案的内容予以公开,以此换取一定时期内这一技术方案的垄断权利。专利制度的目的在于通过给予权利人垄断性权利,激励权利人进行研究开发、科学创新,从而促进社会整体的进步。因此,从本质上看,专利制度是专利权人与社会之间达成的一项"契约",双方各自支付对价并获得回

---

① 申宇,黄昊,赵玲.地方政府"创新崇拜"与企业专利泡沫[M].科研管理,2018,39(4):83-91.
② 刘运华,刘兴华,李晶.建立有利于科技成果转化的专利质量评价体系研究[J].科学管理研究,2022,40(2):63-72.
③ 徐璐.用马克思异化理论看我国版权制度的异化与回归[J].中国发明与专利,2020,17(8):16-23.

报。而专利权人申请专利的行为可以视为要约，并带有对专利制度潜在价值的默示承诺，包括诚实信用、禁止滥用等。专利制度是充满矛盾与冲突的不同价值目标之间协调的结果，专利制度本身具有强烈的内在张力。[①] 专利权利人获得的权利范围与行使权利的方式亦须满足"比例原则"的要求，即通过专利杠杆获取的收益应当"合乎比例"，与其向社会作出的贡献或专利的社会价值成比例。专利的社会价值，可以通过专利质量来进行衡量，满足"新颖性、实用性、创造性"是静态评价标准，而专利在促进整体社会经济效益、推动科技持续发展中的作用则是评价的动态标准。专利制度是否真正发挥了它的优势和长处，发挥对科技创造的激励与推动作用会因为制度适用情境的不同而存在差异。

美国有学者指出，"专利系统在美国发展的车轮中已经变成了沙子，而不是润滑剂"。[②] 类似的问题已经在世界多个国家或地区浮现并造成专利制度的困扰和难题。为避免异化问题在我国日益加剧，需要重新展开对专利制度价值本源的探索与目标的梳理。专利制度的价值本源在专利法的立法目标中得以清晰地展现。我国《专利法》第1条就指出："为了保护专利权人的合法权益，鼓励发明创造，推动发明创造的应用，提高创新能力，促进科学技术进步和经济社会发展，制定本法。"其中，"保护专利权人的合法权益"是直接目标，"鼓励发明创造，推动发明创造的应用，提高创新能力"是间接目标，"促进科学技术进步和经济社会发展"则是最终目标，呈现层次化的逻辑形式，直接目标是实现间接目标的途径，间接目标则是实现最终目标的手段，专利法最根本的追求在于为"科学技术进步和经济社会发展"提供服务。专利制度的实施过程中，包含不同主体利益博弈与价值选择。设立专利特权的初衷在于保护发明、激励创新，而非作为提供恶意竞争的工具。法律中蕴含的公平正义、诚实信用的理念，应当在制度实施中得以融贯。不当利用专利的行为会造成对专利制度价值的不利影响，阻碍专利制度功能的有效发挥，不利于科技产业领域商业道德体系的构建与完善。

（二）探明专利制度在不同领域的差异化效应

尽管专利立法具有单一性、整体性，但是在实践中，专利法实施却面临产业差

---

① 王太平. 知识经济时代专利制度变革研究［M］. 北京：法律出版社，2016：177.
② 亚当·杰夫，乔希·勒纳. 创新及其不满：专利体系对创新与进步的危害及对策［M］. 罗建平，兰花，译. 北京：中国人民大学出版社，2007：149.

异化样态。获取专利的流程和难易程度会因为产业和科技而呈现实质差异；在不同领域，专利法对创新激励的作用也是不一样的。① 在不同的产业形势下，需要认识到专利制度会扮演的不同角色，探明专利制度的产业区分本质。因为所属产业不同而导致创新存在差异表现在方方面面，每一类技术在研发以及获取回报上都受到各自的技术特征以及经济因素的影响，呈现差异化特征。基于不同产业的特点，专利制度需要做出更加微妙的适应性调整。在进行发明创造的产业特征区分时，将其分解为以下几种要素：研发成本、公司规模、专用性、其他激励机制、溢出效应、创新的累积性特征以及创新的风险。② 但上述要素并非彼此独立，在进行政策选择与衡量时，需要进行综合判断。

具体而言，在研发成本的差别上，专利制度的保护对需要大量投资的研究领域来说更为重要，因为此时公共产品性质所带来的问题表现得愈发严峻，时间和金钱投入较大的产业，对于专利制度的要求就更高。结合目前产业情形来看，半导体产业和制药产业的研发投入巨大，而计算机软件产业成本较低。仿制成本的高低也会对"专利制度社会功能的发挥"产生影响。如果仿制成本巨大，即使没有专利保护，也不会对研发人员的利益产生损害。如果仿制可行但时间和金钱成本都很高，那么发明人仍然可以赚到足够的利润来补偿其研发成本。即使在仿制成本不太高的情况下，首创者能够率先进入市场、获得消费者基础，对于一些产业的发展也很重要。同时，产业中的其他激励机制也会影响专利制度在这一行业中的推动作用，比如公共财政的支持、对研发成果的奖励等。另外，创新累积性特征也是重要的影响因素之一，技术创新往往需要"站在巨人的肩膀上"，在现有技术的基础上进行新的发明创造。③ 累积性创新理论下，法律应当对财产权进行分配以确保整个进程中的每一个改进者都能够获得激励。④ 总体上看，生物技术领域的累积性特征弱于计算机软件行业，计算机程序通常都建立在已有的思想之上，甚至经常是形成于原有的代码之上。医药行业既不受累积创新的驱动，也不受互补性创新的驱动，相应地

---

① John R. Allison, Mark A. Lemley, David L. Schwartz. Our divided patent system [J]. The University of Chicago Law Review, 2015, 82 (3): 1073 – 1154.
② 丹·L. 伯克, 马克·A. 莱姆利. 专利危机与应对之道 [M]. 马宁, 余俊, 译. 北京：中国政法大学出版社, 2013: 48 – 68.
③ Suzanne Scotchmer. Standing on the Shoulders of Giants: Cumulative Research and the Patent Law [J]. The Journal of Economic Perspectives, 1991, 5 (1): 29 – 41.
④ 丹·L. 伯克, 马克·A. 莱姆利. 专利危机与应对之道 [M]. 马宁, 余俊, 译. 北京：中国政法大学出版社, 2013: 129.

也不存在专利密集或专利停滞的风险。市场结构和创新之间的关系需要结合上述要素进行判断,因而呼吁更为灵活、契合发展需求的创新政策。

专利制度具有一定的盖然性特征,面对目前极度细分的技术产业创新需求,纯粹单一的专利制度不再适合,比如在制药与信息两种技术环境中,对于专利制度的评价不一。制药行业的研发成本极其昂贵,且药品专利常可覆盖完整的销售产品,而在信息技术领域,专利常常仅涉及可销售产品中的零部件。这意味着一家希望销售药品的公司通常不需要许多不同专利的许可,因而制药产业呼吁加强专利保护。此外,药物通常具有稳定的作用,这意味着药物产品的显著改进很可能以发现新药物的形式出现,而不是以某种方式在现有药物的基础上进行开发。结构上相关的化学物质往往具有类似的效果,这意味着"如果专利没有涵盖一组相关产品,模仿者可以通过使用与专利药物相近的化学模拟物,轻松绕过专利进行设计"。所有这些因素都表明,制药行业的创新需要强有力的专利权利。强有力的专利权利对于鼓励制药公司在对产品投放市场前的投入成本进行研究十分必要。但信息产业抵制专利过强保护,即使申请专利,也大多是用来进行"防御性"的使用,降低为销售自身产品而向其他专利权人支付的费用。

(三) 关注专利制度在社会系统中的长期效应

知识产权法律制度作为一种社会工具会产生一定的社会作用,这一作用是通过对人们的行为加以规范来体现的,立法者根据社会发展需要通过调整知识产权社会关系来实现一个国家在政治方面、经济方面、科技方面、文化方面和公共事务方面健康发展的立法目标,从而也完整地体现了知识产权法律规范的法制功能。[1] 专利制度运行效率具有缓慢发展的自适应性,其效用发挥受到经济发展、技术积累、国家战略等制度生长环境的综合作用。[2] 专利制度的最终目标在于推动社会进步与科技、经济发展,技术信息的实际转化与使用才是能够真正促进这一目标实现的有效途径。

促进技术创新并使技术创新成果向市场转移,在产业中得到利用,从而实现创新成果的经济和社会价值,应该是各国技术创新立法和政策所追求的重要目标之

---

[1] 何敏. 知识产权基本理论 [M]. 北京:法律出版社,2011:39.
[2] 毛昊. 创新驱动发展中的最优专利制度研究 [J]. 中国软科学,2016 (1):35-45.

一。[①] 因此，在创新指标、科技实力等评价标准不应简单考虑专利数量多少，闲置专利或问题专利更不应作为评价的正向指标，应当综合考虑专利实际转化的效率与经济回报。专利质量难以衡量，缺乏客观的量化指标；而专利数量更加直观具体，往往成为评价一个国家或地区创新指数的重要指标之一。这一观点容易引发专利数量的过度关注而忽视专利质量的重要性。我国目前采取的很多鼓励创新的方案、措施中，不乏有为鼓励创新而奖励专利申请的做法，例如根据北京市知识产权局2021年印发的《北京市知识产权资助金管理办法》第9条，对符合条件的企业，在其国内发明专利申请获得授权后，提供每件不超过1000元的资助。虽然这一做法的出发点在于激励公众多从事智力创造劳动，奖励发明创造者，以此推动科技进步与发展，但与此同时，也忽略了对专利质量的关注与保障。

在知识产品上，蕴含着劳动者的人身权，智力成果是人身权与财产权的统一载体。劳动者应享有对其个人财产的控制权，享有"私"的利益，这样的个人占有有助于促进人类生存与发展，[②] 避免"公地悲剧"导致的低效率与无序性。但私有权并非绝对无限制，权利人在划定和行使私权时，需留给他人相当的公共资源，权利人只能在其劳动产生的新的成果上主张权利，公有领域依然归社会公众。知识产权的界权、实施与保护应当遵循比例原则，即权利人的收益与其付出的劳动蕴含的价值应呈比例，不能扩张延伸到公有领域。但在利益驱动下，劳动者个人很容易从自身利益出发而忽视专利制度利益与社会公共利益，为获得奖励等回馈而盲目申请专利，陷入"为了申请专利而申请专利"的怪圈之中，而并不关心专利技术的实践应用性与产业转化率。这就造成个人利益可能与群体利益、公共利益相悖的问题，也导致专利制度的异化发展。同时，作出理性的政策选择还需要考虑长远的社会效应。是否有效转化和实施是专利价值的最终体现，较高的专利质量代表了一项经得起新发明、类似发明和时间考验的专利。

通过对专利质量的过程化管控，能够从一定程度上抑制低质量专利或问题专利带来的负面效应，避免企业更多地致力于"短、平、快"的创新活动而造成专利泡沫。[③] 具体而言，专利质量的把控环节可以分为授权前—授权中—授权后三个阶段。

---

① 徐棣枫.「拜杜规则」与中国《科技进步法》和《专利法》的修订 [J]. 南京大学法学评论，2008 (Z1)：124-133.
② Robert Merges. Justifying Intellectual Property [M]. Cambridge, MA：Harvard University Press, 2011：12.
③ 陈彦斌，刘哲希. 中国企业创新能力不足的核心原因与解决思路 [J]. 学习与探索，2017, 267 (10)：115-124.

授权前，应当通过制度设计引导申请人注重专利质量的提升，而非盲目追求数量。授权中，专利局应不断优化审查工作，利用人工智能、算法大数据等新兴科技进行信息筛选与对比，提升审查工作的效率与质量。我国近些年在专利申请提质增效方面已采取多种对策，"加大对不以保护创新为目的的非正常专利申请的排查力度，向各地集中通报一批非正常专利申请。"除此之外，对正常申请的专利，还可以借鉴他国的专利抽检制度以关注和把控专利质量。比如美国专利局每年对2%~3%的专利进行质量抽检，以此提升专利质量。[①] 授权后，行政机关与司法机关需共同关注专利质量问题引发的后续争议，在专利无效纠纷、诉讼纠纷中展开对专利质量、效力的二次审查，并及时矫正与补救。上述全过程的质量监管，能够全方位地提升专利质量，并间接引导市场主体与创新主体的行为选择，鼓励其投入有助于实现社会长远利益与科技创新研发工作中。

五、专利异化问题应对的合理路径

（一）推动专利制度内部衔接与规则细化

首先，专利异化问题会涉及多部法律法规，为有效应对这一问题，需要促进专利法与反不正当竞争法、反垄断法等不同法律之间的衔接与配合。专利权人误用、滥用专利，攫取利益的行为在实践中日益泛滥，需要加强对专利权人行权方式的指引，运用制度工具发挥行为导向的功能，从而降低专利制度的负面效应。当专利权人无法借助低质量专利或问题专利的滥用获取收益时，或者其不当行为会带来法律的不利后果时，自然会放弃该行为选择。《反垄断法》下，实施专利垄断行为的主体还面临罚款等行政责任，以此遏制不当的专利实施或许可。与此同时，《反不正当竞争法》亦可以对恶意维权的行为发挥作用，以"商业道德"条款进行约束，将专利恶意维权的行为与其他领域的恶意维权行为进行体系化安排，健全对恶意维权行为的约束和规制。

具体而言，《反不正当竞争法》中的"商业道德条款"在应对专利恶意诉讼问题时就可以发挥较好的功能。商业道德条款是基于行为规制的视角，对市场经济活

---

① 彼得·达沃豪斯. 知识的全球化管理［M］. 邵科，张南，译. 北京：知识产权出版社，2013：62.

动中违背公认的行为标准或道德的行为进行直接的约束，比侵权法理论中的赋权模式更加具有针对性和及时性。而违背商业道德条款不仅可以成为法院诉讼的基础，也可能成为行政机关调查处理的对象。监管市场活动、维护市场秩序的行政执法部门，可以直接介入恶意维权的争议纠纷之中，对具体行为人的行为性质、主观目的、行为后果与其他相关行为展开综合调查。这样可以很好地解决在个案诉讼中，受害方无法针对恶意维权者的系列相关行为进行举证困难的实际问题。而在规范商业秩序的体系下，恶意竞争的手段具有多样性、复杂性和交叉性，很多恶意维权的行为可能与其他行为交叉并行，例如恶意获得专利授权、专利海盗、其他排除限制竞争的手段等。利用商业道德条款对恶意维权行为进行规制，能够有效促进规范竞争秩序方式的整体性和系统性，为构建公平、合理、透明、有序的市场环境提供支撑。

其次，针对不同阶段发生的专利异化行为，需要采取"融贯"式思维，围绕诚实信用的法律理念，展开细化、具体的规则安排与设计。第一，在专利申请阶段，对于非正常专利申请，要加大打击力度。第二，在专利实施环节，通过《反垄断法》与《专利法》中的"禁止专利滥用条款"，共同规制专利垄断及其他滥用行为。作为创新的推动者，反垄断法与专利法享有平等地位，两者之间的互动应该反映出这种地位。在《反垄断法》2022年修订中将"鼓励创新"纳入立法目标，也体现出专利法与反垄断法的协调一致。第三，在专利维权阶段，依据《反不正当竞争法》中的"商业道德条款"对恶意维权、滥用诉权的行为进行约束；在诉讼过程中，法院可以充分衡量不同救济方式带来的社会效应，综合考虑原被告双方、第三人、社会公众会受到的影响，判断是否给予禁令救济，对不利于维护公共利益、显失公平的停止侵权救济进行限制。此外，规范竞争行为、维持市场秩序的竞争法也应当针对专利实施行为制定细化规则。我国《反不正当竞争法》作为知识产权法的补充性、兜底性立法，可以将知识产权领域无法涵射的对象纳入调整范围，诚实信用原则、商业道德条款也可以在此过程中充分发挥其灵活性，从行为规制的视角对权利行使行为进行更为直接、有效的治理。而从专利制度与其他规则的衔接来看，科技成果的产出与转化同等重要，如何协调专利法与科技进步法、科技成果转化法之间的关系日益重要。

最后，由于专利纠纷常常涉及民事、刑事、行政等不同法律领域，为实现诉讼经济效率，应采取措施促进行政机关、司法机关之间的职能衔接，在既定的职责分工的基础上，增强信息互通与交流。我国现有的专利诉讼存在程序烦琐、时间漫长的问题。以武汉晶源公司为例，该公司在2001年起诉富士化水和华阳公司侵权一案①，经过8年多审理到2010年才审结。究其原因，就在于我国法律规定，当专利权人提起侵权诉讼时，一旦被告方向国家知识产权局专利局复审和无效审理部提出专利无效请求，法院就会停止侵权诉讼的审理，先由专利局复审和无效审理部审核专利有效性，再审理侵权诉讼。在我国目前的无效宣告与侵权诉讼的相关程序中，法院和专利行政机构的审理和处理程序各自独立展开，在处理无效和侵权交叉的法律问题上，缺乏一定的信息互通机制。为了加强与专利有关案件的司法裁判的专业性及加强法院与行政机关之间的衔接、互通与联动，我国2019年最高人民法院首次采取"专利行民二合一"方式审理专利案件，是我国专利行政与司法部门职能衔接的初步尝试，在规则设置、专利解释等方面，仍有很多尚待探讨和探索的空间，需要在之后的立法与实践中不断完善。为实现诉讼经济的目标，需要在侵权诉讼中降低专利无效认定的成本，针对诸多侵权案件中被告方提出的专利无效抗辩，需积极推动行政程序与司法程序的衔接，简化程序，提高效率，使得相关部门可以做出更加准确、科学、专业的判断或决定。

（二）引导专利相关行为的理性选择

专利申请人通过充分公开其技术方案，获取特定时期内的专有排他权，从而能够获取相关市场中的竞争优势。抢占市场中的技术话语权，成为市场经济中诸多主体进行商业竞争的重要环节，专利扮演的角色也就不再是简单地对个人劳动成果的保护、对技术信息共享的法律路径，而成为获取竞争优势攫取更多利益的杠杆工具。但专利社会价值的落脚点在于技术信息得以充分利用或共享，即转化与传播，以此增强社会福利，需要通过合理机制安排与设计引导权利人做出理性选择，提供技术信息交流、应用与转化的创新模式，优化专利制度的实施效果。为促进技术信息共享、降低市场交易与搜寻成本、抵御商业巨头优势地位的威胁，创新市场中"自下而上"地形成多种合作模式，例如开源许可、专利联盟等。此外，立法、行政、司法等公权力机关也通过"自上而下"的形式采取强制许可、限制禁令等多种措施，共同促进技术方案的充分转化与实施。

---

① 最高人民法院（2008）民三终字第8号民事判决书。

市场中"自下而上"的专利共享与合作机制，降低了交易谈判成本。知识共享伦理源自公共领域的伦理观念——知识应该自由传播、开放共享，凭借此种理念的感染力，在市民社会中自发地蔓延生长，这种信息自由和知识共享的观念与在知识或信息上设定产权的观念存在内在的张力。① 专利开放的雏形是自愿的贡献与分享，提供精神层面的激励也是一种巨大的推动力量。企业在选择开源许可的时候，也会考虑到，该策略对于塑造企业形象的重要作用。在清洁技术领域，美国电动汽车制造商特斯拉公司与日本丰田均曾宣布开放其部分专利。② 巧妙借助外部力量，促使企业内部资源的流动，提升资源使用效率，既有助于企业自身"变废为宝"，避免专利技术的滞后、僵化，也有助于其他企业展开技术创新和改进，获取更优方案。专利开源许可的商业模式能够将专利制度运行的外部成本内部化，激励潜在使用者充分挖掘被闲置的专利技术，投入实际的生产应用，这既有利于节约企业的运行成本，也有利于促进专利制度效率的提升。基于合作的开放式创新能够明显提升专利质量。③ 专利联盟则是创新主体为应对专利异化负面效应时设计出来的"动态合作模式"。为削弱专利强保护造成的不利影响，专利池和标准制定组织知识产权规则等私人机制得以发展，市场会自发地纠正自身的失衡状态。但上述共享与合作机制仍存在一定风险，例如专利池可能会演化成新的专利滥用的平台，造成市场进入的新型障碍；开源运动中，一些成员方可能会对部分专利形成依赖，逐渐丧失自身独立开发的空间与原本的竞争优势。因此，需要通过行业自律或法律监管的形式，对上述机制进行调节与治理，避免市场行为的自发性造成失范的局面。

公权力机关"自上而下"采取的措施，则带有较强的权威性、统一性与规范性。为推动专利的高效实施与转化，强制许可、限制禁令、当然许可作为典型的"自上而下"式策略，其设定的初衷与规则的设计均指向专利异化问题的解决与应对。具体而言，颁发强制许可令的情形中，"无正当理由未实施或者未充分实施其专利的""专利权人行使专利权的行为被依法认定为垄断行为"属于为抑制专利异化行为而规定的情形。但实际中尚未出现任何一例因上述两种情形而被强制许可的实例，如何利用这一规则真正推动专利的有效实施与转化仍待探索。而限制禁令则是指在侵权行为成立时，若停止侵权的救济会对公共利益造成不利影响，可以允许

---

① 胡波. 共享模式与知识产权的未来发展——兼评"知识产权替代模式说"[J]. 法制与社会发展, 2013, 19 (4): 95-109.
② 陈琼娣. 开放创新背景下清洁技术领域专利开放许可问题研究 [J]. 科技与法律, 2016 (5): 944-957.
③ 张军荣. 开放式创新能提升专利质量吗? [J]. 科研管理, 2017, 38 (11): 103-109.

侵权行为人继续实施专利。该制度源自美国2006年的"eBay案",该案否认禁令救济在侵权案件中的绝对适用的规则,通过司法机关推动专利权的利用和转化,促进社会效益的整体最大化。我国基于国家利益、公共利益的考量,法院可以不判令被告停止侵权行为,只需要支付合理的许可使用费即可。这一规定颁布之后,我国法院在司法实践中不判予停止侵权救济的决定有了明确的法律依据。但是对于国家利益、公共利益、个人利益的综合衡量标准如何把握,在何种情况下需要牺牲专利权人的个人利益来换取国家或公共利益,依旧是比较抽象的问题。鉴于利益衡量的模糊性,法院需要针对具体案件对其内涵进行充分阐述,抽离出对于案件最为恰当的解释。[①] 需要对原被告双方利益、公共利益等展开衡量,具体包括以下考量因素:停止侵权可能带来的社会资源的浪费;社会需要负担的成本或损失;侵权主体的性质;侵权行为是否带有公共福利的目的等。

"自上而下"与"自下而上"式的专利异化对策,可以在专利实施的不同环节发挥行为指引的功能与作用,且介入的方式、范围、程度存在差异,有助于灵活而有效地应对专利异化问题。为充分发挥上述多种行为引导机制,针对"自下而上"式的市场选择,需要加强行业自律规范,避免行为示范或市场失灵;针对"自上而下"式的规则设计,则需要充分结合市场发展的规律与需求展开细化。为促进高质量导向的专利发展,除从法律制度层面给予关注外,还需要综合运用多种社会治理的方式,例如政策安排与评价标准等,调整知识产权激励政策。[②] 诚然,专利申请可能与更广泛的经济增长趋势有关。经济增长是由生产率驱动的,而生产率往往是由创新驱动的,因此发明或专利申请数量的增加可能会促使经济增长。但是,专利数量与经济发展之间的关系并非呈完全线性相关关系,其中会伴随着诸多因素的作用发挥。例如在创新累进性产业中,专利数量过多会造成交易谈判成本升高,关键技术为少数人所垄断,信息共享与科技福利受到抑制,也会阻碍经济发展。在政策安排层面,单纯鼓励专利申请以获得数量优势或规模效应的"奖励"政策应当回归冷静与理性,克服这种以数量目标进行规划的思维惯性,避免过度强调数量而忽视质量。

---

① 梁上上. 公共利益与利益衡量[J]. 政法论坛, 2016, 34 (6): 3-17.
② 张广良. 知识产权价值分析:以社会公众为视角的私权审视[J]. 北京大学学报(哲学社会科学版), 2018, 55 (6): 142-149.

(三) 完善知识产权社会信用体系

完善专利生态，展开综合治理，是当下科技发展社会的现实需求。为优化制度实施效果、应对专利异化问题，应采取政府主导、行业自律与公众参与等综合治理方式，综合考量多元主体、协商博弈、共同利益和社会权力等元素的相互交织，需形成以法律为保障的信息机制、教育机制、引导机制、奖励机制、惩罚机制等共治环境，以实现知识产权治理能力的现代化。专利制度的本质是申请人以技术信息的充分公开换取一定时间内专利的垄断特权，在权利人和社会之间形成一种"契约"。社会契约论构成上述专利契约理论的依据。① 在这一契约关系中，专利权人申请、行使、保护专利权的相关行为亦需要满足诚实信用原则的要求，不得出尔反尔、违背承诺。而在专利制度中，专利权人作出的"承诺"并不明确，我国并没有规定专利权人获得授权时必须进行宣誓，承诺按照合理、合法的方式行使权利，但实际上按照专利法的内在要求与立法目标，已经暗含着对权利人行为方式尤其是权利行使的约束，要求专利权人获得的收益或回报应当符合比例原则的要求，不能超出合理范围主张独占权利。

基于诚实信用条款的价值理念，我国目前正在构建并完善知识产权信用机制，实现对知识产权的综合治理，也借此对知识产权权利人、相关人进行约束与规范。《北京市进一步优化营商环境更好服务市场主体实施方案》中提出要"建立知识产权失信主体'黑名单'制度，对重复侵权、故意侵权的企业进行公示，对严重失信主体，在政府采购和招标投标领域进行限制"。这一规定针对侵权行为进行专项打击，遏制侵犯知识产权权利人的违法行为。但失信行为的本质是对诚实信用原则的背离，其范围要比一般的侵权行为更加广泛，判断的视角也更加具有社会利益考量的色彩。《国家知识产权局知识产权信用管理规定》第6条将"不以保护创新为目的的非正常专利申请行为""违反法律、行政法规从事专利、商标代理并受到国家知识产权局行政处罚的行为"也列为知识产权失信行为，与禁止专利滥用条款具有交叉重合之处。

知识产权人滥用权利和知识产权侵权一样，都是在不诚实地行使权利，构成知

---

① 饶先成. "诚实信用原则"引入专利驳回和无效理由的法律构造——兼评专利法第四次修正案（草案）第二十条［J］. 科技与法律, 2020 (4): 22-30.

识产权失信行为。^① 在知识产权信用体系建设与完善进程中，对专利权人的考量也应当纳入其中，作为评估制度实施效果及知识产权综合治理的重要因素。通过该机制，实现对专利权权利行使的良性引导功能，对专利滥用行为进行否定性评价，并要求其承担不利后果，行政责任、业务禁止或限制等，发挥行为导向功能，实现对知识产权的社会共治。

六、结　语

我国不断采取措施加强知识产权综合治理，引导权利人、使用人理性、正当地行使权利，实现专利价值，减少资源浪费，专利发展需要实现从追求数量到注重质量的跨越与转变。专利异化问题在授权、行权、维权阶段均有所体现，需要展开类型化分析，并结合专利制度内部与外部因素揭示异化发生的原因。目前，我国专利制度的发展与实施应当回归其价值本源与初衷，基于不同产业领域的差异化效应，探索推动专利制度社会效益有效实现。为有效应对专利异化问题，我国需不断增强专利法、反不正当竞争法与反垄断法之间的协同效应，优化民事、行政、司法部门的职能衔接，并细化相关规则，制止异化行为。同时创新专利运行与实施的模式，引导相关主体作出理性的行为选择。最后，从整体性上还应完善专利生态，展开综合治理，完善知识产权信用体系，实现对知识产权的社会共治。

（责任编辑：张靖辰）

Research on Measures of Patent System Alienation

Ji Dongmei

Abstract：The alienation of the patent system increases social costs and affects the social function of patent law. Specifically, abnormal patent applications and low‑quality patents result in waste of public resources. Patent misuse disrupts the competition order and harms public interests. Irrational malicious rights protection violates the principle of good faith and

---

① 柯林霞. 诚信社会建设背景下知识产权失信行为的法律规制［J］. 电子知识产权，2021（7）：21‑34.

destroys social trust. Behavior alienation is affected by both internal and external factors of the system, and it needs to be analyzed in combination with the internal characteristics of the system and the external effects of implementation. The inherent instability of patents, strong monopoly and omissions of the system design are the internal causes of alienation; while the historical and social background of system implementation and the conflict of interests are the external factors of alienation. In order to correct the alienation of the patent system, it is necessary to return to the original value and intention of the legal system, to identify the differentiation effect in different industrial fields, and to focus on the specific requirements of social benefits. By promoting the connection of systems and optimizing the setting of rules, encouraging the rational choice of relevant behaviors, and improving the intellectual property credit system, comprehensive management of patents can be achieved, and the problem of patent system alienation can be dealt with.

Key Words: Patent alienation; Comprehensive management; System effect; measures research

FRAND 承诺法律性质探讨

——基于类型化与法律适用的分析

张煜召[*]

【摘 要】 对 FRAND 承诺的类型化分析表明：作为抽象概念的"FRAND 承诺"聚合了多重具体类别，可作"典型与非典型"二元区分。适用法的不同是两大法系走向相异解释路径的逻辑起点。若欲准确界定 FRAND 承诺的法律性质，应首先明确待定性对象为何种具体类型并依据冲突规则审慎选择适用法展开分析，这构成了 FRAND 承诺定性的基本框架。基于该分析框架，涉及 ETSI 组织的这一类典型 FRAND 承诺，应依据法国法被定性为第三人利益合同。

【关键词】 FRAND 承诺 标准必要专利 类型化 法律适用 第三人利益合同

一、问题的提出

过去十年，专利法中没有什么问题比标准必要专利（Standard Essential Patent, SEP）及其在公平、合理和非歧视（Fair, Reasonable And Non-Discriminatory, FRAND）条件下的许可更突出和更具争议性。而在围绕 SEP 和 FRAND 承诺的诸多法律问题中，FRAND 承诺法律性质的厘定被视为标准必要专利问题研究的起点与基础。[①]

长期以来，FRAND 承诺的法律性质在我国学界和实务界悬而未决。审视我国既

---

[*] 张煜召，北京大学法学院与香港大学法律学院联合培养硕士研究生。

[①] 广东省高级人民法院知识产权审判庭. 通信领域标准必要专利法律问题研究 [M]. 北京：知识产权出版社，2020：36-37.

往对其法律性质的研究，除了引入、介绍域外的学说判例外，有关讨论主要在我国法律规范与本土学说理论下展开。李扬依据原《合同法》第 14 条、第 15 条认为 FRAND 承诺并非要约、要约邀请，而属于单方法律行为。① 周宇尝试用传统民法中意思表示理论以及我国《民法典第一草案》中有关规范解释 FRAND，认为其属于意思表示。② 黄武双等认为《民法典》第 495 条预约合同条款以及第 522 条利他合同条款的增设，为 FRAND 承诺被解释为第三人利益合同（Third Party Beneficiary Contract）或预约合同提供了理论支撑。③ 此前，刘影援引原《合同法》第 64 条认为第三人利益合同在中国法语境下存在成立的可能性，并主张将其定性为利益第三人合同。④ 此外，我国司法实务中还存在将 FRAND 承诺理解为"类似强制缔约义务"⑤ 或"默示许可"⑥ 的判例。上述观点之多元表明我国学界对于 FRAND 承诺法律性质认识上的重大分歧，而这无疑会导致 FRAND 承诺理解上的困惑与实践中适用的疑难。同样，2017 年欧盟委员会亦在《标准必要专利的欧盟方案》（Setting Out The EU Approach To Standard Essential Patents）中认为："当前对 FRAND 承诺含义解释的不明晰与分歧，已对许可造成妨碍。"⑦ 因此，厘清 FRAND 承诺法律性质是标准必要专利研究工作的当务之急。

二、FRAND 承诺的类型化区分

法理学家阿尔尼奥指出，"当 A 和 B 就某个解释的问题发生分歧，当他们运用同样的语言表达来指示不同的事态或者就同一事态运用了不同的语言表达，即出现了语言上的分歧"。⑧ 既有研究分析 FRAND 承诺时均使用了"FRAND"一词，但它们所指代的对象是否相同，是否真正指向同一待定性的法律事实，抑或仅是"用同

---

① 李扬. FRAND 承诺的法律性质及其法律效果［J］. 知识产权，2018（11）：5.
② 周宇. 标准必要专利中 FRAND 承诺的法律性质［J］. 电子知识产权，2019（6）：50.
③ 黄武双，桂栗丽. 标准必要专利 FRAND 承诺合同法适用思路——以《民法典》合同编第 495 条、第 522 条适用为视角［J］. 法治论坛，2021（1）：3 - 15.
④ 刘影. 论 FRAND 条款的法律性质——以实现 FRAND 条款的目的为导向［J］. 电子知识产权，2017（6）：13 - 21.
⑤ 深圳市中级人民法院（2011）深中法知民初字第 857 号民事判决书.
⑥ 季某、刘某诉朝阳市兴诺建筑工程有限公司侵犯专利权纠纷案：（2007）辽民四终字第 126 号判决书。
⑦ European Commission. Communication from the Commission to the Institutions on Setting out the EU approach to Standard Essential Patents［EB/OL］. ［2023 - 05 - 29］. https://ec.europa.eu/docsroom/documents/26583.
⑧ Aarnio A. The rational as reasonable: a treatise on legal justification［M］. Springer Science & Business Media, 1986: 108 - 109.

样的语言表达了不同的事态"？

为了回答这个问题，须对FRAND承诺的具体类型加以考察，明确事实层面上FRAND承诺的所指对象。在法学研究中，类型化研究方法并不神秘，其本质就是收集案例进行分类研究、概括类型。① 笔者于2023年7月20日在裁判文书网中检索了我国标准必要专利纠纷中涉及FRAND承诺的案件，检索出裁判文书20件，其中有关FRAND承诺性质的案件10件。笔者将其按照涉案主体、起诉案由等因素加以分类，形成表1。

表1 我国涉及FRAND承诺的SEP纠纷表②

案 名	案 由	主体涉外情况	制定标准主体或所涉标准	FRAND承诺情况
1. 华为技术有限公司与交互数字技术案③	标准必要专利使用费纠纷	被告涉外	欧洲电信标准化协会（ETSI）	华为公司与交互数字均是ETSI标准组织的成员，交互数字向ETSI做出FRAND承诺
2. OPPO与夏普株式会社案④	标准必要专利许可纠纷	被告涉外	电气与电子工程师协会（IEEE）、欧洲电信标准化协会（ETSI）	夏普向IEEE和ETSI做出FRAND承诺
3. 知识产权桥诉华为案⑤	专利合同纠纷	原告涉外	欧洲电信标准化协会（ETSI）	知识产权桥为专利非实施主体，其拥有ETSI下的标准必要专利
4. OPPO诉诺基亚案⑥	专利合同纠纷	被告涉外	欧洲电信标准化协会（ETSI）	诺基亚公司向ETSI做出FRAND承诺
5. 华为技术有限公司诉康文森案⑦	确认不侵害专利权、SEP费率纠纷	被告涉外	欧洲电信标准化协会（ETSI）+国际电信联盟（ITU）	康文森公司2012年通过购买，获得诺基亚公司持有的专利，诺基亚向ETSI做出承诺

---

① 梁慧星．民法典分则侵权责任编草案的若干问题［EB/OL］．(2019-08-13)［2023-10-10］．http://www.law.ynu.edu.cn/info/1027/2555.htm.
② 此表格为笔者依据中国裁判文书网的检索案例以及其他资料整理而成。
③ (2013)粤高法民三终字第305号判决书。
④ (2020)最高法知民辖终517号判决书。
⑤ (2022)最高法知民辖终221号判决书。
⑥ (2022)最高法知民辖终167号判决书。
⑦ (2018)苏01民初232、234、234号判决书。

续表

案　名	案　由	主体涉外情况	制定标准主体或所涉标准	FRAND承诺情况
6. TCL诉瑞典爱立信案①	滥用市场支配地位	被告涉外	欧洲电信标准化协会（ETSI）	爱立信向ETSI做出FRAND承诺
7. OPPO诉西斯威尔案②	滥用市场支配地位	被告涉外	欧洲电信标准化协会（ETSI）	西斯威尔向ETSI做出FRAND承诺
8. 西电捷通案诉苹果中国案③	滥用市场支配地位	均不涉外	中国国家无线局域网标准	西电捷通主动做出"在合理的无歧视的期限和条件下协商专利授权许可"声明
9. 西电捷通诉索尼中国案④	侵害发明专利权纠纷	均不涉外	中国国家无线局域网标准	西电捷通主动做出"在合理的无歧视的期限和条件下协商专利授权许可"声明
10. 北京四环制药诉齐鲁制药案⑤	侵害发明专利权纠纷	均不涉外	中国国家药品标准	无

审视上述案件，不难发现各案所涉及的FRAND承诺在做出方式、程序、主体是否涉外等方面差异甚大，并不指向同种法律事实，故难以被等同视之。笔者将SEP权利人作为国际性标准制定组织（Standard Setting Organization，SSO组织）成员并依据该组织的知识产权政策做出的FRAND承诺，称为"典型FRAND承诺"；其余不符合前述定义的FRAND承诺皆统称为"非典型FRAND承诺"，予以分别探讨。

（一）典型FRAND承诺

一般认为，通信领域的标准制定组织为了消除伴随标准制定活动而产生的专利劫持（Patent Hold - Up）现象，在其知识产权政策中要求组织成员须做出承诺。承诺的具体内容是：作为组织成员的SEP权利人将以公平、合理和无歧视的条件向所

---

① （2019）最高法知民辖终32号判决书。
② （2020）最高法知民辖终39号判决书。
③ （2019）京民终549号判决书。
④ （2017）京民终454号判决书。
⑤ （2015）呼民知初字第00130号判决书。

有寻求许可之人授予许可。此即为典型FRAND承诺,我国学界对FRAND承诺的评析也主要基于这种类型的FRAND承诺而展开。

之所以将这类FRAND承诺称为典型,一方面,从历史维度考察,FRAND承诺本就因标准制定组织的知识产权政策而产生;另一方面,基于标准制定组织政策而产生的FRAND承诺已然是当下全球标准制定环境的共同特征。[①] 早在2002年,就有学者统计在通信与计算机网络领域的43家标准化组织中,有29家要求其成员按照FRAND承诺许可其在标准中所拥有的专利。[②] FRAND承诺已经成为通信领域通行的做法,主要的标准化组织如ETSI、ITU、IEEE等均规定其成员须做出FRAND承诺。[③] 如图1所示,专利权人做出FRAND承诺亦为整个通信行业标准制定程序的必经环节。典型的FRAND承诺本质上是SEP权利人依据国际性SSO组织的知识产权政策所做出的承诺。其作为一种自发的私人秩序(Private Order),自身的规范效力来源于标准制定组织的政策要求与SEP持有人的承诺,而非某国法律之要求。

审视我国的相关案件,前述案例中1-7均属于典型意义的FRAND承诺。从我国法律视角观察,典型的FRAND承诺具有明显的涉外因素。这主要是因为通信领域的国际标准制定组织往往不是中国实体,而其制定的标准常为国际性的普适标准;并且专利实施人或SEP权利人又具有全球分布的特点。因此,有关FRAND承诺的争议与生俱来地具有国际私法上的问题。[④] 在我国的7个案件中,涉案专利权人均为外国法律主体,所争议的法律关系也不局限于中国法域内,故探讨典型FRAND承诺的法律性质时的首要任务,便是依据法律适用规则,确定分析其法律性质时所依据的准据法。而我国学界对该类型FRAND承诺的讨论忽视了其中的涉外因素,并默认在中国法的语境与规范下展开论述,鲜见对于准据法选择的分析。然而中国法是否为分析该类型FRAND承诺法律性质时妥当、正确的规范依据?对此,本文将在第四部分予以详述。

---

① Contreras J L. A brief history of FRAND: analyzing current debates in standard setting and antitrust through a historical lens [J]. Antitrust Law Journal, 2015, 80 (1): 42.

② Lemley M A. Intellectual property rights and standard-setting organizations [J]. Calif. L. Rev., 2002, 90: 1907.

③ 广东省高级人民法院知识产权审判庭. 通信领域标准必要专利法律问题研究 [M]. 北京: 知识产权出版社, 2020: 35-36.

④ Liu K. C. Annotated leading patent cases in major Asian jurisdictions [M]. City University of HK Press, 2017.

标准组织	知识产权政策 FRAND许可需求阶段→	方案讨论阶段→	方案确定阶段→	标准发布→	版本更新	标准必要专利
	讨论新的应用场景和业务需求	A方案	B方案	TS 36. xxx	CHANGE REQUEST	
		B方案	(confirmed)			
		C方案				
专利申请人	初始申请→	大量标准必要专利相关申请→	重点申请	专利审查	专利授权	
	针对新业务场景和业务需求进行初始专利申请	对初始申请进行细化布局，进一步细化技术方案	对重点专利进行局部修改，准备标准权利对照图	根据标准权利对照图进行修改、分案、放弃	专利包	
					交叉许可	
					应对诉讼	

图1 标准制定组织 SEP 产生流程①

（二）开放的非典型 FRAND 承诺

除了上述典型的 FRAND 承诺，所有不依赖、遵循国际标准化组织的政策规定而作出的"FRAND 承诺"，均为非典型 FRAND 承诺。其虽名为"FRAND 承诺"，却有着与前述典型 FRAND 不同的事实构成，不宜将其等而论之。典型 FRAND 承诺是起源于域外的法律概念，而我国有关 FRAND 承诺的制度、规范发展较晚。2013 年"华为公司与 IDC 公司标准必要专利使用费纠纷上诉案"中 IDC 公司抗辩称："FRAND 原则是欧洲电信标准协议的政策，不见于中国法律。"② 直到 2014 年，我国发布《标准制定的特殊程序第 1 部分：涉及专利的标准》，其中第 4.2 条第 1—2 款才规定了必要专利申请人公平、合理、无歧视声明的要求。在某种意义上，非典型的 FRAND 承诺是典型 FRAND 承诺在我国法域本土化过程中产生的不同变体。本文所使用的"非典型 FRAND 承诺"正是对这些不同变体的统称。对其的讨论也应针对具体类型进行，难有放之四海皆准的定性结论。其种类也不局限于本文依据现有案例所列举的两种，相关具体类型仍保持开放。

---

① 国家知识产权局专利局专利审查江苏中心. 标准与标准必要专利研究［M］. 北京：知识产权出版社，2019：283.
② 广东省高级人民法院（2013）粤高法民三终字第 305 号民事判决书。

1. 类型一：无 SSO 组织而自发主动做出的 FRAND 承诺

著名的西安西电捷通无线网络通信股份有限公司诉索尼移动通信产品（中国）有限公司侵害发明专利权纠纷案（以下简称"西电捷通案"）[①] 中，标准必要专利权利人西电捷通公司并未参与我国有关标准的制订，但其所拥有的专利被纳入中国国家无线局域网标准。该公司在其发布的《西电捷通公司关于诉苹果、索尼移动侵犯 WAPI 标准必要专利系列纠纷案件的情况通报》中声明："在该标准制订中，我国尚无标准专利处置安排，我司主动就 WAPI 标准专利处置做出'在合理的无歧视的期限和条件下协商专利授权许可'声明。"[②]

不难发现，该案所涉的 FRAND 承诺乃至通信标准自身在产生原因、程序以及做出主体上迥异于典型 FRAND 承诺。一方面，该标准、标准必要专利并不基于国际标准化组织而产生，且涉案争议主体（原被告均为中国法人）、争议法律关系均不存在涉外因素，适用中国法进行分析、裁判并无疑虑。另一方面，西电捷通公司本身也并非因遵循标准化组织的政策要求而做出 FRAND 承诺，其本不负有任何做出 FRAND 承诺的义务，而是其自身为了寻求对外许可，单方主动向潜在寻求许可人作出承诺。据此，一审法院认定该案中的 FRAND 承诺为单方法律行为并无不妥。"FRAND 仅为标准必要专利持有者作出的承诺，系单方民事法律行为，该承诺不代表其已经作出了许可，仅基于涉案 FRAND 许可声明不能认定双方已达成专利许可合同。"[③]

2. 类型二：我国正在形成的类"典型 FRAND 承诺"

第二类非典型 FRAND 承诺是指：在做出程序、主体性质等方面已与典型 FRAND 承诺高度相似，只不过其所涉的标准制定组织乃中国实体，所制定的标准是中国标准，且标准所涉行业也不局限于通信领域。

例如，在 2015 年判决的北京四环制药有限公司诉齐鲁制药有限公司侵害发明专利权纠纷案[④]中，被告齐鲁公司主张原告四环公司在参与修订我国某药品标准过程中，主动将两项专利技术方案纳入该标准，使该两项专利成为在实施该药品标准时必须实施的标准必要专利。而被告齐鲁公司在向国家药品监管部门申报注册其依据

---

① 北京知识产权法院（2015）京知民初字第 1194 号民事判决书。
② 西电捷通. 西电捷通公司关于诉苹果、索尼移动侵犯 WAPI 标准必要专利系列纠纷案件的情况通报 [EB/OL]. （2018-03-06）[2023-10-09]. http://www.iwncomm.com.cn/cn/ShowArticle.asp?ArticleID=730.
③ 北京知识产权法院（2015）京知民初字第 1194 号民事判决书。
④ 内蒙古自治区呼和浩特市中级人民法院（2015）呼民知初字第 00130 号判决书。

现有技术制造的涉案药品时，被国家药品监管部门要求执行该药品标准。因此导致齐鲁公司为使其产品符合国家药品标准，不得不实施涉及相关技术方案。最终，法院判决认为"现行法律规定及制定药品标准的国家标准组织并没有要求专利权人在将其专利纳入国家标准之时，向任何愿意实施该专利的实施方做出公平、合理、无歧视的许可承诺"，故驳回了被告的抗辩。

该案的特殊之处在于涉诉双方均为中国企业，且争讼的标准必要专利为中国国家标准下的专利。不同于前述西电捷通公司并未参与标准制定过程，该案中的被告参与了国家药品标准的制定并将自己所拥有的专利纳入其中。本案在标准产生过程、专利权人参与方式等方面已经与典型 FRAND 承诺十分相似。目前专利权人向中国标准制定组织、机构做出 FRAND 承诺并引发纠纷的案例并不多见。2013 年，中国国家标准化管理委员会、国家知识产权局联合发布《国家标准涉及专利的管理规定（暂行）》以及作为其配套文件的 GB/T 20003.1—2014《标准制定的特殊程序第 1 部分：涉及专利的标准》。其中明确规定，"国家标准在制修订过程中涉及专利的，全国专业标准化技术委员会或者归口单位应当及时要求专利权人或者专利申请人作出专利实施许可声明"，同意免费或者收费许可他人实施其专利。若不同意许可他人实施，则国家标准不得包括基于该专利的条款。因此在可见的未来，一定会出现标准必要专利权利人、专利实施者以及标准化组织均为中国法律主体的情况。笔者将该类正在发展并逐步形成的类型列为第二类非典型 FRAND 承诺。对于这类 FRAND 承诺的法律性质讨论，则应视其为完全的国内法问题，依照我国法律规范或学说加以定性。即使定性结果与典型 FRAND 承诺相异，亦在情理之中，因为其在事实层面本就不属于同一类承诺。

经过上述对我国 FRAND 承诺类型的界分，不难发现：我国学界与实务界虽然在不同案件中使用 FRAND 承诺这一概念，但其所指的事实对象并不同一，对其定性由此产生差异。既往我国学界之所以对 FRAND 承诺性质认识分歧较大，相当程度上是因为没有区分不同类型的 FRAND 承诺。学者、法官基于不同的法律事实进行分析、裁判，其结论自然各异，难以形成共识。然而这种认识的分歧与差异并不说明诸学说间彼此矛盾，乃至有正误之分。例如，基于"西电诉索尼案"认为该案中 FRAND 承诺属于单方法律行为，并不构成对典型 FRAND 承诺应属于其他法律性质的反对。两种结论本就是对不同类型 FRAND 承诺法律性质的判断，彼此完全可以共存不悖。因此，当我们对 FRAND 承诺定性时，必须明确待分析的 FRAND 承诺到底是何种具体类型,该类型又由何种法律事实构成。本文将重点讨论典型FRAND承诺的法律定性。该类FRAND承诺具有明显的涉外因素,对它的定性超越了纯粹的国内法范畴。或可借鉴比较法下对其法律性质的分析方法,为我国厘定FRAND承诺法律性质提供有益经验。

三、域外FRAND承诺法律性质考察

考察国外学界,其亦曾对FRAND承诺定性存在较大分歧,[①] 但随着判例和学说的发展,莫衷一是的FRAND法律性质逐渐呈现两种主流的解释路径:一种为盛行于英美的合同路径,即将FRAND承诺定性为第三人利益合同。另一种是主要适用于德国与欧盟的竞争法路径,亦可称为FRAND谈判框架路径。在该路径下,标准必要专利权利人所做出的FRAND承诺仅被视为"要约邀请",[②] 并因其与竞争法下禁止滥用市场支配地位的义务竞合而被虚置,沦为"装饰意义大于实际法律效果"的花瓶。[③] 德国与欧盟法院正是在竞争法的框架下,构建出FRAND谈判的程序性安排,例如"华为—中兴"许可谈判框架[④],来处理SEP纠纷。针对同种典型FRAND承诺,两大法系走向了不同的处理路径。归根结底,是因为其分别在合同法与竞争法的框架下展开SEP纠纷以及FRAND定性工作。值得注意的是,是什么导致了英美与欧陆法院法律适用的不同,它们又是如何得出相异的结论?

(一) 普通法法域下第三人利益合同的证成

无线星球诉华为案中,英国最高法院在终审判决中表示:"ETSI知识产权政策是一份受法国法律管辖的合同文件,它对ETSI的成员及其附属机构具有约束力。"因为"该政策第15(6)条规定:(若)专利通过销售、租赁、使用、运营等符合标准的组件而不可避免地被侵犯,则其为标准必要知识产权(Essential IPR)"。通过要求潜在的标准必要专利权利人不可撤销地承诺按照FRAND条款授予该知识产

[①] Czychowski C. What Is the Significance of a FRAND License Declaration for Standard Essential Patents with Regard to their Transferability? – News from Germany [J]. GRUR International, 2021, 70 (5): 424.

[②] Landgericht Mannheim [LG] [Regional Court] 2 May 2012, 2 O 240/11. Cf. Cotter T F. Comparative law and economics of standard–essential patents and FRAND royalties [J]. Tex. Intell. Prop. LJ, 2013, 22: 318.

[③] LG Düsseldorf, Urt. v. 12.2.2007, *Siemens/Amoi*.

[④] CJEU Case No. C–170/13 (2015), *Huawei v. ZTE*.

权的许可，该政策创造了"对第三方有约束力的约定"。英国法院认为，对待该组织的知识产权政策应该像法国法律中的其他合同一样，应通过参考合同中相关条款所使用的语言以及考虑上下文来解释。在该案中，这个上下文既包括知识产权政策文件本身，也包括其制定时的外部背景（External Context），例如 ETSI 制定的关于知识产权政策运作的指导意见以及 ETSI 的组织规定。[1]

而此前，英国法院在 2017 年该案的判决中更详细地阐述了为何 FRAND 承诺构成第三人利益合同。根据 ETSI 知识产权政策（Art. 3.1.2），当知识产权权利人完成并签署表格时，接受 ETSI 在知识产权声明表中提出的所有相关合同条款，并确认 ETSI 将在其专利信息数据库中收录 SEP 的条件。其结果是 ETSI 与 SEP 持有人之间利益相关的第三方合同。特别要指出的是，该承诺足够明确和具有实质性，能够对 ETSI 和声明人都施加义务。因此，该声明不仅是向 ETSI 和市场提供信息的方式，而且是一种能够约束声明人并要求其按照 FRAND 条件授予标准实施者许可的正式承诺。[2] 因此，英国法院首先将 FRAND 承诺的定性理解为合同法问题，并依据该组织的法律适用条款选择法国法作为准据法。进而在法国法的基础上，对涉案 SSO 组织的知识产权政策详细分析后得出 FRAND 承诺是第三方利益合同的结论。

而在美国，涉及 FRAND 的案件不仅有关 ETSI，还涉及国际电信联盟（ITU）和电气与电子工程师协会（IEEE）制定的标准。而 ITU 和 IEEE 的有关 FRAND 的政策文件并没有规定适用法，情况也因此不同。

对于不具有涉外因素的案件，美国法院明确应当适用美国法进行判断。例如著名的微软诉摩托罗拉案，该案中争讼双方均是美国公司，所涉及的 SSO 组织亦是总部位于美国纽约的 IEEE 组织。故法院直接指明："本案是两个美国公司根据华盛顿州合同法发生的私人纠纷；它没有涉及任何'国际公共问题'。"[3] 而在涉及如 ETSI 这类外国标准制定组织时，美国法院同样面临法律适用上的疑难。在苹果诉摩托罗拉案中，专利实施者苹果和专利权人摩托罗拉的注册地分别为加利福尼亚州以及伊利诺伊州，争议的专利则涉及 ETSI 以及 IEEE 两家标准制定组织。美国威斯康星州西区地方法院适用法国法来处理有关 ETSI 的 FRAND 承诺，并适用美国威斯康星州

---

① ［2020］UKSC 37 On appeals from:［2018］EWCA Civ 2344 and［2019］EWCA Civ 38.
② Picht P. Unwired Planet v Huawei: A Seminal SEP/FRAND decision from the UK［J］. Journal of Intellectual Property Law & Practice, 2017, 12（10）: 867–880.
③ *Microsoft Corp. v. Motorola, Inc.*, 696 F.3d 872, at 12115.

法来处理有关IEEE的FRAND承诺。① 适用法国法的理由在于：一方面ETSI的知识产权政策中规定了法律适用（即法国法），另一方面该案双方也都同意遵循ETSI的法律适用之规定。而之所以适用美国法，是因为法院考察了包括伊利诺伊州法、纽约州法、威斯康星州法和法国法的合同法在内的全部潜在适用法后，认为上述法律并不存在实际冲突。因此，准据法的差异并不影响结论的确定。② 因为各国有关合同订立的法律在美国各州和大多数国家之间是一致的，③ 都包括"要约"、"承诺"、"对价"以及"就协议基本内容的合意"这四个要件。④ 因此，至少在FRAND承诺是否构成合同这一问题中，不同的准据法并不会导致结论的差异。从学理上审视，该法院的做法是基于国际私法中的虚假冲突原则（The False Conflict Principle）。基于该原则，若国际私法案件中所涉及的多个法律体系并不存在实质上的分歧即存在虚假冲突，则没有必要进行法律选择。⑤ 换言之，当所有潜在的适用法律都产生相同的结果时，适用法院地法。⑥ 那么至少在该法院看来，适用法国法和美国法并不会导致裁判结论差异。

此外，在苹果诉三星电子公司一案中，美国加州北区法院圣何塞分院亦首先进行了法律选择。该法院遵循加州的法律选择规则进行了"二要素"测试，即适用法约定条款需满足以下至少一项测试方可适用：（1）所选国法律是否与当事人或与其交易有实质性关系（Substantial Relationship）；（2）有任何其他合理依据。此外法律选择还不得违反加州的基本公共政策。据此该法院认为：ETSI政策是合同诉讼的核心，适用法国法是合理的并且不违背加州的基本公共政策。⑦

确定准据法后，美国法院论证FRAND承诺乃第三人利益合同围绕两个问题进行：第一，FRAND承诺是否为潜在的被许可人创设了具有约束力的合同？第二，潜在被许可人是否是这类合同的直接受益人，并因此构成第三人利益合同？在过去十

---

① *Apple, Inc. v. Motorola Mobility, Inc.*, 886 F. Supp. 2d 1061, 1081–82 (W. D. Wis. 2012).
② *Apple, Inc. v. Motorola Mobility, Inc.*, 886 F. Supp. 2d 1061, 1081–82 (W. D. Wis. 2012).
③ Kung-Chung Liu, Reto M. Hilty. SEPs, SSOs and FRAND: Asian and Global Perspectives on Fostering Innovation in Interconnectivity [M]. New York: Routledge, 2020: CHAPTER 4 THE LEGAL NATURE OF FRAND UNDER U. S. LAW p. 19.
④ *Apple, Inc.*, 886 F. Supp. 2d at 1083 (describing contract law under the laws of Illinois, New York, Wisconsin, and France); *Microsoft Corp.*, 864 F. Supp. 2d at 1031 (describing the law of the State of Washington).
⑤ 宋晓. 国际私法中的比较法方法 [J]. 法学论坛, 2003 (3): 103–106.
⑥ Peter Kay, Fale Conflicts, 55 CALIF, REV, 74 (1967).
⑦ *Apple, Inc., v. Samsung Electronics Co., Ltd.*, 2012 WL 1672493, at *10 N. D. Cal. May14, 2012.

多年中，美国法院在这两个问题上通常都给予肯定的答案，① 因为美国法院认为 SSO 为其成员提供了包括参与标准制定的机会在内的诸多利益。② SSO 成员加入 SSO、参与标准制定、确认标准必要专利并承诺按照 FRAND 条款许可其标准必要专利的行为表明其接受了这些条款。③ 标准必要专利权利人和 SSO 均可从此类交易中受益。SSO 成员能够主张将其专利技术纳入标准，SSO 在制定技术标准方面享有成员的协助。同时，SSO 组织要求其成员作出 FRAND 承诺能够促进其技术标准的推广。以上种种行为都表明 SSO 组织和其成员都理解这种互惠的"交易"，在这个过程中双方也表现出详细的意思交流过程。因此，美国法院认定 SSO 及其成员之间成立合同关系，而 FRAND 承诺就包含在这些合同条款中。即使明确了 FRAND 承诺的合同性质，其法律关系也仅存在于标准必要专利权利人和 SSO 之间，而无涉潜在的被许可人。第三人又如何被纳入合同之中？美国法院检索后认为美国各州关于第三方受益人的法律基本上是统一的。④ 根据《美国合同法重述》和相关判例，⑤ 第三方通常不能请求执行合同条款，但若该合同是为了第三方的"直接利益"（Direct Benefit）而签订，则第三方享有合同受益人的地位，也就获得了执行合同的权利。在微软诉摩托罗拉案中，罗巴特（Robart）法官就认为微软是摩托罗拉与 IEEE 和 ITU 签订合同的预期受益第三方之一，⑥ 微软因此有权请求强制执行 FRAND 承诺。

可见美国法院是依据美国合同法或与美国法律没有实质冲突的法国法，认定 FRAND 承诺属于第三人利益合同。而之所以适用美国合同法或法国法，则是审理法院依据国际私法的冲突规范展开分析后的选择结果。值得注意的是，美国法之所以能够适用，很大程度上是因为这些 FRAND 案件本就可以被视为美国的国内案件。例如微软诉摩托罗拉案中，涉及 FRAND 承诺的三方主体均是美国主体，不存在任

---

① e.g., Realtek Semiconductor Corp., 946 F. Supp. 2d at 1005; In re Innovatio IP Ventures, LLC Patent Litig., 921 F. Supp. 2d 903, 922 – 23 (N.D. Ill. 2013); *Apple, Inc. v. Motorola Mobility, Inc.*, 886 F. Supp. 2d 1061, 1083 – 85 (W.D. Wis. 2012); *Microsoft Corp. v. Motorola, Inc.*, 864 F. Supp. 2d 1023, 1031 – 33 (W.D. Wash. 2012).

② Apple, Inc., 886 F. Supp. 2d at 1083 – 84; Microsoft Corp., 864 F. Supp. 2d at 1032.

③ Apple, Inc., 886 F. Supp. 2d at 1084; Microsoft Corp., 864 F. Supp. 2d at 1032.

④ Kung - Chung Liu, Reto M. Hilty. SEPs, SSOs and FRAND: Asian and Global Perspectives on Fostering Innovation in Interconnectivity. New York: Routledge, 2020: CHAPTER 4 THE LEGAL NATURE OF FRAND UNDER U.S. LAW p. 21.

⑤ In re Innovatio IP Ventures, LLC Patent Litig., 921 F. Supp. 2d at 922 – 23; Apple, Inc., 886 F. Supp. 2d at 1085; Microsoft Corp., 864 F. Supp. 2d at 1032 (applying Washington law); see also *Glass v. United States*, 258 F. 3d 1349, 1354 (Fed. Cir.), opinion amended on reh'g, 273 F. 3d 1072 (Fed. Cir. 2001) (citing Restatement (Second) of Contracts § 302 (1981)).

⑥ *Microsoft Corp. v Motorola, Inc.* 696 F. 3d 872, 881 (9th Cir. 2012).

何涉外因素。同时美国法院认定各州乃至于与法国合同法在合同是否订立问题上具有一致性，进而排除了不同适用法对 FRAND 承诺在合同定性问题上的影响。而我国目前所争讼的 SEP 纠纷明显具有涉外因素，很难被置于纯粹国内法下进行裁判。若不审慎讨论法律选择问题而直接适用中国法，便忽视了法律定性工作展开的规范前提，可能导致定性结论的重大偏差。

（二）在竞争法框架下处理 FRAND 承诺

除了上述合同路径，德国和欧盟在竞争法下发展出的 FRAND 谈判框架路径，则迥异于普通法下的 FRAND 承诺法律性质解释方法。FRAND 承诺性质的讨论是为 SEP 纠纷解决提供理论支撑，进而实现"创造标准的创新者的利益和标准实施者的利益之间的良性平衡"。[①] 若这种平衡本身可以通过竞争法的规制手段得以实现，便不必纠结于 FRAND 承诺的法律性质。德国在竞争法下处理 SEP 纠纷某种意义上便是架空了 FRAND 承诺而在竞争法下寻求解决。

法律适用的差异是德国走向不同 FRAND 承诺解释路径的起点。德国在处理标准必要专利禁令救济问题时，采取了将竞争法引入专利法的方法，从而改变了标准必要专利纠纷仅由专利法和合同法规制的局面，将标准必要专利权利人的行为置于竞争法的规制之中。具体而言，由于司法权的被动性，法院不能主动选择在何种具体纠纷下处理 FRAND 承诺，而有待当事人提起诉讼。德国的标准必要专利纠纷通常为专利侵权之诉与竞争法下的滥用市场支配地位之诉。对于该类纠纷，专利侵权的冲突法规则与竞争法的公法属性都指向选择德国法作为裁判的准据法。[②] 曼海姆地方法院就在 *Landgericht Mannheim* 一案中表明"是否根据 ITU 专利声明和许可声明表授予许可的评估应适用德国实体法，判断能否获得许可的法律应基于寻求（该专利）保护的国家的法律"。[③] 具体而言，欧洲《罗马二号条例》(The Rome II Regulation) 规定了专利和竞争法的适用规则。对于专利侵权诉讼，《罗马二号条例》第 8 条第 1 款锚定了知识产权侵权诉讼适用受保护国家法律的原则。而当事方的意思自

[①] Wilson C S, Commissioner FTC. SEPs and FRAND at the FTC and ITC: Current Policy Proposals and Respect for IP Rights [C] //Remarks for the "IP & Antitrust: Hot Issues" Conference Organized by Concurrences Review (June 8, 2022) (Wilson Remarks). 2022.

[②] Tsang K F, Lee J A. Unfriendly Choice of Law in FRAND [J]. Va. J. Int'l L., 2019, 59: 259.

[③] Landgericht Mannheim [Regional Court of Mannheim] 21 May, 2012, Case 2: 10 - cv - 01823 - JLR, Doc. 324 - 26 (7 - 8) (Ger.); Page numbers throughout refer to the English translation. Cf. Tsang K F, Lee J A. Unfriendly Choice of Law in FRAND [J]. Va. J. Int'l L., 2019, 59: 259.

治与约定不能偏离这一原则。而据《罗马二号条例》第 6 条第 3 款之规定 "因限制竞争行为而产生的非合同义务应适用市场受到或者可能受到影响的国家的法律"。① 据此判断，德国法均应被适用。

此外，德国合同法下的利他合同与英美中的第三人利益合同具有明显差异。德国曼海姆法院在摩托罗拉诉微软案中表明："《德国民法典》第 328 条所指的利他合同并不适用于物权合同，因此标准必要专利权利人的 FRAND 声明不能被视为放弃禁令请求权的物权处分行为，也不是针对不特定第三人，只要对方承诺许可合同即成立的有拘束力的要约，而只是邀请对方进行协商的意思表示。"② 如此，FRAND 承诺不可能被视为具有可执行性的合同，英美法下 FRAND 承诺被解释为第三人利益合同的规范基础便不复存在。

1. FRAND 承诺义务与禁止滥用市场支配地位义务的竞合

各国学界普遍认为 FRAND 承诺为标准必要专利权利人创设了向每一位潜在实施者提供在诚信协商的合理条件下使用专利技术的义务。而在德国的竞争法视角下：标准必要专利权利人违反 FRAND 承诺很有可能被视为滥用自身市场支配地位，进而阻却其向法院寻求禁令救济的机会。③ 这主要是因为德国专利法上的侵权禁令救济规则没有严格的限制条件。一般而言只要认定专利侵权行为成立，德国法院都会给予专利权人禁令救济，要求侵权行为人"停止侵害"。④ 此时，如果被告欲阻止法院颁布禁令，则可以依据《德国专利法》第 24 条提出强制许可抗辩。若欲主张该抗辩，需要满足两个要件：第一，寻求许可人未能在合理时间内以合理的商业条款和条件下取得许可；第二，寻求强制许可是基于公共利益。⑤ 如果法院认定强制许可抗辩成立，可要求专利权人进行强制许可。从法律效力上来讲，法院认定强制许可抗辩成立也就意味着拒绝了给予专利权人以禁令救济。那么作为标准专利的实施者则会千方百计地证明 SEP 权利人存在违反竞争法或滥用知识产权的情形，以避免禁令造成的巨大损失。

---

① Regulation (EC) No 864/2007 of the European Parliament and of the Council of 11 July 2007 on the law applica‐ble to non‐contractual obligations (Rome II).
② Landgericht Mannheim [LG] [Regional Court] 2 May 2012, 2 O 240/11. Cf. Cotter T F. Comparative law and economics of standard‐essential patents and FRAND royalties [J]. Tex. Intell. Prop. IJ, 2013, 22: 318.
③ Pentheroudakis C, Baron J. Licensing terms of standard essential patents: A comprehensive analysis of cases [J]. JRC Science for Policy Report, 2017: 13.
④ 施高翔. 中国知识产权禁令制度研究 [M]. 厦门：厦门大学出版社, 2011: 128.
⑤ Patentgesetz‐PatG, Section 24.

在欧洲，与 FRAND 相关的讨论和案例都集中在竞争法上。这是因为几乎所有案例都涉及单一的、占主导地位的电信标准。[①] 而法院也往往认为标准必要专利权利人享有在特定标准必要专利细分市场的支配地位。[②] 在竞争法下，德国法院并不如英美法院般须直面 FRAND 承诺法律性质的解释工作，而可以根据欧盟和德国的竞争法审查 SEP 权利人是否存在滥用市场支配地位。因此，德国杜塞尔多夫高等法院第二审判庭首席法官屈嫩（Kühnen）法官表示：在标准必要专利权利人向标准化组织做出 FRAND 许可声明的情况下，如果被控侵权人在专利侵权的诉讼中依据滥用支配地位提起反垄断强制许可抗辩，那么法院就无须再去检验该标准必要专利所有人是否在相关市场占有支配地位这一前提。[③] 换言之，只要 SEP 权利人做出了 FRAND 许可声明，其就成为德国和欧盟法有关"禁止滥用支配地位"条款的规制对象。

仔细审视德国法院的规制逻辑，不难发现其是在标准必要专利权利人可能或者很大概率上享有市场支配地位的基础上，将原本标准必要专利权利人基于 SSO 组织的知识产权政策作出的 FRAND 承诺转变或者等同于标准必要专利权利人在《欧盟运作条约》（the Treaty on the Functioning of the European Union，TFEU）第 102 条或《德国反限制竞争法》（Gesetz gegen Wettbewerbsbeschränkungen，GWB）第 19—20 条下负有的不得滥用市场支配地位义务。SEP 权利人对于 FRAND 义务的违反几乎必然牵涉竞争法中义务的违背。由此，基于 FRAND 承诺的合同义务与禁止滥用市场支配地位的义务发生竞合。这种竞合其实存在 SEP 权利人身份和义务性质的转变。在身份上，SEP 权利人几乎总是具有特定细分市场的支配地位，其便不仅是合同法下的缔约一方，也是竞争法所规制的市场主体。在义务性质上，FRAND 承诺的性质也从基于合同或者组织内部的多方民事法律行为的私人秩序转变为具有公法性质的防止限制竞争和滥用市场支配地位的义务。正是在这样的规制逻辑下，德国发展出了竞争法框架下的标准必要专利纠纷解决路径。

2. FRAND 承诺在竞争法下的虚置

由于德国法下 FRAND 承诺和禁止滥用市场支配地位义务的竞合，而德国法院又否认 FRAND 承诺在合同法中的意义，于是创造了在竞争法下解释、适用 FRAND

[①] Ferro F. The nature of FRAND commitments under French contract and property law [J]. Journal of Intellectual Property Law & Practice, 2018, 13 (12): 982.
[②] *Sisvel v. Haier*, Federal Court of Justice, judgment dated 5 May 2020, Case No. KZR 36/17, para. 54.
[③] Thomas Kühnen. Handbuch der Patentverletzung [M]. 7 edt. Auflage: Carl HermannsVerlag, 2014: Rn. 1708.

承诺的路径。在该路径下，德国法院没有纠结 FRAND 承诺的定性，而是关注如何通过程序性设计来促进争议双方通过谈判实现 FRAND 许可。可以说，德国法院是在竞争法和专利法的交错中构建了标准必要专利纠纷的解决框架，例如"华为－中兴谈判框架"（见图 2）。在该谈判框架下，德国联邦法院（The Federal Court of Justice，FCJ）将 FRAND 承诺理解为许可谈判过程的指导原则，而非许可协议的实际条款和条件。① 谈判必须在双方自愿的基础上进行，旨在达成公平、合理和非歧视的许可协议。若如是，则遵循该过程的谈判结果原则上被视为符合 FRAND 条件。

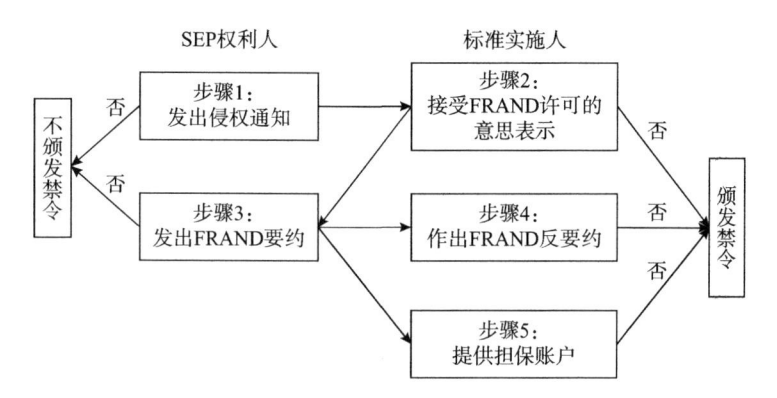

图 2 "华为－中兴"谈判框架示意图②

德国法院的这种做法事实上架空了 FRAND 承诺。③ 试想，即使没有 FRAND 承诺，德国法院仍然可以在竞争法下找到规范依据进行裁判，FRAND 承诺便不再具有合同路径下作为私人规范的意义，而变得无足轻重。从这个角度来看，FRAND 承诺的确仅具有"装饰意义"。在 *IPCom v Deutsche Telekom v. Vodafone* 等案件中，④ 法院亦认为 FRAND 承诺不过是签订一个已经在竞争法中存在的合同的声明。⑤ 有学者指出，这种规制方法"将 FRAND 承诺的功能面向融合于 FRAND 许可框架及其具体行为规范"。⑥ 概言之，在竞争法框架下，FRAND 承诺因与禁止滥用市场支配地位义

---

① IAM. Germany：SEPs And FRAND - Litigation，Policy And Latest Developments [EB/OL]. (2022 - 12 - 02) [2023 - 10 - 03]. https://www.iam - media.com/hub/SEPFRAND - hub/2022/article/germany - SEPs - and - FRAND - litigation - policy - and - latest - developments.
② 刘影. 专利侵权诉讼中反垄断抗辩成立要件研究——以标准必要专利许可谈判行为规范为中心 [J]. 比较法研究，2022 (6)：148.
③ 赵启杉. 竞争法与专利法的交错：德国涉及标准必要专利侵权案件禁令救济规则演变研究 [J]. 竞争政策研究，2015 (2)：93.
④ *IPCom v. Deutsche Telekom & Vodafone*，Landgericht Düsseldorf Apr. 24，2012，Case Number 4bO274/10.
⑤ LG Düsseldorf，Urt. v. 12.2.2007，Siemens/Amoi.
⑥ 刘影. 专利侵权诉讼中反垄断抗辩成立要件研究——以标准必要专利许可谈判行为规范为中心 [J]. 比较法研究，2022 (6)：149.

务相竞合而逐渐淡去。取而代之的是其作为整个SEP许可谈判的指导原则，发挥着规制作用。FRAND承诺在SEP纠纷中被期待发挥的功能，得以在竞争法下通过构建FRAND谈判框架实现。那么FRAND承诺的法律定性便丧失了重要性，不必在案件中予以明确解决、论证。因此，FRAND承诺的法律性质只在合同法的框架下才是一个现实且至关重要的待决问题，而不必追问其在竞争法下的法律性质。

（三）域外FRAND承诺法律定性的经验总结

"FRAND承诺的法律性质在英美法系和大陆法系国家乃至同一司法体系内得到了不同的答案。因为这两个法律体系在法律结构、分类、基本概念、术语等方面存在实质性差异。"[①] 考察比较法上的FRAND承诺的定性路径之后，或可明确：FRAND承诺的定性是一个国际私法问题，其法律适用应作为分析的前提而被讨论。

首先，德国法院主要在专利侵权以及反垄断案件中处理SEP纠纷，且尚无SEP许可条件的纠纷；而美国法院则区分SEP专利侵权之诉与微软诉摩托罗拉案FRAND义务确认之诉，并在FRAND义务确认之诉中不得不解释FRAND承诺的法律性质。适用法的不同选择是两大法系对于FRAND承诺定性差异的基础性原因。其次，两种路径并不互斥。一个国家可能在FRAND承诺的定性上同时采取两种路径，形成一种"复杂的综合体系"（A Complex，Integrated System）。[②] 虽然英美法与大陆法采取了不同SEP解决框架与FRAND承诺解释路径，但两者并非不可兼容。一方面，FRAND承诺的规范依据不应仅是标准实施人的信赖利益，同时应将其对于反竞争行为的遏制效果一并考虑在内。[③] 另一方面，尽管逃避FRAND义务的各种行为很可能违反专利权人的合同义务，但只有其中一部分也构成反垄断违法行为。这并不意味着标准制定和FRAND流程与反垄断分析无关。相反，与任何反垄断案件一样，它构成了必须评估行为的市场环境的一部分。[④] 一家公司违反FRAND承诺是否也违反竞争法，取决于该行为是否会造成竞争法承认的某种竞争损害。本质上，反垄断损

[①] Di Arianna Valeriani. Essential Patents and FRAND Judicial Fragmentation [EB/OL]. (2019-10-23) [2023-10-03]. https://www.iusinitinere.it/essential-patents-and-FRAND-judicial-fragmentation-23963.

[②] Kung-Chung Liu, Reto M. Hilty. SEPs, SSOs and FRAND: Asian and Global Perspectives on Fostering Innovation in Interconnectivity [M]. New York: Routledge, 2020: CHAPTER 4 THE LEGAL NATURE OF FRAND UNDER U.S. LAW p.1

[③] 刘影. 专利侵权诉讼中反垄断抗辩成立要件研究——以标准必要专利许可谈判行为规范为中心 [J]. 比较法研究, 2022 (6): 144-155.

[④] Hovenkamp H. FRAND and Antitrust [J]. Cornell L. Rev., 2019, 105: 1683.

害并不必然由违反 FRAND 义务本身造成，而应是垄断和消费者价格上涨的结果。即使在同一法域内，FRAND 承诺也可能因被不同的法规范涵摄而呈现不同的性质、功能。竞争法和合同法本是处理该问题项下不同性质法律问题的规范工具。若恪守各自部门法的规范目的，两者本不应冲突，更没有优劣之分。以何种理由依据何种规范起诉是诉讼当事人的处分权利，亦由其承担裁判后果。

经过上述讨论，不难发现"何为 FRAND 承诺的法律性质"是一个过于粗糙的设问，也因此难以确切回答。问题的答案往往受制于如何提问，一个或许更为妥当的设问是"针对某特定类型的 FRAND，在某个国家的何种法律下，其法律性质是什么？"任何对于 FRAND 承诺法律性质的探讨都应当至少回答前述问题。那么对于前述典型 FRAND 承诺，我国应当以哪国何种具体法律界定其性质？

四、我国 FRAND 承诺法律性质的厘定

审视既有研究，学界对此探讨甚少。而我国裁判在全部适用中国法判决的背景下，对具有涉外因素的 SEP 案件的法律适用语焉不详。仅华为诉 IDC 必要专利许可费率纠纷案[①]较为完整地阐述了适用中国法的理由。然而，在合同法路径下解决 FRAND 承诺性质时美国、英国、日本和韩国的法院[②]均适用了法国法，唯有中国选择适用本国法，这样的法律选择是否有理论和规范的支持？

（一）我国 FRAND 承诺定性的适用法分析

回顾华为诉 IDC 案，该案终审法院认为："本案没有证据证明双方当事人协议选择适用的法律。……本案所要解决的不是基于华为公司、IDC 公司均系 ETSI 会员、ETSI 的知识产权政策下的，IDC 公司的欧洲标准必要专利的许可问题，而是华为公司因实施中国通信标准而要求按照公平、合理、无歧视条件获得 IDC 公司在中国法域下的中国通信标准之下标准必要专利的授权许可，双方争议标的、华为公司住所地、主要经营场所、涉案专利实施地、谈判协商地均在中国，按照密切联系原则，本案应适用中国法律。IDC 公司关于本案应适用法国法的辩解，没有事实以

---

① （2013）粤高法民三终字第 305 号判决书。
② Chiteki Zaisan Koto Saibansho［Intellectual Prop. High Ct.］May 16, 2014, Hei 25（2013）（ne）no. 10043, SAIBANSHO SAIBANREI JOHO［SAIBANSHO WEB］1（Japan）; Seoul Central District Court［Dist. Ct.］, 2011GaHap39552, Aug. 24, 2012（S. Kor.）.

法律依据，不予采信。"法院的裁判要点在于：法院认为没有证据证明当事人协议选择了适用法律，并强调该案解决的对象并非 ETSI 的知识产权政策下 IDC 公司的欧洲标准必要专利许可，而是中国标准必要专利许可。在此基础上，法院适用最密切联系原则得出应选择中国法的结论。

若仔细审视，则法院说理有待商榷。首先，该案所涉及的标准化组织为欧洲电信标准化协会（ETSI），其总部位于法国尼斯并按照法国法注册登记。此外，该组织的知识产权政策第 12 条亦明确规定"本知识产权信息声明和许可声明的解释、有效性和履行应适用法国法律。"该案中，华为公司、IDC 公司均为 ETSI 会员，均签署且应遵守该组织的知识产权政策。该知识产权政策中有关适用法的规定，应被视为 SSO 成员与 SSO 组织之间的约定，是当事人真实的意思表示。我国法院又如何认为"当事人没有协议选择适用法"？故，有学者批评称"使本案与众不同的是，它出人意料地将中国法律作为管辖法律，并无视 ETSI 政策中包含的法国管辖法律条款"。[①] 其次，为何争议专利为中国专利时，ETSI 知识产权政策便与之无关？由于专利保护的地域性，无论是美国、英国抑或德国，其 SEP 纠纷所涉专利也均为本国专利，是否亦可据此排除知识产权政策的适用？答案当然是否定的。除了德国因在反垄断法的框架下适用了本国法，只要在合同法的框架下处理 FRAND 承诺，无论出于对当事人意思自治的尊重抑或国际私法的一般规则的遵循，都应当按照当事人之约定选择适用法。而我国法院亦将本案定性为许可合同下"许可费率纠纷"。在既有约定明确应适用法国法的情况下，若要排除其适用，判决既有说理显然不够充分。FRAND 问题下的诸多基础法律关系本就构建在域外法律之中，对其相关概念的理解必须遵循冲突法规范的指引，进而在妥当的准据法下辨析 FRAND 承诺的法律性质。试想美国专利权人在注册地为法国的标准制定组织做出 FRAND 承诺，对该承诺的法律定性却依据中国法的规范和学说，这不仅是法律适用的错误，更会引发裁判的混乱。学界若对法律适用这一重要问题不予回应，贸然适用中国法展开分析，则恐陷入自说自话的境地，难以真正构建有说服力的中国 FRAND 承诺法律性质的解释方案。

上述分析均建立在合同法的范畴之中，若在竞争法的框架下情况则大不相同。同欧盟的规定类似，我国《反垄断法》第 2 条规定："中华人民共和国境内经济活

[①] Tsang K F, Lee J A. Unfriendly Choice of Law in FRAND [J]. Va. J. Int'l L., 2019, 59: 281.

动中的垄断行为，适用本法；中华人民共和国境外的垄断行为，对境内市场竞争产生排除、限制影响的，适用本法。"反垄断法的公法属性决定了任何国家在适用反垄断法处理 FRAND 承诺定性的规范时，其规范依据一定是本国法律。而 FRAND 承诺的法律定性在竞争法中并非一个重要的议题，因为 FRAND 承诺作为合同义务的功能似乎已被竞争法下的禁止滥用市场支配地位所替代，因此，"标准必要专利权人作出的 FRAND 承诺虽然对其构成一种约束，但这种约束不是决定性的。因为不管是否作出 FRAND 承诺，他们的市场交易行为都会受到反垄断法的约束"。[①] 故有学者指出，"违反 FRAND 原则与反垄断法之间并无内在关联性"。[②] 由于 SEP 纠纷反垄断法的规制路径本质上架空了 FRAND 承诺，FRAND 承诺的法律定性在该路径中意义也十分有限，因此下文也不再讨论。

（二）我国 FRAND 承诺法律定性

在国际私法规则的指引下，合同法下 FRAND 承诺应当依据 SSO 组织知识产权政策中所约定的适用法来解释，各国据以定性和裁判的法律由此统一。FRAND 承诺的合同解释路径具有天然的国际性，能够跨越普通法或者大陆法法域的鸿沟在不同法域适用，并大体上保持结论的一致。其之所以具有如此法效果，是因为合同路径本就建立在国际私法的一般规则之上。面对特定 SSO 组织与 FRAND 承诺，各国法院的准据法要么一致（如适用法国法），要么实质上相似（如美国认为各州以及法国合同法在合同订立问题上的一致）。而从理论上检讨，法律定性是进行法律推理的过程。明确应适用的准据法是确定 FRAND 承诺法律性质判断的大前提，而作为事实的小前提亦明确为典型的 FRAND 承诺。在大小前提均确定且相同或相似时，法律推理的结果也不应相差甚远。

如此，对于以 ETSI 为代表的典型 FRAND 承诺，其法律性质便有了普适而确定的答案：第三人利益合同。其论证逻辑如下：针对涉 ETSI 组织的 FRAND 承诺应当适用法国法加以定性。而在法国法中 SSO 成员依据 SSO 组织知识产权政策做出的 FRAND 承诺为第三人创造了可供执行的利益，符合第三人利益合同的构成要件，故可以得出前述结论。事实上，法国巴黎高等法院（Tribunal Judiciaire）也确认"FRAND 承诺"的含义相当于《法国民法典》第 1205 条意义上的规定第三方受益

[①] 王晓晔. 标准必要专利反垄断诉讼问题研究 [J]. 中国法学, 2015 (6): 217–238.
[②] 宁度. 违反 FRAND 原则与反垄断法内在关联性之批判 [J]. 科技与法律（中英文）, 2021 (4): 37–45.

人条款（pour autrui）。① 值得注意的是，该结论的得出仅与是否适用法国法有关，而无涉于本国是否存在第三人利益合同规范。故"FRAND 条款自身的抽象性导致其在中国法下存在困难"② 或"这种合同完全无法履行……民法所规定的利益合同第三人与 SEP 中的实施者为利益合同第三人存在根本区别"③ 的观点恐难以成立。因为典型 FRAND 承诺是第三人利益合同这一结论本就不依赖中国法而得出，自然不会因本国法的规范空缺而影响定性结论。

至于何种法律是妥当、正确的适用法，则应当针对具体的 FRAND 承诺类型，在个案中进行判断。若其他 SSO 组织约定了他国法律为适用法或没有适用法的约定，亦应当在冲突法规范下重新厘定准据法。FRAND 承诺的法律性质就有可能因此发生变化，需要重新讨论。概言之，唯针对特定类型的 FRAND 承诺在明确适用法的前提下，定性方为可能。

五、结　　语

类型让概念更有力量。从概念涵摄转向类型归入的法律适用，是实现形式正义与实质正义统一的较佳图式。④ 对于 FRAND 承诺的类型化分析表明，作为概念符号（表达）的 FRAND 承诺聚合了多重类型的具体所指。学界所谈论的 FRAND 与实务界所裁判的 FRAND，在事实构成层面便不同一。若欲对其进行准确定性，必须明确所言说的到底为何种类型的 FRAND，以及彼此是否具有同一性。唯在此基础上，FRAND 承诺的法律定性才能避免"各说各话"，共识方可达成。此外，虽然在过去的二十年里 FRAND 受到了全世界学者的广泛关注，但鲜有学者从国际私法层面对 FRAND 法律适用的角度详细分析。⑤ 而比较法的实践与理论分析均表明：FRAND 承诺的法律适用问题应被审慎考虑。在我国部分涉 FRAND 承诺案件具有明显涉外因

---

① Reed Smith LLP. FRAND Undertakings: A Long Awaited Legal Qualification In Europe – Paris Takes The Lead [EB/OL]. (2020 – 02 – 11) [2023 – 10 – 03]. https://www.lexology.com/library/detail.aspx? g = e62e5dcd – 73c7 – 441d – ac9e – 0a3abfb8a57e.

② 朱理. 标准必要专利的法律问题：专利法，合同法，竞争法的交错 [J]. 竞争政策研究，2016（2）：21 – 24.

③ 蒋华胜. 标准必要专利 FRAND 原则的规范解释与司法裁判研究 [J]. 法律适用，2023（7）：123 – 137.

④ 张志坡. 法律适用：类型让概念更有力量 [J]. 政法论丛，2015（4）：100 – 106.

⑤ De Werra J. Can Exclusive Licensees Sue for Infringement of Licensed IP Rights: A Case Study Confirming the Need to Create Global IP Licensing Rules [J]. Harv. JL & Tech. , 2016，30：189.

素的情况下，忽略适用规范的讨论难以得出正确的结论。

据此，或可总结 FRAND 承诺的分析框架，即应首先明确是何种具体类型的 FRAND 承诺，其次对该类型的 FRAND 承诺进行法律识别确定准据法，最后进行定性分析。任何对于 FRAND 法律性质的分析均应遵循该分析框架，如此便有了对话的基础，对于 FRAND 承诺性质的共识或可逐步形成。根据该框架，本文认为：合同法下典型 FRAND 承诺应依据 SSO 组织所规定的准据法加以定性。例如，涉及 ETSI 组织的知识产权政策的案件应适用法国法分析，FRAND 承诺应被定性为第三人利益合同。对于其他 SSO 组织项下的 FRAND 承诺以及其他非典型 FRAND 承诺亦应遵循该基本分析框架，予以准确定性。

（责任编辑：王颖）

The Legal Nature of FRAND Commitments:
An Analysis Based on Typology and Application of Laws

Zhang Yuzhao

Abstract: A typological analysis of FRAND commitments demonstrates that the abstract notion of a "FRAND commitment" encompasses a range of concrete categories, which can be categorized as "typical" or "atypical". The application of different laws marks the initial divergence in interpretative approaches between the civil and common law systems. To precisely articulate the legal nature of FRAND commitments, it is essential to first identify the specific type of indeterminate legal entity and then meticulously determine the appropriate law through an analysis grounded in the rules of conflict of laws. This forms the essential framework for characterizing FRAND commitments. Within this framework, FRAND commitments related to the European Telecommunications Standards Institute (ETSI) should be construed as third–party beneficiary contracts within the jurisdiction of French law.

Key Words: FRAND commitment; Standard–essential patent; Typology; Legal application; Third–party beneficiary contract

论专利无效宣告决定对专利许可合同的追溯力

——基于请求权基础理论的分析

丁志程[*]

【摘　要】 宣告专利权无效的决定对专利许可合同具有何种追溯力首先要依据合同法判断合同效力，解释论上难以证立专利许可合同因无效决定而无效，因此追溯力使得被许可人在合同有效的前提下获得了主张损害赔偿和返还专利使用费的权利。许可人违反专利权效力瑕疵告知义务时即构成欺诈，被许可人可依欺诈撤销合同并主张利益赔偿，在撤销权消灭后仅可依《专利法》第47条主张固有利益赔偿。依公平原则主张返还之规定超越规则直接向原则逃逸值得检讨，合同解除后的恢复原状请求权能够实现同样的规范目的，需要根据被许可人是否实施了专利以判断合同履行情况，并以此决定是否应当支持返还许可费。

【关键词】 专利无效　追溯力　专利许可合同　请求权基础

一、问题的提出

《专利法》规定的宣告专利权无效决定（以下简称无效决定）对专利许可合同的例外追溯力与民事法律中的一般性规范的适用关系在数十年间一直困扰司法实践并持续引发理论争议，[①] 最高人民法院虽然反复确认了《专利法》优先

---

[*] 丁志程，中国人民大学2023届法学硕士。

[①] 一般认为《专利法》第47条呈现了"原则－例外－例外的例外"的层次，作为原则的追溯力为专利权自始不存在，但并不会引起实务上的合同纠纷，故本文所研究为第三个层次例外具有追溯力的情形，即第2款第2句规定的损害赔偿和第3款规定的专利使用费返还的问题。参见：尹新天. 中国专利法详解 [M]. 北京：知识产权出版社，2011：488.

适用的地位,①但在实践中,法院的具体处理方式并不一致,既有法院径直从《专利法》第47条的规定中解释出无效决定不影响专利许可合同效力,②亦有法院依据《合同法》认定专利许可合同部分无效,再依据《专利法》第47条认定无效决定对已履行的合同无效部分亦不具有追溯力,进而驳回被许可人要求全部返还专利使用费的诉讼请求。③我国理论上的争议则集中在专利使用费的返还依据为民法中的不当得利还是《专利法》中的特殊规定上。④在《民法典》已完成将民法基础条文法典化使命的当下,更急需明晰两者关系,以期正确指导法官进行法律适用,确定在何种情况下无效决定的追溯力会导致专利权人承担何种责任。

现行的追溯力规则自规定于1992年《专利法》后未有实质性变动,然而之后民法的合同效力规则已经发生巨大的变化,在《民法典》编织的规范网络中,合同效力影响着请求权所保护的实质性法律地位,决定着请求权的产生,⑤不同类型的请求权又具有不同的构成要件和法律效果。《专利法》第47条规定的具有追溯力的情形,实际是赋予被许可人主张损害赔偿和返还许可使用费的权利,这两项主张能否成立,必然要首先确定其依据的请求权为何。

目前已有学者注意到,这一问题根源在于二十年未变的无效决定追溯力规则与民法一般规则和相关理论研究脱节,并主张通过合同法规则的全面介入解决两者之间冲突。⑥本文同样赞同《专利法》第47条更多是衡量现实利益的产物,而并非基于民法理论的逻辑推导,⑦依文义解释得出的结果与近年来民法理论的发展存在不

---

① 2001年《最高人民法院关于印发全国法院知识产权审判工作会议关于审理技术合同纠纷案件若干问题的纪要的通知》(法〔2001〕84号)第61条第2款规定:"专利权被宣告无效的,合同终止履行,并依据专利法的有关规定处理。"其后又在2004年《最高人民法院关于审理技术合同纠纷案件适用法律若干问题的解释》(法释〔2004〕20号)第45条第2款重申"在案件审理过程中专利权被宣告无效的,按照专利法第四十七条第二款和第三款的规定处理",2020年对该司法解释的修改未涉及该款。

② 建科机械(天津)股份有限公司、舒开泰技术合同纠纷案,天津市高级人民法院(2017)津民终396号民事判决书。

③ 杭州华兴印染有限公司与钟某根实用新型专利实施许可合同纠纷案,浙江省高级人民法院(2010)浙知终字第110号民事判决书。

④ 支持不当得利规范的,可见:李杨. 专利权无效后实施费等可否作为不当得利处理[J]. 知识产权,2010(5):53-56;反对观点可见:王晓君,刘铁光. 论专利宣告无效的追溯——认真对待知识产权的特殊性[J]. 社会科学战线,2013(12):175-179.

⑤ 杨旭. 论民法典中请求权规范的体系构造[J]. 中国法律评论,2022(3):209.

⑥ 戴哲. 论我国专利无效的追溯力规则重构[J]. 华东政法大学学报,2022(5):36-37.

⑦ 从立法历史来看,该条第2款设立不具追溯力的例外是为了防止被许可人"算老账"、维护社会秩序稳定,而设立例外之例外的理由直接建立在公平正义的理念上。参见:尹新天. 中国专利法详解[M]. 北京:知识产权出版社,2011:486-488.

少抵牾,① 因此，首先要回归合同法原理澄清关于无效决定与合同效力之间关系的种种错误解释，但在解释具体的追溯力规则时亦不能忽略《专利法》确定独立请求权的可能，进而妥善分析一般法和特殊法规范之间是否竞合以及何者优先适用的问题。

二、无效决定不影响专利许可合同效力

（一）自始客观不能不是合同无效事由

无效决定追溯力主要体现在专利权被视为自始不存在，且专利许可之义务在客观上即不可能实现，因此专利许可合同就属于民法上的自始客观不能。而比较法上如德国的立法例曾确定了自始客观的给付不能导致合同无效的规则②，其对我国早期理论研究影响颇大，一度成为主流观点，不过随着比较法研究的深入，目前学界的主流观点已经纷纷否定自始客观不能导致合同无效。③ 但在《民法典》第865条的解释论上，又出现了复苏传统自始不能概念的理论："在专利权期限届满后订立的许可合同构成本法第580条规定的履行不能，且是自始不能，故合同应当无效。"④

本文认为，自始客观不能致使合同无效无论是作为合同法的一般规则还是专利许可合同的特殊规则皆不可取。首先，"自始客观不能"这一概念一直未进入正式法律文本中，我国法律文本中仅出现过"法律不能"和"事实不能"的区分，且效果也非导致合同无效，而是阻碍继续履行请求权,⑤ 更无法在《民法典》总则篇例举的法律行为无效事由中找到其文义基础，因此其从未成为实定法规则。其次，该规则也有违私法自治的理念，给付不能时如何救济应当由当事人自由决定，而非一

---

① 譬如第3款规定的"全部或部分返还"显然与合同无效后的返还效果相冲突。因为无效后的返还财产为金钱时不涉及范围问题，只有全有或全无的可能，因此不可能属于合同无效后的法律效果。参见：叶名怡.《民法典》第157条（法律行为无效之法律后果）评注 [J]. 法学家, 2022（1）：179.
② 德国2001年债法改革已经废除该规则，对德国法上客观自始不能演变的详细说明。参见：杜景林，卢谌. 是死亡还是二次勃兴——《德国民法典》新债法中的给付不能制度研究 [J]. 法商研究, 2005（2）：136-143.
③ 学说演变的梳理详见：韩世远. 合同法总论 [M]. 4版. 北京：法律出版社, 2018：529-531.
④ 该观点同时也认为在无效决定生效前订立的合同仍然有效，但依其逻辑，专利无效后，专利许可合同显然处于自始不能的状态。王利明. 中国民法典释评：合同编·典型合同 [M]. 北京：中国人民大学出版社, 2020：294.
⑤《民法典》第580条规定："当事人一方不履行非金钱债务或者履行非金钱债务不符合约定的，对方可以请求履行，但是有下列情形之一的除外：（一）法律上或者事实上不能履行。"

概依据合同无效处理，同时这也保留了受损害方主张期待利益赔偿的可能。虽然有学者批评此论点混淆了阻却给付义务和损害赔偿两个层次的问题，即前者涉及给付可能性，后者涉及当事人过错，[①] 但合同有效和消灭给付请求权并不矛盾，在损害赔偿问题上，合同有效也不会使有过错一方不当获利，如在当事人已经预见合同标的自始给付不能时，仍可以否定其损害赔偿请求权。[②]

对于专利许可合同而言，该规则也没有足够的合理性，因为专利许可合同是技术许可合同的一种亚类型，《民法典》中的技术许可合同的标的物是技术，其在概念上广于《专利法》中的发明创造，所以并非所有的技术都受到专利权的保护，如果说专利无效或保护期届满后订立的许可合同属于自始客观不能而无效，那么以不存在或无法实施的技术订立技术许可合同的情况也应作同等处理，但《民法典》并未针对后者有导致合同无效的特殊规定，因此立法者无意为专利许可合同和其他技术许可合同设立不同的给付不能的法律效果，所以《民法典》第865条难以被解释为因给付自始客观不能而导致合同无效的规定。

（二）超出专利权存续期限的专利许可合同不违反强制性规定

实践中还有判决通过对《合同法》第344条的"合同只在该专利权的存续期间内有效"的反对解释，[③] 认定无效决定后的部分合同归于无效。[④] 该表述实际上有两种解释可能：一是认为其表达了一个禁止性规定，[⑤] 即不得订立超出专利权存续期间的专利许可合同，进而通过转引致《民法典》第153条规定的违反法律强制性规定的法律行为无效条款；二是认为其可以作为一个独立的合同无效事由，即超出专利权存续期间的合同部分无效。本节将首先驳斥第一种解释进路。

自最高人民法院制定《关于适用〈中华人民共和国合同法〉若干问题的解释

---

① 冯清源. 论履行不能 [J]. 西南政法大学学报, 2003 (6): 113-114.
② 体现该观点的案例可见，东莞市利成电子实业有限公司、河源市源城区宝源房地产发展有限公司与东莞市晶隆实业发展有限公司项目转让合同纠纷案，最高人民法院（2016）最高法民终711号民事判决书。
③ 该条规定："专利实施许可合同只在该专利权的存续期间内有效。专利权有效期限届满或者专利权被宣告无效的，专利权人不得就该专利与他人订立专利实施许可合同。"《民法典》第865条将"只"改为"仅"，"存续期间"改为"存续期限"。
④ 杭州华兴印染有限公司与钟某根实用新型专利实施许可合同纠纷案，浙江省高级人民法院（2010）浙知终字第110号民事判决书。
⑤ 在《民法典》所用语义中，强制性规定实指否定某种行为的禁止性规定，《民法典》第865条第1句字义上为肯定性表述，必须改写成否定性表述才可能否定法律行为的效力。参见：杨代雄.《民法典》第153条第1款评注 [J]. 法治研究, 2020 (5): 125.

（二）》（以下简称《合同法解释（二）》）第 14 条提出效力性强制性规定的概念以来，我国理论界和实务界形成的最基本共识就是：违反法律强制性规定而无效的判断不再基于形式逻辑，而是需将价值考量引入其中，考虑为了实现该规定的规范目的是否有必要使合同无效。① 如认为《民法典》第 865 条规定了专利许可合同中专利必须有效的强制性规定，必须要追问为何需要禁止就一个被宣告无效的专利权达成专利许可合同。虽然我国司法实践普遍认为《合同法》第 344 条属于涉及技术合同效力的特殊规定，② 但应注意到该条实际涉及两种情形：在无效决定生效后订立许可合同与已订立许可合同后出现无效决定，而且仅明确以"不得"的方式禁止前者。因此，需要分类讨论禁止性规范对两种情形的意义。

对于无效决定生效后订立专利许可合同而言，其实质是被许可人自愿放弃支付费用的对价利益，但既然承认赠与等单务合同的正当性，此种情形亦无使之无效的必要。而且亦不能排除专利权无效后，双方当事人仍然对技术方案的实施有现实需要从而达成其他类型的技术许可合同。考虑到我国近年来的司法实践一直在贯彻合同的鼓励交易原则，最高人民法院下发各类文件强调谨慎认定合同效力尽量保持合同有效，③ 在无效决定生效后的"专利许可合同"不应被视为无效，更应当将其解释为有效的其他类型的合同。④ 当然，从公法视角来看，允许无效专利权许可或有损市场秩序故应当禁止，因为此时可能构成反垄断法等其他公法规范的违反。⑤ 但是，禁止此类行为更多基于许可人的特殊身份，如具有市场支配地位，倘若缺乏其前提，认定合同无效也无助于公法的规范目的实现。

---

① 《最高人民法院关于适用〈民法典〉合同编通则部分的解释（征求意见稿）》第 17 条再次重申了应当综合考量强制性规定的目的、当事人是否属于强制性规定保护的范围、强制性规定规制的是一方当事人还是双方当事人、违反强制性规定的社会后果等因素。参见：韩世远. 合同法总论 [M]. 4 版. 北京：法律出版社，2018：233-235.

② 李国光. 认真贯彻执行合同法 正确处理技术合同纠纷案件 [J]. 最高人民法院公报，2001（1）. 亦有判决认为该条第二句也属于效力性强制性规定，参见：崔某与柳州瓦轴轴承有限公司实用新型专利实施许可合同纠纷案，广西壮族自治区高级人民法院（2012）桂民三终字第 15 号民事判决书。

③ 如《全国法院民商事审判工作会议纪要》（法〔2019〕254 号）要求人民法院在审理合同纠纷案件时，要坚持鼓励交易原则，充分尊重当事人的意思自治，要依法审慎认定合同效力；又如《关于充分发挥司法职能作用助力中小微企业发展的指导意见》（法发〔2022〕2 号）要求在审理合同纠纷案件中，坚持自愿原则和鼓励交易原则，准确把握认定合同无效的法定事由，合理判断各类交易模式和交易结构创新的合同效力；《最高人民法院关于适用〈中华人民共和国民法典〉合同编通则部分的解释（征求意见稿）》第 1 条第 2 款亦规定了使合同条款有效的解释优先。

④ 如果此种解释超越了当事人真实意思，亦可以适用无效行为转换制度使其有效。参见：殷秋实. 无效行为转换与法律行为解释——兼论转换制度的必要性与正当性 [J]. 法学，2018（2）：114-115.

⑤ 如《国务院反垄断委员会关于知识产权领域的反垄断指南》在第 15 条和第 18 条将"就无效知识产权收取许可费""对宣告无效的知识产权主张权利"分别作为滥用市场支配地位和附加不合理交易条件的判断因素。

但是，对于订立专利许可合同后才出现无效决定的情形而言，上述公法的规范目的不需要也不可能借助一个禁止性规范实现。因为不同于专利权期限届满属于必然发生的事件，在合同订立时，"专利权"是否会被宣告无效属于不确定发生的事件，合同双方缔约自由并不会因为一方具有信息优势而丧失，即使许可人明确知道存在专利无效事由，也应当优先适用受欺诈实施的法律行为可撤销规则，因为难以认为此类行为一发生就绝对损害公共利益。而且这种不确定性也决定了禁止性规范不具有现实可操作性，不可能期待所有当事人都知晓解除条件的概念并将其写入合同。更重要的是，如果在不违背公法管制目的的条件下，允许当事人在专利权已经被宣告无效后订立新的"专利许可合同"，那么举重以明轻，在专利权期限届满后，当事人均希望在之此前订立的专利许可合同继续有效也并无不可，在专利权被宣告无效时，更是不涉及管制目的的实现，专利许可合同更不应因此无效。

总之，标的自始客观不能是否违反法律的强制性规定，必须进行实质价值考量，而不是一概否定此类交易的合法性，既然无人能确保专利有效性，当事人订立合同时就无须考虑专利权是否在未来会被宣告无效，在公法上也找不到规制此类合同订立行为的目的。

（三）超出专利权存续期限不是专利许可合同的无效事由

第二条解释进路将专利权存续作为专利许可合同有效的必要条件，推出超出存续期限的专利许可合同无效的结论在逻辑上并无瑕疵，但该观点并未被实践所接受，最高人民法院曾在判决中指出，《合同法》第344条规定不能依据文义作反向否定推导，但可惜并未给出理由，[①] 亦有法院结合《专利法》第47条的规定予以反驳。[②] 本文认为，《专利法》第47条并未提起专利许可合同的效力，应当首先依据合同法规则确定合同效力，不采该种反对解释是因为其难以得到该条的立法目的、合同无效事由的体系和修法历史变革等材料的支持。

首先，在《合同法》时代，该条就被认为以保护受让人（《民法典》将用语修改为被许可人）的利益为中心，按照立法起草者的解释，其效果是"专利权被宣布

[①] 青海民和朝明印务有限公司、青海育恒教育用品有限公司专利权权属纠纷、发明专利实施许可合同纠纷案，最高人民法院（2019）最高法知民终586号民事判决书。

[②] 何某斌等诉广东万和新电气股份有限公司实用新型专利实施许可合同纠纷案，广东省高级人民法院（2013）粤高法民三终字第252号民事判决书。

无效的，让与人应当赔偿由此给受让人造成的损失"，①但并未言及损害赔偿是基于合同无效后的责任还是基于违约责任，因此解释上应当选择更有利于被许可人利益的解释路径，而依据《民法典》第157条，合同无效后的损害赔偿请求权需以过错为要件，违约损害赔偿原则上适用严格责任，许可人若对专利权被宣告无效无过错，合同无效后被许可人将无法获得救济，而且合同中约定的违约金条款也会因合同无效无法适用。②

其次，必须承认，在《民法典》各编中散落着各类合同无效事由，在技术合同一章中就有非法垄断技术的特殊无效事由，立法者确有可能为专利许可合同设立一个特殊的无效事由。但是，《民法典》在规定这些无效事由时均明确表达了合同无效的法律后果，如同样涉及合同期间限制的《民法典》第705条，③而立法者在《民法典》编撰中已对该条作出修改但未明确其法律效果，因此不能认为其意欲将该条与其他合同特殊效力事由并论。

最后，在《民法典》编撰过程中，"存续期间"一词被改为"存续期限"，而"期限"一词本身就有两种可能，作为法律行为附款时只能表示确定的时间点，当然《民法典》亦在多处用其表示时间段，这就不同于期间一词可以无疑义地包含专利授权到无效决定之间的时间段。退一步说，即使存续期限也可以指代时间段，但贯穿整部《民法典》也仅在此一处使用该词，而存续期间则被用于质权、形成权等多种权利，因此只能认为这是与第二句中的"专利有效期限届满"保持用语一致，以突出专利权期限的特殊性，也排除了第一句对专利权被宣告无效时的适用。

综上所述，无效决定直接导致专利许可合同无效的结论无法通过对实定法的任何解释路径获得，也逐渐为司法实践所废弃。因此《专利法》第47条第2款和第3款的解释论都不应基于合同无效，而应在合同履行与救济的视角下展开，此观点亦可从第2款第1句将专利被宣告无效的影响限定为未履行的专利实施许可合同和专利权转让合同看出，对于已经履行完毕的许可或转让合同而言，专利被宣告无效甚至都不应构成履行障碍，但这是一种基于契约自由的假设：对待给付的对价性来源

---

① 胡康生.中华人民共和国合同法释义[M].3版.北京：法律出版社，2013：393.
② 最高人民法院在近期的判例中也支持了专利宣告无效后一方的违约金诉求，暗含了对专利许可合同效力的承认。参见北京朗坤生物科技有限公司与北京汇朗生物科技有限公司专利权转让合同纠纷案，最高人民法院民事判决书（2019）最高法知民终394号。
③ 其规定："租赁期限不得超过二十年。超过二十年的，超过部分无效。"

于合同当事人的主观判断,[①] 在接受各自的履行之后,当事人的主观意愿转化为客观法秩序,因此不容后续无效决定再推翻履行的事实。

三、赔偿损失的请求权基础

相比于许可费返还的问题,《专利法》第 47 条第 2 款但书规定的损害赔偿请求权一直未受到过多关注,在《民法总则》实施后,有学者主张先依据民法的欺诈规范撤销合同再依据《专利法》主张损害赔偿。[②] 将视野投向欺诈规范虽然正确,但损害赔偿之债的发生原因极为广泛,且可能产生多个请求权竞合之问题,因此有必要全面审视可能的请求权规范,方能确定此处损害赔偿请求权的构成要件和赔偿范围。

(一) 违约损害赔偿请求权

由于专利许可合同的存在,首先需要检视合同上的违约损害赔偿请求权,而其前提则需要探究许可人违反了何种合同义务。如果是作为主给付义务的许可,许可人完全可以根据《民法典》第 590 条第 1 款以不可抗力为由主张免责,不可抗力要求的不能预见的内涵是订立合同之时客观上未能预见,[③] 而非在不可预见的情势发生之后告知对方当事人。即使此时被许可人依据《民法典》第 566 条第 1 款解除合同,也不存在违约责任,仅发生已履行的给付相互返还的问题。[④] 虽然有学者主张适用瑕疵担保责任,[⑤] 但我国在违约责任上采取一元论,违反瑕疵担保义务产生的仍然是违约责任,许可人仍然可依不可抗力免责。

告知对方当事人专利权瑕疵在当事人没有特别约定的情况下亦非合同给付义务,只能将其视为一种附随义务。当然,附随义务亦属于合同义务群,归责原则上亦适用严格责任,技术合同一章也未设定特别的责任形式,而《专利法》第 47 条又刻

[①] 史尚宽. 债法各论 [M]. 北京:中国政法大学出版社,2000:120.
[②] 石超. 论专利权宣告无效后利益人的权利保护——解读《专利法》第四十七条 [J]. 科技与法律,2018 (6):53.
[③] 韩世远. 合同法总论 [M]. 4 版. 北京:法律出版社,2018:482.
[④] 朱虎. 解除权的行使和行使效果 [J]. 比较法研究,2020 (5):105.
[⑤] 戴哲. 论我国专利无效的追溯力规则重构 [J]. 华东政法大学学报,2022 (5):44.

意添上了恶意作为构成要件，①与附随义务一般的归责原则并不相符。附随义务根源于诚实信用原则，也不要求违约方故意的主观心态，将该条但书规范视为特殊的违约损害赔偿请求权也与附随义务的属性相违背。

（二）欺诈与合同被撤销后的损害赔偿请求权

本文"二、无效决定不影响专利许可合同效力"部分虽然论述了专利宣告无效不会导致许可合同无效，但并不能反推出专利许可合同一定处于有效状态，尤其需要考虑"专利权人"的恶意行为是否可同时构成合同效力的瑕疵——欺诈。

欺诈包括积极的作为自不待言，但就消极的不作为是否构成欺诈历来存在争论，一般仅认为故意隐瞒与订立合同相关的重要事实方构成欺诈。②即不应当强加当事人过于广泛的告知义务，然专利权效力关涉专利许可合同目的之实现，许可人在知晓专利权效力可能存在瑕疵之时就负有告知义务，实践中法院还将告知义务的时间点认定为"收到专利检索报告"之时，而非无效宣告决定作出之时。③依司法实践之标准，凡符合本条中恶意的情形，同时也必然成立欺诈。而合同在撤销后同样会产生损害赔偿请求权，且通说认为其请求权基础为缔约过失规则（《民法典》第500条第2项）。④

就其赔偿范围而言，通说认为其可以包含所受损害和所失利益，前者自然可涵盖欺诈行为之后所支出的费用，唯于所失利益之处存在是否应当包含履行利益之争，但至少在将丧失与第三人订立合同的机会损失通过所失利益纳入信赖利益之时，两者并无差别。⑤当然，机会利益丧失主要出现在合同未能有效缔结的场景中，有效合同被撤销后能否主张机会利益损失殊值讨论，⑥尤其是在专利许可的情形下，专

---

① 在知识产权法领域，"恶意"与"故意"常常混用，如《最高人民法院关于审理侵害知识产权民事案件适用惩罚性赔偿的解释》第1条第2款规定："本解释所称故意，包括商标法第六十三条第一款和反不正当竞争法第十七条第三款规定的恶意"。从本条立法目的观之，亦主要为防止许可人明知专利申请不符合专利权实质要件仍为许可的情形。因此，在本文讨论主题下，此处"恶意"等同于明知专利权效力瑕疵而不告知被许可人的故意。此亦为最高人民法院裁判所体现观点，参见尚某中与柳州市柳南区浩千塑料制品厂专利权宣告无效后返还费用纠纷案，最高人民法院（2021）最高法知民终1986号民事判决书。
② 韩世远. 合同法总论［M］. 4版. 北京：法律出版社，2018：252-253.
③ 建科机械（天津）股份有限公司与舒开泰技术合同纠纷案，天津市高级人民法院（2017）津民终396号民事判决书。
④ 《民法典》第157条规定的法律行为无效、被撤销的效果和缔约过失责任属于规范竞合关系，但在损失并非由合同无效或被撤销引起时，可以直接适用缔约过失规则。参见：孙维飞.《合同法》第42条（缔约过失）评注［J］. 法学家，2018（1）：186-187.
⑤ 韩世远. 合同法总论［M］. 4版. 北京：法律出版社，2018：185. 支持履行利益的观点另可见：尚连杰. 合同撤销与履行利益赔偿［J］. 法商研究，2017（5）：95-98.
⑥ 《最高人民法院关于适用〈民法典〉合同编通则部分的解释（征求意见稿）》第5条也仅承认了"因丧失其他缔约机会而造成的损失"，而未提及期待正常履约能够获得的利益。

利被宣告无效就意味着专利所保护的技术方案或设计应属公共领域，即使被许可人及时告知，被许可人也不存在寻找替代许可的可能。但是，不同于合同未缔结之情形，可撤销合同是一种极为特殊的合同效力状态，撤销权行使之前，合同仍然有效，当事人的预期利益就已经产生。否认赔偿履行利益的观点意味着撤销权的行使会使得已经合法产生的预期利益不再值得保护，但此观点并无实质的正当性理由支撑。而且承认履行利益赔偿，并不会导致缔约过失责任的过度扩张，在个案中完全可以通过对可预见性的解释调整赔偿数额。

引入缔约过失责任又会引发一个新的争议：是否以撤销权行使为必要，即在撤销权未行使或已消灭而合同继续有效时能否主张缔约过失责任，此在学界和司法实践皆存在较大争议，但在肯定说的论据中，在合同有效时主张缔约过失而非撤销合同的原因是：受欺诈方希望合同继续履行取得标的物。① 但专利宣告无效将使得后续许可义务变为给付不能，被许可方在有效合同中不能期待对方继续履行，如果仍然承认此时的缔约过失责任，撤销权的除斥期间将被架空，而除斥期间的作用就在于促使形成权人尽快地行使权利，并保护相对人利益，维护交易安全。②《专利法》第 47 条煞费苦心地设置如此复杂的规则正是为了最大限度地保证交易安全，一年的撤销权除斥期间比之可中断可中止的诉讼时效更能实现此目的。而且在承认信赖利益涵盖履行利益时，违约损害赔偿与缔约过失损害赔偿的范围已经基本一致，但如上文所述，许可人可依据不可抗力消灭违约损害赔偿请求权，承认合同有效时的缔约过失责任将导致不可抗力免责的规定亦被规避。

（三）侵权损害赔偿请求权

不同于一般侵权损害赔偿的是，《专利法》第 47 条第 2 款明确了"恶意"作为构成要件，显然就是排除许可人因过失所需承担的责任，被许可人不得依侵权责任法的一般规范（《民法典》第 1165 条第 1 款）主张损害赔偿，但这并不妨碍将其作为一个侵权法上特殊的请求权规范。而适用侵权法规则还要求许可人的不作为属于加害行为，虽然大陆法系传统理论多以欺诈侵犯行为自由证成加害行为，③ 但此仅能用于解释受欺诈订立合同的情形，对于合同订立后的不作为欺诈则缺乏解释力。

---

① 孙维飞.《合同法》第 42 条（缔约过失）评注 [J]. 法学家, 2018 (1): 182 – 183.
② 耿林. 论除斥期间 [J]. 中外法学, 2016 (3): 633 – 634.
③ 王泽鉴. 民法学说与判例研究（重排合订本）[M]. 北京: 北京大学出版社, 2015: 256 – 257.

事实上，许可人故意不告知专利权效力瑕疵使得被许可人继续给付许可费，属于合同订立后因欺诈而给付，侵害的实为财产权益。

同时，侵权法和合同法救济方式的重要区别就在于损害赔偿的范围是否包括未能获得的期待利益，被许可人依合同可得而未得之利益无法在侵权法的框架下实现，[①] 其与合同法救济方式并非完全重合。因此，我国亦有在欺诈导致的缔约过失责任之外同时承认侵权损害赔偿之必要，尤其考虑到我国《民法典》第186条对违约和侵权采用请求权竞合说，缔约过失损害赔偿亦可与侵权损害赔偿发生请求权竞合，由请求权人自由选择。在比较法上，因欺诈而同时构成的侵权损害赔偿范围并不排除履行利益。[②] 本文认为，虽然在合同法中，欺诈会产生撤销权允许受欺诈方溯及地消灭合同效力，导致可得利益无法实现，但欺诈作为侵权行为时，其并非履行利益丧失的原因，难以证立侵权法上的因果关系。因此在撤销权消灭后，主张侵权损害赔偿也不会架空除斥期间的设定。

（四）赔偿项目之差异

学理上对于各式损害赔偿请求权的赔偿范围虽然用固有利益、履行利益、期待利益等多种概念指称，但于实践中关涉具体的赔偿项目时，不同概念所涵盖的内容完全可能一致，图3列出了通常情形下被许可人可能主张的各种损失。

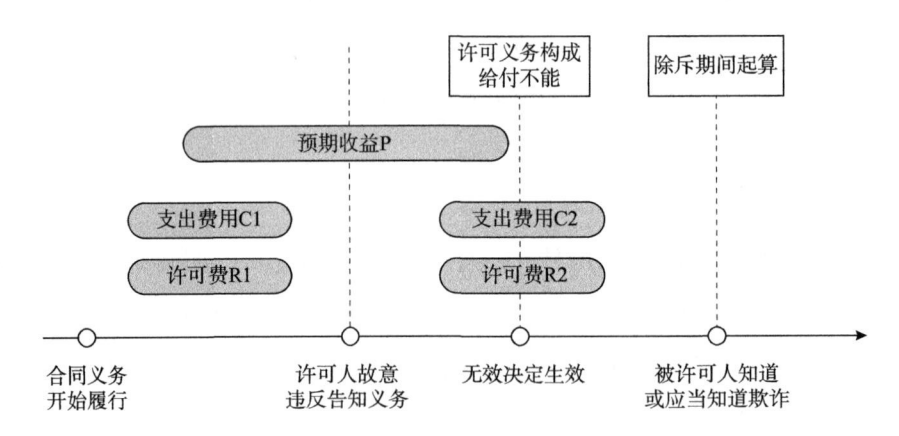

图3 存在欺诈时被许可人可能会主张的损失

[①] 虽然在加害给付等情形，合同保护范围可以拓展于固有利益，但侵权法保护范围难以扩展于期待利益，参见：张家勇. 合同法与侵权法中间领域调整式研究——以制度互动的实证分析为中心 [M]. 北京：北京大学出版社，2015：44-45.

[②] 许德风. 欺诈的民法规制 [J]. 政法论坛，2020（2）：15.

需要说明的是许可费的问题，虽然不应支付但支付的许可费和其他支出的费用都可称为损失，但依《民法典》第157条之体系，合同给付的返还问题与损害赔偿问题在原则上并不能相同处理。学界在涉及物的返还时尚存分歧，但通说一致认为涉及金钱返还时需依据不当得利请求权，① 下文虽基于损害产生时间进行分类讨论，但需注意其请求权基础并不相同。

1. 支出费用 C1 与许可费 R1

信赖利益损失的范围需依据欺诈行为的时间点进行判断，虽然因为合同被撤销，此时的给付目的也无法实现，但欺诈行为之前的损失 C1 并不能归因于欺诈行为，即使不存在故意欺诈行为，专利无效决定也会导致此种损失。同理，在侵权损害赔偿请求权中，C1 和 R1 与侵权行为亦缺乏因果关系，故两费用不可主张赔偿。

但对于返还对象 R1 而言，有学者认为，"撤销之后的相互返还并不是中性的，目的并不是真正使当事人回到未缔约之前的状态，欺诈人因其恶意须返还全部获益，而受欺诈人仅须返还现存利益"，② 本文亦赞同加重欺诈者责任具有价值上的正当性，得利人亦不得主张因果关系抗辩，因为不当得利要求的是其得利行为和受损失之间的因果关系，而非欺诈和受损失之间的因果关系，因此 R1 仅在合同被撤销之际可依据不当得利请求权而主张返还。

2. 支出费用 C2 与许可费 R2

许可方实施欺诈行为之后到无效决定生效之前，虽然对待给付的基础尚未丧失，许可义务之履行亦为可能，但欺诈行为使得被许可人失去了以不安抗辩权拒绝履行以及重新判断交易基础的可能，直接危及对待给付目的实现，若最终并未作出无效决定，此亦构成加害行为，只是未造成财产损害，但在专利被宣告无效时，此种支出就构成无益费用支出，即为合同实施所做准备的支出，而大陆法系理论普遍在营利性契约中承认无益费用属于信赖利益损失，因其推定一方通过该契约能够获利。③ 虽然推定的获利是否可赔还受到其他规则的制约，但无益费用必然属于信赖利益损失。从侵权法视角观之，损害赔偿亦应当使当事人恢复到未发生欺诈的处境，无益费用就不应当支出。因此 C2 和 R2 均属无效决定生效之后的支出费用，因许可义务之履行已无可能，亦属于可赔偿的无益费用。当然，如果被许可人已经通过实施专

---

① 叶名怡.《民法典》第157条（法律行为无效之法律后果）评注 [J]. 法学家, 2022 (1): 176–178.
② 许德风. 欺诈的民法规制 [J]. 政法论坛, 2020 (2): 12.
③ 王泽鉴. 损害赔偿 [M]. 北京：北京大学出版社, 2017: 206.

利实际获利,则亦应当适用损益相抵规则对此获利予以扣除。

3. 预期收益 P

被许可人从许可合同中所获得的直接利益即合法地实施专利技术,但在交易环境下,被许可人大多亦能通过将后续专利产品投入市场而获利,获取此种经济利益构成了寻求许可的主要动力。除此之外,在较为特殊的分许可中,被许可人还能通过向第三人再许可获得经济收益。无效决定当然会使得这些预期收益全部落空,违约损害赔偿最重要的功能就在于填补此种损失,将被许可人的利益恢复到如同没有违约发生的情形,而侵权损害赔偿显然无法涵盖此赔偿项目。

本文主张缔约过失责任亦应包含履行利益赔偿,但同样要适用可预见性以及其他限制赔偿的规则,虽然可预见性是一个极富弹性且需要根据个案解释的概念,但从判断主体抽象理性人的标准,亦可划定一个普遍适用的范围,即专利宣告无效后的履行利益不应当被预见。值得讨论的是,许可人实施欺诈行为前的预期利益是否是其可合理预见的,因为其与支付费用 C1 的可赔偿性类似,都面临判断因果关系的困难,但我国将可预见性的标准前移到合同订立时而非债务不履行时,如果许可人在订立合同时应当预见到其欺诈可能造成的损失,就应当予以赔偿。而且在实践中,按照提成支付许可费的约定并不少见,① 这至少说明当事人对实施专利的营利性存在一致认识,那么许可人就应当同时认识到被许可人未能实施专利会产生损失。

综上所述,《专利法》第 47 条在制定之时尚处于《民法通则》规定的受欺诈法律行为一律无效的时代,将本条第 2 款但书视为独立的损害赔偿请求权基础尚有价值,但自《合同法》制定以来,受欺诈的法律行为效力转变为可撤销,撤销权的行使与否将影响损害赔偿请求权的性质,进而决定赔偿范围。"专利权人"恶意造成损失完全贴合欺诈后损害赔偿的构成要件,撤销权除斥期间的规定也有助于实现作为本条立法目的之一的维护交易秩序稳定,因而有必要将本条但书解释为一种特殊的侵权责任请求权基础,优先适用欺诈和合同撤销的规则解决损害赔偿问题,赔偿范围亦受到合同法规则的限制,在撤销权消灭后,被许可人可再依本款但书规定主张侵权损害赔偿,但其范围无法涵盖期待利益。

---

① 提成支付的概念和详细数据可见:国家知识产权局. 2017－2021 年专利实施许可统计数据 [R]. 北京:国家知识产权局,2022.

四、返还费用的请求权基础

（一）适用现状与反思

《专利法》第 47 条第 3 款自出现以来在司法实践中并不多见，少有的案例也是以已获经济利益因此不构成显失公平为由驳回返还专利使用费的主张。① 虽然最高人民法院在近期判决中将"明显违反公平原则"定义为：专利被宣告无效之日前已支付的专利使用费与专利使用费总金额之比，明显高于专利被宣告无效之日前实际使用专利技术的期间与整个许可使用期限之比；② 但并未论证此种计算方式如何体现出公平原则。而且本款使用的"明显违反""公平原则"等抽象概念在具体适用上的困难使得部分学者主张以英美既判力理论取代本款，③ 然于专利许可合同而言该款尚有适用之空间。

传统民法以有体物为履行标的物之典型，由此构建给付不能框架未曾预见到在履行之时可能的给付由履行完成后的视角将转变为给付不能，因为专利权无效不完全等于标的物毁损，无效决定意味着之前所有围绕"专利权"的给付都是一种"幻觉"，仅因本条第 2 款第 1 句的特别规定，才被虚构为已履行的给付，所以传统民法并未给予已履行的对待给付任何反悔的手段，除非基础的合同关系出现瑕疵。但许可人确有因此获得暴利之可能，完全依瑕疵担保规则并不合理，而在商标法领域，多有以公平原则支持商标无效后返还商标转让费的判例，④ 即使为了知识产权的内部体系，亦有保留此处返还请求权的必要。

但问题在于，直接将作为民法基本原则的公平原则作为请求权基础是否妥当，

---

① 参见乐吉公司与吴甲等侵害发明专利权纠纷案，浙江省高级人民法院（2011）浙知终字第 113 号民事判决书。
② 参见尚某中与柳州市柳南区浩千塑料制品厂专利权宣告无效后返还费用纠纷案，最高人民法院（2021）最高法知民终 1986 号民事判决书。
③ 张浩然. 专利无效决定溯及力制度检讨与重构——基于最高人民法院适用《专利法》第 47 条案例群的分析 [J]. 法律适用，2020（18）：70.
④ 参见保山市隆阳区金水阁酒店、杨某明商标权权属纠纷、商标权转让合同纠纷案，湖南省长沙市中级人民法院（2021）湘 01 民终 1 号民事判决书；涉县娲皇宫商贸有限公司、邯郸市康润纯净水有限公司商标权权属纠纷、商标权转让合同纠纷案，河北省高级人民法院（2018）冀民终 1046 号民事判决书；虞某东与李某军、尤某升商标权权属纠纷、商标权转让合同纠纷一审，浙江省义乌市人民法院（2018）浙 0782 民初 10531 号民事判决书。

已有的规则是否真的无法容纳此种请求权。因为在法学方法论上,适用原则的前提条件之一即穷尽规则,[1]此即意味着解释者必须先在民法体系中寻找具体的请求权基础,为实现本款的规范目的,其必须具有两个特征:一是能摆脱合同效力的拘束;二是具有弹性概念。第一点无须多言,合同效力之一即正当化受领给付,在许可合同不应无效决定而无效的前提下,必须通过撤销或解除规范使合同失去约束力;第二点的意义就在于在将公平原则规则化,使之区分应当返还和不应返还的情形时更具有操作性。[2]

(二) 不当得利请求权

以往的学术讨论通常将能否要求许可费返还置于不当得利的框架之下,最高人民法院亦将专利无效前的履行定性为不当得利。[3] 目前民法学界通说认为有效的合同排斥不当得利请求权的适用,[4] 仅在合同无效和被撤销时才有讨论的空间,但本条第3款显然预设的是当事人行为皆无违法之处,只是在结果上显著不公平,并非意图规制欺诈、胁迫和乘人之危致显失公平的情形,唯需考虑的是被许可方能否依据重大误解撤销合同并依据不当得利请求权主张返还许可费。

被许可人在订立合同之时,没有认识到作为履行标的物的"专利权"存在效力瑕疵,这显然构成一项重大的认识错误。虽然受德国法影响,有学者反对重大误解之概念,仅使用"错误"一词以指代表意与表意人内心效果意思不一致的情形,但自《民法通则》以来,重大误解被普遍地认为可以包含此种对标的物有错误认识的情形。[5] 唯值疑虑的是,即使是错误认识的情形,赋予可撤销的法律效果仍然是为了保护表意人的真实意思,即假设如果表意人认识到真实情况就不会作出这种意思表示。但在专利许可的情形下,由于专利权的实质条件判断依赖于检索到的现有技术,没有人能够保证专利权的效力,[6] 被许可人根本无法认识到真实情况,如果仍将其视为错误认识的一种,将过分扩张重大误解的规范目的,因为被许可人没有认

---

[1] 舒国滢. 法律原则适用中的难题何在 [J]. 苏州大学学报, 2004 (6): 19.
[2] 原则的规则化能够克服原则抽象性带来的适用困难,而且能够避免过于僵硬而留下价值判断融入的空间。杨明. 论民法原则的规则化——以诚信原则与情势变更原则为例 [J]. 法商研究, 2008 (5): 76 - 80.
[3] 参见青海民和朝明印务有限公司、青海育恒教育用品有限公司专利权权属纠纷、发明专利实施许可合同纠纷案,最高人民法院 (2019) 最高法知民终 586 号民事判决书。
[4] 叶名怡. 不当得利法的希尔伯特问题 [J]. 中外法学, 2022 (4): 944.
[5] 韩世远. 合同法总论 [M]. 4 版. 北京: 法律出版社, 2018: 262 - 263.
[6] 尹新天. 中国专利法详解 [M]. 北京: 知识产权出版社, 2011: 487.

识到"专利权"的效力瑕疵是否属于重大误解的一种即存疑问。

退一步而言,即使认定重大误解成立,行使撤销权后返还已支付许可费的依据仍然是不当得利请求权,而就不当得利的构成要件而言,损失、受益和无法律上原因皆为"全有或全无"的法律概念,① 无论结果上公平与否,此三项构成要件皆会因合同被撤销而满足,即意味着所有的被许可人在专利宣告无效后都可能主张不当得利返还。而就因果关系而言,虽然留下了法官裁量返还范围的空间,但公平原则无法借此渗入此处的价值判断中:给付结果上的公平性无法证立因果关系不存在,反之亦然。综上,结果的公平性并非不当得利请求权是否可实现的考量因素,所以本条第 3 款不应视为不当得利请求权的辅助规范。

(三) 恢复原状请求权

已完成的对待给付虽然不受专利无效决定影响,但双方均可依据《民法典》第 563 条第 1 款第 5 项解除合同,② 解决的效果则为"尚未履行的,终止履行;已经履行的,根据履行情况和合同性质,当事人可以请求恢复原状③或者采取其他补救措施"。

通说认为此处"合同性质"乃为区分一时性合同与继续性合同,于继续性合同原则上不发生恢复原状(即互相返还)义务,④ 专利许可合同被认为是继续性合同,无效决定之前支付的许可费即无须返还。⑤ 但是此种对继续性合同的理解仍然建立在传统有体物的交易方式上,许可义务虽然能够被划分为数个在特定时间段内的义务,如在按月支付许可费的情形下,每个月支付许可费都有单独的对价,但是在数个单独给付之上仍存一个整体的合同目的,不同于供水合同中用水人已经受领的

---

① 在返还效果上,除非双方对无效原因都有过错,也一般适用"全有全无"原则,难以和本条规定的部分返还相容。参见:吴至诚. 违法无效合同不当得利返还的比例分担:以股权代持为中心 [J]. 中外法学,2021 (3):606 – 607.

② 参见青海民和朝明印务有限公司、青海育恒教育用品有限公司专利权权属纠纷、发明专利实施许可合同纠纷案,最高人民法院 (2019) 最高法知民终 586 号民事判决书。

③ 理论上根据合同解除效果的不同,关于此处恢复原状的性质有独立请求权和不当得利请求权之争,至今尚无通说,详见:靳羽. 合同解除效果:《合同法》第 97 条的解释论 [J]. 中南大学学报(社会科学版),2014 (1):115 – 116. 本文认为《民法典》改变了《合同法》对解除的定位,将其效果限定为"该合同权利义务终止",而非"债权债务终止",从文义上更倾向于折中说,因此解除后的返还请求权属于一种清算关系中独立的请求权。

④ 王泽鉴. 债法原理 [M]. 2 版. 北京:北京大学出版社,2013:157.

⑤ 因为合同解除后的恢复原状义务与原债之关系具有同一性,双方的返还义务构成对待给付,一个给付构成给付不能,其对待给付亦消灭。参见:王泽鉴. 债法原理 [M]. 2 版. 北京:北京大学出版社,2013:82.

给付不会受到合同解除的影响,许可合同中合同解除完全可能使得之前的许可丧失意义,本文上一部分中论证的为实施许可支出的无益费用亦能佐证此观点。已履行的部分给付会因为专利宣告无效而丧失给付目的,一概根据合同性质否定专利许可合同解除后的恢复原状请求权并不妥当,反而需要考虑合同整体目的是否受到影响。

所谓根据履行情况,是指根据履行部分对债权的影响。如果债权人的利益不是必须通过恢复原状才能得到保护,不一定要采用恢复原状,但如果债务人已经履行的部分对债权人根本无意义,则债权人可以请求恢复原状,[①] 此处强调的还是部分履行对整体给付目的的影响。基于此,对专利许可合同而言,是否能在解除后主张恢复原状的关键在于认定许可目的的实现与否。虽然现实中被许可人寻求许可的目的多种多样,但就许可制度的规范目的而言,许可不过是一个使得被许可人的实施行为合法化的授权。[②] 只要被许可人实际实施了专利,无论是否获利许可目的即为实现。全国人大在2001年对本条的释义也表达了相似观点,即被许可人由于专利权被宣告无效前已经因专利权受到保护而获得了实际的利益,[③] 此处所谓因专利权受到保护应被解释为被许可人实施了该专利而不被追究侵权责任。

因此,最高人民法院对比许可费占比和使用期间占比的计算方法总体上可取,[④] 但仍有进一步完善的空间,其应该考虑被许可人是否及时实施了专利,并不能放任被许可人长时间不主动实施专利,虽然被许可人没有积极实施专利的义务,但应当承担不及时实施的风险,许可人没有请求被许可人实际实施专利的权利,因此无法控制被许可人在后的事实上专利实施行为。[⑤] 而专利许可合同目的的实现依赖于许可人的不追究侵权责任的不作为和被许可人的实际实施的作为,因此此种专利权嗣后被宣告无效的风险应由有能力实施的被许可人承担。此外,这种方法也不适用于采用提成支付的专利许可合同,因许可费总额无法确定,而且支持返还的结果实际

[①] 朱虎. 解除权的行使和行使效果 [J]. 比较法研究, 2020 (5): 102.

[②] 国内外权威学者多认为许可为对未来侵权行为的豁免或要求权利人不对其行使权利, 该定义虽不够全面, 但反映了被许可人寻求许可的主要目的。参见: 张晓都. 郑成思知识产权文集专利和技术转让卷 [M]. 北京: 知识产权出版社, 2017: 367. Robert Gomulkiewicz. Licenisng Intellectual Property: Law & Applications [M]. Boston: Aspen Publishing, 2011: 11.

[③] 中华人民共和国专利法释义 [DB/OL]. (2001-08-01) [2022-11-27]. http://www.npc.gov.cn/npc/c2199/200108/0182167d350148f79f4a44105b092717.shtml.

[④] 参见尚某中与柳州市柳南区浩千塑料制品厂专利权宣告无效后返还费用纠纷案, 最高人民法院 (2021) 最高法知民终1986号民事判决书。

[⑤] 《民法典》第866条规定的许可人主义务仅包括许可实施、提供技术资料和提供技术指导。可资对比的是, 在商标许可中, 许可人可依据《商标法》第43条第1款第2句对被许可人的商标使用行为进行控制。

上是在调整当事人约定的提成比，过分干预私法自治的范围，此类合同应依据继续性合同的一般原则不适用恢复原状。

当然，在固定金额支付的专利许可合同中，将时间限制引入能否返还的判断中，仍能留给法官借此引入公平原则自由裁量的空间，但相比于将《专利法》第47条第3款作为独立的请求权基础，全部返还几乎将丧失现实可能性。不过，考虑到近年来公布的专利无效请求率（当年专利无效请求量除以截至当年年底专利有效量）持续稳定在万分之六左右的水平，[①] 而实际的无效宣告率要低于此。现下专利质量已较三十年前有较大提升，并不需要过度担心许可或转让合同中会因专利宣告无效导致双方利益严重失衡。在法政策上，若专利质量进一步提升，交易秩序稳定的价值高于个案公平的价值，更应当对要求返还持更严格的判断标准。

总之，在1992年民事基本法律制度尚未建立之时，在《专利法》第47条中写入第3款尚情有可原，但随后的历次修改均不加检视民法某一具体制度能否相容其效果，而径直逃逸至作为民法基本原则的公平原则殊为不妥。通过合同解除后恢复原状的方式实现此种利益分配，既符合民法体系安排，也保留了法官通过对履行情况的解释实现实质公平的空间。在解释论上，可以认为合同解除的效果中"根据履行情况"的用语就是对公平原则的具体化表现，那么当然应优先适用作为原则具体化的规则。

五、结　　语

知识财产的出现对民法的冲击并不局限于产权领域，更对作为交易规则的合同法提出了新的挑战，专利许可与有体物的买卖、租赁等交易方式最大不同就在于，嗣后的行政决定能够推翻标的物存在的事实，必须承认传统的给付概念难以妥当阐释履行既已完成何以再发生给付不能这个难题。但这并不意味着要抛弃合同法规则为此确定新的处理方式，《专利法》第47条以务实的价值取向，为无效决定后各种情况下合同双方的利益平衡作出复杂安排，但显然缺乏对赔偿范围、返还条件等问题的详细规定，更重要的是其背后的社会背景也较三十年前发生了巨变，局限于其中必然不能得出妥当的论释。

[①] 国家知识产权局.2020年中国专利调查报告［R］.北京：国家知识产权局，2021：139.

在《民法典》时代，解释者不应再人为地制造知识产权法与民法之间的隔阂，只有基于请求权基础理论，《专利法》和《民法典》的不同规范才能有机地联结在一起，以妥善解决无效决定对专利许可合同的追溯力问题。虽然本文认为《专利法》第47条除去第2款但书外的规定均不宜作为独立的请求权基础，但其确定的被宣告无效的专利权视为自始不存在的规则仍有必要，由此引发的标的自始客观不能的法律效果则需要在民法体系下进一步检视，对于许可人因恶意获利和结果显失公平的问题，应分别引入欺诈可撤销制度和合同解除后的恢复原状请求权，更能在交易秩序稳定和许可人不当获利之间实现平衡。

（责任编辑：张钧凯）

The Retroactive Effect of Patent Invalidation on Licensing Agreements: An Analysis Based on the Theory of Claim Basis

Ding Zhicheng

Abstract: The retroactive effect of the decision to declare the patent right invalid on the patent license contract first depends on the contract law to judge the validity of the contract. When the licensor violates the obligation of notifying defects of patent validity, it constitutes fraud. The licensee can cancel the contract and claim compensation for interests based on fraud. After the cancellation right is extinguished, it can only claim compensation for inherent interests according to Article 47 of the Patent Law. It is worth reviewing that the stipulation of claiming refund in accordance with the principle of fairness goes beyond the rule to escape directly to the principle. The right to claim restitution after the termination of the contract can achieve the same normative purpose. It is necessary to judge the performance of the contract according to whether the licensee has implemented the patent, and decide whether the refund of the license fee should be supported.

Key Words: Patent invalidity; Traceability; Patent licensing contract; Basis of claim

二、著作权法

同人作品的法律规制

闫 申*

【摘 要】如何对同人作品进行规制是学界一直讨论的问题,交叉学科的研究方法能为解决该问题提供有益的参考。同人作品在艺术、经济、教育和政治文化领域具有正面价值,但它也造成原创作品减少、社会文化不稳定、欣赏者利益受损和文化衰退等负面问题。根据多元规制模型,架构、社会规范、市场和法律四种方式都能规制同人作品,法律不仅能够直接规制,还可以通过影响另外三种方式进行间接规制。具体就法律规制方面,基于卡-梅框架,可以得出规制同人作品的四种法律制度——私人许可、法定许可、合理使用和"原作者付费制度"。其中"原作者付费制度"缺乏合理性,其他三种制度各自在不同方面优劣各异。通过制度比较,法定许可具备的制度优势较为突出,制度劣势可以克服,是综合而言更为适当的制度选择。

【关键词】同人作品 粉丝文化 多元规制 卡-梅框架

一、问题的提出:"灰色地带"中的同人作品

随着技术的发展,公众不仅能便利地获取文化产品,而且能以低成本的方式对其进行生产和传播。作为大众文化的一种重要形式,同人作品①的影响力越来越大,

---

* 闫申,中国海洋大学法学院博士研究生。
① 本文所探讨的同人作品是指在已经成型的叙事文本基础上,利用原作中的人物、情节和背景等元素,创作出的作品,包括经典文学中的二次创作作品和狭义的同人作品,等同于"转化型写作",因此不包括真人同人。关于文学理论上相关概念的论述,参见:郑熙青. 作为转化型写作的网络同人小说及其文本间性[J]. 文艺争鸣,2020(12):93-101.

并引起了很多法律争议。争议开始主要集中于同人作品是否侵犯原作者的著作权，或是否构成合理使用。①在"金庸诉江南案"一审判决之后，同人作品能否构成不正当竞争又成了学界新的焦点。②针对这些问题，还有观点认为可以借助"形象权"来加以应对。③但这一观点显然有些牵强，"形象权"主要针对的是将角色实体化，如制成玩偶或商标，并利用这些实体进行牟利的行为，与同人作品问题的区别较大。④总之，现有讨论多是基于法条的研究，但现行法律对该问题的规定模糊，同人作品实际处于"灰色地带"（gray area）之中。⑤

著作权包括人身权和财产权两种权利，基于二者的保护规则均难以适用于同人作品的问题。首先，同人作品难以依据人身权相关条文进行规制。一般认为，修改权是一种"收回权"，即作者通过支付一定的对价收回已发表的或者已经许可给其他人使用的作品，对其进行修改。⑥这与同人作品的情况不符。根据《著作权法》第10条第4款，作品完整权是指"保护作品不受歪曲篡改的权利"。有两种情况会构成侵权：一是直接改动了原作品；二是虽然原作品本身并未被改动，但因其被歪曲、篡改导致作者受到了精神损害。⑦同人作品显然属于后者。如何认定"歪曲、篡改"和作者受到精神损害成为规则适用的关键。一种观点是只要原作者认为"歪曲、篡改"即构成侵权。这一标准显然过于严格，会严重损害文化产品的创作。另一种观点是判断改动行为是否造成作者声誉受到损害。⑧在这一标准下，同人作品很难被认定为侵权。因为署名明确时，同人作品不太可能让读者误解原作品内容，

---

① 如国内有：骆天纬. 同人作品的著作权问题研究——以《此间的少年》为例[J]. 知识产权，2017（8）：64-69；袁秀挺. 同人作品知识产权问题迷思——由金庸诉江南案引出[J]. 电子知识产权，2017（Z1）：53-59. 国外有：Tushnet R. Legal Fictions: Copyright, Fan Fiction, and New Common Law [J]. Loyola of Los Angeles Entertainment Law Journal, 1997（3）：651-686；Ranon C Z. Honor Among Thieves: Copyright Infringement in Internet Fandom [J]. Vanderbilt Journal of Entertainment and Technology Law, 2006（2）：421-452.
② 王太平. 知识产权的基本理念与反不正当竞争扩展保护之限度——兼评"金庸诉江南"案[J]. 知识产权，2018（10）：3-13.
③ 孙战龙. 网络同人小说的权利界定[M]//张平. 网络法律评论（第7卷）. 北京：北京大学出版社，2006：171，174-175.
④ 吴汉东. 形象的商品化与商品化的形象权[J]. 法学，2004（10）：77-89.
⑤ Lee E. Warming up to User-generated Content [J]. University of Illinois Law Review, 2008（5）：1459-1548.
⑥ 刘有东. 论作品修改权[J]. 现代法学，2010（3）：176-183.
⑦ 李雨峰，王玫黎. 保护作品完整权的重构——对我国著作权法相关条款的质疑[J]. 法学论坛，2003（2）：63-68.
⑧ 李扬，许清. 侵害保护作品完整权的判断标准——兼评我国《著作权法修订草案（送审稿）》第13条第2款第3项[J]. 法律科学（西北政法大学学报），2015（1）：128-137.

并进而损害原作者声誉，它造成的损害只是艺术批评的正常后果。①

其次，依据财产权相关条文规制同人作品同样困难。一般认为，同人作品可能侵犯原作品的复制权和改编权。两者的侵权标准都是以思想/表达二分原则为基础的，但该原则具有极大的模糊性。早有学者指出，如果将思想按照语义进行理解，那么概念、客观事实、工艺都不属于思想，都应该受到著作权的保护。② 这显然与人们的一般理解相矛盾，也不符合构建思想/表达二分原则的目的。具体而言，同人作者并没有完全复制原作品，只是借用其中一些元素，大部分内容是基于原作品思想的原创性表达，并未侵犯复制权。而改编权虽然对原作品保护的范围更大，但是依然没有超过表达的范围。③ 同人作者只是借用角色名称，情节内容等都是原创性表达，很难将其认定为原作品的改编作品。如在"Warner Bros. Entertainment Inc. v. RDR Books"案中，法院就因为《哈利·波特词典》并非重述哈利·波特的故事，所以否认它是"哈利·波特"系列的改编作品。④ 在"金庸诉江南案"的二审判决中，法院也认定了《此间的少年》在情节上的原创性。不仅如此，法院对江南使用金庸书中角色侵犯著作权的认定，是通过考察多个任务的各个要素之间的整体逻辑结构完成的。在此过程中，法院也承认单个人物形象很难得到著作权保护。⑤

事实上，思想/表达这种柏拉图式的二分法很难有效指导法律实践，只是一种关于版权保护范围的隐喻。⑥ 其目的是实现对不同文化产品的区分保护，而非提供一个精确的标准。这样的隐喻普遍存在于法律形式主义的逻辑推理中。波斯纳早就指出，三段论的推理只是阐明逻辑关系而非得出实际结论。⑦ 也就是说，当面对疑难案件时，法律人运用形式逻辑，依托教义进行推理的解决方法是颇为无力的，案件之所以疑难就是因为其处于教义和形式逻辑不易触及的地方。

同理，同人作品也难以构成不正当竞争。同人作品显然不属于《反不正当竞争法》中列明的四类不正当竞争行为，这在"金庸诉江南案"的一审判决书中得到了

---

① 苏力. 戏仿的法律保护和限制——从《一个馒头引发的血案》切入 [J]. 中国法学, 2006 (3): 3-16.
② 李雨峰. 思想/表达二分法的检讨 [M] //李晟. 北大法律评论 (第8卷第2辑). 北京: 北京大学出版社, 2007: 447-448.
③ 李杨. 改编权的保护范围与侵权认定问题：一种二元解释方法的适用性阐释 [J]. 比较法研究, 2018 (1): 63-75.
④ Warner Bros. Entertainment Inc. v. RDR Books, 575 F. Supp. 2d 513 (2008).
⑤ 广州知识产权法院民事判决书 (2018) 粤73民终3169号.
⑥ 李雨峰. 思想/表达二分法的检讨 [M] //李晟. 北大法律评论 (第8卷第2辑). 北京: 北京大学出版社, 2007: 447-448.
⑦ 理查德·A. 波斯纳. 法理学问题 [M]. 苏力, 译. 北京: 中国政法大学出版社, 2002: 69-71.

支持。而法院依据《反不正当竞争法》第 2 条，判决《此间的少年》违反商业道德，构成不正当竞争值得商榷。[①] 在文化产品领域，许多艺术作品都或多或少带有同人色彩，这并不违背商业道德。许多学者也对判决中的这一点提出批评，指出《此间的少年》虽然确实利用了金庸作品的知名度和市场声誉，但不是出于恶意，未伤害金庸作品的声誉，并非在同一市场上展开竞争，无法构成不正当竞争。[②] 在二审判决中，法院虽然并未对整体行为进行不正当竞争的审查，但提出一审中认定江南对金庸书中的角色的使用构成不正当竞争显属不当。[③]

"法律不是表征的或者符号的，它是功能性的。"[④]本文将从同人作品背后的价值出发，寻找让同人作品走出"灰色地带"的方法。本文分为五个部分，旨在讨论两个问题。一是同人作品有何社会价值，包括正面价值和负面问题，将在第二部分论述。这部分不仅整理了对同人作品价值的常见讨论，还引入了国内法学界有所忽视的粉丝文化的相关理论，结合文化传播学的相关知识，重点关注同人作品在政治文化方面的价值。二是如何对同人作品进行法律规制，本文将用第三、第四两部分来解决这个问题。第三部分将结合多元规制模型，描述多种规制方式对同人作品产生的影响。第四部分将利用卡-梅框架，分析四种法律制度在规制同人作品时的优势和劣势，并选出其中最具优势的制度。第五部分做全文总结。

二、同人作品的社会价值

学界围绕同人作品的社会价值进行了诸多讨论。但由于价值众多，这些讨论有些零散，交锋较少。这部分在梳理总结已有讨论的同时，还将国内学法学界重视不足的粉丝文化理论引入讨论之中。

（一）同人作品常见的价值分析

同人作品在艺术、经济和教育领域均具有正面价值。首先，同人作品本身具有独特的艺术价值。读者在欣赏同人作品时，存在阅读原作品时的情感体会，有着不

[①] 广东省广州市天河区人民法院（2016）粤 0106 民初 12068 号民事判决书。
[②] 王太平. 知识产权的基本理念与反不正当竞争扩展保护之限度——兼评"金庸诉江南"案 [J]. 知识产权，2018（10）：3-13.
[③] 广州知识产权法院（2018）粤 73 民终 3169 号民事判决书。
[④] 理查德·A. 波斯纳. 法理学问题 [M]. 苏力，译. 北京：中国政法大学出版社，2002：574.

同于其他形式作品的阅读体验。这在艺术上被称为"互文性"或者"文本间性"。同人作品通过对原作品的解构和拼接实现了文艺上的祛魅效果,具有反经典性的特点。① 同人创作还是一种重要的创作手段。我国很多古典长篇小说都是由多个同人作品积累而成的,这种现象被称为文化的"层累"。②

其次,同人作品有很高的经济价值。作为一种重要的文化产品形式,同人作品本身拥有广阔的市场,具有很高的商业价值。除此之外,它还能够产生"同人逆迷"效应,对原作品产生宣传和推广作用。③ 创作和使用同人作品也可以作为一种营利手段,为原作品创造收益。

最后,同人作品在教育领域有两个方面的价值。一是同人写作是学生写作入门的必要方法。利用电脑拼接视频来创作同人作品能激发学生的学习兴趣和创作热情。④ 二是通过同人作品的创作和交流,学生能够更好地认识和思考世界。这个过程锻炼了他们评估伦理和比较价值体系的能力,在零散信息之间建立联系的能力,以自己所处的民俗文化来表达对通俗小说的解释和体会的能力。⑤

但是,同人作品会产生两个负面问题,第一个是侵害原作者的利益。首先,对于原作者而言,同人作品可能会在一定程度上与其后续作品产生竞争,尤其是当"多元宇宙"模式盛行之后更为明显。其次,同人作品还可能侵害原作者的精神利益。很多原作者希望保持作品的纯洁性,自己创造的人物不被改动。有学者提出,同人创作不能违背原作者的基本设定,"狗尾续貂"不仅会降低作品的评价,更会损害原作者的主观效用。⑥

第二个问题更为严重,同人作品会导致原创作品减少。对创作者来说,创作同人作品的难度小于进行原创。因为创作同人作品既可以借助原作品中的要素来降低写作和构思难度,又可以利用原作品固有的影响力来获取特定的读者,并得到反馈。⑦

---

① 陶东风. 文学活动的去精英化 [J]. 文化与诗学, 2008 (1): 42-66.
② 龙文懋. 同人作品的文化层累功能及其与在先作品竞争法上的法益关系——以《此间的少年》为例 [J]. 电子知识产权, 2016 (12): 10-17.
③ 曹洵. 虚拟社区的动漫迷文化实践模式研究——以《圣斗士星矢》动漫迷为个案的质化研究 [J]. 青年研究, 2011 (4): 73-83, 96.
④ Lessig L. Remix: Making Art and Commerce Thrive in the Hybrid Economy [M]. New York: Bloomsbury Publishing, 2008: 95.
⑤ 亨利·詹金斯. 融合文化——新媒体与旧媒体的冲突地带 [M]. 杜永明, 译. 北京: 商务印书馆, 2012: 256-303.
⑥ 孙山. 同人作品传播中的《著作权法》限制 [J]. 科技与出版, 2017 (12): 76-79.
⑦ 薛媛元. 视角转换: 论同人小说与原著的"对话"策略 [J]. 江汉大学学报(人文科学版), 2012 (1): 32-36.

因此许多创作者会更倾向于创作同人作品，这会导致原创作品不足。有学者指出，同人作品本身属于亚文化，二次创作的作品的价值远低于原创作品。① 原创作品不足不利于社会发展。

本文认为同人作品确实会对原创作品和原作者产生负面影响，但并不像批评者所说的那样严重。首先，同人作品对于潜在市场的损害比较有限。因为故事是复杂的，可能性是无穷的，而消费者对原创作品和同人作品的认知和消费理由也存在差异，所以同人作品与原作者的后续作品的竞争极为有限。② 其次，在主流的文艺理论中，作品发表就交于读者了，作者就"死了"。③ 作者与作品的联系并不紧密，同人作品不会对作者的主观效用和声誉造成太大损害。最后，创作出属于自己的角色和作品能给创作者带来巨大的主观效用、声誉以及经济利益，这会吸引许多创作者成为原创作者。真正的问题在于，文化市场能否在收益上体现出原创作品高于同人作品。

不难看出，关于同人作品常见的价值分析还是沿用著作权利益衡量的一般思路——平衡公众与作者的利益，最终目的是激励创作。但是由于创作方式和创作主体的特殊性，同人作品有重要的文化价值。因此，要对同人作品的价值做出评价，必须要考虑其在文化方面所起到的作用。粉丝文化理论为这种讨论提供了合适的视角。

（二）被忽视的粉丝文化理论

同人作品又称粉丝作品，是粉丝文化的重要组成部分。在后现代视角下，同人作品是大众对官方文化的改造，表达政治文化诉求的途径。由于国内近来对同人作品的研究多以"金庸诉江南案"为切入点，而《此间的少年》并未涉及政治文化问题，因此国内学者对该角度有所忽视。

1. 粉丝文化理论下同人作品的价值

德赛都在描绘读者的行为时，将阅读行为比喻为"盗猎"，将挪用和解读视为生产。④ 消费者虽然无法进行自主的文化创作，但可以通过消费技巧，重新定义主

---

① 孙山. 同人作品传播中的《著作权法》限制[J]. 科技与出版, 2017 (12): 76-79.
② 丛立先, 刘乾. 同人作品使用原作虚拟角色的版权界限[J]. 华东政法大学学报, 2021 (4): 175-192.
③ 米歇尔·福柯. 作者是什么[M]. 逢真, 译//王潮. 后现代主义的突破：外国后现代主义理论. 敦煌：敦煌文艺出版社, 1996: 270-292.
④ 米歇尔·德赛都. 日常生活实践[M]. 方琳琳, 译. 南京：南京大学出版社, 2009: 239. 该书将德赛都译为德塞托，将盗猎译为偷猎，但在学界其他文献中多译为德赛都和盗猎，故本文正文中不采取德塞托和偷猎的译法。

流或者官方的文化，完成文化生产，反抗规训。费斯克和詹金斯发展了德赛都的理论。费斯克指出，粉丝是大众中更为积极的、过度的消费者，他们主动地、强烈地参与了文本构建。① 同人创作是他们参与的一种重要方式，本质上是反抗权力的微观政治的表现。

詹金斯认为，粉丝对文本的喜爱和阅读是个"社会过程"，形成具有政治意味的社群文化。他通过对美国粉丝群体的同人创作进行民族志考察，展示了粉丝是如何通过创作表达诉求的。② 尤其是"女性向"的文化生产，至今依然十分活跃。③ 在同人视频和音乐中，同人作者利用画面的拼接和不同音乐风格的变化，展现了对原作品和角色的不同认知，表达了政治文化观点。

不同群体利益诉求的表达和文化构建，可以打破原有文化形成的刻板印象，促进少数群体的自我发展。在很多情况下，即使是在主流文化中处于不利地位的少数群体，也会因为内化主流文化而认同并接受政治文化安排。美国的调查发现，媒体对少数群体的刻板印象加强了少数群体对自己的负面看法。也有学者提出，电视剧中的黑人角色给黑人儿童带来了不利影响。儿童以社会主流文化为坐标进行自我定位，在职业选择和行为方式上都服从既有政治安排，加剧了社会对少数群体的偏见，形成文化刻板印象的恶性循环。少数群体无意也很难改变自身政治文化地位。一个表现就是美国的非洲裔儿童，特别是弱势群体中的儿童，会优先寻求地位低的工作，导致这类工作需求过剩，群体长期处于贫困中。④

同人作品的创作和传播能打破这种恶性循环。同人作者会在作品中改变原有角色的描写，从而打破文化刻板印象。借助这些作品，少数群体既向社会宣告了自己的文化和发展诉求，又让群体成员认识到发展有更多可能性，通过努力就能取得成就。有研究表明，向一个人积极地描绘与其处境相同的人成功故事，会让他对自己的能力和价值有更高的评价。这种通过同人作品来重塑流行文化的行为也被称为"自我赋权"。⑤ 群体通过文化产品给予并实现自己的权利。

---

① 约翰·费斯克. 理解大众文化 [M]. 王晓珏, 宋伟杰, 译. 北京：中央编译出版社, 2006：153-154.
② 亨利·詹金斯. 文本盗猎者——电视粉丝与参与式文化 [M]. 郑熙青, 译. 北京：北京大学出版社, 2016：209.
③ 高寒凝. 亲密关系的实验场："女性向"网络空间与文化生产 [J]. 文艺理论与批评, 2020 (3)：127-139.
④ Chander A, Sunder M. Everyone's Superhero: Cultural Theory of Mary Sue Fan Fiction as Fair Use [J]. California Law Review, 2007 (2)：597-626.
⑤ Chander A, Sunder M. Everyone's Superhero: Cultural Theory of Mary Sue Fan Fiction as Fair Use [J]. California Law Review, 2007 (2)：597-626.

这些群体通过文化产品提出利益诉求，应当受到法律的保护。[①] 同人作品赋予文化符号不同的意义后，少数群体的利益更可能得到维护。这在网络时代更为明显，由于网络分散的生产模式，人们能更有效、自由地定义文化符号，[②] 政治文化表达更容易得到认同。公民会积极地讨论政治文化，形成多元的文化环境和民主的政治氛围。

2. 同人作品政治文化价值的批评与反思

同人作品的重构属性可能会消解文化的稳定性，造成社会文化混乱。第一，社会成员的交流和自我认知都要通过文化实现，这意味着文化符号需要有稳定性。同人作品打破稳定性会损害文化符号的交流功能。例如在传统文化中，男性间肝胆相照，一般认为是兄弟情，但耽美作品会将其解读为爱情。[③] 稳定性对文化的传承和延续同样重要，一旦丧失会降低社会凝聚力，甚至文明衰退，让社会成员处在"我是谁"的文化困境中。[④]

第二，随着网络的发展，同人作品可能会影响文化交流。在网络的过滤功能下，人们处于"信息茧房"中，社会缺乏共识，存在群体极化问题。[⑤] 同人作品加深了不同群体对文化符号理解的差异，增加了沟通难度，极端观点更容易出现。与此同时，同人作品对社会的凝聚力和认同感的消解，增强了问题的紧迫性。

第三，同人作品的泛滥会威胁自身。同人作品"互文性"的艺术效果，广泛传播和共鸣的社会效果，都要借助原作品稳定的意义。但是同人作品会模糊作品含义、解构主流文化、破坏文化稳定性，面临着自我阻碍的发展悖论。

这些观点也存在争议。第一，人类有能力掌握特定词不同和矛盾的含义，通过丰富话语体系可以消除歧义、实现交流。文本必然有官方和非官方的不同解释。作为一种文艺批评，同人作品无法解构特定解释，只能展示多种解释可能性。第二，文本的意义本来就会随着时代变化，其反映的是时代的特点，而非局限于创作者的

---

① Weinstock N. Copyright and A Democratic Civil Society [J]. Yale Law Journal, 1996 (2): 366-382.
② Benkler Y. The Wealth of Networks How Social Production Transforms Markets and Freedom [M]. New Haven: Yale University Press, 2006: 277.
③ 郑熙青. 作为转化型写作的网络同人小说及其文本间性 [J]. 文艺争鸣, 2020 (12): 93-101.
④ Hughes J. Recoding Intellectual Property and Overlooked Audience Interests [J]. Texas Law Review, 1998-1999 (4): 923-1010.
⑤ 凯斯·桑斯坦. 网络共和国——网络社会中的民主问题 [M]. 黄维明, 译. 上海: 上海人民出版社, 2003: 55.

最初意图。① 第三,"极端观点"缺乏明确标准,很难被识别出来。即使是在少数群体内部,成员也会受到主流观点的影响,并不会出现严重的分裂。少数群体受压迫的问题更为重要,需要通过观点多样性来促进民主。②

这些反驳也有商榷的余地。首先,扩充话语体系来消除歧义需要付出社会成本,不能想当然地认为代价"不是不合理的"。③ 人的理解和交流能力有限,话语体系也有上限,部分交流会被牺牲,这意味着仍有误解和潜在冲突。其次,同人作品也与文艺批评不同,它不与原作品分离而是镶嵌其中,对文化符号稳定性的破坏程度远高于文艺批评。文化符号随着时代变化的过程是漫长的,这是稳定性的表现。但同人作品在短时间内改变文化符号的意义,破坏力极强。最后,包容"极端观点"的逻辑是,"极端观点"的成本低于少数群体通过同人作品取得的收益。但文化不稳定会影响政治交流,造成很高的成本。解决少数群体处境的问题还应更多地依靠政治制度改善,而非完全寄托于文化层面。

(三) 粉丝文化和粉丝经济对著作权的影响

粉丝文化不仅具有政治文化意义,同样会影响文化市场。既然粉丝是狂热的消费者,那么作品在市场中的经济价值和盈利方式都会受到粉丝心理和行为的影响。在传播技术和新媒体行业的发展下,粉丝经济逐渐形成。④ 粉丝经济与粉丝文化有着千丝万缕的联系。粉丝经济是通过将粉丝的情感商品化实现的。⑤ 具体文艺作品而言,粉丝主要围绕内容和主题进行消费和创作,这不仅会在经济和政治文化上带来一系列效果,还会对著作权的多个权项产生影响。

首先,粉丝经济会影响作品的改编权。在粉丝经济下,粉丝对于作品有较为强烈的情感,一旦作品的改编违背了粉丝的意愿,会引起极强的负面后果。粉丝通过社群抗议、拒绝消费等方式对著作权方表示不满。在粉丝经济下,著作权人对粉丝的消费有较强的依附性,尤其是网络文学。这意味着,虽然在法律上改编权由作者

---

① Chander A, Sunder M. Everyone's Superhero: Cultural Theory of Mary Sue Fan Fiction as Fair Use [J]. California Law Review, 2007 (2): 597-626.
② Chander A. Whose Republic [J]. University of Chicago Law Review, 2002 (3): 1479-1500.
③ Chander A, Sunder M. Everyone's Superhero: Cultural Theory of Mary Sue Fan Fiction as Fair Use [J]. California Law Review, 2007 (2): 597-626.
④ 李康化. 粉丝消费与粉丝经济的建构 [J]. 河南社会科学, 2016 (7): 72-78.
⑤ 胡岑岑. 网络社区、狂热消费与免费劳动——近期粉丝文化研究的趋势 [J]. 中国青年研究, 2018 (6): 5-12, 77.

拥有，但是粉丝经济下，粉丝实际上会影响著作权人的改编行为，在某种意义上与著作权人共享了改编权。这不仅是对粉丝文化理论中粉丝塑造大众文化的证明，也是对现有著作权体系的挑战。

其次，粉丝经济会对作品的修改权构成严重挑战。在传统的创作语境中，作者对自己的作品有足够强的控制力，可以通过支付对价的方式将出版的作品或者允许他人使用的作品撤回修改。但这在粉丝经济的商业逻辑下很难实现。因为粉丝经济以作品作为粉丝情感实体化的商品，带有某种承诺性。作品发布后，粉丝已经投入了情感和金钱，此时撤回修改是对粉丝这些投入的否定，甚至在某种意义上可以看作欺诈。但是修改权中蕴含了作者精神利益，带有人格尊严的属性。如何进行利益的权衡将是修改权发展的重要问题。

最后，粉丝经济动摇了作品完整权的标准。如前文所述，作为一项人格权，作品完整权有两个标准：一是作者认为歪曲篡改，二是客观上造成作品的声誉受损。在粉丝经济下，粉丝的感受更为重要，一个同人作品，如果能够获取粉丝的认可和喜爱，作者即使真的认为有歪曲篡改，或者某些观点的表达客观上对著作权人的声誉不利，著作权人也可能在权衡利弊后，放弃主张此项权利。这意味着，作品完整权判断的标准由著作权人的人格变成了粉丝对于改写作品后的接受程度。在现实中，即使作者对于某些粉丝的二次创作并不喜欢，但是为了作品的收益仍旧包容、允许这些创作。①

三、不同规制方式对同人作品的影响

通过上文的研究可以发现，同人作品的问题比较复杂，不仅同时产生了正面价值与负面问题，而且两者交织在一起。因此，在处理同人作品时，"一刀切"地完全禁止和鼓励都是不恰当的，应当通过规制手段的介入，最大限度地实现其正面价值，最小化负面问题，达到社会福利最大化。需要指出的是，对于同人作品的规制，法律只是一种方式，其他规制手段也会对同人作品产生影响，不同规制方式还会相互作用。其他规制方式与法律在同人作品上的相互作用，在很多文献中都有提及，但大多文献只关注法律之外的某种规制方式，很少做出综合讨论。本部分通过引

---

① 如漫画作者米二对于"腐女"的言论，参见：如何看待七月十五号《一人之下》作者米二被扒出的言论？[EB/OL] [2023-03-19]. https://www.zhihu.com/question/407159151.

入多元规制模型，较为全面地描述不同的规制方式对同人作品的影响，并进一步展示法律是如何作用于其他规制方式的。本部分旨在说明同人作品的规制不是只由法律完成的，而是受到包括法律在内的多种规制方式的共同作用。通过这些研究，为下一部分考察同人作品在不同法律制度下的社会效果和选择最优法律制度奠定基础。

在多元规制模型下，规制有四种方式——架构（Architecture）、社会规范（Norms）、市场（Market）和法律（Law）。架构，是指人们所受到的物理约束；社会规范，是指社会长期形成的规范约束；市场，是指人们实施该行为在市场上需要支付的价格或者取得的利润；法律有两种规制方式，一种是直接规制，另一种是通过影响其他三种方式进行间接规制。[1]

（一）架构对同人作品的影响

架构会影响同人作者的创作意愿和创作能力。创作行为能满足创作者的表达欲望，为他们提供了表达自己对作品和人物喜爱的途径，给他们带来了创作激情。[2] 同时，同人作者能获得经济利益、社会声誉以及粉丝社群中较高的地位。[3] 因此，架构使得创作者愿意进行同人创作。

架构对创作者创作能力的影响相对复杂。作为偶发性的行为，创作需要一定的灵感，而创作者要想更加容易地获得灵感，需要社会满足三个条件。第一，社会要提供能让欣赏者（潜在创作者）充分接触他们感兴趣作品的文化环境和进行实践的条件。充分接触是指欣赏者能直接接触文本并实现对文本的完全占有。[4] 这对同人作者尤为重要，他们创作的基础就是已有文本，有些类型的同人作品还要尽量贴合原作者的故事思路和表现风格，更需要对原文本进行反复阅读。第二，社会要为创作者提供能形成"知识网络"和"实践网络"的环境。在这个环境中，创作者能看到不同观点的表达和碰撞，从多视角看世界。同人作者需要这种环境来创作，其作品本身也会促进该环境的形成和发展。第三，创作需要一个宽松多元的文化环境。

---

[1] Lessig L. The New Chicago School [J]. Journal of Legal Studies, 1998 (2): 661 – 692.
[2] Tushnet R. Economies of Desire: Fair Use and Marketplace Assumption [J]. William and Mary Law Review, 2009 (2): 513 – 546.
[3] 黄茜. 占位与赋权：网络交流中的粉都文化 [J]. 当代文坛, 2016 (2): 147 – 151.
[4] Cohen J E. Creativity and Culture in Copyright Theory [J]. U. C. Davis Law Review, 2007 (3): 1151 – 1206.

创作者如果能意外地接触到一些平时不易接触到的文化产品，会更容易创作出作品。① 同人创作也是如此。

（二）社会规范和市场对同人作品的影响

社会规范对同人作品的约束体现在三个方面。首先，社会主流规范对原作者的约束会影响同人作者，比如由于社会规范对于色情的否定性评价会使得原作者不希望自己的作品被创作为色情同人作品。② 其次，社会规范鼓励粉丝进行同人创作。因为同人作品对于社会有许多价值，社会成员可以共享这些价值。③ 最后，粉丝群体本身形成的社会规范对同人作者有约束。社会规范不仅要求同人作者必须尊重原作者、作品要有创新性、不能抄袭，还要求同人作品不能被用于商业营利。同人作者如果违反了这些规范，社群内部会通过舆论的方式进行制裁。④

而市场会产生违反社会规范的效果。市场通过提供丰厚的利益可以吸引许多人创作同人作品。依托原作品之前的知名度，网络平台和同人作者都收获颇丰。这种利益来自两个方面：一个是同人作品本身，即来自消费者购买的书籍、音像制品等；另外一个是间接收入，比如广告收入等。也正因如此，许多同人作者甚至违反社会规范，开始利用同人作品谋利。⑤

（三）法律对同人作品的影响

法律对同人作品的直接影响体现于"寒蝉效应"。⑥ 为了维护垄断地位，原作品的权利人会通过诉讼或者以此为威胁制止同人作品的创作和传播。同人作者由于无法确定作品是否侵权，所以不敢去创作和发表同人作品。即使有些情况属于合理使

---

① Cohen J E. Creativity and Culture in Copyright Theory [J]. U. C. Davis Law Review, 2007 (3): 1151 – 1206.

② 许多作者都明确要求自己的作品不能用于色情描写和同性恋的创作，可参见：亨利·詹金斯. 融合文化——新媒体与旧媒体的冲突地带 [M]. 杜永明，译. 北京：商务印书馆，2012: 233 – 242.

③ Hetcher S A. Using Social Norms to Regulate Fan Fiction and Remix Culture [J]. University of Pennsylvania Law Review, 2009 (6): 1869 – 1936.

④ Fiesler C. Everything Need to Know Learned from Fandom: How Existing Social Norms can Help Shape the Next Generation of User – generated Content [J]. Vanderbilt Journal of Entertainment and Technology Law, 2008 (3): 729 – 762.

⑤ Fiesler C. Everything Need to Know Learned from Fandom: How Existing Social Norms can Help Shape the Next Generation of User – generated Content [J]. Vanderbilt Journal of Entertainment and Technology Law, 2008 (3): 729 – 762.

⑥ Lee E. Warming up to User – generated Content [J]. University of Illinois Law Review, 2008 (5): 1459 – 1548.

用，创作者也因不确定而不敢使用。①

法律通过影响市场会间接对同人作品产生限制作用。如果法律过于保护原作者，那么同人作品的市场就变成了基于原作者同意的垄断市场，许可费会非常高昂。创作成本的增加会导致同人作品减少。不仅如此，版权方为了自己的利益最大化，会限制作品的内容和传播方式，导致很多作品胎死腹中。

法律通过影响架构可以间接限制同人作品。法律对于原作品著作权的保护程度影响了版权方使用技术手段的保护程度。如果版权方利用技术使得欣赏者（潜在创作者）无法实现对文本的完全占有——比如观看次数和时长受到限制，那么他们很难获得灵感。如果法律营造了一个紧张的文化和创作环境，欣赏者（潜在创作者）为了实现交流和获取信息需要付出较高的成本，在创作架构上不仅限制了同人作品的创作，也会限制原创作品的创作和传播。

法律通过影响社会规范对同人作品产生的间接作用比较复杂。一方面，在较高诉讼风险的环境下，为了维系社群的存在，粉丝内部会严禁使用同人作品谋利。但如果执法水平不足，就可能会出现"热身效应"——更多人进行同人创作。这种效应能够在一定程度上抵消"寒蝉效应"。②另一方面，对原作者来说，权利越大，责任越大。对同人作品的放任，就意味着认同该作品的思想，一旦这些同人作品产生社会危害，很多人会将责任归咎到原作者身上。③

四、同人作品的法律制度选择

20世纪70年代，卡拉布雷西和梅拉米德根据权利配置和保护方式提出了一个法律规则分类的框架性理论（简称卡－梅框架）。根据该理论，权利有两种保护方式。一种是财产规则，它意味着某个人要想从法授权利持有者那里取走权利，必须通过自愿交易，以卖方同意的价格购买该权利。另一种是责任规则，只要一个人愿意为一项初始法授权利支付被客观确定的价格，就可以消灭该权利。再结合不同的

---

① Lessig L. Remix: Making Art and Commerce Thrive in the Hybrid Economy [M]. New York: Bloomsbury Publishing, 2008: 274.

② Lee E. Warming up to User-generated Content [J]. University of Illinois Law Review, 2008 (5): 1459-1548.

③ Lessig L. Remix: Making Art and Commerce Thrive in the Hybrid Economy [M]. New York: Bloomsbury Publishing, 2008: 257.

初始权利配置，就产生了四种法律制度。① 本部分将比较四种制度规制同人作品的效果，并选出最有效率的制度。

（一）权利配置给原作者以财产规则保护——私人许可

第一种制度是将创作同人作品的权利配置给原作者，并以财产规则的方式进行保护（以下简称私人许可）。这意味着同人作品作者必须获得原作者的许可才能进行创作和传播，否则就构成侵权。原作者可以要求法院对同人作品作者发出禁令，下架同人作品，要求同人作品作者停止侵权并赔偿损失。

1. 私人许可的制度优势和劣势

私人许可有两个制度优势。第一，它是对原作者保护最强的制度，能最大限度地激励原作者进行创作。第二，市场交易的方式确保授权行为符合经济效率。但这种对于原作者过度保护的方式，也有诸多问题。

第一个问题是导致同人作品的数量和质量下降。原作者会因为禀赋效应和乐观偏见而高估作品价格，向同人作者开出过高的许可价格。② 而同人作者往往是普通粉丝、业余爱好者、刚入行的创作者，这些人经济较为拮据，无力支付许可费用。更重要的是，财产规则会导致交易成本过高。由于谈判和信息成本过高，原作者无法对所有的同人创作进行个性化的许可，更可能以格式合同的方式进行许可。③ 这就意味着许多有效率的交易无法达成。这些因素共同导致同人作品数量的下降。

同人作品的质量下降是因为原作者会对同人作品进行筛选。有些原作者为了能够最大化作品的收益，不希望自己的作品被用来创作带有批评意味的同人作品，即使从整体社会层面上看这种批评是有效率的。④ 还有许多同人作品要表达一些少数群体的政治和文化诉求。但"权利越大，责任越大"。⑤ 原作者许可使用会被解读为表达立场，这可能违反社会规范，甚至引发诉讼。因此，原作者不愿意进行此类的

---

① Calabresi G, Melamed A. Property Rules, Liability Rules, and Inalienability: One View of the Cathedral [J]. Harvard Law Review, 1972 (6): 1089-1128. 原文介绍了三种保护方式，还有一种是禁易规则，由于本文讨论的权利是可让渡的，因此不讨论这种保护方式。
② 丹尼尔·卡尼曼，杰克·L.尼奇，理查德·H.塞勒. 对禀赋效益和科斯定理的实验检验 [M] //凯斯·R.桑斯坦. 行为法律经济学. 涂永前，成凡，康娜，译. 北京：北京大学出版社，2006：247-268.
③ 熊琦. 网络授权使用与合理使用的冲突与竞合 [J]. 科技与法律，2006 (2): 92-100.
④ Gordon W J. Fair Use as Market Failure: Structural and Economic Analysis of the Betamax Case and Its Predecessors [J]. Columbia Law Review, 1982 (8): 1600-1657.
⑤ Lessig L. Remix: Making Art and Commerce Thrive in the Hybrid Economy [M]. New York: Bloomsbury Publishing, 2008: 257.

许可。[1] 此外，有些同人作品需要对多个作品进行拼接，但受限于许可费难以实现，其艺术水平就会受到影响。同人作品的数量和质量的下降会损害很多价值。比如教育功能因此而无法发挥，基于内容的政治文化价值受到抑制。

第二个制度劣势是会增加原创作者的创作成本，进而对原创作品产生消极影响。在私人许可下，原创作者有权对自己的作品进行技术保护，比如限制消费者观看的方式、次数和时间。[2] 由于创作是偶发的，所以版权方无法通过版本和价格对消费者进行有效区分，只能无差别地收取费用。这会破坏创作的架构，增加创作成本，扭曲版权市场。此外，基于"寒蝉效应"，为了防止法律风险，原创作者也会避免使用已有作品。许多隐喻、互文的艺术手法都无法展现，降低了新作品的艺术价值。总之，私人许可会产生知识产权领域常见的"反公地悲剧"现象，[3] 影响同人作品和原创作品的数量和质量。

第三个问题是执法成本高昂。在无形财产领域，原作者处于天然的弱势，将权利配置给原作者，国家需要付出较高的执法成本。[4] 当然，技术保护可以一定程度上降低执法成本。粉丝社群在法律的影响下，形成更加严格的社会规范，对同人作品做出更严苛的要求甚至抵制也可以减少执法成本。但无差别的抑制又会减少同人作品和原创作品的数量和质量，削减这些作品带来的价值。

2. 可能的改良制度：公共许可和集体管理制度

公共许可是指著作权人通过合同，授权公众在法定范围外使用其作品。[5] 典型的代表是"Creative Commons"许可协议（以下简称"CC 协议"）。由"CC"组织在其网站发布和提供的各类知识共享协议，当著作权人选择加入该协议后，就授予了公众一些权利，自己只保留"部分著作权"。[6] 有观点认为可以借助该协议来解决同人作品问题。[7]

---

[1] Lessig L. Remix: Making Art and Commerce Thrive in the Hybrid Economy [M]. New York: Bloomsbury Publishing, 2008: 258.

[2] 劳伦斯·莱斯格. 免费文化——创意产业的未来 [M]. 王师, 译. 北京: 中信出版社, 2009: 120 - 130.

[3] 黄汇. 版权法上公共领域的衰落与兴起 [J]. 现代法学, 2010 (4): 30 - 40.

[4] Lemley M A. Property, Intellectual Property, and Free Riding [J]. Texas Law Review, 2005 (4): 1031 - 1076.

[5] 熊琦. 网络授权使用与合理使用的冲突与竞合 [J]. 科技与法律, 2006 (2): 92 - 100.

[6] 有六种协议, 参见该组织官方网站: https://creativecommons.org/share - your - work/licensing - types - examples/, 最后访问日期: 2022 年 11 月 20 日。

[7] 黄颖. 现代同人小说知识产权冲突问题研究 [J]. 经济师, 2006 (7): 52 - 53.

"CC 协议"这种格式合同与传统的格式合同相比灵活性更强,的确能降低交易成本。① 但是,原作者进行公共许可有多种原因。有些作者如莱斯格教授是为了纠正严苛的法律或分享作品。② 也有作者是为了经济利益,希望同人作品的传播可以获得"同人逆迷"效应,吸引更多的消费者。③ 商业逻辑使这种改良制度的效果大打折扣。

首先,是否参加"CC 协议",使用何种协议都是由原作者决定的,基于禀赋效益和乐观偏见所产生的无效率问题依然没有解决。其次,原作者一般不会对现有社会规范进行挑战,有的还会特意说明该作品不能用于表达一些社会争议的内容。这意味着同人作品的政治文化价值依然很难实现。最后,"反公地悲剧"不会有大的改善。原作者认为批评和竞争的成本高于收益时,就会选择有"禁止演绎"条款的协议来限制同人作品。因此,"CC 协议"的改良作用很有限,其发起者莱斯格教授也承认这一点。④

集体管理制度是指,众多著作权人将权利委托给统一的集体管理组织,由该组织与使用人进行谈判,并对使用人集中授权并收取费用。⑤ 集体管理制度可以降低交易成本。同人作者只需要与集体管理组织进行谈判,无须分别获得数个作者的许可。但该制度同样存在问题。首先,其本质是代理制度,会产生新的代理成本。其次,由权利配置造成的无效率依然存在。最后,该制度带来了更严重的垄断问题——同人作者无法寻求替代作品的许可。国家需要对集体管理组织进行监管,又要付出新的社会成本。⑥

(二) 权利配置给原作者以责任规则保护——法定许可

第二种法律制度是将权利配置给原作者并以责任规则保护。同人作者可以不经原作者的许可直接使用其作品,但需支付由第三方规定的使用费用,即我国《著作权法》中的法定许可。在"金庸诉江南案"的二审判决中,法院不判决停止侵权行

---

① 熊琦. 著作权许可的私人创制与法定安排 [J]. 政法论坛, 2012 (6): 93-103.
② 劳伦斯·莱斯格. 免费文化——创意产业的未来 [M]. 王师, 译. 北京: 中信出版社, 2009: 249.
③ 曹洵. 虚拟社区的动漫迷文化实践模式研究——以《圣斗士星矢》动漫迷为个案的质化研究 [J]. 青年研究, 2011 (4): 73-83, 96.
④ 劳伦斯·莱斯格. 免费文化——创意产业的未来 [M]. 王师, 译. 北京: 中信出版社, 2009: 120-130.
⑤ 《著作权集体管理条例》第 2 条。
⑥ 熊琦. 著作权集中许可机制的正当性与立法完善 [J]. 法学, 2011 (8): 101-110.

为，只要求江南等提供经济补偿，在理论上和目的上，与法定许可相同，是责任规则的另一种表现。[1]

1. 法定许可的制度优势

第一，责任规则有效解决了禀赋效应和乐观偏见。第二，责任规则克服了交易成本过高的问题，同人作者无须与原作者谈判。第三，由于违法后果相对较轻，"寒蝉效应"会有效缓解。很多同人作者会进行创作，甚至还会产生"热身效应"。法定许可有效解决了同人作品创作不足的问题，并一定程度上解决了"反公地悲剧"的问题，有利于同人作品艺术价值的发挥。

更重要的是，法定许可干预了无效率的社会规范。[2] 在财产规则下，有些作者可能内心支持少数群体的观点，但慑于社会规范不敢许可同人作者用自己的作品进行社会表达。而在责任规则下，原作者对作品的控制力降低，无力禁止其他人利用自己的作品来表达特定的文化立场，也就无须负责。少数群体获得了更多文本来冲击现行社会规范。同时，责任规则增强了作品的流通性，促进了"知识网络"和"实践网络"的形成，也有利于原创作品的产生及其艺术价值的提高。

最后，如果有人违反法律规定，只需要让其赔偿损失，不用将其作品下架，执法成本也能有效降低。有学者认为法定许可能平衡原作者、同人作者和公共利益，应当被用于解决同人作品问题。[3] 但这项制度也存在很多问题。

2. 法定许可的制度劣势

首先，由于权利配置给原作者，同人作者依然面临无力支付费用的问题。

其次，责任规则存在定价难题，主要体现为价格估算不准和调整不及时。文化产品作为一种无形财产，其稀缺性一定程度上是由法律通过强制性规定赋予的，是一种"强制性稀缺"。[4] 由于无形财产本身不具备竞争性和排他性，所以无法像有形财产那样在事前确定使用者的数量，同人作品还有无法判断使用方式和程度的问题。一旦无须事先许可，文化产品的使用者和侵权者都会迅速增加。法定许可下，法律并未考虑这一问题，只是设定了一个最高定价，这个定价也很难随着社会的变化而

---

[1] 广州知识产权法院（2018）粤73民终3169号民事判决书。
[2] 戴昕."守法作为借口"：通过社会规范的法律干预 [J]. 法制与社会发展，2017（6）：90-104.
[3] 张翔，刘远山. 同人小说著作权问题研究——以金庸起诉江南《此间的少年》为例 [J]. 郑州航空工业管理学院学报（社会科学版），2017（5）：91-97.
[4] 熊琦. 论"接触权"——著作财产权类型化的不足与克服 [J]. 法律科学（西北政法大学学报），2008（5）：88-94.

变化。① 这就产生了对原作者激励不足的问题。与同人作品大都是由粉丝创作不同，许多原创作品需要"职业作者"进行创作，只有他们才能提供稳定的、高质量的作品，这就需要有足够高的经济激励。② 而法定许可无法提供这种激励。长期来看，原创作品不足减少了同人作者的创作资源，同样会对同人作品产生消极影响。

最后，在责任规则下，原作者无法得到法律强有力的保护，可能会转而寻求技术保护，通过限制消费者获得的产品来获得"强制性稀缺"。由于权利配置给了原作者，这种技术保护具有正当性。③ 这会对创作的架构产生消极影响，影响所有的作品创作。

3. 法定许可的制度改良

有学者认为，责任规则导致文化产品的排他性下降是出现这些问题的主要原因。要想解决这些问题，还是要回到财产规则的保护方式，使用集体管理制度。这项制度利用市场定价，既使得许可费用准确灵活，又保证了"职业作家"有足够的创作激励。④ 但如前文所述，财产规则本身存在的问题依然无法克服。

还有学者提出了通过技术手段来解决定价和排他性的问题。其中影响力最大的是费舍尔教授提出的理论。他主张建立一个能够完全控制作品使用的系统，然后由该系统来判定作品的使用程度。之后由国家出台相应的补贴费用标准，并由国家使用税收来对原作者进行补贴。⑤ 这项系统的利弊且不谈，费舍尔教授的制度设计是为了解决整个文化产业的著作权问题。巨大的投入成本决定了其不可能单独应用到同人作品的问题上。而在当下，也不太可能颠覆整个著作权体系重新建立。

此外，近来有学者提出可以通过"哈伯格税"来解决责任规则估价困难的问题。⑥ 具体到同人作品问题上，原作者可以事先提出对作品的估价，只要同人作者愿意付出这个价格就可以创作同人作品，同时政府基于原作者的报价对其征收一定比例的税款。这种方式防止原作者估价过高，而且不同于其他资源需要实现登记估

---

① Merges R P. Contracting into Liability Rules: Intellectual Property Rights and Collective Rights Organizations [J]. California Law Review, 1996 (5): 1293 – 1394.
② 熊琦. 互联网产业驱动下的著作权规则变革 [J]. 中国法学, 2013 (6): 79 – 90.
③ 王迁. 版权法保护技术措施的正当性 [J]. 法学研究, 2011 (4): 86 – 103; Lessig L. Remix: Making Art and Commerce Thrive in the Hybrid Economy [M]. New York: Bloomsbury Publishing, 2008: 99.
④ 熊琦. 著作权法定许可的正当性解构与制度替代 [J]. 知识产权, 2011 (6): 41 – 43.
⑤ 威廉·W. 费舍尔. 说话算数——技术、法律以及娱乐的未来 [M]. 李旭, 译, 上海: 上海三联书店, 2013: 181 – 236.
⑥ Posner E A, Weyl E. Property Is Only Another Name for Monopoly [J]. Journal of Legal Analysis, 2017 (1): 51 – 124.

价,文化产品可以在作品中直接公示价格,信息成本很低。但这种方式很难解决技术手段对创作架构所产生的负面影响,同时由于原作者拥有定价权,社会规范对原作者的禁锢依然存在。

(三) 权利配置给同人作者以财产规则保护——合理使用

将权利配置给同人作者以财产规则保护,意味着同人作者可以随意使用原作者的作品,不需要原作者许可也不需要承担任何费用。在法律规定上表现为将同人作品规定为合理使用或者认定同人作品不侵犯任何权利。[①]

1. 合理使用的制度优势

首先,合理使用将权利配置给了同人作者,这不仅避免了由权利配置产生的无法交易的问题,而且克服了高昂的交易成本,有效应对了市场失灵。[②] 其次,将权利配置给同人作者,法院几乎不用付出任何执法成本。再次,合理使用有效干预了社会规范。由于使用合法,粉丝社群对于同人作品的要求会降低,"禁止商用"的社会规范可能会消失,市场将进一步激励同人作者的创作。与法定许可一样,原作者也无须承担社会规范的压力。同人作者能充分地利用同人作品表达政治文化观点。最后,"寒蝉效应"和"反公地悲剧"问题都得到了有效解决。该制度下,作品能自由传播,粉丝也能以此交流,建立"知识网络"和"实践网络",良好的架构会让所有创作者受益。宽松的创作环境不仅有助于提高作品的艺术水平,而且充分发挥了同人作品的教育功能。

2. 合理使用的制度劣势

合理使用制度同样存在问题。首先,合理使用对原作品的保护和原创作者的创作激励最弱,而创作同人作品则成本低收益高,因此许多原创作者会转而进行同人创作,导致原创作品减少。其次,由于一些以番外、续集的形式出现的同人作品会和原作者的后续作品产生竞争关系,因此原作者需要快速开发和推出衍生品以赢得竞争和最大化地占有市场。这会产生两个弊端:一个是为了速度牺牲质量;另一个是为了减少时间差而推迟发表原创作品。[③] 最后,对同人作品的纵容会危害社会的

[①] 这两种法律规定的制度效果一样,而合理使用在学术界讨论较多,下文以合理使用代指该制度。
[②] Gordon W J. Fair Use as Market Failure: A Structural and Economic Analysis of the Betamax Case and Its Predecessors [J]. Columbia Law Review, 1982 (8): 1600 – 1657.
[③] 迈克尔·A. 艾因霍恩. 媒体、技术和版权:经济与法律的融合 [M]. 赵启杉,译. 北京:北京大学出版社, 2012: 33 – 34.

政治文化稳定。在合理使用下，同人创作的成本极低，传播的边际成本更是几乎为零，一时间泥沙俱下，可能存在矫枉过正的问题。一些同人作者会因为收益、好奇、叛逆或者"政治正确"等因素大量创作和传播此类作品。一些受众也会因为好奇和为了显示特立独行而追捧这些文化。同时由于法律的放任，粉丝社群也会对这种作品持开放态度，极易产生"极化效应"，对主流文化造成严重冲击，进而影响整个社会的稳定和发展。①

（四）权利配置给同人作者以责任规则保护——"原作者付费制度"

这项法律制度是指，同人作者可以随意使用现有作品，但原作者有权支付给同人作者法定费用，禁止其使用。这项规则目前并没有相应的法律制度相对应，本文将其称作"原作者付费制度"，并认为是无效率的。

首先，在著作权领域，原作者无法事先判断谁会使用自己的作品，只有在同人作品传播并产生影响之后才能找到禁止的目标。那些作品既然产生了较大的社会影响，证明其具有较高的社会价值，原作者希望禁止这些同人作品的出现本身可能就是无效率的。与此同时，为了实现禁令，法院同样要下架作品、禁止传播，产生巨大的执法成本。责任规则固有的定价难题也更为严峻，法院很难事先评估同人作品的禁令价格。

其次，即使估价问题可以解决，这种制度也会对同人作者产生激励扭曲。一方面，它会导致同人作者因为不确定自己的作品是否会被禁止而不愿意进行创作。就算愿意创作，为了防止收到禁令，同人作者也会陷入既不能写得不好也不能写得太好的两难困境。另一方面，可能会滋生出一些以写作具有侵犯性的同人作品来谋取利益的群体，这种"碰瓷"行为既会造成社会文化资源的浪费，还会增加原创作者的创作成本。因此，这项法律制度不适合用来解决同人作品的问题。

（五）法律制度的初步选择

通过分析四种不同的法律制度，不难发现，任何一项制度都存在缺陷，无论采取哪种方式都存在风险，无法将问题全部解决。因此，需要对除"原作者付费规则"之外的三项法律制度进行利弊比较，进行制度的初步选择。学界的注意力主要

---

① C. W. 沃特森. 多元文化主义 [M]. 叶兴艺, 译. 长春：吉林人民出版社，2005：41-48.

集中在私人许可和合理使用，认为应当在二者之间进行选择。但是本文认为，法定许可优于私人许可和合理使用，应当作为法律制度的初步选择。

1. 法定许可优于私人许可

与私人许可相比，法定许可具有两个方面的制度优势：一是有利于更多有效率的同人作品和原创作品出现；二是减少了原作者的授权负担，促进了少数群体利用同人作品进行文化活动。

法定许可的第一个制度优势是通过责任规则实现的，它表现在四个方面。其一，法定许可与私人许可的初始权利配置相同，但是借助责任规则，法定许可避免了原作者在交易中存在的各种非理性行为。其二，相比于财产规则，责任规则本身具有解决高昂的交易成本的功能，避免了私人许可中的信息成本和谈判成本。其三，在财产规则下，法院需要下架没有获得许可的同人作品，禁止其传播，还可能要求同人作者向原作者道歉。但在责任规则下，法院只需要求同人作者进行经济赔偿即可，执法成本显著降低。其四，相比私人许可制度下，创作需要面临法律上未知的高额赔偿的困境，法定许可给予所有作者一个稳定而且不太严重的法律预期，可以有效缓解"寒蝉效应"。借助这四个方面的优势，法定许可既能够保证更多原创作品的出现和艺术水平的呈现，又能够确保更多的同人作品被创作出来，进而发挥出同人作品在各个方面的正面价值。

法定许可第二个制度优势是通过法律责任和法律对社会规范的干预实现的。在私人许可下，原作者对作品有很强的控制力，对同人作品的授权与否在一定程度上体现了原作者的文化观点，原作者不可避免地受到社会规范的约束。再加上私人许可下，原作者授权本身还具有一定的法律风险。这意味着同人作者即使有经济能力支付相应对价，也很难获得原作者许可，无法进行同人创作。这导致少数群体很难进行文化表达。相比之下，法定许可削弱了原作者的控制权，这会带来两方面的好处，一是在法律上，"权利越大，责任越大"意味着控制权越小，法律责任越小，法律风险越低。二是法律制度与原作者无关，法定许可使同人作品的创作与原作者的文化立场脱离了关系，这使得原作者避免了现行社会规范约束，少数群体也因此能够获得更多进行文化表达的作品。法律通过对于现行社会规范的干预，保证了少数群体文化表达的权利。

法定许可相较于私人许可的制度劣势也可以克服。不可否认，与私人许可相比，法定许可面临法院估价不准（一般是偏低）的问题。这会导致原创作者的创作激励不足。但是，这个问题在文化产品领域是可以克服的。与其他行为不同，创作行为的架构决定了作者的收益不只是金钱，也包括因为创作而产生的主观效用，这可以在一定程度上弥补对于原作者激励不足的问题。更何况，"同人逆迷"现象和大量同人作品传播带来的宣传效果，也会给原作者带来收益。更重要的是，原作者的经济收益也是一个综合的体系。同人作品的许可费用只是一部分，而现在许多学者的观点认为作者对于作品控制过度，获得了过多的垄断利益。因此即使在同人作品的问题上，原作者收益不足，也不会对其创作激励产生太大的影响。

2. 法定许可优于合理使用

法定许可相较于合理使用有两个优势，第一个是法定许可能更好地平衡同人作者和原作者间的利益关系。在合理使用下，无论原创作者大量转向同人创作，还是原作者通过延迟出版等方式，自行保护作品利益，都在社会意义上是无效率的。合理使用没有任何办法来调整。但是法定许可的许可费用提供了调节工具。国家可以通过对于同人作品和原创作品的收益分析，借助法定许可来实现原创作者和同人作者的利益平衡。在保持给原创作者适当激励的同时，让同人创作也充满活力。

第二个优势是法定许可能够更好地平衡主流与少数群体文化诉求。在合理使用下，法律对同人作品的干预有限，社会规范也会向着放任同人作品创作的方向发展。这意味着，同人作品的解构功能被完全释放，会对社会主流文化的稳定性产生较强影响。在法定许可制度下，法律对创作有了更多的约束。社群为了应对法律会在内部形成合理的创作规范。这种规范有助于降低国家的执法成本。许可费这种经济约束可以实现对于作品和作者一定程度的筛选，避免大量没有质量的作品进入文化市场，使得主流文化免于被"低俗文化"冲击。

法定许可相较于合理使用的劣势也可以通过技术和制度改良克服。相较于合理使用，法定许可依旧存在执法成本和交易成本。但是在网络技术条件下，这些成本已经大大降低。法定许可存在的财富效应问题也能够克服，比如可以将法定许可的收取方式改为事后收取，收费标准按照同人作者或者平台的盈利按比例收取。对于许可费用可能对同人作品教育作用产生的消极影响，我国法律规定，教学使用属于合理使用的范围。粉丝社群内的交流不涉及商业利益，并不会受到影响。而且即使按照上述的收取方式，许可费用也微乎其微。

3. 技术手段问题的克服

根据中国和美国的现行立法，著作权人都有权利进行技术手段保护自己的作品，禁止公众使用反规避措施。① 这种状态是基于整个知识产权体系而形成的，无论何种制度都难以改变。这意味着，虽然在理论上，法定许可制度下，同人作者能够获取原作作品，但是现实中仍要面临技术障碍。不过，原作者采取技术保护是基于成本收益考量的，当采取技术保护产生的收益低于技术保护的成本时，原作者自然会放弃技术保护。而法定许可保留着收费的规定，这就在制度上为灵活地应对技术变化，克服技术保护提供了路径。

五、结　语

如何解决同人作品的权属纠纷涉及复杂的社会经济价值考量。在艺术领域，它既能丰富文化产品的种类，提高作品的艺术水平，又可能降低原作品的艺术评价。在教育领域，它既是重要的学习方法和教学素材，又会破坏社会的基本交流。在经济领域，它既能凭借自身创造收益并推广原作品，又会阻碍原创，进而导致所有作品减少。本文借助多元规制模型和卡－梅框架，对规制同人作品的方式和法律制度进行了展现和比较。私人许可会妨碍有效率的交易，合理使用对同人作品过于放纵，"原作者付费制度"不胜其弊，适当改良后的法定许可是最符合社会福利最大化的标准的制度选择。

知识产权是"一组权利"，同人作品问题不过是这组权利不断拓展的一个例子。随着社会的发展，法律可能会再次面对类似问题，希望本文对同人作品问题的研究思路能提供些许参考。

（责任编辑：张靖辰）

Legal Regulation of Fan Works

Yan Shen

Abstract：How to regulate fan works is a problem that has been discussed in legal scholarship. Interdisciplinary research methods can provide useful insight for answering this

---

① 熊琦. 论"接触权"——著作财产权类型化的不足与克服［J］. 法律科学（西北政法大学学报），2008（5）：88－94.

question. Fan works have positive values in the fields of art, economy, education, and politics and culture, but they also cause problems such as the reduction of original works, social and cultural instability, loss of interest of readers, and general decline of culture tastes. Based on the model for multiple regulatory modalities, four types of constraints, including architecture, norms, market and law, may all regulate behaviors relating to fan works. The law can not only directly regulate it, but also indirectly by influencing three other ways. The Calabresi & Melamed Framework sheds light on four types of legal regimes that may be used to regulate fan works: private licensing, statutory licensing, fair use, and "original author - paid rule". "Original author - paid rule" lacks rationality. The other three systems each have advantages and disadvantages in different aspects. By comparing, advantages of statutory license are more prominent, disadvantages of it can be overcome. So statutory licensing is a more appropriate legislative choice over the other plausible legal regimes.

Key Words: Fan works; Fan culture; Muli - regulation; C & M Framework

界定著作权法保护的最小单位

任祖梁[*]

【摘　要】 作品中的特定元素决定著作权法的最小保护单位界定。特定场景下，能传递内容价值且具有信息量的特定元素，可被我国司法裁判拟制为著作权法保护的最小单位。"思想"与"表达"的界限并非泾渭分明，足量的思想可"质变"为独创性表达。不同类型作品拆分出的特定元素信息量不同，只有外延有限的具象元素可构成独创性表达。同时，著作权法定下，使用场景决定了著作权法保护的最小单位的适用情形。只有侵权人直接挪用了客体内容价值，且不发挥符号价值与表达价值时，著作权法保护的最小单位方具有意义。

【关键词】 特定元素　思想—表达二分法　独创性表达　内容价值　符号价值　表达价值

专利法保护的范围可通过权利要求确定，商标注册可确定商标保护对象，而著作权法保护范围如何界定？表面看来，作品是著作权对应的客体，但拆分出作品的部分内容仍可构成"独创性表达"。因此，单个作品并非"一个最小的独创性表达"，那最小的"独创性表达"如何确定？尤其在拆分作品中的特定元素开发利用成为实现作品经济价值的新商业模式背景下，何为著作权法可调整的范围，他人何时可自由使用作品，有待考证。"《此间的少年》同人创作案"引发了"整体人物形象是否构成著作权法保护的最小单位"的思考。二审法院认定被告使用原告作品中的人物名称构成著作权侵权，[①] 推翻了一审法院《反不正当竞争法》扩张保护。[②]

---

[*] 任祖梁，浙江大学光华法学院博士研究生。
① 广州知识产权法院（2018）粤73民终3169号民事判决书。
② 广东省广州市天河区人民法院（2016）粤0106民初12068号民事判决书。

拆分的特定元素何时可主张著作权法保护，直接关系著作权法保护的最小单位界定。

"著作权法保护的单位"是确定著作权客体独创性的标尺。参照麦克斯韦通过物理学实验确定"米""秒"等计量单位的方法，单位的确定需讨论特定客体在特定场域受哪些因素影响。例如，库仑在描述电量单位时，通过扭称实验得出库仑定律，进而发现在真空和静止的环境中，库仑力大小与距离、电荷量等因素相关。① 探究著作权法保护单位，也可将我国司法案例和学说争论作为实验素材，分析其中影响因素，描述著作权法保护的最小单位。具体来看，从视听作品等感知类作品中拆分出的图形类特定元素，常被认定为美术作品予以保护；② 而从文字作品中拆分出的单个文字短语类特定元素则一般不予著作权法保护；③ 但一定数量且能实质性替代作品的短语类元素集合，可能受著作权法保护；④ 亦存在部分案例通过《反不正当竞争法》扩张保护著作权法排除保护的内容。⑤ 特定元素的信息量、不同作品类型、法益类型以及场景限制，均可能影响著作权法保护的最小单位。同时，"独创性表达"判断标准与各国的司法观念休戚相关，且即使是同一法域在不同时期，对类似情形的判断标准也可能不同。因此，本文著作权法保护的最小单位的界定限于我国司法裁判，通过不同维度的描边，探究独创性表达的影响因素。

一、定量限定：彰显作者利益的"足量表达"

著作权法保护的最小单位的首个问题在于评价特定客体属于"思想"或是"表达"。而实际上，"思想"与"表达"并非泾渭分明的两类客体。"思想—表达二分法"的适用方式有两种：一种是通过界定诉争客体是否构成"独创性表达"，直接认定作者是否对特定元素享有权利；另一种是界定"思想"的类型，通过反面排除的方式描述著作权法的适用对象。然而，后者将直接导致被归于"思想"的客体不具有著作权法保护的可能，间接导致部分案例借用反不正当竞争法对所谓"思想"

---

① 何圣静. 物理定律的形成与发展 [M]. 北京：测绘出版社，1988：167-172.
② 相关案例参见：北京知识产权法院（2019）京73民终1738号民事判决书，广东省广州市天河区人民法院（2019）粤0106民初32628号民事判决书，上海市浦东新区人民法院（2020）沪0115民初1628号民事判决书。
③ 相关案例参见：北京市大兴区人民法院（2015）大民（知）初字第17452号民事判决书，陕西省高级人民法院（2019）陕民终695号民事判决书。
④ 相关案例参见：北京市高级人民法院（2018）京民终226号民事判决书，北京互联网法院（2019）京0491民初13942号民事判决书，北京知识产权法院（2015）京知民终字第2256号民事判决书。
⑤ 相关案例参见：上海知识产权法院（2020）沪73民终33号民事判决书。

予以保护。① 实践中保护特定"思想"需求产生的二律背反,印证了不能简单依照"人物名称""故事梗概"等类型限定,将特定元素排除在著作权法保护范畴之外,应正确认识"独创性表达"的判断标准。

(一) 难归纳类型的"思想"无法界定不保护对象

确定著作权法保护的最小单位,首先应厘清何为保护客体,即"思想"与"表达"的界限。在"独创性表达"存在学术争议的背景下,② 定义不保护的"思想"成为一种便宜做法。思想的定义大致分为以下四种:一是望文生义将其视为"纯主观的、头脑中的思想";③ 二是认为其仅为确认"不受保护的要素";④ 三是认为公共领域的价值偏好界定了"思想—表达二分法"的内涵;⑤ 四是基于"抽象"与"具体"划分"思想"和"表达"。⑥

正因"思想"的定义并未统一,为降低司法认知成本,法官认为某些元素不宜保护时,会将其解释为思想。⑦ 即便特定元素传递的信息体现了作者的选择与编排,但从表现形式或社会影响等方面不应认定其属于特定主体,则也可能被归为"思想"。同时,定义不同类型的"思想"也存在解释学困难。探究我国司法中对于"思想"类型的归纳,有将篇幅较为短小的单个词语或短语视为"思想";⑧ 也有将抽象得出的"故事情节"认定为"思想";⑨ 还有将"创意"认定属于"思想"。⑩ 由此,"思想"类型的司法实践归纳并不明确,也无法涵盖所有不受著作权法保护

---

① 相关案例可参见:广东省广州市天河区人民法院(2016)粤0106民初12068号民事判决书,广东省高级人民法院(2021)粤民终1035号民事判决书。
② 关于"独创性"标准的争论,目前主要存在"独创性有无"与"独创性高低"标准,以及"主观独创性"与"表观独创性"争论。"表观独创性"与"主观独创性"的争论涉及人工智能创作物,与本文无关,不予讨论。与此同时,"独创性"虽存学术争论,但其本质在于对保护客体性质与标准的认定,对保护范围大小的讨论较少。"独创性有无"的观点可参见:李琛.短视频产业著作权问题的制度回应[J].出版发行研究,2019(4):5-8;"独创性高低"的观点可参见:冯颢宁.论版权法中实质性相似认定标准的选择[J].中国版权,2016(6):77-80.
③ 刘春田.知识产权法[M].6版.北京:中国人民大学出版社,2022:58.
④ 吴汉东.知识产权法[M].北京:法律出版社,2021:151.
⑤ 冯晓青,刁佳星.从价值取向到涵摄目的:"思想/表达二分法"的概念澄清[J].上海交通大学学报(哲学社会科学版),2021,29(2):27-39.
⑥ 王迁.知识产权法教程[M].7版.北京:中国人民大学出版社,2021:82.
⑦ 李琛."法与人文"的方法论意义——以著作权法为模型(英文)[J].Social Sciencesin China,2007(4):37-50.
⑧ 相关案例参见:北京市大兴区人民法院(2015)大民(知)初字第17452号民事判决书,陕西省高级人民法院(2019)陕民终695号民事判决书,云南省高级人民法院(2003)云高民三终字第16号民事判决书。
⑨ 上海市浦东新区人民法院(2017)沪0115民初84551号民事判决书。
⑩ 北京市第二中级人民法院(2005)二中民终字第00047号民事判决书。

的客体。[1]"思想"的概念并不周延。更糟糕的情况是已归纳的类型概念也并不周延。将"人物形象"界定为"思想"的观点指出：仅借用抽象元素，人物形象并不相同，被告并未挤占原告的创作空间，原告的禁止行为不利于文学创作的自由与繁荣。[2]但持著作权保护的观点则认为，从"改变原作品"和"创造出新作品"以及是否使用他人独创性表达可判断侵权人是否侵犯整体作品的改编权，而并不针对单个作品元素独创性保护予以判断。[3]反观"故事情节"类纠纷，"人民的名义案"中，抽象的情节并不受保护；[4]但"宫锁连城案"中，情节的前后衔接、逻辑顺序的紧密贯穿，构成完整的个性化表达。[5]"思想"定义不明的背景下，实际仍需个案比对是否构成"实质性相似"。为界定"思想"范畴，美国版权法判例中衍生出了"合并原则"（doctrine of merger）[6]和"必要情景"理论（scenes a faire）[7]。如果被告主张"独创性低"，相关创作空间窄，法院只有在"表达相似度"很高时，才认为达到可责程度。[8]在类型化"思想"增加认知成本并可能导出不确定的判决结果背景下，探究"思想—表达二分法"的真实意涵具有必要性。

不受保护的"思想"和应当保护的"特定元素"的区别不只限于表达的抽象性或是通用性，还可能受各国产业与文化背景影响。不同于我国将作品中的角色形象认定为美术作品，日本对动漫角色的判决中认为："动画片中反复描绘的具有姓名、外貌、角色等一定特征的所谓人物，不属于作品。"[9]日本的裁判将漫画中的"角色"认为是从漫画具体表现中升华的人格抽象概念，并非具体表现本身，其本身不能表现作者的思想或感情，因此不属于作品。日本判决与其动漫产业商业模式相关，基于动漫连载可能有多位作者参与，且"同人志"漫画不被视为侵权的环境下，强调首创作者对角色形象享有绝对排他权可能阻碍产业发展。由此，各国司法裁判中

---

[1] 例如，我国《著作权法》第5条规定了不适用于著作权法的客体，其中客体并非不符合"独创性"要件，而是出于公共利益而不将其纳入著作权法保护范围。
[2] 张伟君. 从"金庸诉江南"案看反不正当竞争法与知识产权法的关系[J]. 知识产权, 2018（10）: 14-23.
[3] 苏志甫. 利用他人作品元素改编行为的判断思路与逻辑展开——从"武侠Q传游戏"侵害改编权及不正当竞争案说起[J]. 法律适用, 2020（18）: 141-149.
[4] 上海市浦东新区人民法院（2017）沪0115民初84551号民事判决书。
[5] 北京市高级人民法院（2015）高民（知）终字第1039号民事判决书。
[6] 特定表达是传递相关思想仅有的有限的方式之一时，字面且摘抄式取用构成侵权。相关美国版权法案例参见 Continental Casualty Co. v. Beardsley, 253F. 2d702.
[7] 类似的场景必定会发生主题性观念或事件，也不应当予以保护。相关美国版权法案例参见 Murray Hill Pubs v. Twentieth Century Fox, 361F. 3d312.
[8] 何怀文. 著作权侵权的判定规则研究[M]. 北京: 北京大学出版社, 2011: 125.
[9] 最高裁判所平成4年（オ）第1443号，同9年7月17日第一小法廷判决，民集51卷6号2714页。

著作权法不予保护的客体，是立法与司法价值选择的公众可自由创作特定元素的集合。著作权法保护的单位越小，公众使用特定元素创作的侵权可能性越大，因而"独创性表达"的界定不只是事实认定，更多蕴含法价值的判断。

（二）思想聚合下独创性表达增加

机械界定不受保护的"思想"类型，割裂了作品特定元素与作品之间的关系，并限制了著作权法的保护可能。对"思想—表达二分法"翻译问题与中文词义的不准确，复杂化了当前著作权纠纷中不予保护客体的认定。但正如域外学者指出的"思想—表达二分法"实际仅是区分著作权可保护的表达（expression）和不应保护的想法（idea）。[1] 而"idea"一词实则也并不能涵盖我国立法与司法归纳的不受著作权法保护的客体集合。作品产生离不开作者对特定元素的编排与组合。承认作者对作品享有的著作权，即承认作者创作过程中对特定表达作出的独创性贡献。反映作者人格映射的设计与巧思，致使特定元素蕴含的价值并非仅源于其自身符号意指，多个特定元素组合时，则更能表现作者创作产生的内容价值，并指向真正应当保护的内容——独创性表达。

不割裂看待特定元素与作品之间的关联，实则已被"综合性非字面侵权"的判断标准采纳。"综合性非字面侵权"是指被控作品与原告作品之间存在系统性的结构或实质性内容的相同或近似。[2] 特有元素本身难构成具有较多"区别特征"的"片面字面侵权"；但抽象凝练出的"高度具体且完善发展的创意"[3] 则具有"综合性非字面侵权"保护可能。而使用内涵明确，具有完整表达的独创性表达，即构成侵权。[4] 美国司法实践中更衍生出了"层层抽象概括检验法"[5]，针对文字作品的"模式检验法"[6] 等系列方法，细化"思想—表达二分法"的判断标准。正如英国版权法评注中谈及的可被著作权保护的并非原始表达或信息，而是具有思想的表达

---

[1] Jones R H. The Myth of the Idea/Expression Dichotomy in Copyright Law [J]. PACE Law Review, 1990 (2): 551-590.

[2] 何怀文. 著作权侵权的判定规则研究 [M]. 北京：北京大学出版社，2011：125.

[3] Rosen A. Reconsidering the Idea/Expression Dichotomy [J]. University of British Columbia Law Review, 1992 (26): 263-304.

[4] *Durham Industries, Inc. v. Tomy Corporation.*, 630 F.2d 905; *Jaylen Brantley And Jared Nickens v. Epic Games, Inc.*, John and Jane Does 1 Through 50, and John Doe Corporations 1 Through 10, 463 F. Supp. 3d 616.

[5] *Nichols v. Universal Pictures Co.*, 45F.2d 119.

[6] Broaddus A M. Eliminating the Confusion: A Restatement of the Test for Copyright Infringement [J]. DePaul Journal of Art, Technology & Intellectual Property Law, 1994-1995, 5: 43-57.

或一定形式呈现的信息。① 由于"特有元素"是作品中高度抽象的表述，其通过"抽象""过滤""比较"，更容易达到著作权侵权可能。著作权法调整的稀缺资源并非表达，而是具有思想沉淀的表达。② 表达的目的在于思想传播和交流；初期的创意远比呈现的表达本身更具有经济价值；高度具体且完善发展的创意，是著作权法应当保护的客体。③ 然而，著作权法保护的表达须具备较多的"区别特征"，高度抽象且具有著作权"实质性内容"的"特定元素"集合，具有著作权法保护的可能性。具体内容实质涉及作品的独创性表达，即著作权侵权判定中"实质性相似"的认定。"实质性相似"即被控侵权作品使用了诉争作品中实质性的、有价值的部分。④ 当前，司法裁判中有关"实质性相似"的判断标准均可参考，核心在于比对特定元素是否满足"独创性表达"判断标准。而信息量则是界定最小边界的重要标准，其决定了著作权法保护的最小单位。

据此，不受保护的思想量变为表达，是量变引起质变的结果。核心在于信息量增多时，思想集合指向的内容更加具体，从而获得保护的必要性。高度具体且完善发展的创意，是著作权法应当保护的客体。⑤ 而反映作品内涵的特定元素叠加，使得特定元素从外观看来具有了稳定的信息量。这是不断具象化原作中"独创性表达"的过程。在特定元素使用过程中，若其未改变对原作品"实质性内容"，并直接利用了原作中的"独创性表达"，且不存在"合理使用"等抗辩事由的情形下，应当认定其属于著作权法保护的最小单位。

机械地将"思想"排除著作权保护外，可能阻碍当前作品经济价值实现。"流量经济"背景下，特定作品产生的高经济价值会促使他人模仿原作品创作类似作品，导致同类型作品的复制与分发成本的下降，不利于著作权人权益实现。⑥ 商业模式的创新产生了著作权人权益保护的新需求。我国当前裁判中将使用特定元素集合认为著作权侵权，正是基于汇聚的表达与作品之间具有强关联性。为攫取原作利

---

① Copinger W A, Skone James P, et al. Copinger and Skone James on Copyright [M]. 13th ed. London: Sweet and Maxwell, 1991: 165.
② Samuels E. The Idea-expression Dichotomy in Copyright Law [J]. Tennessee Law Review, 1989, 56: 321-462.
③ Rosen A. Reconsidering the Idea/Expression Dichotomy [J]. University of British Columbia Law Review, 1992 (26): 263-304.
④ *Susan Wakeen Doll Co., Inc. v. Ashton-Drake Galleries*, 272F. 3d 441, 451.
⑤ Rosen A. Reconsidering the Idea/Expression Dichotomy [J]. University of British Columbia Law Review, 1992 (26): 263-304.
⑥ Linford, J. Copyright and Attention Scarcity [J]. Cardozo Law Review, 2020 (1): 143-212.

益,特定元素侵权行为均属于侵占原作经济利益的开发利用。从"整体—部分"角度来看,无论何种类型的特定元素,满足特定要素能传递具体内容,并具有区别于其他独创性表达的信息量,即构成著作权法保护的最小单位。最小单位的界定并非类型化的客体排除,而是综合认定客体信息量与性质得出的结论。肯定作品拆分出的特定元素集合属于"独创性表达",即肯定元素集合受著作权法规制的可能性。

(三) 小结:足量思想可"质变"为独创性表达

不割裂"思想"与"表达"的联系,可推论出"足量思想可质变为独创性表达"这一结论。正如日本司法裁判将角色形象视为"抽象概念",而我国司法裁判中认定其为"美术作品",信息量的界定实则为裁判价值判断下的利益平衡思考。首先,信息量只涉及使用作品中实质性部分数量的判断,不涉及对特定元素的审美高度、艺术价值等判断。著作权法并不解决艺术价值鉴别的问题。"正因为艺术作品的新颖性,它们出现时可能让人反感,直到社会公众懂得以作者的艺术语言去理解它。"① 因此,信息量对应的"创造性"不包括新颖性、精神性或审美价值的要求。② 其次,信息量对应的独创性表达,则是司法通过个案认定,探究社会公众在特定场景的表达选择可能性。单个的特定元素涵盖的信息量较少,但多个特定元素组合的表达可限定作品描述的具体场景,因而足量的信息彰显了作者利益,属于著作权法保护的内容价值。

二、类型限定:信息量特定的不同类型特定元素

讨论著作权法保护的最小单位,与网络传播过程中碎片化利用作品的新商业模式休戚相关。拆分实则是挖掘作品价值的过程。作者对拆分出的特定元素是否享有权益决定了著作权法保护的边界。并非所有的作品均会被拆分,只有可通过市场运营获得经济收益的作品,著作权人方可能基于对作品价值的最大化挖掘,并商业化利用作品中的特定元素。不同类型的作品可被拆分的特定元素类型不同,致使独创性判断标准不同,界定著作权法保护的最小单位的标准亦有不同。多样的作品表现

---

① Bleistein v. Donaldson Lithographing Co, 188 U. S. 239, 251.
② United States Government Printing Office. Copyright Law Revision, House Report No. 94 - 1476 [EB/OL]. [2023 - 10 - 26]. https://www.copyright.gov/history/law/clrev_94 - 1476. pdf.

形式对应差异化的"独创性表达"判断标准,增加了类型化著作权法保护的最小单位的难度。

(一) 不同类型作品拆分的特定元素独创性差异

不同类型作品拆分出的特定元素内涵与外延有区别,"独创性表达"判断标准有差异。视听作品或美术作品多可拆分出图形类特定元素,而文字作品拆分则多为短语类特定元素。司法实践对于拆分出的图形类特定元素往往需判断是否构成美术作品,予以著作权法保护。此类保护常见于角色形象的保护类型,在"大头儿子案"[①]"小黄人案"[②]"奥特曼案"[③] 等案例中,法院直接认定角色形象属于美术作品,认为使用角色形象侵犯了原作著作权。但对于使用大量特定元素是否构成改编权侵权则有不同意见。类似案例在"图解电影案"中,法院认为截取的画面属于剧集中具有独创性表达的内容。[④] 可见,图形类特定元素在达到"美术作品"独创性判断标准下,我国法院更容易将其视为著作权法保护的最小单位,当特定元素产生与原作品内容相关的信息量时,图形类特定元素即可保护。

但将图像类特定元素视为著作权法保护的最小单位,实际是我国著作权司法实践中对视听作品的一种扩张性强保护。视听作品的表现形式应为"系列空间叙述性画面",即作者创作的"系列画面"是对时间性故事情节或客观事件空间化的个性描述。[⑤] 即从视听作品中拆分出的特定画面,我国司法实践并非在视听作品"独创性"维度评价其可版权性,而是变为"美术作品"的判断标准。保护的内容不再是视听作品,而是美术作品。但视听作品本身即具有复合性,其独创性判断标准与"过程事件的可视化、连续画面的拍摄和后期制作环节"相关。[⑥] 而美术作品的权利内容与保护期限与视听作品均有不同,且可能产生作者身份认定难的问题。然而,我国当前裁判对拆分出的特定元素未限定于原作品类型的独创性判断标准,并推定被拆分作品的著作权人可享有拆分元素的著作权,属于我国司法实践扩张"著作权法保护的最小单位"的一种便宜做法。

---

① 北京知识产权法院 (2019) 京 73 民终 1738 号民事判决书。
② 广东省广州市天河区人民法院 (2019) 粤 0106 民初 32628 号民事判决书。
③ 上海市浦东新区人民法院 (2020) 沪 0115 民初 1628 号民事判决书。
④ 北京知识产权法院 (2020) 京 73 民终 187 号民事判决书。
⑤ 何怀文,吉日木图. 新《著作权法》视域下视听作品的界定 [J]. 社会科学战线,2022 (5):207-216.
⑥ 崔国斌. 视听作品画面与内容的二分思路 [J]. 知识产权,2020 (5):22-39.

更复杂的问题在于文字短语类特定元素是否构成"独创性表达"。在"娃哈哈案"①"五朵金花案"②等案件中,即便作者证明作品拆分出的特定元素具有价值,但法院并未认为其构成著作权法保护客体。《北京市高级人民法院侵害著作权案件审理指南》认为:简单的常见短语、作品标题、人物称为一般不作为作品给予保护。③我国《著作权法》虽并无类似《美国版权法》中对词汇、短语等直接排除保护的限定,④但判决中认为词语、短语等不构成"独创性表达"也多有先例。⑤即便新单词或短语具有新颖性,但单独的词语或短语如此简短,致使其不可能与其所表达的思想相分离。⑥诸如在"武侠Q传手游案"中,被诉侵权产品中引用了金庸《射雕英雄传》等四部小说中的人物名称、故事情节、场景描述等特定元素,法院在认定人物关系、人物特征等其他要素属于"思想"的情况下,认为利用此类不具有独创性表达的元素,结合形成脱离于涉案作品独创性的新表达,因而构成改编权侵权。⑦但在"璎珞攻略手游案"中,法院则是认为"魏璎珞、高贵妃"等角色名称结合涉案作品反映出创作者情感,可单独构成独创性表达。⑧立法与政策出于避免特定"标准表达"(standard language)被特定主体独占的可能,更倾向于将短语类作品元素排除在著作权保护范围之外。⑨

图像类特定元素与文字短语类特定元素在认定独创性上的区别,源于被拆分的特定元素性质的差异。单独的图像类特定元素可通过"美术作品"获得保护;而短语类特定元素则多被划分为不受保护的"思想",但汇聚后的表达满足一定信息量的基础上,可能获得保护。图像类特定元素传递了更多信息,更多信息量减少了特定元素能指的不确定性,明确了著作权法保护的最小单位外延。可见,高度抽象性的客体由于其可被社会不特定公众使用,独占的社会负面影响大于对著作权人的激励,即便确有价值,其也不应成为著作权法保护的客体。因此,特定元素构成"表

---

① 上海市第二中级人民法院(1998)沪二中知初字第5号民事判决书。
② 云南省高级人民法院(2003)云高民三终字第16号民事判决书。
③ 《北京市高级人民法院侵害著作权案件审理指南》第2.4条:简单的常见图形、字母、短语等一般不作为作品给予保护。第2.5条:作品标题、人物称谓一般不作为作品给予保护。
④ 37 CFR 202.1(a).
⑤ 相关案例参见:北京市大兴区人民法院(2015)大民(知)初字第17452号民事判决书,陕西省高级人民法院(2019)陕民终695号民事判决书。
⑥ McJohn Stephen M. Copyright: Examples and Explanations [M]. 4th ed. New York: Wolters Kluwer, 2015: 54.
⑦ 北京市高级人民法院(2018)京民终226号民事判决书。
⑧ 北京互联网法院(2019)京0491民初13942号民事判决书。
⑨ McJohn Stephen M. Copyright: Examples and Explanations [M]. 4th ed. New York: Wolters Kluwer, 2015: 55.

达"抑或"思想",与不同作品类型被拆分出的特定元素信息量休戚相关。

(二) 作品信息量决定拆分的特定元素性质

拆分作品特定元素改变了以复制、演绎完整原作品为基础的商业运营模式,新增了"碎片化利用独创性表达"盈利的可能性。最初《安妮女王法》仅强调复制作品的权利,如今《著作权法》第10条已发展出17项权利,作品的利用方式决定了著作权的范围。媒介发展诞生了新的作品类型,而不同作品类型因自身特征的不同,其传递的信息量存在差异。波兹曼推论媒介的改变,传递的信息极有可能不一样了,电视把事物转化为不同表达,可能存在部分信息丢失。[①]

传播媒介的进化,如今拆分作品中特定元素并挖掘其内容价值成为可能。从"印刷机时代"到"电视时代",以及如今的"互联网时代",传播媒介从文字过渡到图像。麦克卢汉根据"清晰度"传递的多少,将媒介分为"热媒介与冷媒介";其中,受众参与度低的媒介称为"热媒介",因其提供了较多的信息,且可通过用户多感官感受,如电影、电视等;而文字作品等因使用者需通过接受者自身填补缺失信息,属于"冷媒介"。[②] 不同媒介传播的不同作品,抽离出的特定元素的独创性判断标准具有区别。具体来看,"热媒介"对应的视听作品等,其拆分出的图像类特定元素因能给予用户较多信息,可直观识别对象;而文字作品中抽离出的短语表达,则因其传递信息量有限而更为抽象。

但抽象的信息并不代表其不具有信息价值。在麦克卢汉"媒介即信息"的论断下,媒介塑造力即媒介自身。[③] 文字与图像的表现方式不同。不同类型的特定元素存在不同的保护理由。图像类作品是感知艺术,其艺术价值源于用户接触作品时感官的直接感受,并无过多的延伸含义,即所见即所得。而文字作品则是理解类作品,读者在初看文字时,无法通过直觉感知处理作品传递的信息,只有通过抽离作品中感知内容,通过思考理解文字符号的意指,才能了解作品内涵。仅有读懂作品,方能获知作品的艺术价值;特别对于域外一些未翻译的佳作,未掌握相应语言,则无法获知作品的表达内涵。而图像类作品并不存在相应的问题,视觉信息的传递具有直接性,艺术作品可被直接欣赏,无须基于对文字信息的符号转化。

---

① 尼尔·波兹曼. 娱乐至死 [M]. 章艳,译. 北京:中信出版,2015:140-141.
② 马歇尔·麦克卢汉. 理解媒介:论人的延伸 [M]. 何道宽,译. 南京:译林出版社,2011:33.
③ 马歇尔·麦克卢汉. 理解媒介:论人的延伸 [M]. 何道宽,译. 南京:译林出版社,2011:33.

据此，图像类特定元素不仅具象，更限定了其内容的外延，可变部分有限。美术作品的实质性相似是基于特定的结构、特定的线条与色彩的空间组合进行的比对。美术作品、视听作品属于具象化的艺术表现模式，所观即所表达，内涵指向有限。而文字短语类特定元素，其外延的不确定性表现在其可被改编为其他类型的作品。正如"一千个人心中有一千个哈姆莱特"，对"哈姆莱特"这一短语类特定表达需通过阅读原作方能获知内核。短语类特定元素具有高度延展性的外延。未具象化的短语类特定元素更容易被改编为不同类型的作品。改编作者可借助不同的创作方式，呈现改编作者心中对于原作品的不同理解。热媒介类型的作品传递信息的准确性高于冷媒介类型的作品，在我国司法实践中更容易被认为具象表达与作者之间存在特定联系。

（三）小结：外延有限的特定元素属于独创性表达

作品类型传递的信息量不同，直接影响特定元素能指的具体内容。根据特定元素传递的信息量认定是否属于著作权法保护的最小元素，是我国司法实践对"拆分作品特定元素"商业化运用可否纳入著作权法保护的判断标准。虽存在拆分出的特定元素与原作品适用不同"独创性"判断标准的情形，但只要符合某类作品"独创性"要求，即具有著作权法保护的可能性。热媒介类型的图像类特定元素由于更为具象，因此更难被视为"标准表达"，从而更可能构成著作权法保护的最小单位。冷媒介类型作品拆分出的短语类特定元素，由于其外延的不确定性，需通过叠加更多内容认定构成独创性表达。由此，具象的特定元素自身延伸信息量有限，可认定为著作权法保护的最小单位。

三、法益限定：著作权法对"作品利益"的专属保护

特定元素并非作品，其涵盖的价值不一定属于著作权法保护的客体。为避免法律适用的边界模糊，需明确著作权法保护的特定法益。尤其需避免已被著作权法定排除保护的客体，被反不正当竞争法保护，架空"思想—表达二分法"。正如单个的短语类特定元素难以直接构成著作权法保护的客体，其可能不具有内容价值；但基于符号价值，特定元素被用于识别特定商品或服务，则可能涉及"搭便车"等混淆行为，构成不正当竞争。探究特定元素的价值来源，是明确著作权法与其他法律

之间的关系，避免错误扩大其他法律适用边界，妨碍著作权法的独立价值的实现。

（一）著作权法保护"独创性表达"的内容价值

重审著作权法的独立价值源于"独创性表达"是著作权法保护的立足点与出发点。然而，将作品视为财产的观点，反映在部分裁判将所有与作品相关的利益都认为其应在著作权法框架下调整。这不仅导致《著作权法》承担了不可承受之重，还可能导致机械看待《著作权法》与《反不正当竞争法》的关系。"《此间的少年》同人创作案"一审法院认为作品的角色名称、人物关系等特定元素，具有《反不正当竞争法》的利益，被告利用此利益创作《此间的少年》，行为不具有正当性。[①]"鬼吹灯案"获得原作著作权人授权的原告，因被告使用《鬼吹灯》小说中人物形象创造新作品，提起著作权与反不正当竞争法诉讼，法院认为"人物名称、人物形象仍属于思想范畴"；但认为同人创作作品掠夺原告商业机会，对衍生品市场产生影响，认定《反不正当竞争法》规制成立。[②] 但正如"《此间的少年》同人创作案"二审法院改判著作权侵权纠纷成立，[③] 创作行为对应的作品内容价值保护属于著作权法的专属保护范围。创作行为产生的法益对应作者独创性贡献。对于内容价值的评价直接关系著作权取得的正当性。然而，使用特定元素的情形不一定可被评价为《著作权法》意义下的"独创性表达"复制或改变，因此具有通过诸如《反不正当竞争法》保护的可能性。

特定元素符号性使用产生的权益并非在于挪用原作"独创性表达"，而是识别特定产品或服务的"反混淆保护"权益。当前司法实践中，反不正当竞争法已对此类利益予以了充分保护，构成反不正当竞争法的独立价值。"大武侠物语案"中，法院以特定元素具有吸引力，剥夺了应由原作者授权产生的商业利益，认定不正当竞争"混淆"行为成立。[④] "武林豪侠传案"中，被告在宣传过程突出了金庸小说的作品名称、角色形象等作品元素，法院认定其宣传过程具有主观攀附的故意，因此构成虚假宣传。[⑤] "大掌门游戏案"中，被告在前期推广宣传过程中，使用了诸如"华山论剑、血战襄阳"等原作特定元素，法院认为：上述内容直接利用了涉案小

---

① 广东省广州市天河区人民法院（2016）粤 0106 民初 12068 号民事判决书。
② 上海知识产权法院（2017）沪 73 民终 273 号民事判决书。
③ 广州知识产权法院（2018）粤 73 民终 3169 号民事判决书。
④ 北京知识产权法院（2015）京知民终字第 2256 号民事判决书。
⑤ 北京市石景山区人民法院（2018）京 0107 民初 17904 号民事判决书。

说的知名度以及相关公众对涉案小说的喜爱，不当夺取了完美世界公司依据涉案小说进行游戏开发的机会，亦使相关公众对涉案游戏的来源产生误解，损害了其他经营者及消费者的合法权益。① 在"煎饼侠案"中，法院认为原告主张的电影中演员的人物造型登记的美术作品，与原告主张影片的人物形象不同，不构成著作权侵权，但构成《反不正当竞争法》的虚假宣传。② 司法裁判有意区分两种法益，印证了《著作权法》保护范围的有限性，也印证了《反不正当竞争法》保护对象的特殊性。

（二）反不正当竞争法保护"反混淆"的符号价值

拆分作品中的特定元素的使用行为，并不可将其类型化，均认为属于著作权法调整范围。域外学者已关注到在互联网到来后的"注意力稀缺"时代，版权保护的范围在不断地缩小，对于特定元素衍生创作产生的权利，其边际效应与符号的利益相似，作品为了在市场上更广泛传播，需通过拆分其中特定元素使用来满足"注意力稀缺"时代的媒介传播需求。③ 利用特定元素反映作品的特征，从而获取特定元素本身的知名度。而这一功能并非著作权法财产权针对独创性表达的内容价值。单独的特定元素自身即具有符号价值。符号价值具体表现为：商家将此渴望与恐惧投射在要销售的商品身上，然后以语言或符号的象征构建起一座桥梁，相关公众认为一旦购买了相关商品，便能梦想成真。④ 而特定元素则成为"注意力稀缺"时代的"识别性符号"。

而著作权法定对应著作权法的专属价值，"挪用"作品中具有价值的"独创性表达"应当通过《著作权法》专属保护。《反不正当竞争法》的介入，可能破坏著作权法定下的利益平衡。首先，《反不正当竞争法》属于行为规制，其对于客体类型的界定并未形成范式。当前司法实践中通过《反不正当竞争法》将保护范围扩张至"人物名称、角色形象"等特定要素，实则仍属于《著作权法》体系框架。而滥用《反不正当竞争法》第2条一般条款裁判，即便归纳出了部分裁判规则，则可能与现行的《著作权法》规则相矛盾。其次，《反不正当竞争法》一般条款对客体的竞争利益的判断需基于"商业道德"，此类案件中商业道德指向的是"特定元素"识别特定商品与服务的可能性。最后，即便《反不正当竞争法》保护了《著作权

---

① 北京知识产权法院（2021）京73民终1265号民事判决书。
② 北京市大兴区人民法院（2015）大民（知）初字第17452号民事判决书。
③ Linford J. Copyright and Attention Scarcity [J]. Cardozo Law Review, 2020 (42): 143 - 200.
④ 阿道司·赫胥黎. 重返美丽新世界 [M]. 庄蝶庵，译. 北京：北京时代华文书局，2019：53.

法》中不保护的客体，其保护的也并非作品的内容价值。《最高人民法院关于适用〈中华人民共和国反不正当竞争法〉若干问题的解释》（法释〔2022〕9号）第1条明确了《反不正当竞争法》"有限补充"的立法定位，即与知识产权法不可重复保护，对于不能通过先行《著作权法》《专利法》和《商标法》保护的客体，满足《反不正当竞争法》一般条款的竞争行为可予以保护。International News Service v. Associated Press 案中，美国联邦最高院也明确指出其通过反不正当竞争法保护的新闻事实的权益属于基于原告收集新闻投入的一种相对性的财产权益，并且这种财产收益并非版权法范围内的价值。① 而后与事实相关的案件中，法院通过严格判断挪用行为涉及的价值，若其符合作品保护可能，则可能直接通过版权法保护。

著作权法保护的最小单位已排除了信息量不足的特定元素，作品中单独的特定元素在未汇聚为独创性表达，作者当然无权主张著作权法保护。即正如"娃哈哈案"②"五朵金花案"③ 等案例的裁判结论：作者对此类短语不享有著作权法上的请求权基础。单个特定元素虽不具有内容价值，但并不妨碍其具有识别特定商品与服务的符号价值。《最高人民法院关于审理商标授权确权行政案件若干问题的规定》明确"对于著作权保护期限内的作品，如果作品名称、作品中的角色名称等具有较高知名度，将其作为商标使用在相关商品上容易导致相关公众误认为其经过权利人的许可或者与权利人存在特定联系，当事人以此主张构成在先权益的，人民法院予以支持"。④ 对于特定元素的符号利益是通过《商标法》实现，而非通过《著作权法》实现。由此，著作权法对特定元素的利益限定并不涵盖其具备的所有价值，只有内容价值方能构成著作权法保护的最小单位的成立依据。

（三）小结：著作权专属保护内容价值

内容价值的特殊性在于其与作者利益的密切，因此属于著作权法保护的法益。特定元素可能同时具有"内容价值""表达价值""符号价值"等，而《著作权法》应仅调整特定元素的"内容价值"。《反不正当竞争法》调整特定元素的识别来源"符号价值"。区分《著作权法》保护与《反不正当竞争法》保护，是摒弃作品"客体论"指引下的保护边界不明，避免特定元素被著作权人侵占所有价值，影响

---

① *International News Service v. Associated Press*, 248 U.S. 215.
② 上海市第二中级人民法院（1998）沪二中知初字第5号民事判决书。
③ 云南省高级人民法院（2003）云高民三终字第16号民事判决书。
④ 《最高人民法院关于审理商标授权确权行政案件若干问题的规定》（法释〔2020〕19号）第22条。

社会公众的使用可能性。内容价值的"挪用"表现为对特定元素传递信息的直接复制，影响作者创作的直接利益。由此，著作权法保护的最小单位不只对信息量具有要求，对于适用场景的要求更为关键。使用方式变化决定了产生的法益不同，将直接影响客体性质。简言之，在侵权人实际挪用了原作的内容价值的情况下，方能落入著作权法体系，裁判需根据具体情况，判断其是否构成著作权法保护的最小单位。

四、场景限定：著作权法定下特定使用场景的排除

作品价值维度的多样性，决定了只有内容价值可通过著作权法获得保护。著作权限制的场景下，即便公众使用了"独创性表达"，也不构成著作权侵权。作品的内容价值，在未侵害公众文化权的基础上，方能获得著作权保护。明确著作权法的适用场景，是界定使用特定元素是涉及公众的表达价值，或仍是涉及作品的内容价值。著作权限制与公民文化权等规范，限定了著作权人适用著作权法保护特定元素的场景，避免著作权法对作品"财产化"后权利扩张。著作权法定限定了著作权法的调整范围，突破场景限制，将可能打破著作权法规则设计下的利益平衡。

（一）"表达自由"对"内容价值"的限制

作品的内容价值虽构成著作权法适用前提，但"独创性表达"在特定场域表现的表达价值，则成为著作权限制的理论依据。在"《80后的独立宣言》宣传海报案"中，法院认为被告在海报上使用"葫芦娃""黑猫警长"等美术作品，不会吸引对美术作品有特定需求的受众，进而产生对两部作品具关联性的联想，因此属于合理使用。[①] 在"《真功夫你不要学》纠纷案"中，法院认为封面图片仅使用了"李小龙"人物造型，且该造型具有公共属性，与涉案美术作品"真功夫图形"不构成相同或实质性相似。[②] 未利用原作品"实质性表达"，关键在于破除作品中特定内容使用与原作品之间产生的联系。美国版权法中"创益性使用"[③]或是"转化性使用"[④]等规则，即将原作本有的特定表达的使用场景通过特殊方式予以破除。例如著名模因"青蛙佩佩"，由于其被种族主义者广泛制作与原作无关的表情包，美

---

① 上海知识产权法院（2015）沪知民终字第730号民事判决书。
② 湖北省高级人民法院（2017）鄂民终65号民事判决书。
③ *Sony Corporation of America v. Universal City Studios，Inc.*，464 U. S. 417.
④ *Campbell v. Acuff－Rose Music，Inc.*，510 U. S. 569.

国法院认为对于特定元素的使用如果仅为作品的一小部分,不应当受到版权法的保护。[1] 合理使用制度是著作权权利限制。新作品虽使用了原作的部分表达,但需具有自己创作的内容,且并未实际损害原作固有利益。我国《著作权法》第24条"合理使用"限制了"指明作者姓名或者名称、作品名称,并且不得影响该作品的正常使用,也不得不合理地损害著作权人的合法权益",从"经济利益"的角度论证了著作权人权益的不可侵犯性。即正当引用特定元素行为,本身不直接产生经济效益,不会对著作权人权益造成不良影响。若不存在合理使用中的例外情形,则使用行为可能侵犯原作著作权人权益。

内容价值与表达价值的关系并非泾渭分明。当同人创作的作品商业化使用产生收益时,公众对特定要素享有的表达价值可能弱化,则强调的更多是作品自身的内容价值。以"同人创作"的"表达价值"与"内容价值"的权衡为例:美国法认为戏仿构成合理使用。[2] 而欧盟判决则认为其可能侵犯了作者的道德权利。[3] 日本认为使用特定动漫角色创作同人作品不侵犯原作著作权,即便侵犯了角色形象设定部分的作品复制权,但对其他部分的可成立衍生品著作权。[4] 而我国"《此间的少年》同人创作案"二审判决则认为人物名称的集合即构成独创性表达。[5] 可见内容价值与表达价值源于不同文化背景下对使用特定元素创作行为的价值判断。但正如美国合理使用判断标准中的"商业使用"[6],《保护文学和艺术作品伯尔尼公约》"三步检验法"中的"著作权人权益"[7],以及我国权利的限制条文中提及的"著作权人的合法权益"[8],其均指向作品的内容价值。在已通过著作权法定限定作者享有的财产权边界的背景下,保障作者对作品使用过程直接产生的经济利益控制,划定了作品的内容价值应当专属于作者。而公众的表达价值对著作权法保护的最小单位限制,则强调了"表达自由"对公众获取知识的重要价值。

---

[1] 本案的另一焦点在于,对于特定元素的使用如果仅为作品的一小部分,不构成独创性使用,也不应当受到版权法的保护。See *Matt Furie v. Infowars LLC*, 401 F. Supp. 3d 952.

[2] Schwabach A. Bringing the News from Ghent to Axanar: Fan Works and Copyright after Deckmyn and Subsequent Developments [J]. Texas Review of Entertainment & Sports Law, 2021 (22): 37 – 84.

[3] *Deckmyn v. Vandersteen*, Case C – 201/13, ECLI: EU: C: 2014: 458, Opinion of AG Villalón, at para. 14 (CJEU May 22, 2014).

[4] 知的财产高等裁判所令和2年(ネ)第10018号,同2年7月30日第3部法廷判决。

[5] 广州知识产权法院(2018)粤73民终3169号民事判决书。

[6] 17 USCS §107.

[7] 《保护文学和艺术作品伯尔尼公约》第9条第2款。

[8] 《中华人民共和国著作权法》第24条。

划定著作权法保护的最小单位,但并不等同于使用著作权法保护的最小单位即构成侵权。为保障公众对作品使用的权益,满足特定情形下的公共利益,《著作权法》规定了权利的限制,将特定情形下独创性表达的使用排除在著作权人权益权利外。著作权限制中使用完整作品的内容通常限定于特定的情形,例如基于公共目的的国家机关执行公务中使用作品、公共基础文化设施中的作品使用;而使用作品片段则在于适当引用之上。在《著作权法》并未明确将权利的限制规定为公众的一项基本权利的情形下,权利的限制更多被拟制为一项免责抗辩事由。著作权法保护的最小单位也受到著作权法定的限制,在特定的情境中,即便独创性表达具有价值,也无法获得著作权法保护。

(二)公民文化权下的公众"表达价值"

特定元素的表达价值则体现在公民文化权中表达自由的适用场景,表达即具有价值。著作权法定决定了并非所有作品的获利均可归属于作者,公众的特定行为也可构成著作权免责事由。公民文化权作为二代人权,在《经济、社会和文化权利国际公约》第15条第1项规定了缔约国公民享有对文化生活的参与权、获利权以及权利受国家保护;第2项则规定缔约国有义务保障和发展公民文化权。[①]《宪法》的公民基本权利中也规定了科学研究文学艺术创作自由。[②]《著作权法》的权利限制中的"个人学习、研究或欣赏"也印证了公众对作品使用的独立价值。这一独立价值在作品使用中可成为侵权抗辩事由。公众作为作品的消费者、再创作者或信息服务提供者,是决定作品市场价值和文化价值的重要力量。[③] 公众的表达价值与公众可多大程度利用作品中提供的具体知识相关。无独有偶,各国立法中,对作者与公众利益的平衡也应印证了公众利益权衡下,并非所有利用作品产生价值的行为,都可被著作权法调整。例如基于"言论自由",美国联邦法院为避免对特定的思想的独占,对于一般性观念往往不认为其构成表达。[④] 此时的"思想—表达二分法"更多的是

---

① 《经济、社会和文化权利国际公约》第15条:"一、本公约缔约各国承认人人有权:(甲)参加文化生活;(乙)享受科学进步及其应用所产生的利益;(丙)对其本人的任何科学、文学或艺术作品所产生的精神上和物质上的利益,享受被保护之利。二、本公约缔约各国为充分实现这一权利而采取的步骤应包括为保存、发展和传播科学和文化所必需的步骤。三、本公约缔约各国承担尊重进行科学研究和创造性活动所不可缺少的自由。四、本公约缔约各国认识到鼓励和发展科学与文化方面的国际接触和合作的好处。"
② 《中华人民共和国宪法》第47条。
③ 刘银良. 著作权法中的公众使用权[J]. 中国社会科学, 2020 (10): 183 - 203, 208.
④ *Herbert Rosenthal Jewelry Corporation v. Honora Jewelry Co, Inc., et al.*, 509 F. 2d 64.

基于政策考量下的法定权利划定。

著作权法保护的最小单位不仅需满足"独创性表达"判断标准，更重要的是其需符合特定场景。著作权限制中使用作品的内容更多是"独创性表达"，而非不受著作权法保护的"思想"。以其中的适当引用为例，适当引用的使用的情形限定于"为介绍、评论某一作品或者说明某一问题"，引用部分若属于著作权法不受保护的内容，则原作作者也不具有请求权基础。不存在"实质性相似"的作品，不构成侵权的情形下，无须适用著作权法限制免除责任。2020年《著作权法》修法中，在著作权限制中增加了"不得影响该作品的正常使用"与"不得不合理地损害著作权人的合法权益"的限定。[①] 而美国"合理使用制度"四要件判断中，"使用的目的和性质""版权作品的性质""被使用部分的数量和重要性""使用的市场影响"要件也是对著作权使用场景的限制。[②]《德国著作权法》中包括一般条款的第24条"自由使用"和第六章专章的"著作权限制"，也是对特定场景的限制。[③] 而隶属于公共目的限制与公民文化权保护中的内容，则往往被归纳成"非营利目的"和"未损害著作权人经济收益"等共同要件。"商业目的"的使用，直接关系著作财产权，作品商业化运营过程中势必涉及著作权人的合法权益实现。数字化时代，个人的数字复制、数字化录制等行为，实则均可能对作品的经济价值造成影响，从而影响著作权人权益。此时对"著作权限制"中的场景界定，则成为著作权法定原则下，亟待解决的重新平衡多主体权利人权益的问题。

场景的限定源于著作权法规定。为排除特定情形下的著作权人权益的滥用，避免著作权法限制公共目的或公民文化权实现，区分特定场景下"独创性表达"的使用方式则更为关键。TRIPs协定等规定中，通过著作权的限制等规定限定了特定场景，各国需转化为国内法适用。场景的限制有基于公共领域的限制，也涉及公民文化权的实现。权利的限制证明了著作权人对作品享有的权益存在限度，只可主张"独创性表达"作品内容价值。而公众利用特定表达过程产生的表达利益，著作权人无权侵占。

（三）小结：公共目的限制下著作权法保护场景有限

拆分出的内容即便具有较高信息量，但著作权法定决定了作品使用的特定场景

[①]《中华人民共和国著作权法》第24条。
[②] 17 USC 107.
[③] Gesetz über Urheberrecht und verwandte Schutzrechte (Urheberrechtsgesetz) § 24 (weggefallen).

不应纳入著作权法保护范畴。公民文化权划定了公众的表达价值,限制了特定元素内容价值的经济获益可能性。为平衡公众使用与作者利益,不可将特定元素的所有权能均视为著作权人享有的利益。著作权限制的情形印证了著作权法定下的立法排除。正如牛顿三大定律受到地心引力的限制,相对论则打破原设定条件,著作权法保护的最小单位仅在著作权法定限定下的场域成立。而我国司法裁判经验也成为著作权法保护的最小单位界定的"万有引力限制",同时具体个案中进行内容价值与表达价值的权衡,也是直接体现著作权人经济权利的确定。

五、结　　语

著作权法保护的最小单位可表述为外延有限的特定元素在满足足量"独创性表达"判断标准的基础上,保护基于内容价值的使用产生的经济价值。最小单位的界定,实际反映了拆分出的特定元素是否归属于著作权人。即便文化变革带来了特定元素的多元化使用,但仍须区分特定元素使用产生的内容价值,并正确理解著作权法定下的场景限制。场景化决定作品的使用方式,是著作权法定下对作品内容价值的保护方法。因此,界定著作权法保护的最小单位,需基于我国文化产业发展的现状,通过司法裁判正确保护著作权人享有的权益。

(责任编辑:张靖辰)

Defining the Minimum Unit of Protection in Copyright Law

Ren Zuliang

Abstract:Functional elements of a work determine the minimum unit of protection defined by copyright law. In a particular scenario, specific type of element that conveys the value of the content and shall be informatively formulated as the minimum unit of protection under the copyright law in China courts. The difference between "idea" and "expression" is not clear-cut, and a sufficient amount of ideas shall be original expressions. Different types of works contain functional elements with different amounts of information, and only functional elements with limited extensions can constitute original expression. At the same time, under copyright law statutory, the scene of use determines the application of the minimum unit of protection under copyright law. Only when directly appropriating the content value of the object and not utilizing the symbolic and expressive value, the minimum unit of protection under the copyright law matters.

Key Words: Functional elements; Idea – expression dichotomy; Original expression; Content value; Symbolic value; Expressive value

数字化图书馆在线借阅版权问题研究

张钧凯[*]

【摘 要】图书馆作为搜集、整理、收藏图书文献资料以供公众阅览的机构,发挥着保存知识、传播文化的社会功能。当前在线借阅的规模逐年增加,涉及的法律纠纷亟待解决。对我国现行法律及比较研究发现,当前我国图书馆相关法规存在规定不明、衔接不畅的问题。通过对在线借阅行为的分析,提供数字文献的借阅服务属于《著作权法》下信息网络传播权的控制范围;对图书馆"馆舍"的考量实质指向对"不特定公众"的判断。为避免侵权,图书馆应当限定在线借阅的用户群体,仅提供"浏览、阅读"服务,尽到合理注意义务,并安排一定强度的技术措施来保障以上要求的实现。

【关键词】 在线图书馆　著作权　在线借阅　技术措施

一、导　言

人类文明的发展离不开妥善地保存历代优秀的作品,[①] 而图书馆在人类文明发展过程中发挥着潜在的推动作用。现代文明发展一方面以个人创意火花为动力,另一方面以前人知识累积为基础,两种面向之间的张力随时代变迁而此消彼长。从法律制度看,各国著作权法(或版权法)以权利人与社会公众的利益为导向,力图激励社会创作、推动文明演进。1975 年法国里昂国际图联图书馆功能研讨论会也表示,现代图书馆的社会功能有四种,其中包括"保存人类文化遗产"与"传递科学

---

[*] 张钧凯,北京大学法学院博士研究生。
① 胡康生. 中华人民共和国著作权法释义[M]. 北京:法律出版社,2002.

情报"。①

随着信息技术的发展，传统借阅模式逐渐由单一实体读物借阅转换为在线借阅与实体借阅并进。有调查发现，互联网环境下，数字文本受到读者的青睐，②我国《第十九次全国国民阅读调查报告》也显示我国成年国民在互联网环境下的数字化阅读方式接触率为79.6%，几近八成。③正如信息网络对传播技术的冲击，在线借阅亦不可避免地陷入著作权侵权的纠纷。④究其原因，首先是我国立法文件中对图书馆在线借阅规定的模糊、冲突；其次在于图书馆对电子资源的合法性、合规性以及与第三方合作模式中的法律风险的认识不足；再次与图书馆在线借阅的司法实践经验缺失、裁判量化标准不统一有关。因此，厘清我国公共图书馆在线借阅的一系列法律问题，有助于明晰公共图书馆运行中的法律责任与可规避的法律风险。此外，在不损害权利人合法利益的情形下推动在线借阅的普及，以在信息时代进一步加强文化、知识普及，具有相当的研究价值。

二、现行法律文本的抽象与冲突

"图书馆是搜集、整理、保存和利用书刊资料，为一定社会的政治、经济服务的文化教育机构。"⑤客观来看，图书馆的多数馆藏读物属于受著作权保护的作品，因此图书馆提供在线借阅服务所涉及的法律问题需要以《著作权法》、《公共图书馆法》（以下简称《图书馆法》）以及《信息网络传播权保护条例》为准据。

（一）《图书馆法》的规范指向

2018年修订的《图书馆法》第1条规定："为了促进公共图书馆事业发展，发挥公共图书馆功能，保障公民基本文化权益，提高公民科学文化素质和社会文明程度，传承人类文明，坚定文化自信，制定本法。"理论上，图书馆的职能不仅包括"完整、系统地搜集和保管文献"，同时也强调"为社会科技创新、为全民阅读和公

---

① 李琛. 高校图书馆教育功能理论与实务［M］. 芜湖：安徽师范大学出版社，2012.
② Cull B W. Reading Revolutions: Online Digital Text and Implications for Reading in Academe［J］. First Monday, 2011 (16): 1-6.
③ 卞晓妍，周琨. 第十九次全国国民阅读调查发布［EB/OL］. (2022-04-23)［2023-09-23］. https://content-static.cctvnews.cctv.com/snow-book/index.html?item_id=8892066234375449336.
④ 吉宇宽. "互联网+"背景下图书馆的著作权利保障研究［M］. 北京：中国社会科学出版社，2021.
⑤ 吴慰慈. 图书馆学概论［M］. 北京：国家图书馆出版社，2019.

民终身教育服务"。[①] 作为宣示性的规定，与图书馆建设与运行有关的法律问题皆应当以此为基准进行解释与适用。

《图书馆法》与互联网技术相关的是第 40 条，即"国家构建标准统一、互联互通的公共图书馆数字服务网络，支持数字阅读产品开发和数字资源保存技术研究，推动公共图书馆利用数字化、网络化技术向社会公众提供便捷服务"，在第 2 款明确"政府设立的公共图书馆应当加强数字资源建设、配备相应的设施设备，建立线上线下相结合的文献信息共享平台"。此处有三点值得注意，首先是"公共图书馆"作为主体，其次是"利用数字技术、设备"作为手段，最后是"保存资源、服务公众"作为目的。从规范角度来看，"支持"并不带有强制性的意味，而"应当"则强调一种法律上的义务。换言之，公共图书馆利用数字化技术对社会公众提供服务的优先级相对高于图书馆对数字资源的开发与保存。但从体系逻辑上看，只有实现数字文献的开发与保存才能向公众提供与之相关的服务。因此，不应当对前款的"支持"作狭义解释，而是应当将其与后款的"应当"联系起来理解。如此才能与《联合国教科文组织公共图书馆宣言》的内容一致，即"在可能的情况下，通过数字技术对到馆或远程向社区提供服务，允许访问信息、藏品和项目"。[②]

综合上述规范要求，公共图书馆一方面要保障其文献信息的保存与传承职能，另一方面要实现其传递、流通文献信息的中介性功能，[③] 这一定程度上将通过数字化、网络化的方式实现。

（二）《著作权法》的规范缺失

我国现行的法律规范缺少对图书馆具体适用法律的指引。《图书馆法》规定有关著作权问题应根据《著作权法》予以调整，但《著作权法》只少量提及图书馆应如何使用作品。根据《图书馆法》第 10 条"公共图书馆应当遵守有关知识产权保护的法律、行政法规规定，依法保护和使用文献信息"的规定，有关图书馆馆藏作品的著作权问题应以《著作权法》为准。但我国现行《著作权法》中仅第 24 条第 1

[①] 韩永进. 国家图书馆概论 [M]. 北京：国家图书馆出版社，2018.
[②] The IFLA – UNESCO Public Library Manifesto 2022 [EB/OL]. (2022 – 11 – 29) [2023 – 04 – 11]. https://repository.ifla.org/bitstream/123456789/2006/1/IFLAUNESCO%20Public%20Library%20Manifesto%202022.pdf.
[③] 耿宁华. 公共图书馆阅读推广研究 [M]. 郑州：郑州大学出版社，2022.

款第（8）项规定了图书馆对版权作品的使用豁免，该条款的规定并不全面。① 首先，该规定仅对图书馆的复制行为作出了一定的豁免，这意味着图书馆除复制外的作品使用行为（例如信息分析行为）在我国准列举的"著作权的例外与限制"情形下不能获得当然的豁免。② 其次，《图书馆法》所规定的法律制度与条款实质上是对著作权人的侧重保护，而忽视了从读者、公众对文化资源获取的角度设计法律规则。③ 这意味着图书馆的文献借阅服务在当前著作权人权利加强的趋势下可能受到一定抑制。最后，《信息网络传播权保护条例》第7条虽然认可"图书馆……通过信息网络向本馆馆舍内服务对象提供本馆收藏的合法出版的数字作品……"的合理使用行为，但回避了对"本馆馆舍"的定义，这也导致司法实践对同类型问题作出了不同的判决。

综上所述，各个法律文件之间存在衔接不畅的问题，许多规定未充分地给予图书馆从业者以及著作权人相应的指引。我国现行法对图书馆使用作品的规定大多从维护著作权人利益出发，对图书馆方的利益考虑较少，这可能有以下几点原因：首先，图书馆方面缺乏整合，难以组织起统一的行为模式并参与到立法工作中去。其次，我国绝大多数地方并没有把政府购买公共图书馆服务的经费纳入常规的预算范围，一方面限制了政府投入公共图书馆的投资总量和投资规模，另一方面约束了购买图书馆服务范围的拓展。④ 图书馆带来的潜在收益没有得到重视。最后，图书馆在购入或订阅电子文献时，可能会受到数据库商或出版商的许可协议的胁迫，增加了图书馆的经费压力，⑤ 单方拟定的协议还可能带来诉讼的风险。图书馆实际在著作权法视野中被边缘化，作为公共知识保存者、传递者的身份并未得到应有的重视，也与其动辄馆藏百万册版权作品的现实脱节。

---

① 我国《著作权法》仅在第24条第1款第（8）项规定："图书馆、档案馆、纪念馆、博物馆、美术馆、文化馆等为陈列或者保存版本的需要，复制本馆收藏的作品。"该规定认可图书馆方面可以出于特定需要复制作品，但并未对公众使用作品的行为进行解释。事实上，《著作权法》中涉及公众使用作品的情形仅存在于第24条第1款第（1）项，这与其他国家较为详尽的规定形成鲜明的对比。例如《德国著作权法》在第27.2条及第52.b条对图书借阅进行了规定。
② 王文敏，高军.人工智能时代图书馆信息分析的著作权例外规则[J].图书馆论坛，2020，40（9）：60-68.
③ 胡峻.《公共图书馆法》立法目的条款之法理审视与重述[J].图书馆建设，2020（6）：87-91.
④ 陈红.政府购买公共图书馆服务的障碍与未来方向[J].图书馆工作与研究，2015（10）：4-8.
⑤ 傅文奇.图书馆电子借阅服务利益平衡机制研究[M].北京：科学出版社，2020.

三、在线借阅的法理研判

厘清数字环境下图书馆服务的性质，首先应明确"在线借阅服务"在我国《著作权法》中的内涵，确定其是否属于权利人的排他权控制范围；其次推导法院讨论"本馆馆舍"背后的逻辑要点。

（一）图书馆在线借阅行为的法律属性

根据我国2020年修订的《著作权法》第10条第1款第（12）项规定："信息网络传播权，即以有线或者无线方式向公众提供，使公众可以在其选定的时间和地点获得作品的权利"。图书馆的在线借阅服务实质上属于"提供"作品的行为。

我国"信息网络传播权"来自《伯尔尼条约》和《世界知识产权组织版权公约》的直接规定。① 《世界知识产权组织版权条约》（WCT）第8条规定在中文译本中使用了"提供"这一术语。② 而《伯尔尼条约》多处使用了WCT文本中同样的"made available to the public"，其含义指一种向公众提供作品的可能的方式。在中文译本中则翻译为了"公之于众"，《伯尔尼条约》第7条第2款、第10条第1款、第7条第2款以及第10条之2第2款同样进行了复用。在国际通行的著作权公约中使用同一语句，应当可以认为其含义是相同的。这表明是否存在"提供"只需考察公众能否获得相关作品。③

广义上讲，信息以及各种符号的提供可以认为是传播过程的一部分，无论是信息网络中的提供作品还是通过无线广播的方式播送作品，都可以纳入广义的传播行为中。狭义上讲，提供行为意味着可以供他人选择，这与传统的货币市场经济中的商品提供行为并没有外观上的区别。有学者认为，决定传播行为与提供行为本质区别在于两者在某种共同介质中存续的时间不同，例如提供行为持续时间较长，而传播行为仅存在数秒甚至更短时间，④ 这从结果的事实样态的角度解释了两者的区别，

---

① 万勇. 论国际版权公约中"向公众提供权"的含义 [J]. 知识产权，2017（2）：33-40.
② *WIPO Copyright Treaty* Article 8: "…including the making available to the public of their works…may access these works from a place and at a time individually chosen by them."
③ 米哈依·菲彻尔. 版权法与因特网 [M]. 郭寿康，万勇，相靖，译. 北京：中国大百科全书出版社，2009；WIPO Performances and Phonograms Treaty, Article 2（g）.
④ 刘银良. 信息网络传播权及其与广播权的界限 [J]. 法学研究，2017，39（6）：97-114.

同时保证了法律的客观性与可预期性。

从法律效果来看，若认可在线借阅行为属于著作权人控制的权利范畴，那么因其行为落入了权利的边界之中，公众只得以《著作权法》第24条第1款第（1）项寻求豁免。若认可在线借阅行为属于公众的权利，那么会同时产生两个法律问题：首先，若公众的在线借阅权利被权利人阻碍或限制，使用人得以提起诉讼救济自己的权利；其次，若使用人意图在线借阅的著作物出于各种客观原因无法获得，其权利则实质受到了侵害，在此基础上如何确定侵权人、侵权责任都不具有实在的可行性。因此，至少出于以上两个原因，在线借阅的行为不属于"著作权法中的公众使用权"。① 既然公众并不存在对文献的有权借阅，那么图书馆方自然不能因此而豁免其可能的侵权责任。

图书馆提供给公众的在线借阅行为应当属于提供作品的行为。《最高人民法院关于审理侵害信息网络传播权民事纠纷案件适用法律若干问题的规定》第2条确认了向公众开放的局域网属于信息网络。② 由于该条纯粹是从技术角度对信息网络进行的描述，故此处的"公众"应当既包括图书馆的注册用户，也包括不特定公众。无论是图书馆自建网站还是自营移动程序，也不考虑可供借阅的为片段或完整的文献，只要用户可在自己选定的时间、地点对作品进行诸如"阅读""浏览"的使用，其实质上都已经构成对"作品"的提供。

（二）"本馆馆舍"与作品传播范围的联系

传统图书馆以政府资助与社会服务团体捐助等方式获得运作基金，同时采购、保存图书等文化资源，并提供公共文化服务。在线图书馆大多以现实生活中的图书馆为主体，互联网在线借阅属于图书馆向到馆或远程的注册用户提供短期的电子书出借服务。③

为了切实保障著作权人在信息网络时代的权利，我国在2006年通过《信息网络

---

① 刘银良. 著作权法中的公众使用权［J］. 中国社会科学，2020（10）：183-203，208.
② 《最高人民法院关于审理侵害信息网络传播权民事纠纷案件适用法律若干问题的规定》第2条：本规定所称信息网络，包括以计算机、电视机、固定电话机、移动电话机等电子设备为终端的计算机互联网、广播电视网、固定通信网、移动通信网等信息网络，以及向公众开放的局域网络。
③ Elending is the temporary provision of an eBook by a library to a registered user for use away from the library premises and in the library should the user wish. IFLA. 2014 Elending background paper［EB/OL］.（2022-11-29）［2023-05-26］. http://www.ifla.org/files/assets/hq/topics/e-lending/documents/ifla-elending-background-paper-aug-2014-rev.pdf.

传播权保护条例》，并于 2013 年予以修订。其中第 7 条强调："图书馆、档案馆、纪念馆、博物馆、美术馆等可以不经著作权人许可，通过信息网络向本馆馆舍内服务对象提供…数字化形式复制的作品……"，该条第 2 款则对第 1 款中的作品进行了限定。司法裁判的争议主要集中在"本馆馆舍"是否包括图书馆自办的门户网站或者其他在线平台，而这是图书馆能否豁免侵权责任的关键所在。

当下的司法实践中，法院对"馆舍"的认识存在偏差。例如南宁市中级人民法院就认为"馆舍"应当限于物理概念，若将该概念超出限定的物理空间则可能对权利人的权利造成损害。[①] 北京市高级人民法院亦认为，图书馆向物理馆舍外的读者提供作品阅读服务，侵犯了著作权人的权利，并未将其视为图书馆提供的合法借阅服务。[②] 从裁判理由可以推知，上述不同法院对"馆舍"的认识直接来源于《信息网络传播权保护条例》中"馆舍内"的表述。"内外"一词属于传统的空间概念，那么只有在涉及物理空间的情形下才能成立，这自然会将网络在线空间排除出该词语的语义涵摄范围。与之相对，广州互联网法院在"云图网案"裁判书中认为，"在采取相应技术控制措施下，图书馆应当可以要求社会公众在依法进行实名注册并获取如电子借阅证等凭证后，通过互联网数字平台在线借阅馆藏数字资源。"[③] 法院虽将服务类型限定在阅读与浏览，但并未对"馆舍"这一用语予以狭义解释。此案中，法院认可"互联网数字平台"与图书馆的关系，可能有以下两种解释：其一，数字平台由图书馆平台运营；其二，图书馆以数字平台为中介提供借阅服务。无论采取何种解释，法院事实上将其涵摄入"馆舍"的法律意涵中，并进一步承认在采取相应技术措施的条件下图书馆在线借阅数字资源的合法性。

法院对是否属于"物理馆舍"的执着实质指向了互联网"不特定公众"对作品传播带来的扩大化风险。从理论上看，允许图书馆将馆藏图书借阅给公众的基础在于"首次销售"的权利穷竭理论。[④] 在线借阅属于信息网络传播权的控制领域，而信息网络传播权不适用权利穷竭。[⑤] 数字环境下的在线借阅，可能将某部作品的复

[①] 广西壮族自治区南宁市中级人民法院（2014）南市民三初字第 208 号民事判决书。
[②] 北京市高级人民法院（2021）京民申 3409 号民事判决书。
[③] 广州互联网法院（2020）粤 0192 民初 36894 号民事判决书。
[④] "权利穷竭理论"强调后续的使用不再向著作权人提供报酬，但《法国著作权法》第 L. 133.1 - 4 条与《德国著作权法》第 27.2 条及第 52. b 条都规定了图书馆应向著作权人支付相应报酬；而《韩国著作权法》第 31 条与《英国版权法》第 40A 条同我国类似，皆未规定报酬的内容。
[⑤] 黄玉烨，何蓉. 数字环境下首次销售原则的适用困境与出路［J］. 浙江大学学报（人文社会科学版），2018，48（6）：189 - 202.

制件不加限制地提供给不特定公众。[①]

在上文提到的"云图网案"中,法院认为,"若被告仅是针对图书馆的特定用户群体在线提供……浏览服务,则既符合公共政策目标……应属合理使用的范畴。"[②] 国外学者也持有类似的观点。[③] 法院之所以纠结于"馆舍"的定义,一方面在于图书馆的物理空间局限了进入馆舍的人群,分割了"特定群体"与"不特定公众";另一方面在于通过物理的手段降低了作品向不特定公众传播的风险。著作权法强调权利人对作品利用的控制,赋予了权利人控制作品传播方式、范围的权能。因此,与其认为法院将侵权与否的标准局限在"馆舍"的概念上,倒不如将其理解为能否接触到馆藏作品的群体范围。法院事实上将"馆舍"等同于对"特定群体"的判断,而不论"馆舍"是否包含图书馆自建网站或其他线上平台。在此逻辑下,图书馆提供何种服务反而不是法院首先要考虑的要素,最优先考察的内容应当表述为"是否允许不特定公众接触到图书馆馆藏资源"。

四、在线借阅的司法评判标准

在司法裁判中,图书馆在线借阅是否侵权主要取决于是否将作品提供给了"不特定公众",进而使得著作权人失去对作品的控制。具体来讲,法院主要对以下要件进行了考虑:服务对象是否是特定图书馆用户、提供的服务是否包含下载、是否尽到了合理注意义务。

(一) 服务对象是否为特定图书馆用户

在毕某敏与淮北市实验高级中学侵犯著作权纠纷上诉案中,两审法院围绕"进入系统是否需要提供账号密码"展开了讨论。[④] 从法院隐晦的表达中可以看出,虽然"进入并下载作品是否需要用户名及密码"作为证据要素考量,但重点应该在于"需要登录权限"这一事实,因为是否能够"下载"与是否服务"不特定公众"不

[①] 姚志伟,咏絮. 论信息网络传播权的权利限制——以销售者的利益保护为中心 [J]. 电子知识产权,2020 (12):4-16.
[②] 广州互联网法院 (2020) 粤 0192 民初 36894 号民事判决书.
[③] Uchenna Felicia Ugwu. Reconciling the Right to Learn with Copyright Protection [J]. Law and Development Review, 2019, 12 (1):44.
[④] 安徽省高级人民法院 (2009) 皖民三终字第 0014 号判决书.

存在必然关联。虽然提供"下载"是图书馆方的直接侵权原因,但在该案中法院并未否定"特定用户"下载作品的合法性。

在上海音乐出版社有限公司、上海文艺音像电子出版社有限公司等与广州联图电子科技有限公司侵害作品信息网络传播权纠纷案中,法院认为:"非特定图书馆的用户均可登入相关图书页面进行数字作品浏览和下载,其所提供的服务对象并未限定于图书馆特定用户群体,扩大了传播范围。"[①] 法院的关注点在于,服务对象是否面向不特定公众直接指向了可能存在的侵权危险。在著作权法的逻辑下,"提供作品 + 不特定公众"通常落入著作权人的信息网络传播权控制的领域。在法院的视角,图书馆特定用户群体不直接导向扩大作品传播范围风险的判断。

(二)服务类型是否仅限于浏览、阅读

传统的实体借阅服务允许读者将文献暂时带出馆舍外,但这并不意味着将该复制件的所有权交予读者,而仅仅是限期的"出借"。狭义上,"拥有"与"所有"是两个不同维度的概念,[②] 在著作权法中,"所有"通常与发行、复制等行为相联系,但借阅者不能与所有者画上等号。我国《图书馆法》第 2 条规定:"本法所称公共图书馆,是指向社会公众……并提供查询、借阅及相关服务……文献信息包括图书报刊……数字资源等。"其强调的服务主要是指借阅、查询而非下载。

图书馆通常应提供"接触"而非"复制"文献的服务。在陈某良诉数字图书馆著作权侵权纠纷案中,法院认为:"只有特定的社会公众(有阅览资格的读者),在特定的时间以特定的方式(借阅),才能接触到图书馆向社会公众提供的作品……这种接触对作者行使著作权的影响是有限的,不构成侵权。"[③] 法院强调图书馆的功能包括向社会公众提供"接触"作品的机会,但对作品的复制超出了"接触"的语义涵摄范畴。图书馆方若未与版权人、集成商等合同相对方达成一致,不能任意提供"下载"服务。

在涉及著作权的侵权案件中,法院通常将裁判的要点落在是否扩大了作品的传播范围,而"特定公众"与"特定方式"皆是限定作品传播的要件。

---

① 广州互联网法院 (2020) 粤 0192 民初 36898 号民事判决书。
② 吴文嫔. 所有权产生的法理基础——以占有性质的法律阐释为核心 [J]. 法制与社会发展, 2004 (3): 53-59.
③ 北京市海淀区人民法院陈兴良诉数字图书馆著作权侵权纠纷案民事判决书 [J]. 最高人民法院公报, 2003 (2).

（三）是否尽到合理注意义务

通常来讲，图书馆方提供的电子文献资源来自扫描、上传已有实体文献和购买、订阅第三方数据库的方式。在后一种情形下，图书馆应认定为网络内容服务提供者，若侵权事实成立，则应当承担相应的著作权侵权责任。与订阅类似，图书馆通过"镜像"他人数据库的方式对作品进行提供时也作同等考量。虽然图书馆是将作品提供给"特定用户"，看似并不存在扩大作品传播的表象，但应当注意的是：侵权作品本身暗示了已经失去或不存在著作权人对其传播的合法授权。因此，无论是否属于图书馆的用户，从法律效果上都作"不特定公众"的同等对待，因其不能限定在服务对象范围内；加之提供的是未经授权的作品，自然会被认定侵权。但图书馆方并非没有相应的抗辩理由，其要点落在是否有能力且及时采取合理注意义务。

在北京大学出版社诉绵阳市图书馆等侵权纠纷案中，原告为信息网络传播权授权方，超星公司为被授权方，被告采购了被告提供的数据库使用权，并通过"镜像"提供涉案作品。在原告授权到期后，超星公司与图书馆未及时将涉案作品删除，而被认定为应当承担侵权责任。[1] 在李某奎诉北京世纪超星等侵害著作权纠纷中，由于被告贵州大学并不存在对他人数字图书馆进行删改与控制的权限，故法院判定其只应承担停止侵权的责任，即协助超星公司删除涉案作品。[2] 同样的情况出现在何某群诉温州市图书馆侵犯著作财产权纠纷案，被告因及时删除涉案作品，而被认定为不存在共同侵权的故意，故不承担侵权赔偿责任。[3]

五、图书馆方的必要版权举措

从我国现阶段的著作权立法来看，法律对图书馆方使用作品的规定不多，除图书馆通过购入的方式向馆舍内服务对象提供实体或数字藏书外，仅允许因保存需要

---

[1] 北京知识产权法院（2019）京73民终206号民事判决书。
[2] 最高人民法院（2010）民提字第159号民事判决书。
[3] 温州市中级人民法院（2009）浙温知初字第44号民事判决书。

数字化复制作品。[①] 因此，在涉及著作权侵权时，可能难以通过合理使用以及公共利益的理由进行抗辩。通过上文对图书馆在线借阅法理与案例的分析，我们认为图书馆方在从事在线借阅服务时应当围绕限定传播范围、传播方式以及涉及侵权后的必要措施三个角度开展工作。

（一）限定传播范围的举措

图书馆所提供的在线借阅服务，其实质是将特定作品通过互联网进行传播，在不考虑其他情形下，属于权利人信息网络传播权的范畴。

限定图书馆的服务对象能够降低侵权风险。电子图书馆的服务对象应当是具有特定身份的读者，需要在图书馆登记个人信息才可以接受"电子借阅"的服务。若社会公众不需要身份认证即可从电子图书馆借阅文献，不应认为该服务对象属于特定图书馆用户。对于存在将馆藏数字文献在互联网传播事实或潜在风险的用户行为，可以建立风险用户分类管理名录，[②] 从用户画像的角度进行追踪分析,[③] 并结合馆藏作品版权管理系统来降低后续的侵权风险。

在考虑图书馆服务所面向的群体时，可以通过两种方法来限定传播对象。其一，面向特定图书馆用户。特定图书馆用户直接指向图书馆网站（或系统）的注册用户，不特定公众则特指未注册的社会公众。其二，实施、采用技术举措来限定服务对象。值得注意的是，根据国外现有案例来看，通过账号共享的方式允许登记读者以外的第三人登录图书馆系统暂不属于规避技术措施的情形，[④] 亦不承担扩大作品传播风险的责任。事前采取技术措施限定服务对象，有助于排除向"不特定公众"提供服务的嫌疑，事后采用技术措施补救并不能排除其在先侵权的事实。

[①]《著作权法》第 24 条：在下列情况下使用作品，可以不经著作权人许可，不向其支付报酬，但应当指明作者姓名或者名称、作品名称，并且不得影响该作品的正常使用，也不得不合理地损害著作权人的合法权益：……（八）图书馆、档案馆、纪念馆、博物馆、美术馆、文化馆等为陈列或者保存版本的需要，复制本馆收藏的作品。

《信息网络传播权保护条例》第 7 条：图书馆……可以不经著作权人许可，通过信息网络向本馆馆舍内服务对象提供本馆收藏的合法出版的数字作品和依法为陈列或者保存版本的需要以数字化形式复制的作品……当事人另有约定的除外。

前款规定的为陈列或者保存版本需要以数字化形式复制的作品，应当是已经损毁或者濒临损毁、丢失或者失窃，或者其存储格式已经过时，并且在市场上无法购买或者只能以明显高于标定的价格购买的作品。

[②] 陈传夫，王云娣. 图书馆用户知识产权风险管理策略 [J]. 图书馆论坛，2008，28（6）：16-20.

[③] 程光胜. 基于"大数据+小数据"的智慧图书馆用户精准画像模型构建 [J]. 图书馆理论与实践，2022（5）：90-95，104.

[④] Vasiliki Samartzi. Account-sharing: a legitimate alternative to unlawful circumvention for the purposes of achieving content portability? [J]. International Journal of Law and Information Technology, 2013, 21 (1): 66-91.

(二) 限定传播方式的举措

由于在线借阅的服务性质主要建立在互联网以及计算机系统之上,因此需要考虑使用技术措施来限定数字作品的传播。图书馆提供在线借阅服务主要依托两个场景。其一是图书馆的物理馆舍,即从字面意义上理解的"本馆馆舍";其二是图书馆的在线借阅平台,包括图书馆自有或借用他人平台的情形。

在图书馆提供实体馆藏作品借阅服务时,若读者需要复制作品时,读者的自行摘录属于合理使用的范畴,对于监控读者的终端使用行为,一方面难度极大,另一方面可能涉嫌侵犯他人隐私。[①] 图书馆方通常会提供有偿或无偿的影印服务,国外实践中对此有付费的法律规定,[②] 我国法律暂未涉及,故可以认为读者在物理馆舍中对实体馆藏进行少量的复制不会致使图书馆方承担著作权侵权责任。

相比之下,数字借阅则有所不同。首先需要明确的是,图书馆方无论是在物理馆舍抑或通过互联网提供在线借阅服务时,原则上不提供对作品的复制、下载服务。图书馆是便于公众"接触"作品的场所,下载不属于图书馆合理使用的范畴。除非图书馆方与作品提供方协商一致允许用户下载电子文献,否则应当避免提供作品的复制件而陷入侵权的风险。其次需要采用技术措施来限定对数字文献的下载、浏览、复制等后续使用。

我国在《信息网络传播权保护条例》第10条第4款指出,图书馆的合理使用需采取技术措施以"防止……服务对象以外的其他人获得著作权人的作品,并防止……复制行为对著作权人利益造成实质性损害"。从目前的实践来看,可以考虑借鉴"数字受控借阅"(CDL 模式)[③] 来控制对数字作品的借阅。

将借阅者局限于个体的人而非不特定公众,有助于控制电子借阅的副本数量。例如,俄罗斯国家图书馆要求读者凭统一的电子读者证才能接受线上服务。[④] 限定借阅的数量与时间也存在可行性。根据《德国著作权法》第52b条的规定:"电子

---

① 王清,陈炫伯. 数字时代版权技术保护措施与隐私权的冲突及协调 [J]. 学习与探索, 2019 (5): 63-68.
② 许乐. 图书馆"馆藏著作从属性原则"研究——以《欧盟信息社会著作权指令》视域下《德国著作权法》为考察对象 [J]. 图书馆论坛, 2016, 36 (10): 81-89.
③ Kristine J. Shrauger, Lee Dotson. Scan by Numbers: Interlibrary Loan Lending Statistics Shape Digital Initiative. [J]. Journal of Interlibrary Loan, Document Delivery & Electronic Reserve, 2010, 20 (3): 135-148.
④ 靳国艳. 俄罗斯国家数字图书馆的建设与发展 [J]. 山东图书馆学刊, 2019 (1): 91-96.

阅览室对同一种著作的电子版所能提供的数量不应超过该种馆藏著作纸质版的复本量。"[①] 美国加州大学圣地亚哥分校要求某一图书的可借阅数量与实体馆藏的数量一致，且借阅被限定在60分钟内，访问时间可以适当延长，超期则自动恢复未借阅状态。[②] 这与美国版权局在2017年发布的《美国著作权法》第108条例外规定的示范条款允许图书馆用户在限定时间内远程接触数字复制件的规定保持一致。[③]

从具体的操作来看，图书馆方使用的技术措施应具有以下几点功能：第一，功能仅限于浏览、阅读（若未与版权方就复制问题达成一致）；第二，限定数字作品的借阅数量与时间；第三，下载后的数字文献无法再次复制、传播。以上要求可采用特定阅读软件的方式来解决，或可考虑图书馆通过馆际合作共同建设。[④] 合作一方面能够强化图书馆与著作权人谈判时的议价能力，[⑤] 另一方面能够优化数字借阅规范以减少侵权可能，同时为读者提供兼容、便捷的数字借阅服务。

（三）涉及侵权后的必要措施

图书馆在提供在线借阅服务时，若其提供的作品涉及侵权，应尽到及时删除、断开侵权作品链接等合理注意义务。[⑥] 出于对图书馆馆藏文献数量的考虑，法院并不认为图书馆有能力且应当对每一件作品进行侵权审查，实质上排除图书馆"知道"侵权事实的可能性。[⑦] 值得注意的是，虽然法院认定图书馆方无须对馆藏作品的著作权进行审查，但馆方定期自查、筛查著作权瑕疵有利于规避可能存在的版权纠纷，[⑧] 提前建立馆藏作品版权期限预警系统或许能够事前防范侵权风险。而在事后阶段，无论图书馆在线借阅服务是采取自己选择、管理，抑或选择"镜像"他人

---

① 该条来自《欧盟信息社会著作权指令》第5(3)(n)条，但指令中并未指出需要对图书借阅的数量进行限定。
② 李春卉. 新冠疫情下美国大学图书馆馆藏图书的在线访问——受控数字借阅 [J]. 图书馆学研究, 2021 (15): 96-101, 95.
③ 汪东丽. 促进数字化转型：美国图书馆著作权例外改革示范条款评析 [J]. 图书馆论坛, 2019, 39 (11): 155-163.
④ 林毅忠. 数字时代我国高校图书馆际互借服务变革与发展探讨 [J]. 图书馆工作与研究, 2015 (4): 95-98.
⑤ 刘艳. 基于五力竞争模型的公共图书馆MOOCs服务战略研究 [J]. 图书馆研究与工作, 2017 (9): 26-32.
⑥ 金雪梅. 图书馆的著作权侵权责任探析——从判例看无过错行为立法保护的必要性 [J]. 新世纪图书馆, 2021 (3): 5-11.
⑦ 秦珂. 图书馆链接服务侵权责任的认定与著作权法律风险规避——两例图书馆链接服务侵犯著作权纠纷案件的比较分析 [J]. 图书馆理论与实践, 2014 (8): 1-5.
⑧ 张立彬，李易航，王果，等. 互联网环境下高校图书馆版权管理基础与路径探索 [J]. 图书馆, 2018 (9): 65-70.

的数据库,若作品涉嫌侵权,均应当采取合理注意义务来避免侵权损害的范围扩大。①《信息网络传播权保护条例》第15条指出:"网络服务提供者接到权利人的通知书后,应当立即删除……并同时将通知书转送……"提供作品的服务对象,《民法典》第1195条也规定了类似的"通知删除"义务,②而未来"算法"的接入则可能进一步要求图书馆承担更重的注意义务。③

六、结　语

而图书馆的公共服务性质与著作权法赋予权利人对作品的排他控制权是不相冲突的。其原因在于图书馆仅对作品提供有限的阅读与浏览服务,其一方面不作为作品复制件的传播者褫夺著作权人的利益;另一方面,文化的意义在于传播,而非占有。④

维护著作权人的利益与保障图书馆在线借阅服务实现并不存在抵牾。美国图书馆协会于2012年发布的《公共图书馆的电子版图书营销模式》中指出购书者与借阅者存在一致性,购书数量并不一定会随着电子借阅等阅读方式的改变而减少。互联网使用户对作品的接触与分享更便捷,但不意味着在一个时间区间内,在线借阅一定会取代传统借阅。这应对整个社会的整体借阅进行判断,而非对单个图书馆进行片面的评价。此外暂无实证研究证明,数字公共借阅对纸质出版物的销量产生实质性影响。⑤

技术发展带来的红利应惠及社会各个群体,尽管出于知识产权保护的需要拓展了著作权的保护深度,但公众亦有权利在新的技术环境下接触到图书馆的馆藏作品。

---

① 邢张睿,陈星. 高校图书馆数字化建设中的版权清算研究——以《中华人民共和国著作权法》第三次修订后为视角 [J]. 图书馆工作与研究,2022 (3):5-12.

② 《民法典》第1195条:网络用户利用网络服务实施侵权行为的,权利人有权通知网络服务提供者采取删除、屏蔽、断开链接等必要措施。通知应当包括构成侵权的初步证据及权利人的真实身份信息。
网络服务提供者接到通知后,应当及时将该通知转送相关网络用户,并根据构成侵权的初步证据和服务类型采取必要措施;未及时采取必要措施的,对损害的扩大部分与该网络用户承担连带责任。

③ 易健雄. 从算法技术看网络服务提供者的"应当知道"——也谈《民法典》第1197条的适用 [J]. 知识产权,2021 (12):28-39.

④ 夏光富,唐睿. 文化传承、审美认同与叙事建构——论文学艺术与现代传播媒介的关系 [J]. 重庆邮电大学学报(社会科学版),2018,30 (2):137-141.

⑤ 张惠彬,吴柯苇. 英国公共借阅权制度及其在数字时代的新发展 [J]. 图书馆建设,2018 (12):37-43;金胜勇,章亭. 英国电子书公共借阅权补偿金制度对我国的启示 [J]. 图书情报工作,2021,65 (5):136-143.

随着技术与社会的发展，既不能因鼓励产业发展而肆意推进知识产权的扩张，也不能以公共利益之名限制合法的知识产权。① 私人著作权的安定与公共利益的实现应当寻找到一种平衡的姿态。加强图书馆方面在馆藏文献方面的优势，将有力地激活、发掘图书馆的版权价值，促进图书馆新业态、新服务、新目标的实现。

（责任编辑：王颖）

Research on Copyright of Online lending in digital Library

Zhang Junkai

Abstract：As an organization that collects, organizes and keeps books and documents for the public to read, libraries play the social functions of preserving knowledge and disseminating culture. At present, the scale of online lending is increasing year by year, and the legal disputes involved need to be solved urgently. According to the current laws of our country and comparative research, it is found that the provisions are unclear and the connection is not smooth in the relevant laws and regulations of our country. Through the analysis of online borrowing behavior, the lending service of digital documents belongs to the control scope of information network transmission right under the Copyright Law. In essence, the consideration of the "building" of the library points to the judgment of "non‐specific public". In order to avoid infringement, the library should limit the user group of online borrowing, only provide "browsing and reading" services, fulfill the duty of reasonable care, and arrange certain intensity of technical measures to ensure the realization of the above requirements.

Key Words：Online library；Copyright；Online borrowing；Technical measures

---

① 刘银良. 国际知识产权政治问题研究［M］. 北京：知识产权出版社，2014.

软件著作权诉讼专家辅助人的适用困境与完善研究

陈 实[*] 李星锐[**]

【摘 要】 随着计算机技术的发展,有关的著作权侵权诉讼越来越多。然而计算机软件作品的技术壁垒高,法官通常难以查明此类案件的事实。相比现有的司法鉴定和技术调查机制,专家辅助人在查明技术事实上具有诸多优势。但是专家辅助人制度在著作权诉讼上存在一定的适用困难,不仅适用时间较短,亦存在不少缺陷。这导致实践中存在专家辅助人制度使用频率不高、专家意见在诉讼中采信率低等问题。为了解决实务难题,填补学术空白,本文通过揭示软件著作权诉讼专家辅助人适用的困境,结合域外的经验来探究如何完善我国的专家辅助人制度。具体来说,笔者提出了以下对策建议:(1) 明确软件著作权诉讼专家辅助人的准入条件;(2) 赋予软件著作权诉讼专家辅助人独立的诉讼地位;(3) 将软件著作权诉讼专家意见归为新类型的证据;(4) 细化软件著作权诉讼专家辅助人的权利和义务;(5) 完善软件著作权诉讼专家辅助人参与诉讼的程序。

【关键词】 软件著作权 专家辅助人 技术调查官 诉讼程序

随着计算机应用逐渐成为各行各业的基础工具,涉及计算机软件著作权的诉讼也越来越多。鉴于计算机软件行业具有较强的专业性,2002 年实施的《最高人民法院关于民事诉讼证据的若干规定》(法释〔2001〕33 号)首次引入专家辅助人制度来帮助审理,并同时将专家定义为"有专门知识的人"。其中,"专门知识"指的是一般人通过学习或培训后所掌握的,在特定领域内具有的专业性知识、技能和经验。

---

[*] 陈实,法学博士,西南财经大学法学院长聘副教授、知识产权研究院常务副院长。
[**] 李星锐,西南财经大学法学院知识产权法学专业硕士研究生。

"有专门知识的人"是具有特定领域的知识,经当事人申请并经过法院许可后在法庭上对专业问题进行解释,辅助当事人行使质证权以及帮助法官查明技术事实。[①] 随着"专家辅助人"概念的发展,其在技术查明机制中扮演了重要的角色。2013年颁布的《民事诉讼法》增加了"有专门知识的人"的规定,这是首次以立法形式确定专家辅助人制度。随后,2020年最高人民法院颁布的《关于知识产权民事诉讼证据的若干规定》(以下简称《知识产权民事证据规定》)为软件著作权诉讼适用专家辅助人制度提供了更为充分的法律依据。不过,我国专家辅助人制度仍不成熟,专家辅助人的意见在诉讼中的采信率较低,其法律适用效果并不理想。此外,鲜有学术研究涉及该问题。为解决实务困难,以及填补学术空白,本文将聚焦解决软件著作权诉讼专家辅助人的适用困境,并拓展专家辅助人制度的基本理论。

一、软件著作权诉讼中的专家辅助人

软件著作权诉讼中的技术查明机制有三种,司法鉴定、专家辅助人以及技术调查。其中,司法鉴定和专家辅助人需要委托第三方机构或个人完成。专家辅助人在软件著作权案件中的优点主要体现在以下几个方面。其一,软件著作权的法规复杂,专家辅助人能够深入了解相关法律规定,帮助客户理解他们的权利和义务,制定法律策略,以及在法庭上进行有效辩护。其二,专家辅助人可以协助客户有效地收集和保护证据。这包括处理软件代码、文件、合同和通信记录等证据,确保其合法性和完整性。其三,软件著作权案件通常涉及复杂的技术细节。专家辅助人能够与技术专家合作,理解软件代码和系统架构,从法律角度解释这些技术细节,并在法庭上有效地沟通。其四,专家辅助人可以评估案件的强弱点,为客户提供建议,并协助制定有效的诉讼策略,最大限度地保护其权益。

此外,专家辅助人与司法鉴定人相比具有多项优势。第一,当事人可以按照自己的主观要求灵活选择专家辅助人。不仅可以通过学历、职称等硬性指标进行筛选,还可以根据道德诚信、口才和表达能力等软性指标进行筛选。如果当事人觉得有必要,还可以聘请其他地区的专家。专家辅助人准入的高度自由化调动了当事人的积极性,对维权的当事人来说是更为方便的选择。而对于鉴定人,当事人则没有多大

---

① 最高人民法院民事审判第一庭. 民事诉讼证据司法解释的理解与适用 [M]. 北京:中国法制出版社, 2002:269 - 299.

的选择权。一方面，自行委托鉴定会受到法院的质疑；另一方面，双方当事人选择相同鉴定机构的概率较小，通常情况下还是依靠法院来指定鉴定机构。第二，当前法规对专家辅助人的准入条件保持宽松的态度，因此可以作为专家辅助人出庭的人数多，当事人也更容易接触到。而我国司法鉴定所则较少，鉴定人与专家辅助人的数量差距过大，在软件著作权案件越来越多的大环境下，寻找合适的专家辅助人参与诉讼是缓解当前司法鉴定资源紧缺的适当做法。第三，专家辅助人弥补了当事人在软件编程方面知识的欠缺。专家辅助人可以在诉讼的各个阶段给予当事人技术支持，这是鉴定人无法做到的。因为我国法律规定，鉴定人必须时刻保持客观和中立，不能对任何一方当事人提供过多的帮助。第四，在庭审时专家辅助人不仅可以协助当事人进行质证，保障当事人质证权，还可以在当事人缺乏专业知识的情况下，辅助当事人有效行使宪法，确保当事人在司法程序中的辩论权，保障当事人能够参与辩论为自己的权益辩护。而鉴定人无法帮助当事人行使辩论权，只能保持中立的地位。

二、制度介绍

（一）软件著作权诉讼专家辅助人制度的现状

1. 软件著作权诉讼专家辅助人制度的立法现状

我国对专家辅助人的规定主要集中在民事诉讼法及其司法解释中。总的来说，对专家辅助人的规定主要有以下几个方面。首先，启动专家辅助人的程序。其次，对专家辅助人权利义务的规定。最后，专家辅助人在诉讼中的庭审参与。综上，我国专家辅助人制度设置简单，所以在软件著作权诉讼中专家辅助人的适用基本没有可以依据的法规，只能参照《民事诉讼法》及其司法解释的规定。

首先，在民事诉讼法及其司法解释对专家辅助人的规定中，《民事诉讼法》第82条规定，启动专家辅助人需要由当事人向法院申请许可。此外，专家辅助人的主要功能是在庭审时就案件的技术问题发表看法，帮助法官进行技术事实查明以及代表当事人对鉴定意见行使质证权。这是专家辅助人制度第一次出现在《民事诉讼法》中。但《民事诉讼法》仅对专家辅助人的程序启动以及功能做了简单的规定，在专家辅助人诉讼地位、意见性质、权利与义务、参与诉讼的程序等方面并未做出明确规定。

2022年《关于适用中华人民共和国民事诉讼法的解释》（以下简称《民事诉讼法司法解释》）第122条和第123条进一步规定了专家辅助人制度。主要分为四个方面：第一，《民事诉讼法司法解释》将专家辅助人意见认定为"当事人陈述"，[①]使法官在庭审过程中可以考虑专家辅助人的意见；第二，规定专家辅助人的费用应由雇方承担；第三，当事人向法院申请专家辅助人出庭的时间应当是举证期限届满前，这样可以保证法院有足够时间审查被申请人是否有资格作为专家辅助人参与诉讼，提前完成"专家"资格的审查也有利于提高庭审效率；第四，《民事诉讼法司法解释》赋予法官在庭上询问专家辅助人的权利。这样做有两方面的好处：一是法官在面对专业性较强的案件时可以向专家辅助人询问专业知识；二是法官在庭审中公开询问专家辅助人可以让当事人了解到相关技术实质以及法官的心证过程；此外，还补充限制了专家辅助人参与诉讼的范围，在庭审中专家辅助人只能参与专业问题之内的法庭审理活动。

其次，专家辅助人制度在软件著作权诉讼中的适用。软件著作权诉讼与普通民事诉讼不同，其有极高的专业壁垒，不论是法官还是当事人大概率都需要专家辅助人的帮助。而我国在著作权领域并未制定专家辅助人规范，知识产权领域的诉讼也只是简单适用《民事诉讼法》及司法解释对专家辅助人的规定。具体而言，《知识产权民事证据规定》第28条规定专家辅助人必须由当事人向法院申请，在法院准许后才可以参与诉讼，专家辅助人的主要功能是对专业问题发表意见以及代表当事人向鉴定人质询。当事人对其询问还需得到法庭的准许，除此之外再无其他规定。

2. 软件著作权诉讼专家辅助人制度的现状

由于当前法规对专家辅助人制度的规定较为简单，因此在软件著作权侵权案件中适用专家辅助人制度的频率较低。具体来说，主要体现以下两个方面。第一，专家辅助人适用率低且称谓不统一。笔者发现，专家辅助人参与软件著作权侵权诉讼的案件不到1%，并且不同的法院对专家辅助人的称谓也不同。有的法院称为专家证人，有的法院则称为技术专家。第二，专家辅助人的意见采信率低。通过对专家辅助人参与软件著作权侵权诉讼的9份判决书进行阅读和分析后，笔者发现法官对

[①] 郭华. 对抗抑或证据：专家辅助人功能的重新审视——兼论最高法院审理"奇虎350诉腾讯"案[J]. 证据科学，2016（2）：133–142.

专家辅助人意见的处理方法主要有三种：法官采信专家辅助人意见、法官不予采信，以及在判决书中未提及专家辅助人的意见。其中，法官采信专家辅助人意见的案件仅有1件，采信率仅1/9。

首先，专家辅助人制度适用率低且称谓不统一。2004—2022年，计算机软件著作权侵权诉讼在裁判文书网中共有1246件。笔者发现在软件著作权侵权诉讼中有专家辅助人参与的案件仅有9件，专家辅助人在软件著作权侵权诉讼的适用率不足1%。此外，分析这9份判决书后可以发现我国司法实践对专家辅助人没有统一的称谓。具体而言，学术界普遍认可专家辅助人这一称谓，司法实践也同样如此。将"有专门知识的人"称呼为"专家辅助人"的案件共有6件，占比最高。虽然我国专家辅助人制度与美国专家证人制度部分相似，究其本质来看仍有区别，但在软件著作权侵权诉讼中有2份判决书仍将"有专门知识的人"称为专家证人，虽然技术专家与专家辅助人有本质差别，仍有1件案件称"有专门知识的人"为"技术专家"。没有一个案件是按照法律规定的"有专门知识的人"来称呼的。

其次，专家辅助人意见采信率低。为了更深入地了解软件著作权诉讼中适用专家辅助人的状况，笔者详细阅读了上述9份判决书。通过对判决书中专家辅助人意见采信状况以及裁判理由的统计和分析，笔者发现软件著作权诉讼中专家辅助人的意见采信率极低。主要分为三种情况：第一，法官采信（1件）。法官根据专家辅助人的陈述理解案件的技术事实，认可专家辅助人的意见；但专家辅助人的意见不能作为定案根据，只能附加其他证据做出判决。第二，法官不予采信（4件）。专家辅助人就专业事实发表意见、对鉴定意见发表质证意见后，法官表明没有足够依据不予采纳，专家辅助人提出的异议不足以反驳鉴定结果。第三，法官未提及（4件）。判决书中仅有专家辅助人的出庭记录，其他方面一概没有提到，无法得知专家辅助人具体在案件中发表了何种意见。

（二）文献综述

英美法系国家的专家证人制度体现了对当事人处分权的尊重，当事人在聘请专家证人时权责自负。而在职权主义的影响下，大陆法系国家在专业性较强的案件中司法鉴定发挥重要作用，对当事人自聘专家的规定则比较随意。这导致在司法实践中，作为诉讼辅助人的专家无法和鉴定人分庭抗礼，进而损害当事人的诉讼权利。

1. 国内研究现状

国内鲜有针对软件著作权诉讼专家辅助人制度的研究。对文献检索结果的分析发现，域内学者主要从以下四个方面来研究专家辅助人制度：（1）专家辅助人的准入条件；（2）专家辅助人的诉讼地位；（3）专家辅助人意见的性质；（4）专家辅助人的权利和义务。

关于专家辅助人的准入条件，目前学术界对该问题的看法为两种：对专家辅助人的资格进行限制或不作限制。部分学者认为应当具体规定审查条件来限制专家辅助人的准入。[①] 相反观点则认为应当对专家辅助人资格认定采取宽泛的措施。可以借鉴美国对专家证人准入的措施，对专家辅助人不作严格的要求，任何拥有相关专业知识或实践经验的人都可以作为专家辅助人参与诉讼。[②]

关于专家辅助人应当具有何种诉讼地位，学界存在很大的争议。目前主流观点有四种：非固定地位说、专家证人说、诉讼代理人说以及独立诉讼参与人说。非固定地位说认为不需要明确专家辅助人的诉讼地位，在认定诉讼地位时可以灵活一些。[③] 专家证人说（《民事诉讼法》第82条）认为在广义上证人应当包含专家辅助人，[④] 诉讼地位应当与证人一致。[⑤] 诉讼代理人说认为专家辅助人在功能实现上与诉讼代理人是相同的，两者在本质上没有多大差别。两者与当事人都存在委托关系，都是为了帮助委托方赢得诉讼。[⑥] 独立诉讼参与人说认为专家辅助人的工作虽然是辅助性的，但是他的专家身份应当是独立的，可以独立地发表专家意见。将专家辅助人认定为专家证人会导致在司法实践中，法官对专家辅助人制度与证人制度产生混淆。[⑦] 因此，专家辅助人应当具有独立的诉讼地位。[⑧]

关于专家辅助人意见的性质，目前学界认为专家辅助人意见不应当属于当事人陈述，同时还在争议专家辅助人意见能否作为法定证据。例如，毕玉谦认为将专家辅助人意见性质认定为当事人陈述不仅阻碍了法官对案件的技术事实查明，还妨碍

---

① 卢建军. 司法鉴定结论使用中存在的问题及解决途径 [J]. 证据科学, 2010 (6): 704-711; 刘鑫, 王耀民. 论专家辅助人资格的审查 [J]. 证据科学, 2014 (6): 698-715; 邓继好. 专家辅助人弱当事人化刍议 [J]. 江淮论坛, 2013 (6): 120.
② 徐继军. 专家证人研究 [M]. 北京: 中国人民大学出版社, 2004: 130-132; 黄学贤. 行政诉讼中的专家辅助人制度及其完善 [J]. 法学, 2008 (9): 99.
③ 毕玉谦. 辨识与解析: 民事诉讼专家辅助人制度定位的经纬范畴 [J]. 比较法研究, 2016 (2): 99-111.
④ 单丽雪. 中华人民共和国民事诉讼法注释本 [M]. 北京: 法律出版社, 2012: 60-61.
⑤ 苏青. 鉴定意见证据规则研究 [M]. 北京: 法律出版社, 2016: 161-163.
⑥ 汪建成. 司法鉴定模式与专家证人模式的融合——中国刑事司法鉴定制度改革的方向 [J]. 国家检察官学院学报, 2011 (4): 95-115.
⑦ 李永泉. 功能主义视角下专家辅助人诉讼地位再认识 [J]. 现代法学, 2019 (1): 157-167.
⑧ 沈明磊. 民事诉讼专家辅助人制度适用问题研究 [J]. 法律适用, 2017 (1): 81.

了当事人在庭审时行使辩论权。[①] 胡震远认为应当将专家辅助人的意见作为普通证人证言的一种，因为专家辅助人与普通证人无明显差别。[②] 范思力则持不同观点，认为法律规定的证据类型不能包含专家辅助人意见，此意见只是法庭上的技术参考。[③]

专家辅助人享有一定的权利和义务是专家辅助人作为诉讼参与人在诉讼中发挥作用的前提。学界目前对专家辅助人拥有什么权利，需承担怎样的义务没有统一的观点。《民事诉讼法》及其司法解释中明确了两项权利：（1）专家辅助人可以代表委托方对鉴定意见提出质证意见；（2）专家辅助人可以发表意见来解释案件中的专业问题。[④] 除此之外，专家辅助人还应当拥有案件资料查阅和拒绝接受聘请的权利。部分学者认为除了上述的权利之外，专家辅助人同样应有获取报酬权、知情权、质询权等权利，且应当履行保密、客观发表真实意见、出庭等义务。[⑤] 如果因为专家辅助人的虚假陈述造成当事人财产损害的，当事人可以提起民事诉讼，要求专家辅助人赔偿损失。

2. 国外研究现状

国外的学者通过以下四个方面来研究专家辅助人制度：（1）专家辅助人的资格认定；（2）专家辅助人的诉讼地位；（3）专家辅助人意见的性质与效力；（4）专家辅助人的权利和义务。

关于专家资格认定，英美法系国家注重当事人对抗，因此并未对资格作限制性规定。其中，美国对专家证人的准入条件没有作出限制性规定，只要能够以相关知识、技能或经验帮助事实审判者理解或裁决争议事实，就拥有成为该案专家证人的资格。[⑥] 英国对专家的解释为"在相关领域具备普通人没有的知识或经验的人"，可以看出英国也未对专家证人的准入作严格的限定。[⑦] 而一般大陆法系国家对专家资格的限定较为严格，[⑧] 只有日本相关法律比较宽松。在日本普遍认为诉讼辅佐人附

[①] 毕玉谦. 专家辅助人制度的机能定位与立法性疏漏之探讨[J]. 法治研究, 2019 (5): 83.

[②] 胡震远. 我国专家证人制度的建构[J]. 法学, 2007 (8): 92-97.

[③] 范思力. 刑事审判中专家辅助人出庭若干问题研究——以修改后的《刑事诉讼法》相关规定为切入点[J]. 西南政法大学学报, 2012 (5): 24-28.

[④] 窦淑霞. 法官对专家辅助人意见的采信与心证形成的路径分析[J]. 法学杂志, 2018 (2): 108-123.

[⑤] 蔡虹, 夏先华. 诉诸权威理论结构下的专家辅助人的制度深思[J]. 河北法学, 2020 (3): 64.

[⑥] P. M. Durney, J. C. Fitzpatrick. Retaining and Disclosing Expert Witnesses: A Global Perspective [J]. Defense Counsel Journal, 2016 (38): 17.

[⑦] Expert Support Service Form The UK Register of Expert Witness [EB/OL]. (2023-05-20) [2023-08-22]. https://www.jspubs.com/lawyers/index.htm.

[⑧] 何家弘. 外国证据法[M]. 北京: 法律出版社, 2003: 317.

属于委托人，诉讼辅佐人不应当具备诉讼能力，所以日本诉讼法没有具体描述诉讼辅佐人应当具备怎样的资质。[①]

关于专家的诉讼地位，英美法系国家认为专家证人作为一种特殊的"证人"，其诉讼地位应当与证人保持一致。[②] 而大陆法系国家，例如日本法律规定专家辅佐人需得到法院准许后才能出庭。专家辅佐人是从属于当事人而存在，没有独立的诉讼地位。[③] 在意大利刑事诉讼中技术顾问与律师扮演的角色不尽相同，诉讼地位是当事人的技术辅助人。因为诉讼地位的缘故，意大利的技术顾问在诉讼中就案件专业问题发表的意见会招致法官的怀疑。在法官看来，专家意见的客观性远不如鉴定意见，但经过质证后的专家意见也会对法官的心证产生影响。[④]

关于专家辅助人意见的性质，美国专家证人制度与证人制度的规定基本一致，所以其意见性质也与证人的证言相同。大陆法系国家普遍对技术顾问意见的客观性与真实性存疑，不能作为证据使用，仅是法官裁判的参考。例如，日本法律规定诉讼辅佐人意见性质为当事人陈述，该意见不能作为独立的证据使用。[⑤] 法国的法律规定当事人聘请的专家与当事人有雇佣关系，专家必然会偏向当事人，专家意见不具有客观性和真实性。[⑥]

关于专家辅助人的权利和义务，普通法系国家的专家证人享有自主的提供专家证言与获得报酬等权利，但也需承担相应的义务：（1）仅在其专业领域发表意见；[⑦]（2）客观公正发表意见；[⑧]（3）回避义务，法官在考虑专家意见是否公正、是否具有效力时会考虑委托方与专家的关系。[⑨] 以法国为例，大陆法系国家技术人员的权利散见于民事证据法中。技术人员的权利包括获得相关资料的权利、提出意见的权利、说明和解释的权利等。技术人员应承担的义务包括协助法官的义务、不能评判法律问题的义务、回避义务、不持偏见地完成工作的义务以及说明义务等。[⑩]

---

① 三月章. 日本民事诉讼法 [M]. 汪一凡, 译. 台北：五南图书出版公司, 1997.
② The Federal Rules of Evidence, Rule. 702.
③ 新堂幸思. 新民事诉讼法 [M]. 林剑锋, 译. 北京：法律出版社, 2008：142.
④ 何家弘. 外国证据法 [M]. 北京：法律出版社, 2003：318 - 320.
⑤ 新堂幸思. 新民事诉讼法 [M]. 林剑锋, 译. 北京：法律出版社, 2008：144.
⑥ 法国新民事诉讼法典 [M]. 罗结珍, 译. 北京：中国法制出版社, 1999：48.
⑦ APEGGA. Guideline for the Professional Member as a Witness [EB/OL]. (2023 - 05 - 20) [2023 - 08 - 22]. http://www.apegga.org/pdf/guidelines/witness.pdf.
⑧ Expert Evidence, Review of the Criminal and Civil Justice System, Justice System [EB/OL]. (2023 - 05 - 20) [2023 - 08 - 22]. http://www.lrc.Justice.wa.gov.au/RevCCJS - p92/finalreprot/freportindex.htm.
⑨ 杨良宜, 杨大明. 国际商务游戏规则：英美证据法 [M]. 北京：法律出版社, 2002：498.
⑩ 法国新民事诉讼法典（上）[M]. 罗结珍, 译. 北京：中国法制出版社, 2008：313 - 333.

三、软件著作权诉讼专家辅助人的适用困境

（一）专家辅助人的准入条件不清晰

专家辅助人的准入条件不清晰，会引起法官对专家资质和意见的质疑，从而降低庭审效率。这是专家辅助人采信率低的主要原因之一。准入条件是专家辅助人制度的基本问题，即软件著作权诉讼中的专家辅助人应当满足什么条件。专家辅助人制度发展的二十多年来，自2002年《证据规定》，到2013年《民事诉讼法》，再到《民事诉讼法司法解释》以及《知识产权民事证据规定》，都未明确专家辅助人的准入条件，仅作了"有专门知识的人"这样简单的规定。对于这个"有专门知识的人"所掌握知识的程度、学历证书、资格证书等并没有明确的规定。

域外的专家制度为我们提供了两个方案：第一，英美法系国家以开放式的态度来看待专家的准入条件。他们未要求专家证人需要满足的硬性门槛，专家不仅包括有专业资质、有相应学历的人，也包括在相关领域工作多年、具有实践经验的人。宽松的专家准入条件有利有弊，方便当事人聘请专家、扩大了当事人的自主权，但也会导致审判人员对专家意见的真实性与科学性产生怀疑。审判人员审查专家资格后才能选择是否听取专家意见，无形增加了审判人员的工作量。第二，大陆法系国家为了增加专家意见的可信度而选择严格限制专家的准入。优点是无须在庭审中审查专家资格、增加了专家意见的真实性。但缺点也同样明显，这样做会极大地消耗司法资源。此外，在计算机软件领域，实践经验最为重要，如果严格限制专家辅助人的资格会把很多实践经验丰富的人排除在诉讼之外。

总之，对专家辅助人的准入问题，无论是英美法系对专家准入宽松的规定，还是大陆法系对专家准入作严格的限制都好过当前法规对专家辅助人准入的模糊。我国的鉴定人制度以及知识产权技术调查官制度都有明确的资质要求，需要具有一定学历和职称来证明专业能力。因此，在专家辅助人的准入问题上应当作出具体规定，但不能与鉴定人或技术调查官混为一谈，应当有自己的特点。

（二）专家辅助人诉讼地位模糊

专家辅助人不仅诉讼地位模糊，不同法院在庭审中对专家辅助人的安排也不同，

庭审过程较为混乱。诉讼地位的重要性体现在它决定了诉讼主体的意见性质和效力。因此，若想要专家辅助人在庭审中发挥实质作用，就必须对诉讼地位进行明确的界定，这样可以避免专家辅助人制度成为仅具有象征性意义的制度。在侵害软件著作权权属、侵权纠纷案中，专家辅助人均参与了庭审，但在判决书中并未明确说明专家辅助人对裁判的帮助。虽然专家辅助人参与诉讼的座席安排与证人一致，但是专家辅助人没有与证人相似的诉讼地位。这导致在庭审中，专家辅助人与其他诉讼主体有些格格不入。

诉讼地位的模糊必然会导致混乱的专家辅助人适用制度。不同法院在实务中对专家辅助人的诉讼地位争论颇大，有的法院将专家辅助人的诉讼地位等同于鉴定人，在庭审过程中只能回答他人的询问，没有质询他人的权利。一些法院则将专家辅助人的诉讼地位等同于诉讼代理人。当事人申请专家辅助人出庭时，法院要求专家辅助人以诉讼代理人的身份参与诉讼。还有的法院将其视为证人，专家辅助人只能在涉及相关专业问题时才能出庭，其他时间则适用证人回避，不得旁听。综上，既然我国在立法上规定了专家辅助人制度，就应当适用于司法实践中。如果专家辅助人的诉讼地位一直模糊下去，专家辅助人制度的功能就无法有效发挥。

（三）专家辅助人意见的性质不当和效力不明

专家辅助人意见的性质不当和效力不明会导致法官不愿意相信专家辅助人的意见。长此以往，会危害专家辅助人制度的运行。上文提到诉讼地位决定了意见性质与效力，当前立法并未明确专家辅助人的诉讼地位，这也导致了意见效力的不明。《民事诉讼法司法解释》将专家辅助人意见的性质归为当事人陈述的做法，致使专家辅助人意见只是法官在裁判时的参考，不能作为判案的根据，法官采纳与否全凭自由心证。专家辅助人意见被视为当事人陈述会加强专家辅助人的倾向性，强行把专家辅助人与当事人捆绑在一起会让法官更加怀疑其意见的公正性，最终导致专家辅助人制度被审判人员摒弃。在实务界，专家辅助人发表的专家意见对于判决结果的影响力微乎其微，审判人员普遍认为专家意见只能作为专业事实的参考，不能以专家辅助人意见作为定案根据。例如，最高人民法院在福昕诉金山软件案〔（2022）最高法民知辖终277号〕中认为是否需要进行鉴定和源代码比对，原审法院可根据案件实际审理需要确定。同时，专家辅助人的作用主要是便于合议庭了解案件事实，其意见相当于诉讼参与人的意见陈述，有别于民事诉讼活动的证人证言。

在司法实践中，想要推翻鉴定意见或法院采信的专家辅助人意见必须要提供证据佐证。专家辅助人意见仅是对鉴定意见的质疑，当事人也可以提出这样的质疑，但几乎没有证明力，不能直接作为关键的证据使用。例如，北京知识产权法院在宝利通诉小鱼易连案［(2017) 京 73 民初 1249 号］中指出，现有法规将专家辅助人的意见视为当事人陈述会提高专家辅助人的倾向性，当专家辅助人对鉴定人发表的意见进行质疑时，法院仍会对专家辅助人意见保持怀疑而采纳更客观的鉴定意见。

综上，专家辅助人的意见性质及法律效力对裁判结果影响大，但当前法规对专家意见性质的认定会进一步把当事人与专家辅助人捆绑在一起，使专家辅助人与诉讼代理人的界限变得模糊。在司法实践中，法官会认为两者都服务于当事人的利益，并无本质区别，当然也不会采信专家意见。因此，在专家辅助人的意见性质上应当予以改变，在意见的法律效力方面应当予以明确。

（四）专家辅助人的权利义务和责任过于简单

首先，专家辅助人的权利义务以及法律责任的过于简单使得法官怀疑专家辅助人的立场和意见的客观性。我国法律规定专家辅助人参与诉讼的范围仅限于法庭审理阶段，此外专家辅助人的权利还包括质证权、发表意见的权利、获得报酬的权利等。专家辅助人无法参与除法庭审理阶段以外的其他诉讼阶段将导致对应阶段权利的缺失。如果赋予专家辅助人在庭审前的案件材料查阅权应当会提高专家辅助人意见的准确性与全面性，更有利于法院对案件技术事实的查明以及当事人诉权的保障。

其次，软件著作权诉讼中法官必然需要专业人员帮助查明技术事实。在技术调查官尚未普及的情况下，鉴定人成为必然的选择，但鉴定人制度并非完美无瑕，鉴定人制度也有缺陷。如果让专家辅助人承担对鉴定人的监督责任，可以增加鉴定意见的真实性与客观性。对于裁判结果，当事人也会予以高度认可。由此可见，当前法律对专家辅助人权利的规定过于简单，导致司法实践中专家辅助人不能发挥实质作用，进一步阻碍了专家辅助人制度的适用。因此，要想有效发挥专家辅助人的作用、提高当事人对裁判结果的认可度以及保障当事人诉讼权利，就必须对专家辅助人的权利作出更为细致的规定。

当然，专家辅助人的权利义务亦应当对等，但目前有关规范存在缺失。例如，专家辅助人为了委托方的利益在法庭上歪曲科学事实和自然规律应当承担什么责任、法律应当怎样处罚，这些问题都没有规定。不仅如此，专家辅助人的保密义务也没有作出规定，例如泄露隐私或商业秘密应当如何承担责任。没有义务和法律责任的约束是当前软件著作权侵权诉讼专家辅助人意见采信率低的主要原因。要限制专家辅助人的倾向性就必须在义务和法律责任上作出细化的规定，这也是为了更好发挥专家辅助人功能的措施之一。

（五）专家辅助人参与诉讼程序的不合理

专家辅助人参与诉讼程序的不合理导致了其在适用时的困难。笔者认为当前法规对专家辅助人参与诉讼的规定存在三个方面的问题：（1）启动程序被动；（2）专家辅助人参与诉讼的范围过小；（3）质证程序模糊。

第一，专家辅助人的启动程序被动。专家辅助人参与诉讼的条件是当事人申请加上法院许可，也就是说专家辅助人能否出庭，法院起决定性作用。大部分情况下，计算机软件的权利人并不了解软件编程相关的专业知识，法官亦如此。所以在软件著作权侵权诉讼中需要专家辅助人解释与说明软件编程方面的专业知识。如果当事人没有申请专家辅助人出庭，法院是否有义务向当事人释明其可以聘请专家辅助人出庭或者法院可以直接指定专家辅助人出庭的相关事项并未规定。在这种情况下，法官会根据证明责任规则进行裁定，而不是依照案件专业事实作出判决。此外，由于专家辅助人启动程序过于被动可能让法官认为鉴定人或技术调查官足以查明案件技术事实，不需要专家辅助人对专门问题进行解释，进而拒绝当事人的申请。这样不利于判决的公正性，也限制了当事人的主观能动性。从另一角度来看，鉴定意见也并非百分百正确，如果当事人没有专家辅助人的帮助，在法庭上难以对鉴定意见质证。

第二，专家辅助人参与诉讼的范围过小。当前法律规定，专家辅助人只能参与诉讼的庭审阶段，在法庭上只能对鉴定意见提出质询或者对案件所涉及的专业性问题发表意见。但专家辅助人还可能在审前阶段以及法庭审理阶段产生涉及案件专业性的问题。如果专家辅助人能够参与这些诉讼阶段，可能会对法官判断案件事实产生影响。对此，有学者认为，未参与到鉴定过程中的专家辅助人，所做质证意见的全面性和科学性会打折扣，同样也无法得到法官的认同。①

---

① 杨小利. 庭审中心主义架构下专家辅助人制度实证研究——以医疗损害责任案件为切入点[J]. 中国司法鉴定，2018（3）：16.

第三，专家辅助人的质证程序模糊。法规没有详细规定专家辅助人以怎样的方式接受对方或法官的询问、如何质询鉴定意见，以及如何与鉴定人对质。若专家意见未经过质询，此意见的客观性与真实性是经不起推敲的，这也是专家辅助人意见在软件著作权诉讼中采信率低的原因。

（六）软件著作权诉讼的技术事实调查机制过于复杂

软件著作权诉讼中的技术事实调查机制过于复杂会导致专家辅助人被法官排除在案件之外，不利于当事人诉权的发挥。当前软件著作权诉讼的技术查明机制有三种：司法鉴定、专家辅助以及技术调查。根据相关法律对技术调查官的规定，[①] 技术调查官属于法院内部的司法辅助人员。当案件涉及专业性问题时，技术调查官利用自身所具备的专业知识和技能帮助法官认定技术性事实。技术调查官可以参与诉讼的全过程，不仅拥有查阅案件的权利以及参与庭审活动，还可以就案件的专业事实作出技术审查意见。不仅如此，技术调查官是法院的"内部人员"，鉴定人也被认为是法院或法官的辅助人（鉴定程序的启动主要依赖于法官的职权行为），在两者都参与案件而法院拒绝专家辅助人出庭或法官拒绝采信专家辅助人意见时，无法保证当事人的质证权，进而导致当事人丧失对判决的信任。所以，笔者建议在软件著作权侵权案件中优化技术事实查明机制，在鉴定人制度和技术调查官制度中选择一种与专家辅助人制度进行衔接。

四、软件著作权诉讼专家辅助人制度的美国法考察

美国的计算机软件业发达，软件著作权诉讼量大，且持续时间长，积累了丰富的经验。此外，美国的软件诉讼案件基本上覆盖了所有的类型。因此，笔者主要考察以美国为代表的专家证人制度。专家证人也称"科学证人"，是以自己具备的科学知识帮助法官处理高技术程度案件的人。[②] 在美国，专家证人基本与证人等同。除了有准入条件的要求之外，对于诉讼地位、意见效力、权益的规定以及参与诉讼的程序都与证人相同。

---

① 这里的相关规定指的是《最高人民法院关于技术调查官参与知识产权案件诉讼活动的若干规定》。
② *Congress & E. Spring Co. v. Edgar*, 99 U. S. 057.

(一) 美国的专家证人制度概述

1. 专家证人的定义

专家证人是指具有专业知识或实践经验,由当事人或法院聘请并在法庭上提供专家意见以解决专门问题的人。① 在英美法国家,专家证人又被称为"特殊的证人""技术证人",因此美国并未区分专家证人与普通证人。

2. 专家证人的准入条件

美国对专家证人的准入条件未做过多限制,采取的是"宽泛资格原则"。宽松与务实是美国专家证人的特点。专家的身份、学历或业内地位都不是重要的考察因素,只要具有案件所需专业知识、技能或经验,能够协助事实裁判者理解案件技术事实、帮助裁判者查明案件真相的人都可以成为美国法意义上的专家证人。虽然美国对专家证人的准入采取了较为宽松的态度,但不代表任何普通人都可以担任案件的专家证人。要想担任案件的专家证人需要满足以下三个条件:第一,以学习或实践过程中获得的知识或技能为依据,发表意见或结论;第二,在法庭上证明自己具有相关知识或技能;第三,以合理的专业知识或技术事实来证明自己在法庭上发表的意见或结论。②

3. 专家证人的诉讼地位与意见的性质和效力

在美国,专家证人被称为"expert witness",诉讼地位与证人一致。根据《美国联邦证据规则》第702条的规定,要想作为专家证人参与诉讼必须具备相关专业知识或经验。虽然专家证人的诉讼地位与证人一致,但二者本质上是有区别的。专家证人依据自己的专业知识或经验发表意见或作出结论,而证人所作的证言依据的是自己的亲身经历,且只能进行事实阐述不能作价值判断。诉讼地位决定了意见的性质与效力,在美国的软件著作权诉讼中,因为专家证人的诉讼地位与证人一致,所以意见性质应属于证人证言的一种,法律效力上也等同于证人证言。

4. 专家证人的权利义务和法律责任

在美国,专家证人的权利、义务以及法律责任都与证人高度相似。专家证人的权利主要包括以下几种:(1) 获得报酬权,专家证人受当事人聘请以自己的专门知

---

① *Congress & E. Spring Co. v. Edgar*, 99 U. S. 057.
② 乔恩·R. 华尔兹. 刑事证据大全 [M]. 何家弘,等译. 北京:中国人民公安大学出版社,1993:344.

识或经验参与诉讼,当事人应当给予回报;(2)法庭辩论权,以自己专业知识辅助法官查明案件事实,以及保障当事人的诉讼权利,这也有利于发挥专家证人的作用;(3)司法保护权,专家证人在多方面与证人相同,同样也适用普通的证人保护规则,这也是专家证人诉讼中发表客观真实意见的保障。

专家证人的义务包括:(1)回避义务,专家证人适用证人的回避规则(《美国联邦证据规则》第702条),有可能导致案件不公正的情形都应当及时说明;(2)如实陈述义务,专家证人意见被视为证人证言,若想有与证人证言同等的证明力是有前提的,需要专家证人如实陈述案件的专门性问题;(3)接受询问的义务,在庭审中专家证人必须接受双方当事人及其律师的交叉质询。

专家证人的法律责任是专家证人因未履行相关义务而受到的法律制裁。在美国,专家证人因承担的法律责任与证人大致相同,主要分为民事责任、行政责任及刑事责任。专家证人的民事责任表现为,因故意、疏忽大意或违反保密义务等行为致使当事人经济受损的,当事人可以提起民事诉讼,要求赔偿损失。专家证人的行政责任在于当专家证人发表的意见违背科学规律和客观事实时,法庭应当罚款并将其永久拉入专家证人的"黑名单"。专家证人的刑事责任主要表现为伪证罪和藐视法庭罪。

5. 专家证人参与诉讼的程序

在美国,有两种方式启动专家证人程序,当事人申请以及法院指定。在专业性强的案件中,聘请专家证人参与诉讼有利于专业事实的查明,便于法官了解技术真相,以及保障当事人的质证权和知情权。而在质证程序上,美国的专家证人适用证人的交叉质询规则。交叉质询是对抗制庭审模式。它是一种由当事人双方主导,由主询问、反询问、再主询问、再反询问组成的法庭调查制度。通过激烈的交叉质询,法官以及陪审团可以更好地了解案件技术事实,作出客观、公正的判决。

(二)美国专家证人制度在软件著作权诉讼中的适用

美国的著作权案件一直依靠非专业人士的意见来判断侵权,即被告的作品是否与原告作品中受保护的内容有实质性的相似。这里提到的"非专业人士的意见评估"就是"普通观察者测试",由美国第二巡回法院在1946年裁判的 *Arnstein*

案确立。① 普通观察者测试是指在著作权案件中，判断涉诉作品是否实质性相似时要排除专家证词。该测试分为两个阶段：外部测试阶段和内部测试阶段。外部测试阶段可以使用专家证词来排除作品中公共领域的表达。内部测试阶段是实质性相似判断阶段，这一阶段是排除专家证人参与的。②

美国著作权法规定，非专业陪审员能够通过直接观察手稿、图片和雕塑来比较文学和艺术作品。如果有任何一方提出要求，可以由不同的非专业人士组成的陪审团对侵权行为进行评估。因此，美国法院长期以来对在著作权案件中使用专家证人持怀疑态度。同样，法院也禁止专家协助事实调查者对有关作品进行比较。但是将计算机软件作品纳入著作权保护范围之后，由普通人员组成的陪审团就无法判断涉案的作品是否实质性相似。因为计算机软件作品与其他著作权法所保护的作品不同，它具有很强的专业性。传统著作权作品的艺术形式和表达方式，是普通人比较容易理解的，可以使用普通观察者测试。而计算机软件作品的技术性语言是非专业法官和陪审团所不熟悉的，普通人无法理解的计算机语言会在查明案件技术事实时造成困难。如果按照陪审团主观感觉作出判决，会严重影响判决的公正性。③ 但并非所有巡回法院都认可这一标准，在 *Antonick v. Electronic Arts* 一案中，第九巡回法院与其他巡回法院的决定相悖，仍然在软件著作权侵权诉讼的"内在测试"中禁止专家证人的参与。④

（三）美国专家证人制度的启示

当前我国立法的缺失导致专家辅助人在软件著作权诉讼中呈现适用率低以及意见采信率低的特点。通过对美国专家证人制度的研究和借鉴，笔者认为，完善我国专家辅助人制度可以在考虑国情的基础上借鉴美国专家证人制度。总的来说有五个方面：（1）专家辅助人的准入；（2）专家辅助人的诉讼地位；（3）专家辅助人的意见性质与效力；（4）专家辅助人的权利和义务；（5）专家辅助人参与诉讼的程序。

---

① *Arnstein v. Porter*, 154 F. 2d 464, 464 (2d Cir. 1946).
② DUAN, Ran. Antonick v. Electronic Arts: Expert Witnesses and Software Copyright Infringement [J]. Berkeley Tech. LJ, 2018, 33: 1147.
③ BALGANESH, Shyamkrishna, MENELL, et al. The Use of Technical Experts in Software Copyright Cases: Rectifying the Ninth Circuit's "Nutty" Rule [J]. Berkeley Tech. LJ, 2020, 35: 663.
④ *Antonick v. Electronic Arts Inc.*, 841 F. 3d 1062 (9th Cir. 2016).

当前我国法规对专家辅助人的准入条件没作出具体规制，任何拥有相关知识或经验的人都可以成为专家辅助人，给予当事人极大的自主权。如蔡某彬等与合力艺捷（北京）信息技术有限公司等侵害计算机软件著作权纠纷案［(2016) 京73民初85号］中，原告通过对学历、职称以及业内地位等因素的考虑后，选择聘请北京邮电大学副教授张某为专家辅助人出庭作证。专家辅助人准入的高度自由化调动了当事人的积极性，对维权的当事人来说是更为方便的选择。但如果维持目前宽松的态度，会导致没有真才实学的人参与诉讼，不仅不会对技术事实查明带来帮助，还可能会对法官造成混淆。宽松的准入条件还会提高专家辅助人的倾向性，招致法官对专家辅助人资格以及专家意见的怀疑。因此，应当借鉴美国专家证人制度的庭前开示程序，在庭前会议中对专家辅助人的资格进行审查。将专家辅助人资格审查程序前置有利于提高诉讼效率。

当前法规对专家辅助人诉讼地位的规制还较为模糊，导致司法实践中专家辅助人适用的混乱。有的法院将专家辅助人的诉讼地位认定为"证人"，而有的法院则认为其诉讼地位等同于"诉讼代理人"。这不仅损害了当事人的诉权，还阻碍了整个专家辅助人制度的运行。但也不能简单地移植美国专家证人的认定制度，如果将专家辅助人认定为证人，司法实践可能会将二者混淆，造成庭审的混乱。因此，专家辅助人的诉讼地位应当以我国国情为依据，比如将专家辅助人认定为独立的诉讼参与人，规定其具有独立的诉讼地位是一个值得考虑的方案。独立的诉讼地位不仅可以削弱专家辅助人的倾向性，还可以保证专家辅助人意见的科学性与中立性。

在专家辅助人意见的性质上，相关法规将专家辅助人意见视为当事人陈述的做法是欠缺考虑的。这不仅会提高专家辅助人的倾向性，还削弱了专家辅助人的独立性。专家辅助人应当是独立地、不受干扰地就客观事实发表意见。上述规定必然导致专家辅助人与诉讼代理人更加难以区分。法官也会进一步怀疑专家辅助人意见的客观性。因此，应当根据具体的诉讼地位来确定专家意见的性质。

在专家辅助人的权利、义务上，我们可以借鉴美国对专家证人的相关规定。在权利上，可以将法庭辩论权与司法保护权移植过来保障专家辅助人发表意见的客观性与公正性。在义务上，可以考虑增加回避义务以及如实陈述义务。此外，还可以借鉴专家证人制度法律责任的规定。通过对义务以及法律责任来对专家辅助人进行限制，防止专家辅助人为了经济利益而实施违背职业道德的行为，或发表不符合科学规律和客观事实的意见。

专家辅助人参与诉讼的程序主要涉及以下三部分：专家辅助人选任、专家辅助人参与诉讼的范围以及专家辅助人的质证程序。第一，我们可以借鉴美国专家证人制度的规定，扩大专家辅助人选任权的主体，即法院也拥有专家辅助人的选任权。第二，我国目前的规定是专家辅助人只能参与庭审阶段，我们可以借鉴美国专家证人制度的相关规定，将专家辅助人参与诉讼的范围扩大到庭审前。因为对于专门知识的争论与困惑不可能只存在于庭审过程中。第三，我国法律规定了专家辅助人可以在庭审时对鉴定意见提出质疑，这已初具交叉质询程序的雏形。如宝利通公司与北京小鱼易连科技有限公司［（2017）京73民初1249号］等著作权权属、侵权纠纷案中，原告申请的专家辅助人与法院指定的鉴定人在庭上就软件程序的比对标准与方法进行对质就凸显了这一特点。但简单的对质还不能够确保专家意见的客观性与科学性。因此，在专家辅助人质证程序上，我们可以借鉴美国专家证人制度的交叉质询程序予以完善。

五、软件著作权诉讼专家辅助人适用困境的完善

软件著作权诉讼适用专家辅助人的困境可以从以下六个方面来完善：第一，明确专家辅助人的准入条件；第二，确立专家辅助人独立的诉讼地位；第三，将专家辅助人的意见设立为新的证据类型；第四，细化专家辅助人的权利义务以及法律责任；第五，完善专家辅助人参与诉讼的程序；第六，有效衔接专家辅助人与技术调查官间的合作。前五个方面旨在弱化专家辅助人的倾向性，以提高软件著作权诉讼中专家辅助人意见的采信率。最后一个方面旨在优化技术事实查明机制，以提高专家辅助人制度在软件著作权诉讼中的适用率。

（一）明确软件著作权诉讼专家辅助人的准入条件

针对前文提到的专家辅助人准入条件不明的问题，笔者认为可以借鉴和移植域外的专家证人制度。目前，专家辅助人准入存在两种模式：第一，专家证人准入条件宽松的模式。美国的实践告诉我们，任何具有相关专业知识或经验，能够帮助裁判者进行技术事实认定的人都可以成为专家证人。但是，较为宽松的资格认定不仅会加强专家辅助人的倾向性，还会导致没有相关知识或经验的人进入诉讼之中。对此，美国的处理方法是在庭前开示程序中直接对专家证人进行双重审查。第二，严

格限制自聘专家准入的模式。大陆法系国家对专家的资格进行严格的限制，包括对学历、资格证书、工作经验等方面的审查。这样做的好处是，通过审查的专家具有较高的专业素养。而缺点也同样明显，不仅个案审查消耗的司法资源过多，庭审中的审查还不利于司法效率的提升。此外，还排除了相当一部分有实践经验的专家。

通过对上述两种模式的分析，笔者认为我国专家辅助人在准入条件方面的认定应当学习第一种模式。具体来说，美国对专家证人准入的态度和我国目前的专家辅助人资格要求基本一致，都是采取了较为宽松的做法。但是，我国专家辅助人准入条件的宽松是为了宽松而宽松，仅是保证专家辅助人能不受更多干扰地参与诉讼，满足了程序正义但忽略了实质正义。专家辅助人在软件著作权诉讼中适用存在的问题恰好说明了这一点。专家辅助人意见采信率低的原因之一就是准入条件过于宽松，法官不仅怀疑专家辅助人意见的真实性，还怀疑专家辅助人本身是否具有相关技术背景。当然，给予专家辅助人宽松的准入环境并不意味着不对其做任何限制，应当排除有道德劣迹和有刑事责任的人作为专家辅助人参与诉讼。不仅如此，还应当对"专门知识"进行一个详细的规定。

选择第一种模式的另一个重要原因就是计算机软件作品的特殊性，它与传统作品的不同在于计算机软件的开发需要专业知识和实践经验相结合。而在软件著作权诉讼中，软件专家不应当只考察他的专业知识、学历或者业内地位，还应当考察他的软件编程经验。宽松的准入条件必然会导致不具备软件专业知识的人参与到诉讼中来。针对这一问题，笔者认为可以借鉴美国的做法，在庭前会议中从多角度考察专家辅助人是否具备成为软件专家的条件。把对专家辅助人的资格审查提前到庭前会议阶段可以有效缩短庭审时间，提高诉讼效率。除此之外，还可以由法院牵头设置一个"软件专家库"提前对入库的专家进行审查。当事人或法院根据需要可以直接在该专家库中挑选合适的专家以专家辅助人的身份参与诉讼。对法院来说，当事人从专家库里挑选的专家都是经审查过的，对专家意见的真实性应当不会再质疑。这不仅有利于专家辅助人的管理，还能减少当事人寻找专家辅助人的时间成本。

（二）赋予软件著作权诉讼专家辅助人独立的诉讼地位

针对前文提到的专家辅助人诉讼地位模糊的问题，笔者认为应当赋予专家辅助人独立的诉讼地位。通过对9起软件著作权案件的分析可知，软件著作权诉讼中专家辅助人诉讼地位的模糊是导致司法实务中专家辅助人意见采信率低的原因之一。

清晰的诉讼地位可以使专家辅助人在庭审中发挥实质作用,可以避免专家辅助人制度成为只有象征意义的制度。但目前我国法律没有关于专家辅助人诉讼地位的具体规定,也导致在司法实践的适用中存在一些问题。当前学术界普遍认可专家辅助人具有独立的诉讼地位。根据我国的法律体系来看,专家辅助人应当作为单独的诉讼参与人。从专家辅助人的功能表现来看,专家辅助人与其他技术事实查明者不同,所以不能简单地将他们的诉讼地位保持一致。而为了保持与证人制度的平衡,就不能将专家辅助人认定为专家证人。因此,将专家辅助人归类为其他诉讼参与人,具有独立的诉讼地位则比较科学。

根据专家辅助人发挥的作用来看,专家辅助人受当事人的聘请,以自己的专业知识,在庭审中辅助裁判者厘清技术问题,帮助当事人更好地行使诉权。所以,专家辅助人作为独立的诉讼参与人,赋予其独立诉讼地位的做法是毋庸置疑的。有人认为,把专家辅助人视为独立的诉讼参与人会使他与当事人的雇佣关系破裂,专家辅助人如果发表不利于当事人的意见会导致当事人对专家辅助人丧失信任,从根本上毁灭专家辅助人制度。在笔者看来,首先,专家辅助人应当忠实于自然规律和科学常识,这一点可以由法律予以规定。其次,虽然专家辅助人受雇于当事人,但不代表要为了当事人的利益违背科学规律,这是专家辅助人与诉讼代理人最大的区别。因此,赋予专家辅助人独立的诉讼地位可以更好地发挥专家辅助人的作用与功能。

(三) 将软件著作权诉讼专家意见归为新类型的证据

针对前文提到的专家辅助人意见性质不当、效力不明的问题,笔者认为应当将专家辅助人意见归为新类型的证据。当前法律规定,专家辅助人意见视为当事人陈述。专家辅助人本来就因为与当事人存在雇佣关系而招致法官的怀疑,如此规定只会让法官对专家辅助人的怀疑进一步加深。专家辅助人如果得不到裁判者信任的话,他在诉讼中就无法发挥作用,那么专家辅助人制度也就没有必要存在。我国也有学者反对将专家辅助人意见视为当事人陈述,"因为将专家辅助人意见视为当事人陈述的一部分,会助长其主观性、偏私性、片面性和党派性"。[①] 笔者也持同样的观点。当前法规将专家辅助人的意见性质归为当事人陈述的做法会导致专家辅助人意见只是法官在裁判时的参考,不能作为定案的根据,法官采纳与否全凭自由心证。

---

① 毕玉谦. 辨识与解析:民事诉讼专家辅助人制度定位的经纬范畴 [J]. 比较法研究, 2016 (2): 111.

而专家辅助人意见性质的错误认定则导致专家辅助人意见没有效力。

笔者认为软件著作权诉讼专家辅助人的意见应当纳入新的证据类型。如上文所述，诉讼参与人的意见性质与效力由诉讼地位决定。赋予专家辅助人独立的诉讼地位后，专家意见的性质理应保持一致。这样做的好处是增加专家辅助人在软件著作权诉讼中的话语权，让专家辅助人在庭审地位上与技术调查官平等，这样才能更好地发挥其质证作用。同时，也能够让专家辅助人制度在软件著作权侵权案件中适用起来。对于有技术调查室的法院来说，专家辅助人意见性质的改变并无多大的影响。而没有配备技术调查室的法院只能聘请专家辅助人来查明技术事实，具有独立证据属性的专家辅助人意见就可以作为法官在裁判时的说理证明。而专家辅助人意见效力方面，通过充分交叉质询程序后的专家辅助人意见可以作为法官的定案根据。

（四）细化软件著作权诉讼专家辅助人的权利和义务

针对前文提到的专家辅助人的权利、义务和责任问题，笔者认为应当从三个方面来规定。第一，增加专家辅助人的权利。当前我国对软件著作权侵权诉讼中专家辅助人权利的规定过于简单，为了更好发挥专家辅助人在软件著作权诉讼中的作用，应当强化其权利。[①] 具体包括：(1) 专家辅助人理应拥有调查阅卷权，这样可以更全面地了解案件技术事实，使专家辅助人所作的意见更有说服力；(2) 赋予专家辅助人法庭辩论的权利（我国法律中称质证询问权）；(3) 司法保护权，专家辅助人应当适用普通的证人保护规则，这也是专家辅助人在诉讼中发表客观意见的保障。此外，专家辅助人还应当拥有法院协助、证据材料的知情权等相关权利。

第二，明晰专家辅助人的义务，包括：(1) 回避义务，软件著作权侵权诉讼中专家辅助人作为独立的诉讼参与人，应当遵守回避义务；(2) 如实陈述的义务，专家辅助人的陈述是专家意见，具有与其他证据等同的证明力；(3) 出庭接受质证的义务，专家辅助人意见作为法官定案依据的前提是他必须出庭接受质证，经过交叉质询后，由法官来判断是否采信；(4) 保密义务，对于案件中涉及的当事人隐私或商业秘密，专家辅助人应当保密。

第三，明确专家辅助人的法律责任。专家辅助人应当对自己的意见或行为负责。具体而言：(1) 民事责任，专家辅助人违反如实陈述义务或保密义务导致当事人遭

[①] 李晓安．改革开放 40 年我国法治建设中的权利认知与法律实践［J］．法学论坛，2018（4）：13.

受财产损失时，当事人可以就此提出侵权损害赔偿；（2）行政和刑事责任，如果专家辅助人故意违反相应义务或法庭秩序，人民法院可以追究其行政责任，包括罚款、拘留等；专家辅助人违背专业知识作虚假陈述的，法院可将其拉入"黑名单"；专家辅助人的行为构成犯罪的，应当追究其刑事责任。

（五）完善软件著作权诉讼专家辅助人参与诉讼的程序

针对前文提到的专家辅助人参与诉讼程序不合理的问题，笔者认为应当从四个方面完善：第一，专家辅助人的选任权；第二，法院的释明义务及技术援助；第三，专家辅助人参与诉讼的范围；第四，专家辅助人的质证程序。

第一，在软件著作权诉讼实务中，案件的技术事实查明需要专家辅助人的帮助。专家辅助人不仅能够帮助法官了解软件工程领域的专业知识，还能帮助当事人行使诉权，所以赋予法院对专家辅助人的选任权是必要的。当法院有配备"技术调查室"时，法官可以寻求技术调查官的帮助。但技术调查室在我国的普及率比较低，大部分法院是没有配备的。因此，在法院没有这个条件时，可以依职权来指定"软件专家库"中的专家辅助人来帮助法官对案件技术事实作出认定。不仅如此，还应当剥夺法院对专家辅助人程序启动的决定权，改为当事人拥有聘请专家辅助人的权利。法院对专家辅助人的资格质疑的，可以在庭前会议提出审查申请。

第二，当前我国的全面普法进程还处在初级阶段，大多数人并不知晓专家辅助人制度。为了保障当事人的诉权，在当事人没有申请专家辅助人时，法院有义务释明当事人应当聘请专家辅助人。此外，对于法院向当事人释明可以聘请专家辅助人来解决技术难题后，确实没有经济能力聘请专家辅助人的，由法院指定专家辅助人，费用也由法院来承担。这不仅可以增加当事人对裁判的认可度，还可以保障司法公正。

第三，我国法律规定，专家辅助人只能参与庭审活动，就专业问题发表意见，其他诉讼阶段不准专家辅助人参与。这样做的弊端是，一方面，专家辅助人在没有全面了解案件事实的情况下，直接发表专家意见可能会脱离现实，不仅不会帮助法官查明技术事实，还可能会造成不公平的后果。另一方面，不可能只有庭审阶段才存在对案件专门性问题的疑惑或者争论，审前阶段以及法庭审理阶段都有可能产生这样的问题。如果专家辅助人能够参与这些阶段，法官就可以在庭审前阶段了解案件技术事实，提高庭审效率。因此，笔者认为应当扩大专家辅助人参与诉讼的范围，至少应当扩大到庭审前。专家辅助人参与庭前会议有利于了解案件事实与真相，从而发表更全面、客观的科学意见。而且，法官在庭前会议时遇到的专业难题也可以通过询问专家辅助人来解决。此外，在法院配备技术调查官时，专家辅助人可以在庭前会议与技术调查官对质，如此可以提升庭审的质证效率。

第四，目前我国没有明确规定专家辅助人的质证程序，仅简单提到专家辅助人可以在庭审中与鉴定人对质。笔者认为，在立足于国情的前提下，可以借鉴美国专家证人的质证规则。质证程序应当分为四个阶段，即主询问、反询问、再主询问和再反询问。首先，主询问是申请传唤专家辅助人的一方对专家辅助人就案件技术性问题进行询问。其目的在于，就案件向法庭作有利于己方的陈述。其次，反询问是在主询问结束之后对方当事人对上述专家辅助人进行的询问。反询问的范围只能限于主询问所涉及的内容，只有经法庭同意才可超出这一范围。再次，再主询问是在反询问结束后，举证方对其专家辅助人再次进行的询问。再主询问与反询问的范围一致。最后，再反询问是在再主询问结束之后，对方当事人对上述专家辅助人再次进行的询问。双方当事人的交叉质询是在法院没有配备技术调查官并且没有聘请专家辅助人时采用的模式。当法院配备了技术调查官或聘请了专家辅助人时，应依据上述质证规则进行三方交叉质询。通过激烈的交叉质询可以使法官以及陪审团更加了解案件技术事实，进而作出客观、公正的判决。

（六）有效衔接专家辅助人与技术调查官

针对前文提到的软件著作权诉讼中技术查明机制过多的问题，笔者认为解决的办法是把鉴定人排除在软件著作权诉讼之外。鉴定人制度与技术调查官制度在功能高度重合的情况下，不仅会阻碍专家辅助人参与案件，以及妨碍当事人质证权的实现，还会浪费司法资源、降低法院的公信力。因此，笔者建议在软件著作权诉讼中排除鉴定人制度，法院改用"专家辅助人＋技术调查官"的模式来审理此类案件。技术调查官代替鉴定人向法院提供专业知识。这么做是因为当前鉴定人制度存在问题。首先，自行委托鉴定意见被严格地限制。这无疑扼杀了当事人的主观能动性。究其原因在于法院对于当事人自行委托鉴定后出具的鉴定意见持怀疑态度。法官认为该鉴定人有可能会因为经济利益违背职业道德。其次，我国目前庭审中对鉴定人的交叉询问不足，且在庭审中缺乏指导性的规范。所以，交叉质询不足的鉴定意见之科学性和准确性值得怀疑。此外，在技术调查官的技术审查意见与专家辅助人意见相左时，应当进行充分的质证，法院不能一味地相信技术审查意见。而在法院没有技术调查室的情况下,法院可以聘请专家辅助人来帮助法官了解计算机软件的专业知识。通过三方质询后了解案件技术事实,作出科学公正的判决。

(责任编辑:张钧凯)

Study on the Application Dilemma and Improvement of Expert Supporter in Software Copyright Litigation

Chen Shi, Li Xingrui

Abstract: With the development of computer technology, there are more and more computer software copyright infringement lawsuits. However, the high technical barriers to computer software works make it difficult for judges to ascertain the facts of a case. Compared with the existing judicial appraisal and technical investigation mechanism, expert assistants have many advantages in identifying technical facts. However, there are certain difficulties in applying the expert – assisted person system in copyright litigation, which not only applies for a shorter period of time, but also has many defects. This has led to the problems of low frequency of use of the expert – assisted person system and low rate of acceptance of expert – assisted person's opinions in litigation. In order to solve the practical problems and fill the academic gaps, this paper reveals the dilemma of the application of expert assistants in software copyright litigation, and explores how to improve the expert assistants system in China by combining with the overseas experience. Specifically, the author puts forward the following countermeasure suggestions: (1) to clarify the access conditions of expert assistants in software copyright litigation; (2) to give expert assistants in software copyright litigation an independent litigation status; (3) to categories expert opinions in software copyright litigation as a new type of evidence; (4) to refine the rights and obligations of expert assistants in software copyright litigation; (5) to improve the procedure of expert assistants in software copyright litigation.

Key Words: Software copyrights; Expert support persons; Technical surveyors; Litigation proceedings

论著作权侵权惩罚性赔偿的司法适用

——以《著作权法》第 54 条第 1 款为中心

余学亮[*]

【摘 要】 司法实践表明,即便《著作权法》已经建立惩罚性赔偿制度,但审判实践中适用惩罚性赔偿的著作权侵权案例依旧稀少,且在法律适用上存在若干误区与难点。著作权侵权惩罚性赔偿的构成要件包括故意、情节严重和惩罚基准可确定。其中,故意和情节严重属于实质要件,应在正确理解其内涵的基础上参考相关因素予以认定,其证明标准应严于高度盖然性标准、接近但无须达到排除合理怀疑标准。惩罚基准可确定则属形式要件,惩罚基准包括实际损失、违法所得和权利使用费,适用时需要现代量化方法、证明标准和举证妨碍制度的协同配合。惩罚性赔偿的精髓在于设定一个合理的惩罚倍数,可以通过对积极因素进行累加、对消极因素进行酌减的方法予以确定。

【关键词】 著作权侵权惩罚性赔偿 故意 情节严重 惩罚基准 惩罚倍数

2020 年修正的《中华人民共和国著作权法》(以下简称《著作权法》)第 54 条第 1 款首次规定了著作权侵权惩罚性赔偿制度。填平性赔偿旨在填平损害,惩罚性赔偿则使侵权人承担超过实际损害范围的赔偿责任,兼具补偿、惩罚和遏制等多重功能。[①] 职是之故,相较于填平性赔偿,诉讼中适用惩罚性赔偿对当事人具有更大的利害影响,《著作权法》第 54 条第 1 款规定了严格的构成要件,包括故意、情节严重和惩罚基准可确定。其中,故意和情节严重分属主客观方面的实质要件,旨在严格限制惩罚性赔偿的适用;惩罚基准可确定属形式要件,旨在方便惩罚性赔偿数

---

[*] 余学亮,上海财经大学民商法硕士研究生。
[①] 王利明. 惩罚性赔偿研究 [J]. 中国社会科学,2000 (4):112-122,206-207.

额的计算。满足上述三大构成要件后，可对著作权侵权行为人适用惩罚性赔偿，惩罚性赔偿的数额等于惩罚基准乘以惩罚倍数，惩罚基准根据案件事实计算确定，惩罚倍数则由裁判者自行设定，具有相当大的裁量空间，故正确适用惩罚性赔偿的精髓在于根据案情设定一个合理的惩罚倍数。鉴于此，本文拟在分析著作权侵权惩罚性赔偿制度司法现状的基础上，针对性地就该制度的构成要件（故意、情节严重和惩罚基准可确定）以及惩罚倍数的确定问题作法教义学的分析，以期对法律适用有所裨益，并求教于方家。

一、著作权侵权惩罚性赔偿制度的司法现状

为了解著作权侵权惩罚性赔偿制度的司法现状，笔者在"北大法宝"数据库中，将案由限定为"著作权权属、侵权纠纷"，以"惩罚性赔偿"为关键词进行检索，对于同一法院审理的一方当事人相同、案情相似的案件仅选择一个样本，最终筛选出14份适用著作权侵权惩罚性赔偿的样本案例（截至2023年3月31日，见表2）。

表2 适用著作权侵权惩罚性赔偿样本案例

序号	审理法院及案号	惩罚性赔偿部分的裁判理由及结果
1	天津市高级人民法院（2021）津民终928号	作为同行企业，被告应当知晓原告正在推出"缤钻版"电动自行车，却在其生产、销售的两款电动自行车上使用原告享有著作权的美术作品与"缤钻版"结合的图案，侵权故意明显；被告生产案涉电动自行车40余万辆，销售范围涵盖全国多个区域，侵权情节严重；法院认定被告违法所得共计202795.9元，并在此基础上判决2倍的惩罚性赔偿。
2	云南省高级人民法院（2022）云民终641号	被告被判决承担侵权责任后，仍然实施同一侵权行为，法院酌定著作权利使用费22500元，并在此基础上判决1倍的惩罚性赔偿。
3	云南省大理白族自治州中级人民法院（2021）云29民初849号	被告被判决承担侵权责任后，仍然实施同一侵权行为，法院酌定著作权利使用费16600元，并在此基础上判决1倍的惩罚性赔偿。
4	云南省红河哈尼族彝族自治州中级人民法院（2021）云25民初1220号	被告被判决承担侵权责任后，仍然实施同一侵权行为，法院酌定著作权利使用费20636元，并在此基础上判决1倍的惩罚性赔偿。
5	江西省抚州市中级人民法院（2021）赣10民初453号	被告被判决承担侵权责任后，仍然实施同一侵权行为，法院判赔著作权利使用费并适用惩罚性赔偿，酌定被告赔偿经济损失及合理维权费用共计15000元。

续表

序号	审理法院及案号	惩罚性赔偿部分的裁判理由及结果
6	浙江省杭州市中级人民法院（2021）浙01民终10338号	被告被判决承担侵权责任后，仍然实施同一侵权行为，法院酌定著作权权利使用费164250元，并在此基础上判决1倍的惩罚性赔偿。
7	湖南省株洲市中级人民法院（2022）湘02知民初24号	被告被判决承担侵权责任后，仍然实施同一侵权行为，法院酌定著作权权利使用费17950元，并在此基础上判决1倍的惩罚性赔偿。
8	辽宁省沈阳市中级人民法院（2022）辽01民终13935号	被告被判决承担侵权责任后，仍然实施同一侵权行为，法院以被告第一次实施相同侵权行为的法定赔偿减去原告在第一次诉讼中的维权费用后的金额42700元为基数，酌情确定1.2倍的惩罚性赔偿。
9	山东省曲阜市人民法院（2022）鲁0881民初3123号	被告被判决承担侵权责任后，仍然实施同一侵权行为，法院以实际损失37080元为基数，确定1倍的惩罚性赔偿。
10	广东省佛山市禅城区人民法院（2020）粤0604民初34654号	被告制造、销售案涉侵权产品且销售量较大，导致原告销售份额减少，给原告造成较大经济损失，侵权情节严重，应适用惩罚性赔偿。法院以被告违法所得为基数，酌定被告赔偿原告经济损失及合理维权费用共计200万元。
11	广东省江门市江海区人民法院（2021）粤0704民初4705号	被告被判决承担侵权责任后，曲库中仍有6首侵权作品未删除，应适用惩罚性赔偿。11万元的著作权权利使用费指向全部侵权作品，惩罚性赔偿则针对重复侵权的6首作品，故惩罚性赔偿不以11万元为基准，而结合重复侵权作品数量酌定6000元的惩罚性赔偿。
12	山东省德州市德城区人民法院（2021）鲁1402民初4758号	被告被判决承担侵权责任后，仍然实施同一侵权行为，法院酌定著作权权利使用费119542.50元，并判决22770元的惩罚性赔偿。
13	重庆自由贸易试验区人民法院（2022）渝0192民初3620号	被告通过磋商知道原告就案涉作品享有著作权，却制作了侵害原告著作权的雕塑，具有主观故意；被告将该雕塑放在学校主入口，且在原告发出侵权通知后仍继续使用，构成情节严重。因此，法院以设计费损失35562.6元为基数，确定5倍的惩罚性赔偿。
14	江西省宜黄县人民法院（2022）赣1026知民初159号	被告被判决承担侵权责任后，仍在未获得原告授权的情况下在其经营场所播放案涉歌曲，法院以实际损失27375元为基数，确定1.2倍的惩罚性赔偿。

较之每年数量庞大的著作权侵权案件，审判实践中适用惩罚性赔偿的案件不可不谓稀有。其主要原因有二：一是著作权侵权行为发生时尚无惩罚性赔偿的法律依据。例如，某法院明确指出，案涉侵权行为发生在2019年11月，当时并无著作权

侵权可以适用惩罚性赔偿的法律规定，故不予适用。[①] 但随着《著作权法》明确引入惩罚性赔偿制度，至少对于此后发生的著作权侵权行为，法院对其适用惩罚性赔偿将不再有法律依据阙如的问题。二是不满足著作权侵权惩罚性赔偿的构成要件。审判实践中，由于未能证明实际损失、违法所得或权利使用费的数额，导致2012—2015年99.62%的著作权侵权案件适用法定赔偿结案，[②] 这无疑极大地侵蚀了惩罚性赔偿的适用空间。即使《中华人民共和国商标法》（以下简称《商标法》）早在2013年便已引入惩罚性赔偿制度，但商标侵权诉讼中适用惩罚性赔偿的案例也非常少见。[③] 因此，如何将"纸面上的法律"变成"实践中的法律"，无疑是著作权侵权惩罚性赔偿制度建立后的重大课题。

就上述适用惩罚性赔偿的著作权侵权案例而言：首先，除案例1、案例10和案例13外，其余11个案例均系被判决承担著作权侵权责任后再次实施相同的侵权行为，此乃审判实践中适用著作权侵权惩罚性赔偿的主要案型。其次，在实质要件（故意和情节严重）的适用方面，案例10仅以侵害著作权的情节严重为由，就对侵权行为人适用了惩罚性赔偿。此种做法有滥用惩罚性赔偿的嫌疑，由于惩罚性赔偿对当事人的利害影响甚大，故裁判者对于故意与情节严重两大实质要件应当从严审查。再次，在形式要件（惩罚基准可确定）的适用方面，案例9、案例13、案例14以实际损失为惩罚基准，案例1和案例10以违法所得为惩罚基准，案例8以前案生效判决所确定的法定赔偿为惩罚基准，其余8个案例均以权利使用费为惩罚基准。最后，在惩罚性赔偿数额的确定方面，上述14个案例中有3个——案例5、案例10、案例11——未明确惩罚基准的数额及其设定的惩罚倍数，而是笼统地判决侵权行为人须承担的惩罚性赔偿数额。此种做法体现了加大著作权保护力度的司法倾向，但在法律适用上存在瑕疵。

综上所述，通过分析著作权侵权惩罚性赔偿制度的司法现状，可以发现该制度在审判实践中的适用存在若干误区与难点。现状分析旨在描述现象并发现问题，对于法律问题的解决则力有不逮。走出法律适用误区，有赖于就著作权侵权惩罚性赔

---

① 湖北省高级人民法院（2021）鄂知民终611号民事判决书。
② 詹映. 我国知识产权侵权损害赔偿司法现状再调查与再思考——基于我国11984件知识产权侵权司法判例的深度分析 [J]. 法律科学（西北政法大学学报），2020，38（1）：191–200.
③ 50697件判决中仅33件明确适用惩罚性赔偿，参见：广东省深圳市福田区人民法院课题组，王欣美. 商标侵权惩罚性赔偿的制度构建 [J]. 知识产权，2020（5）：40–54；711件判决中仅6件明确适用惩罚性赔偿，参见：欧阳福生. 商标侵权惩罚性赔偿制度适用困境及制度重构——基于711个案例的实证分析 [J]. 学海，2020（6）：180–186.

偿的构成要件（故意、情节严重和惩罚基准可确定）以及惩罚倍数的确定等问题作法教义学的分析，并就适用难点提出针对性对策。

二、著作权侵权惩罚性赔偿的构成要件之一：故意

（一）故意的内涵

一般认为，民法上的故意是指行为人预见到其行为会导致某一损害后果而希望或放任该后果发生的心理状态。① 需要注意的是，在《最高人民法院关于审理侵害知识产权民事案件适用惩罚性赔偿的解释》（以下简称《惩罚性赔偿司法解释》）第1条第2款将恶意与故意作一致性理解的背景下，便不宜再强行将著作权侵权惩罚性赔偿中的故意限缩解释为恶意。

在学理上，根据行为人是希望该后果发生抑或放任其发生，可以将故意分为直接故意和间接故意。有学者认为，惩罚性赔偿中的故意限于直接故意，而不包括间接故意。② 管见以为，此种限制难谓合理。首先，从文义上讲，相关法律、司法解释并未对惩罚性赔偿中的故意作出特别规定（未限制为直接故意），故原则上应理解为包括直接故意和间接故意。其次，从立法目的来看，将间接故意包括在内也契合当前"最严格知识产权司法保护"的理念，符合知识产权惩罚性赔偿的立法目的，因为直接故意和间接故意均系明知而为，对惩罚性赔偿具有较高的供给弹性。最后，尽管刑法对直接故意和间接故意的区分已经相当成熟、细致，但有权威学者指出，应当注重二者的统一性而非差异性。③ 举重以明轻，本就不注意区分直接故意和间接故意的侵权法更应注重二者的统一性。而且，审判实践中如何区分故意和重大过失本就是个不小的难题，在故意内部再区分直接故意和间接故意更是难上加难，论者自己也未提出区分二者的可行方案。因此，与其采取直接故意可以适用、间接故意不能适用的二分路径，不如在确定惩罚倍数时予以区别对待，即谨慎确定间接故意的惩罚倍数，而非完全排除其适用惩罚性赔偿的可能。

---

① 黄薇. 中华人民共和国民法典侵权责任编释义 [M]. 北京：法律出版社，2020：5.
② 王利明. 论我国民法典中侵害知识产权惩罚性赔偿的规则 [J]. 政治与法律，2019（8）：95－105；宫晓艳，刘畅. 知识产权惩罚性赔偿适用的要件构建与路径探究——以上海首例知识产权惩罚性赔偿案件为研究范例 [J]. 法律适用，2020（24）：149－159.
③ 张明楷. 刑法学 [M]. 北京：法律出版社，2016：264.

但重大过失侵害著作权不能适用惩罚性赔偿。在过错的光谱上，由于重大过失距故意为近而离普通过失稍远，故"重大过失等同于故意"，二者同属重大过错之列，赋予重大过失与故意相同的法律后果乃侵权法上的常见现象。① 实际上，此前确有学者主张重大过失也可以适用惩罚性赔偿。② 但在现行法下，重大过失侵害著作权不能适用惩罚性赔偿。首先，《著作权法》第54条第1款明确地将惩罚性赔偿的主观要件限定为故意，重大过失已然超出了法律条文可能的文义范围。其次，相较于故意侵害著作权，重大过失侵权的应受谴责性较弱，其对于惩罚性赔偿的供给弹性也较小，适用惩罚性赔偿的阻吓效果不明显，③ 若重大过失侵权也可以适用惩罚性赔偿，不免有偏离立法目的之嫌。再次，尽管我国在积极推进惩罚性赔偿制度，但其在著作权侵权损害赔偿机制中居于辅助地位而非主导地位，是例外而非原则，故应严格其要件，审慎适用。最后，在比较法上，承认著作权侵权惩罚性赔偿的国家或地区也大都将其主观要件限于故意，而不包括重大过失。④

（二）故意的认定

审判实践中多用"明知"来指代"故意"，并认为著作权侵权惩罚性赔偿中的"故意"仅对应"明知"而不包括"应知"。⑤ 于是，认定故意的关键在于如何界定明知，即何种程度上的认识构成明知。在美国法上，明知意味着行为人实质上确定（substantially certain）会发生某种法律禁止的后果，相反，即使行为人知道有发生损害的危险（甚至是很大的危险）也不构成明知。⑥ 因此，如果行为人确定或者实质上确定其行为会发生侵害著作权的后果，就可以认定为故意侵权。对应当根据行为人在行为时的认知状态予以判断，而不得以行为人在行为时不知道且无法知道的事实为据。

但对于审判实践而言，较之抽象地界定何为"故意"，提炼出认定故意的判断因素，甚至列举出可以认定为故意的情形会更为实用。实际上，《惩罚性赔偿司法

---

① 叶名怡.重大过失理论的构建［J］.法学研究，2009，31（6）：77-90.
② 袁杏桃.著作权侵权惩罚性赔偿研究［M］.北京：知识产权出版社，2019：255.
③ 朱理.专利侵权惩罚性赔偿制度的司法适用政策［J］.知识产权，2020（8）：21-33.
④ 陈霞.比较法视角下我国著作权惩罚性赔偿制度之构建［J］.山东大学学报（哲学社会科学版），2012（5）：81-85.
⑤ 参见《山东省高级人民法院关于审理侵害知识产权民事案件适用惩罚性赔偿的裁判指引》第4条第1款、《深圳市中级人民法院关于知识产权民事侵权纠纷适用惩罚性赔偿的指导意见（试行）》第6条。
⑥ 文森特·R.约翰逊，邓辉.惩罚性赔偿、中国侵权责任法与美国经验［J］.法治研究，2018（4）：118-139.

解释》以及地方司法文件已经就故意侵害著作权等知识产权的情形做出了较为详尽的列举。① 笔者在此基础上进一步归纳出故意侵害著作权的四种类型：（1）被告曾因侵害著作权而承担民事、行政或刑事责任，再次对同一作品实施侵权行为；（2）被告收到原告的侵权通知或法院的行为保全裁定后，仍继续实施侵害著作权的行为；（3）被告与原告之间存在特定关系或通过磋商，知道案涉作品存在著作权，却仍实施侵权行为；（4）根据案涉作品的知名度、被告的身份等因素，足以认定被告知道案涉作品存在著作权，却仍实施侵权行为。这四种故意类型基本上涵盖了上述司法文件关于故意的列举，但未将被告实施的毁灭或伪造证据、提供虚假证据等妨碍诉讼的行为纳入其中。这是因为故意的判断时点是实施侵权行为时，而妨碍诉讼的行为发生在侵权行为后，故不宜将之作为故意的判定因素，而宜放入情节严重的考量中。此外，在这四种故意类型中，前三种的可谴责性依次降低，从而使故意要件内部有了一定的区分度，并为后续惩罚倍数的确定提供了便利（详见本文第五部分）。第四种故意类型乃兜底性的归纳，旨在表明故意侵害著作权的类型并非封闭、排他式的列举。

在审判实践中，判断是否属于故意侵害著作权，应紧扣故意的内涵及其典型类型，在个案中作出认定。前述14个著作权侵权惩罚性赔偿案例中，案例10未说明故意的认定情况，而仅以侵害著作权的情节严重为由适用了惩罚性赔偿，法律适用上存在严重瑕疵。在案例1中，法院根据原被告之间的同行竞争关系，推定被告应当知晓原告正在集中宣传推广"缤钻版"电动自行车，进而认为被告在其生产、销售的"小酷豆版""清纯版"电动自行车上使用原告享有著作权的美术作品与"缤钻版"结合的图案，具有明显的侵权故意，该案对于第四种故意类型的认定颇具参考价值。在案例13中，被告明知原告就案涉作品享有著作权，却在双方就设计费磋商未果的情况下使用案涉作品制成雕塑及传声筒，法院据此认定被告具有侵害原告著作权的主观故意，属于本文界定的第三种故意类型。其余11个案例均系侵权行为人在被判决承担侵权责任后再次实施相同的侵权行为，第一种故意类型在审判实践中的重要性可见一斑。

---

① 参见《最高人民法院关于审理侵害知识产权民事案件适用惩罚性赔偿的解释》第3条、《北京市高级人民法院关于侵害知识产权及不正当竞争案件确定损害赔偿的指导意见及法定赔偿的裁判标准》第1.15条、《天津市高级人民法院关于知识产权侵权案件惩罚性赔偿适用问题的审判委员会纪要》第2条。

（三）故意的证明

权利人请求适用惩罚性赔偿的，应当举证证明行为人系故意侵害著作权，即故意的证明责任由权利人承担，审判实践对此并无争议。此种证明既可以是基于直接证据的认定，也可以是基于间接证据的推定，但对于后者，应严格遵循故意的证明标准。

在故意的证明标准上，有论者认为应当接近或达到排除合理怀疑的程度，[1] 也有人主张应从严掌握高度盖然性标准。[2] 鉴于国内关于这个问题的讨论较少，不妨先把视野放到惩罚性赔偿制度最发达的美国法上。美国有35个州及1个特区都要求惩罚性赔偿之诉的原告应当提出清楚且令人信服的证据，这是一种低于刑事诉讼之排除合理怀疑，但高于普通民事诉讼之优势证据的证明标准。[3] 具言之，该标准与证明责任主体出示的证据数量或种类无关，而是要求其陈述具有接近真实的高度盖然性，即请求惩罚性赔偿的原告必须提出清楚的证据，并使法官相信其陈述为真实具有高度可能性。根据《最高人民法院关于适用〈中华人民共和国民事诉讼法〉的解释（2022修正）》第108条、第109条之规定，我国民事诉讼一般适用高度盖然性（高度可能性）标准，但对某些特殊事实的证明需要达到排除合理怀疑的程度，而程序性事项的证明只需使法官的心证达到疏明（较高可能性）的程度即可。[4] 可见，美国法上清楚且令人信服的证据标准大体相当于我国法上的高度盖然性标准，但高度盖然性标准在我国仅是民事诉讼的一般证明标准。而惩罚性赔偿旨在惩罚侵权人而非填平权利人的损害，其证明标准应严于填平性赔偿的高度盖然性标准；但它仍属于民事责任而非刑事责任，且不在法律、司法解释规定的特殊事实之列，故不宜适用排除合理怀疑标准。因此，在我国积极推进知识产权惩罚性赔偿的背景下，同时考虑到惩罚性赔偿的性质以及现行民事诉讼法的证明标准体系，管见以为，故意的证明应严于高度盖然性标准、接近但无须达到排除合理怀疑的程度。

---

[1] 广东省深圳市福田区人民法院，王欣美. 商标侵权惩罚性赔偿的制度构建 [J]. 知识产权，2020 (5)：40-54.

[2] 苏志甫. 论我国知识产权惩罚性赔偿制度的目标、定位与司法适用 [J]. 中国应用法学，2021 (1)：132-145.

[3] 文森特·R. 约翰逊，邓辉. 惩罚性赔偿、中国侵权责任法与美国经验 [J]. 法治研究，2018 (4)：118-139.

[4] 王亚新，陈杭平，刘君博. 中国民事诉讼法重点讲义 [M]. 北京：高等教育出版社，2017：98.

三、著作权侵权惩罚性赔偿的构成要件之二：情节严重

（一）情节严重的内涵

情节严重并非传统私法责任的构成要件，而是多作为刑法等公法责任的构成要件。这也恰好印证了惩罚性赔偿的"另类"——作为一种民事责任，惩罚性赔偿却发挥着公法的惩罚与威慑功能，故需引入刑法中常见的情节严重要件作为立足点。[①]因此，在理解著作权侵权惩罚性赔偿的情节严重要件时，参考其在刑法尤其是著作权犯罪中的适用规则无疑是有益的。一般认为，阶层犯罪论体系中的情节仅指客观方面表明法益侵害程度的情节，[②]进而情节严重是对法益侵害程度之客观方面的整体评价。[③]《中华人民共和国刑法》第217条和第218条规定的著作权犯罪均以情节严重为构成要件，实践中一般根据违法所得数额、复制及传播他人作品的数量、实际点击数等因素判断是否构成情节严重。[④]可见，情节严重只评价行为的客观方面，而不包含行为人的主观心理状态，《著作权法》第54条第1款将情节严重与描述主观心理状态的故意并列也体现了这一点。因此，故意与情节严重共同作为惩罚性赔偿的构成要件并不矛盾：前者是主观要件，指向行为人的心理状态；后者是客观要件，考察侵权行为及其后果等客观方面。

（二）情节严重的认定

情节严重是一个模糊、笼统的综合性表述，很难归纳出较为全面的可以认定为情节严重的类型，故厘定情节严重的判断因素可能更为重要。根据《惩罚性赔偿司法解释》以及地方司法文件，[⑤]笔者提炼出判断情节严重的六个量化因素：侵权手

---

① 朱广新. 惩罚性赔偿制度的演进与适用 [J]. 中国社会科学, 2014 (3): 104-124, 206-207.
② 张明楷. 犯罪构成体系与构成要件要素 [M]. 北京: 北京大学出版社, 2010: 241.
③ 余双彪. 论犯罪构成要件要素的"情节严重" [J]. 中国刑事法杂志, 2013 (8): 30-37.
④ 参见《最高人民法院、最高人民检察院关于办理侵犯知识产权刑事案件具体应用法律若干问题的解释》（法释〔2004〕19号）第5条和第6条、《最高人民法院、最高人民检察院关于办理侵犯知识产权刑事案件具体应用法律若干问题的解释（二）》（法释〔2007〕6号）第1条、《关于办理侵犯知识产权刑事案件适用法律若干问题的意见》（法发〔2011〕3号）第13条。
⑤ 《最高人民法院关于审理侵害知识产权民事案件适用惩罚性赔偿的解释》第4条、《天津市高级人民法院关于知识产权侵权案件惩罚性赔偿适用问题的审判委员会纪要》第3条、《深圳市中级人民法院关于知识产权民事侵权纠纷适用惩罚性赔偿的指导意见（试行）》第8条。

段，侵权次数，侵害的权利性质和数量，侵权行为的持续时间、地域范围和规模，侵权行为的后果，妨碍诉讼的行为。其中，侵权行为的后果在情节严重的判断中居于核心位置。[1] 这是因为情节严重的侵权行为给权利人造成的损失往往较大，所以可以根据较大的损失反向推出情节的严重。而且，侵权行为的后果往往跟侵权手段、侵权次数、侵害的权利性质和数量以及侵权行为的持续时间、地域范围和规模呈正相关，对以上因素的认定往往落脚于侵权行为的后果。根据受损的主体范围，可以将侵权行为的后果分为对权利人的损害和对社会的危害。前者包括对权利人造成的物质损害和精神损害，其中，物质损害不仅包括侵权行为造成的直接物质损失，而且包括市场先发优势丧失、潜在交易机会流失等难以衡量的间接经济损失；后者主要体现为对消费者权益、相关产业声誉以及社会公共秩序带来的不利影响。[2] 此外，实践中还将被告伪造或者毁灭证据、提交虚假证据等妨碍诉讼的行为作为情节严重的判定因素，尽管它们并非诉争行为本身造成的侵权后果。

总之，情节严重的认定是一个综合考量各种因素的结果，存在较大的弹性空间，需要从不同的角度予以论证。一方面，只要某一判定因素的严重程度足够高，便可以认定为情节严重，比如构成犯罪的侵权行为当然属于情节严重，但一个因未达到法定数额而不构成犯罪的侵权行为也可能属于情节严重。另一方面，也许单独考量每种情形都不足以构成情节严重，这几种情形累积起来却可以达到情节严重的程度，互联网生态型侵权即属此类。[3] 还需要说明的是，由于规范与现实乃两个不同的世界，但法律概念的认定又依托于案件事实，同一事实可能同时满足故意和情节严重两个要件。例如，已生效的行政处罚、民事裁判、仲裁裁决、和解协议等确定行为人侵害著作权后，同一行为人再次或继续实施相同的著作权侵权行为，此类事实本身便可以认定为故意侵害著作权且情节严重。[4] 具言之，行为人明知他人对该作品享有著作权却实施侵权行为，构成故意；行为人在承担法律责任后再次实施相同的侵权行为，即属情节严重。实际上，前述14个著作权侵权惩罚性赔偿案例中，就有11个案例属于被判决承担侵权责任后再次实施相同

---

[1] 典型者如《北京市高级人民法院关于侵害知识产权及不正当竞争案件确定损害赔偿的指导意见及法定赔偿的裁判标准》第1.13条第3款将情节严重界定为"被诉行为造成了严重损害后果"。

[2] 李宗辉.《民法典》视域下知识产权侵权惩罚性赔偿的"情节严重"要件研究[J]. 暨南学报（哲学社会科学版），2021，43（5）：45-53.

[3] 李扬，陈曦程. 论著作权惩罚性赔偿制度——兼评《民法典》知识产权惩罚性赔偿条款[J]. 知识产权，2020（8）：34-45.

[4] 参见《北京市高级人民法院关于侵害知识产权民事案件适用惩罚性赔偿审理指南》第2.5条。

的侵权行为。

情节严重跟故意一样，同属著作权侵权惩罚性赔偿的实质要件，因此情节严重的证明标准应与故意的证明标准保持一致——严于高度盖然性标准、接近但无须达到排除合理怀疑的程度，不再赘述。

四、著作权侵权惩罚性赔偿的构成要件之三：惩罚基准可确定

关于著作权侵权惩罚性赔偿的构成要件，学界一般认为包括故意和情节严重。但《著作权法》第54条第1款明确要求适用惩罚性赔偿以存在实际损失、违法所得或者权利使用费等惩罚基准为前提，否则即不能适用惩罚性赔偿。因此，笔者认为除了故意和情节严重外，惩罚基准可确定也是惩罚性赔偿的构成要件。但由于该要件仅仅是为惩罚性赔偿提供一个计算基准，并不在实质上限制惩罚性赔偿的适用，故有别于作为实质要件的故意和情节严重，惩罚基准可确定乃惩罚性赔偿的形式要件。关于惩罚基准可确定要件，需要厘清三个问题：一是惩罚基准的范围，二是惩罚基准的计算规则，三是惩罚基准的确定方法。以下分述之。

（一）惩罚基准的范围

根据《著作权法》第54条第1款，惩罚性赔偿的基准包括权利人的实际损失、侵权人的违法所得以及该著作权的权利使用费。而且，惩罚基准的选择存在优先次序，原则上应优先以实际损失或违法所得作为惩罚基准，仅在二者均难以计算时才能以权利使用费作为惩罚基准。但是，仅从正面明确惩罚性赔偿的基准范围是远远不够的，还有必要反向排除哪些赔偿数额不能作为惩罚基准。

首先，权利人为制止侵权行为所支付的合理开支不能作为惩罚基准。制止侵权行为的合理开支是权利人支出的维权费用，有别于根据实际损失、违法所得或权利使用费确定的赔偿数额。而且，合理开支被单独规定在《著作权法》第54条第3款，难以将其解释为著作权侵权惩罚性赔款的惩罚基准。实际上，这也是《惩罚性赔偿司法解释》第5条第1款的立场。①

其次，法定赔偿不能作为惩罚性赔偿的基准。鉴于实践中往往难以确定实际损

---

① 参见最高人民法院《〈关于审理侵害知识产权民事案件适用惩罚性赔偿的解释〉的理解和适用》之"六、关于基数的确定"。

失、违法所得和权利使用费,为避免惩罚性赔偿制度沦为空中楼阁,有学者主张限制性地将法定赔偿作为惩罚基准,即在原告穷尽举证路径的情况下,可以将法定赔偿作为惩罚性赔偿的基准,但应适当限制惩罚倍数。① 但在现行法下,将法定赔偿作为惩罚基准没有法律依据可循。而且,法定赔偿的确定已经充分考虑了故意、情节严重等因素而具有一定的惩罚性考量,② 若再将法定赔偿作为惩罚基准,则存在重复评价、过度惩处之嫌。尽管论者提出在以法定赔偿作为惩罚基准时,应适当限制惩罚倍数,但未拿出具体的限制方案,故不足采。然而在如下案情中,或许可以将法定赔偿数额作为惩罚基准:行为人曾因侵害著作权被法院判决承担若干数额的法定赔偿责任,又再次对同一作品实施相同的侵权行为,且满足故意和情节严重的要求,但无法确定后一侵权行为的实际损失、违法所得和权利使用费,似可考虑将前一生效判决中的法定赔偿数额作为基准,从而适用惩罚性赔偿。③ 实际上,案例8即属此类。需要注意的是,法定赔偿不能作为惩罚基准不等于一个案件中不能同时适用法定赔偿和惩罚性赔偿。相反,如果同一案件中存在数个侵权行为,则完全可能同时适用法定赔偿和惩罚性赔偿。④ 例如,行为人对权利人实施了A、B两个侵权行为,且每个侵权行为都符合故意和情节严重的要求,可以确定侵权行为A的实际损失、违法所得或权利使用费,但无法根据以上三种方法确定侵权行为B的赔偿数额,那么,对于侵权行为A可以在填平性赔偿的基础上进一步适用惩罚性赔偿,对于侵权行为B则适用法定赔偿,但不能适用惩罚性赔偿。因此,法定赔偿与惩罚性赔偿不能同时适用系就同一侵权行为而言,此不可不察。

最后,精神损害赔偿不能作为惩罚性赔偿的基准。在侵犯著作人身权并导致受害人严重精神损害的情形下,若适用停止侵权、赔礼道歉等侵权责任对受害人的救济仍显不足,那么法院可以判令侵权人向受害人支付精神损害抚慰金。⑤ 既然实际

---

① 丁文严,张蕾蕾. 知识产权侵权惩罚性赔偿数额的司法确定问题研究 [J]. 知识产权,2021 (2): 72 – 86.
② 最高人民法院民法典贯彻实施工作领导小组. 中华人民共和国民法典侵权责任编理解与适用 [M]. 北京:人民法院出版社,2020: 194.
③ 另有论者认为,此种情形能否以前一次法定赔偿金额作为惩罚基准,仍然存在探讨空间。参见:蒋华胜. 知识产权惩罚性赔偿制度研究:立法检视与司法适用——兼论我国《民法典》第1185条法律规范的体系化构建 [J]. 中国应用法学,2021 (1): 146 – 170.
④ 《深圳市中级人民法院关于知识产权民事侵权纠纷适用惩罚性赔偿的指导意见(试行)》第15条第1款。
⑤ 《北京市高级人民法院关于侵害知识产权及不正当竞争案件确定损害赔偿的指导意见及法定赔偿的裁判标准》第1.25条。

损失包括物质损害（财产损害）和精神损害，而惩罚性赔偿的基准又包括实际损失，那么精神损害赔偿似乎也可以充当惩罚基准。但笔者认为，宜对惩罚基准中的实际损失作限缩解释，仅指物质损害而不包括精神损害。理由如下：精神损害赔偿旨在抚慰受害人的心灵伤害和精神痛苦，同时在一定程度上对侵权人施以惩罚并在客观上具有警戒第三人的作用，故精神损害赔偿与惩罚性赔偿在功能上存在一定的交集。[①] 此其一。其二，根据《最高人民法院关于确定民事侵权精神损害赔偿责任若干问题的解释（2020修正）》第5条，确定精神损害抚慰金的数额时，应综合考虑侵权人的过错程度、侵权行为的具体情节等因素。若再以精神损害赔偿为基准施加惩罚性赔偿，则有重复评价、过度惩戒之嫌。其三，精神损害赔偿虽然属于财产责任，但它是对受害人精神痛苦的抚慰而非填平，然惩罚性赔偿的基准应当是一个填平性赔偿数额。综上，宜认为精神损害赔偿不能作为惩罚基准。

（二）惩罚基准的计算规则

《最高人民法院关于审理著作权民事纠纷案件适用法律若干问题的解释（2020修正）》第24条、第25条对实际损失、违法所得、权利使用费的计算作了具体规定。但在审判实践中，即便权利人提交证据证明惩罚基准的数额，也很难被法官所采信，一个非常重要的原因是部分法官认为惩罚性赔偿的基准应当具有较高的精确性。对此，需要指明的是，作为惩罚基准的填平性赔偿数额既可以是精确计算确定的，也可以是通过裁量性方法确定的。对于前者并无争议，问题在于后者。由于对现代量化方法的不了解，法律人往往将计算狭隘地理解为精确无误的数学计算。因此，首先需要破除"只有精确无误的数学演绎推算才是计算"的陈旧观念，不能简单地认为运用其他量化方法得出的数值都是不准确的或没有价值的。实际上，除了数学计算外，还有统计学计算、经济学计算等现代量化方法。不同的计算方法得出的结果精度有别，但本质上都是科学的计算方法。著作权的非物质性特征使其损害比有形物更加难以量化，故实有必要降低著作权损害赔偿数额的计算精确性。

鉴于著作权的非物质性导致其损害难以量化，最高人民法院近年来旗帜鲜明地

[①] 张新宝，李倩. 惩罚性赔偿的立法选择 [J]. 清华法学，2009，3（4）：5-20.

提倡裁量性赔偿,[①] 即通过裁量性方法确定权利人的实际损失以及侵权人的违法所得。审判实践中也不乏运用裁量性方法确定赔偿数额的案例。[②] 尽管通过裁量性方法确定的赔偿数额并不非常精确,但它仍然是对赔偿数额的合理确定,其本质上是在充分考虑著作权非物质性特征的基础上降低了权利人对实际损失和违法所得等损害事实的证明标准,符合惩罚基准可确定之要求。[③] 因此,在权利人选择以实际损失或者违法所得作为惩罚基准场合,若权利人穷尽举证路径也无法精确计算出相关赔偿数额时,法官可以根据在案证据裁量确定一个赔偿数额作为惩罚基准。[④] 需要注意的是,即便是通过裁量性方法确定著作权的损害,也需要依托于一定的计算公式,如违法所得=侵权复制品的销售量×权利人发行该复制品的单位利润,相关计算要素同样需要通过当事人举证质证、第三方主体专业评估等方式予以确定。

相较于举证证明实际损失和违法所得,权利人获取权利使用费的证据资料相对容易。审判实践中,对于著作权侵权案件中权利使用费的确定,首先,可以按照权利人许可他人使用著作权的通常权利使用费予以确定,相关证据资料包括许可使用合同是否备案并实际履行,以及是否存在发票、银行流水等付款凭证。其次,可以参照所在地区同类作品权利使用费的交易习惯,或者著作权集体管理组织确定的权利使用费标准。最后,在前述证据资料无法提供或者不被采纳的情况下,则需要在综合考虑权利种类及数量、作品知名度、销售对象及范围、使用期间等因素的基础上,裁量确定一个可以填平权利人损失的、合理的权利使用费。总之,在以权利使用费作为惩罚基准的场合,当事人举证和法官审查的重点在于案涉著作权权利使用费的真实性和可比性。

实际上,在本文检索到的14个适用著作权侵权惩罚性赔偿的案例中,有8个案

[①] 最高人民法院在2013年第三次全国法院知识产权审判工作会议上指出:"要正确把握法定赔偿与酌定赔偿的关系,酌定赔偿是法官在一定事实和数据基础上,根据具体案情酌定实际损失或侵权所得的限额数额,其不受法定赔偿最高或者最低限额的限制。积极适用以相关数据为基础的酌定赔偿制度,在计算赔偿所需的部分数据确有证据支持的基础上,可以根据案情运用自由裁量权确定计算赔偿所需的其他数据,酌定公平合理的赔偿数额。"最高人民法院在2016年7月全国知识产权审判工作座谈会上指出:"要善于运用根据具体证据酌定实际损失或侵权所得的裁量性赔偿方法,引导当事人对于损害赔偿问题积极举证,进一步提高损害赔偿计算的合理性。权利人提供了用以证明其实际损失或者侵权人违法所得的部分证据,足以认定计算赔偿所需的部分数据的,应当尽量选择运用裁量赔偿方法确定损害赔偿数额。"

[②] 最高人民法院(2020)最高法知民终799号民事判决书;北京知识产权法院(2017)京73民终1258号民事判决书;上海知识产权法院(2017)沪73民终299号民事判决书。

[③] 苏志甫. 论我国知识产权惩罚性赔偿制度的目标、定位与司法适用 [J]. 中国应用法学, 2021 (1): 132–145.

[④] 《深圳市中级人民法院关于知识产权民事侵权纠纷适用惩罚性赔偿的指导意见(试行)》第15条第2款、《山东省高级人民法院关于审理侵害知识产权民事案件适用惩罚性赔偿的裁判指引》第11条第3款。

例都是以权利使用费作为惩罚基准。因此，诚有必要放宽乃至取消惩罚基准适用次序的限制，进一步提高权利使用费的适用率。作为舶来品，法律关于惩罚基准适用次序的规定要么应当有比较法上的镜鉴，要么则是根据本国国情有所修正和调整。但美、英、澳、加等惩罚性赔偿制度发达的国家并没有规定惩罚基准的适用次序，经查阅也没有发现我国《著作权法》规定惩罚基准适用次序的立法理由等说明，质言之，似乎并没有充分的理由去限制权利人选择惩罚基准的适用。[1] 审判实践中也已经意识到僵硬遵循惩罚基准适用次序的不合理性并有所放宽。例如，北京市高级人民法院考虑到著作权的权利属性以及强化著作权保护的政策背景，认为在原告跳过实际损失和违法所得，而直接选择权利使用费作为惩罚基准时，经释明后，如果原告说明了此种跳跃选择的正当理由并提供了初步证据，可以推定该案中难以确定实际损失和违法所得，而允许原告以权利使用费作为惩罚基准，但被告提出相反证据的除外。[2] 法院采用此种方法可以有效疏解惩罚基准适用次序的困境，即只要权利人可以举证证明其所主张的惩罚基准，法院就会推定顺位在前的惩罚基准无法确定，进而适用权利人所选择的惩罚基准。如此做法实际上是赋予权利人以自行选择对其最有利的惩罚基准的权利，尤其是可以径行选择权利使用费作为惩罚基准，而这无疑有助于化解惩罚基准的确定难题。

（三）惩罚基准的确定方法

理念的转变固然重要，但方法的跟进往往更为可贵。审判实践中，需要充分运用统计学计算、经济学计算等现代量化方法，并为惩罚基准设定合理的证明规则，同时借助举证妨碍制度以及区块链等新技术，才能真正盘活惩罚基准计算规则的适用。

其一，统计学和经济学计算方法的运用。统计学计算以归纳分析方法为基础，是针对某一概率估算出来的结果，但其具有精确的平均值和特定的概率区间，故仍然是科学的计算。[3] 统计学计算是解决不确定性问题的有力工具，在研究和实践中的应用比数学计算更加广泛。审判实践中，计算实际损失或违法所得使用的单位利

---

[1] 陈宗波，黄术．论知识产权侵权惩罚性赔偿基数与倍数的认定 [J]．广西社会科学，2022 (5)：122-129．

[2] 《北京市高级人民法院关于侵害知识产权及不正当竞争案件确定损害赔偿的指导意见及法定赔偿的裁判标准》第1.2条第2款。

[3] 龙小宁，宋健．关于损害赔偿额计算（之一）[EB/OL]．(2020-07-07) [2023-07-07]．https://mp.weixin.qq.com/s/LBk6wL0RucxSTKhc3C7R8g．

润或利润率,一般取所在行业或同类企业的平均单位利润或平均利润率,即为运用统计学计算的实例。对于经济学计算,可以将其视作以经济学原理为基础的统计学计算。① 由于损害赔偿本身也是一个经济学问题,因此,经济学计算方法可以帮助我们更加科学地计算损害赔偿数额。更为重要的是,在计算赔偿数额所需的特定财务数据不完整时,经济学分析可以为我们提供颇具价值的替代数据。

其二,在实体规则弹性有限的态势下,合理设定惩罚基准的证明规则更显重要。鉴于故意和情节严重是实质要件,而惩罚基准可确定乃形式要件,故惩罚基准的证明标准应当低于故意和情节严重的证明标准。考虑到权利人对于填平性赔偿数额的举证异常困难,故惩罚基准数额的证明标准宜低于一般事实的证明标准,即对其适用优势证据标准,这也是最高人民法院的立场。② 同时,还应当注意发挥规则之治与司法能动的优势互补功能,将惩罚基准的证明标准寓于指导案例、公报案例或者其他典型案例中。目前,最高人民法院已经发布了商标及不正当竞争、专利及技术秘密等领域的惩罚性赔偿典型案例,③ 细化了相关案件惩罚基准的证明要点。因此,诚有必要尽快发布著作权侵权惩罚性赔偿典型案例,为权利人举证和法官审查实际损失、违法所得以及权利使用费等惩罚基准提供实践指引,从而缩小纸面制度与司法适用之间的证明鸿沟。

其三,在厘清证明规则的基础上,灵活运用举证妨碍制度,充分发挥新技术在司法证明中的强大功能。由于诉讼双方的利益冲突,被告往往不愿提交证明赔偿数额的相关财务资料。对此,权利人可以书面申请法院向税务机关调取侵权人的纳税记录,或者责令控制证据的侵权人提交证据。根据《著作权法》第 54 条第 4 款和《惩罚性赔偿司法解释》第 5 条第 3 款之规定,在权利人已经尽了必要举证责任的情形下,法院可以依职权责令侵权人提供与侵权行为相关的账簿等资料;侵权人拒不提供或提供虚假资料的,法院可以参考权利人的主张和提供的证据确定赔偿数额。此外,面对实际损失、违法所得以及权利使用费等惩罚基准的证明顽疾,权利人和法官还应当秉持技术赋权的思维,充分发挥区块链等新技术在惩罚基准的证明及认定过程中的强大功能。④

---

① 龙小宁,宋健. 关于损害赔偿额计算(之二)[EB/OL]. (2021-09-22)[2023-09-22]. https://mp.weixin.qq.com/s/9koUCSwR34IOJi0bDGNeAQ.
② 最高人民法院《关于当前经济形势下知识产权审判服务大局若干问题的意见》第 16 条。
③ 最高人民法院. 侵害知识产权民事案件适用惩罚性赔偿典型案例[EB/OL]. (2021-03-15)[2023-04-11]. https://www.court.gov.cn/zixun/xiangqing/290651.html.
④ 顾亚慧,陈前进. 新《著作权法》中惩罚性赔偿条款的正当性及适用[J]. 出版发行研究,2022(4):65-72.

实践中，加盖时间戳的区块链存证产品不断涌现，其采用的密码学记录方式保证了存证内容的不可篡改性。因此，当事人应当积极将区块链等新技术运用到惩罚基准的证明中去，法官则应秉持开放进取的心态接纳区块链证据，共同破解惩罚基准的证明难题。

五、著作权侵权惩罚性赔偿中惩罚倍数的确定

（一）确定惩罚倍数的基本原理

惩罚倍数的确定是惩罚性赔偿的精髓所在。最优威慑理论主张根据"倒数规则"来矫正法律执行的误差，使侵权行为人的预期责任等于预期的社会损害，以实现惩罚性赔偿对侵权行为的最优威慑。所谓"倒数规则"是指根据惩罚概率的倒数来设定惩罚倍数。由此，惩罚性赔偿数额＝惩罚基准×（1/惩罚概率－1）。[①] 举例来说，如果确定填平性损害为100、惩罚概率为20%，那么，惩罚性赔偿数额＝100×（1÷20%－1）＝400。因此，只要知道惩罚概率或逃脱概率（惩罚概率＋逃脱概率＝1），就可以确定惩罚倍数。最优威慑理论建立在信息完全的假设上，但现实社会中，我们很难获取足够的信息来确定惩罚概率，无法对每个侵权行为人都施以最优威慑。因此，各国一般在法律上推定一个惩罚概率或其区间。而且，惩罚性赔偿突破了传统侵权法的损害填平原则，惩罚倍数不能使权利人与侵权行为人之间的利益天平过分失衡。因此，《著作权法》第54条第1款将惩罚倍数限制在1倍以上、5倍以下。

尽管法律将惩罚倍数限制在1~5倍，但由于乘数效应，1倍的惩罚性赔偿与5倍的惩罚性赔偿差距很大，此种差距还会因为惩罚基准的大小而进一步拉开。因此，必须合理确定惩罚倍数，使惩罚倍数与侵权行为的主客观状况相适应。实际上，虽然著作权侵权惩罚性赔偿是一种私法救济，但其所具有的公法上的惩罚色彩也相当鲜明，因此惩罚性赔偿制度是一把"双刃剑"，应当注意减少不当适用惩罚性赔偿所可能引发的负外部性。基于此，确定惩罚倍数时可以，也应当秉持公法中的谦抑性原则，确保惩罚倍数与侵权的主客观因素相一致。为贯彻惩罚性赔偿的谦抑性，

---

① 邢会强．内幕交易惩罚性赔偿制度的构造原理与现实选择 [J]．中国社会科学，2018（4）：89－108，206．

适用时除应考虑惩罚性赔偿本身的制度目的外,还应当追根溯源、贯彻落实具体法律的立法目标与价值取向。① 具体到著作权侵权惩罚性赔偿中,《著作权法》第1条开宗明义地指出保护作品的著作权及其相关权益,并鼓励作品的创作与传播进而促进文化繁荣的宗旨。至少在鼓励作品传播这一立法目的上,提示我们需要弱化著作权侵权惩罚性赔偿的惩罚功能,而强化其所具有的特殊预防功能。与此形成鲜明对比的是,《商标法》第1条则明确其旨在保护商标专用权、维护商标信誉,并未提及类似于鼓励传播的立法目的。这是因为商标权最主要的功能即在于区分识别,并可以通过持续申请的方式永续存在,其与惩罚性赔偿的制度适配性更大,这也可以在某种程度上解释为何《商标法》是最早引入惩罚性赔偿制度的知识产权单行法。

对于惩罚倍数的确定,《惩罚性赔偿司法解释》第6条笼统地表述为"应当综合考虑被告主观过错程度、侵权行为的情节严重程度等因素",地方司法文件的规定也称不上具体,至多也就明确了确定惩罚倍数的原则(惩罚倍数可以不是整数)及其参考因素。② 前述14个著作权侵权惩罚性赔偿案例中,4个案例(案例5、案例10、案例11和案例12)未说明惩罚倍数,6个案例(案例2、案例3、案例4、案例6、案例7和案例9)确定了1倍的惩罚倍数,2个案例(案例8和案例14)确定了1.2倍的惩罚倍数,案例1确定了2倍的惩罚倍数,案例13则确定了5倍的惩罚倍数。由此可见,一方面,审判实践对于惩罚倍数的确定并未完全做到公开透明,缺乏可验证性;另一方面,审判实践对于惩罚倍数的确定较为谨慎,仅案例13适用了5倍的顶格惩罚,而且由于其惩罚基准的数额不大,仅有35562.6元,故即便适用5倍的惩罚性赔偿,其赔偿数额也不过177813元。

为提高惩罚倍数的合理性,有学者主张根据案件情节,即包括主观方面和客观方面在内的全部案件事实确定1~5倍的惩罚倍数。③ 也有研究者提出,法官根据个案具体情况确定惩罚倍数时既应当注意发挥惩罚性赔偿遏制侵权、保护创新的功能,也应当警惕惩罚性赔偿的滥用和异化。④ 然而,此类空谈原则的观点意义有限,并

---

① 吴德俊. 知识产权惩罚性赔偿制度的谦抑性:内在逻辑与实现路径 [J]. 理论月刊,2022 (4):130-138.
② 《深圳市中级人民法院关于知识产权民事侵权纠纷适用惩罚性赔偿的指导意见(试行)》第18条、第19条.
③ 张广良. 知识产权损害赔偿惩罚体系的构建 [J]. 法学,2020 (5):129-130.
④ 丁文严,张蕾蕾. 知识产权侵权惩罚性赔偿数额的司法确定问题研究 [J]. 知识产权,2021 (2):85.

不能为法官确定一个相对科学、合理的惩罚倍数提供实践指引，仍然不能有效限制法官的自由裁量权。为解决确定惩罚倍数的恣意问题，有法官对侵权故意和侵权情节分别赋值并形成《惩罚性赔偿倍数因素分解表》，主张在具体个案中采取"要素累积法"确定1~5倍的阶梯式惩罚倍数。① 此种确定惩罚倍数的方法为司法适用提供了一个量化标准，有效地限制了法官的自由裁量权，有利于实现同案同判，并为后来的研究者所承继。② 但该方法只是法官的初步探索，其未对赋值原理予以阐述，赋值的科学合理性存疑。因此，为提高惩罚倍数确定方法的科学性和可操作性，应当进一步强化对赋值原理的论证，并增强赋值过程的透明度。

（二）确定惩罚倍数的规则构建

为提高惩罚倍数的合理性，笔者主张分别对影响惩罚倍数的积极因素和消极因素进行赋值，先对积极因素进行累加，再对消极因素进行酌减，最终得出一个相对合理的惩罚倍数。具体赋值情况见表3，并说明如下。

表3 影响惩罚赔偿倍数因素赋值明细

具体事项	细则	赋值
积极因素之故意（择一赋值）	直接故意	1
	间接故意	0.5
积极因素之情节严重（六个子因素择一赋值，加总各个子因素的赋值，再除以2，得到情节严重的总赋值）	侵权手段：违背善良风俗	[0, 1]
	侵权次数：2次以上	[0, 1]
	侵害的权利性质和数量：侵害著作人身权，侵害2个以上权利	[0, 1]
	侵权行为的持续时间、地域范围和规模：1年以上，跨市、跨省、跨国，规模较大等	[0, 2]
	侵权行为的后果：损失/获利超过50万元，损害社会公共利益等	[0, 2]
	妨碍诉讼的行为：对诉讼的妨碍程度	[0, 1]
消极因素（四个子因素累加）	已遭受行政罚款或刑事罚金	[-0.5, 0]
	裁量性赔偿	[-0.5, 0]
	间接侵权	[-0.5, 0]
	经济状况	[-0.5, 0]

---

① 宫晓艳，刘畅. 知识产权惩罚性赔偿适用的要件解构与路径探究——以上海首例知识产权惩罚性赔偿案件为研究范例 [J]. 法律适用，2020 (24)：149-159.
② 倪朱亮. 比例原则在知识产权惩罚性赔偿金量定中的运用 [J]. 知识产权，2021 (7)：24-38.

1. 积极因素

积极因素主要包括主观故意和情节严重两方面。故意属于行为人的主观范畴，是意识层面的、而非行为结果层面的概念描述。换言之，不论行为人主观上存在多大程度的可责罚性的故意，也并不等于会造成相当程度的损害后果，因此，我们难以通过行为人的主观故意来确定一个惩罚倍数，即故意更大程度上发挥着是否适用惩罚性赔偿的水阀作用，而在确定适用惩罚性赔偿后，对于惩罚倍数的确定则应当着重考虑侵权情节。这是因为侵权情节属于客观层面的事实范畴，进而可以选择适当的方法对已经发生的损害进行评估甚至存在量化的可能性。因此，笔者认为，尽管《惩罚性赔偿司法解释》明确惩罚倍数的确定需要综合考虑主观故意和侵权情节，但在实际适用时应当着重考虑侵权情节并赋予其较大的权重。

第一，故意方面的赋值。如前所述，作为惩罚性赔偿主观要件的故意包括直接故意和间接故意，但在确定惩罚倍数时应当区分直接故意和间接故意而分别赋值。直接故意和间接故意均具有相当程度的可责罚性，即行为人均明知其行为具有导致损害结果发生的可能性而仍然为之。二者的区别则在于直接故意的行为人持一种积极追求损害结果发生的心态，间接故意的行为人则并非主动追求，而是放任其行为致害，纵使发生损害结果也不违反其意志。因此，自道德层面而言，较之间接故意，直接故意的可责罚性更高。具言之，在运用赋值法对主观要件赋值时应当区别对待主观故意和间接故意，以体现二者可责罚性的不同，即对直接故意赋值1，对间接故意赋值0.5。

第二，情节严重方面的赋值。其一，关于侵权手段。对于以违背善良风俗的方式实施的侵权行为应当予以严惩，表现在惩罚倍数的确定中即应当加大惩罚倍数。例如，通过技术窃取方式盗用他人未发表作品，其侵权手段相当恶劣，故有必要加大惩罚倍数的赋值。

其二，关于侵权次数。行为人在因侵害著作权而承担法律责任后，再次对同一著作权实施侵权行为，说明前一次法律责任并不能有效制止和预防行为人再度实施侵权行为。因此，行为人每多实施一次侵权行为都表明其侵权情节的严重程度，应当加大情节严重的赋值。

其三，关于侵害的权利性质和数量。著作权可以分为著作人身权和著作财产权。著作人身权涉及作品创作者的尊严、名誉、荣誉等人格精神方面，以及发展更新作品并保护作品完整性的持续价值方面，与民法上的人格权、身份权等一样具有神圣不可侵犯性。而著作财产权则可以理解为创作者对其作品的"所有权",在作品商业化背景下表现为在使用、许可使用作品并获得报酬过程中的具体规定性。因此,通常情况下,较之侵犯著作财产权,侵犯著作人身权尤其是发表权的情节更为严重,应当在赋值上有所区别。此外,侵犯的著作权数量越多,侵权情节越严重,应当加大赋值力度。

其四,关于侵权行为的持续时间、地域范围和规模。在持续时间方面,对于大部分持续时间在一年以内的著作权侵权行为,一般不宜将其认定为情节严重,否则有违惩罚性赔偿的谦抑性,故对于持续时间应以一年为起点并逐年加大赋值。在地域范围和规模方面,同样基于惩罚性赔偿的谦抑性,分别以地级市和规模较大为赋值起点。同时,鉴于侵权行为的持续时间、地域范围和规模,与侵权行为后果(侵权损失或者获利)具有高度的正相关性,因此,对其赋值时应持审慎态度,至于评价不足部分将在关于侵权行为后果的赋值中得到补足。

其五,关于侵权行为的后果。侵权后果主要表现为侵权行为给权利人造成的损失或者侵权人的获利。笔者于2023年7月18日在"威科先行"法律数据库中以"著作权权属、侵权纠纷"为案由进行检索,获得案件标的额的可视化图(见图4),其中,50万元以下(含本数)的案件占比高达97.23%。故笔者将侵权行为后果的数额标准设置为50万元,如此可以较好地防止惩罚性赔偿的滥用。

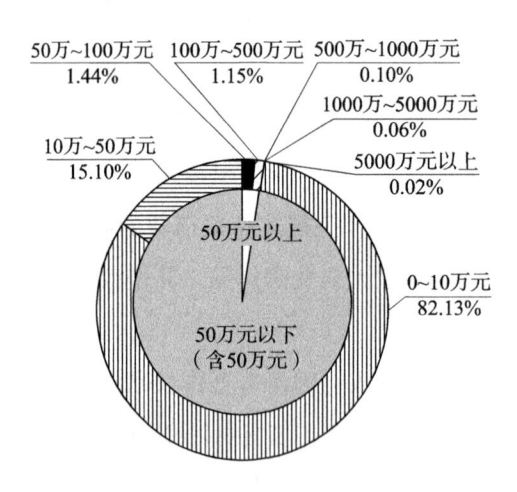

图4 著作权侵权案件标的额可视化图

其六，关于妨碍诉讼的行为。尽管妨碍诉讼的行为并不属于侵权情节的范畴，但《惩罚性赔偿司法解释》明确认定情节严重时应当予以考虑，故也应对其赋值。

2. 消极因素

在对积极因素进行赋值并初步确定惩罚倍数后，还需要考虑案件中是否存在需要酌减的消极因素。消极因素主要有以下四个：

一是同一侵权行为已被施以行政罚款或刑事罚金。① 就惩罚性赔偿与行政罚款、刑事罚金的关系而言，存在三种观点。第一种观点认为三者分别属于民法、行政法和刑法上的责任承担方式，属于责任的聚合而非竞合，可以同时适用。但惩罚性赔偿具有公法上的惩罚色彩，已非传统意义上的填平性民事责任，同时适用对侵权行为人未免过苛。第二种观点主张择一适用。这虽然可以避免对同一侵权行为施加重复惩罚，但这不仅违背了民事、行政、刑事责任聚合的基本原理，而且将严重压缩惩罚性赔偿的适用空间，与其制度目的相背离。第三种观点则主张折中性质的互补适用，其认为惩罚性赔偿与行政罚款、刑事罚金在对违法行为的惩戒和遏制上具有某种功能上的同质性，因此尽管行为人因同一侵权行为被施以行政罚款或刑事罚金不影响惩罚性赔偿的适用，但在确定赔偿数额时应当结合行政罚款和刑事罚金的情况予以灵活调整。②《惩罚性赔偿司法解释》第6条第2款大体上采取了第三种互补适用的观点，一方面明确规定行政罚款、刑事罚金不影响惩罚性赔偿的适用，类似广州知识产权法院（2017）粤73民终2097号案以侵权行为已经受到刑事处罚为由拒绝适用惩罚性赔偿的裁判将成为过去式；另一方面允许法官在确定惩罚倍数时，将该侵权行为遭受行政罚款和刑事罚金的情况作为酌减因素予以考虑，从而实现个案正义。需要说明的是，作为酌减因素予以考虑的仅限于同一侵权行为已经遭受行政罚款或刑事罚金，旨在防止对同一侵权行为过度惩罚。至于行为人在承担法律责任后，继续实施侵害同一作品著作权的侵权行为的，则不仅不属于应当酌减的情形，而且表明此前的法律责任并不足以遏制和预防行为人再度实施侵权行为，恰恰是惩罚性赔偿的规制对象，并应考虑适当加重惩罚倍数。

二是通过裁量性方法确定惩罚基准的情形。③ 适用惩罚性赔偿的理想情况是将

---

① 《最高人民法院关于审理侵害知识产权民事案件适用惩罚性赔偿的解释》第6条第2款。
② 全国人大常委会法制工作委员会民法室.侵权责任法立法背景与观点全集[M].北京：法律出版社，2010：504-505.
③ 《深圳市中级人民法院关于知识产权民事侵权纠纷适用惩罚性赔偿的指导意见（试行）》第19条。

实际损失或者违法所得作为惩罚基准，但著作权侵权案件中权利人较难证明前述惩罚基准，故笔者认为，作为惩罚基准的实际损失和违法所得不仅可以是权利人精准举证证明的数额，也可以是法官通过裁量方法酌定的数额。然而，由于将裁量性赔偿作为惩罚基准是对《著作权法》第 54 条第 1 款的扩大解释，且裁量性赔偿本身在数额的精确度方面有所不足，因此，为限制法官的自由裁量权、防止惩罚性赔偿数额的虚高，笔者认为应当将通过裁量性方法确定惩罚基准的情形作为影响惩罚倍数的消极因素予以酌减考虑。这实际上是将惩罚倍数作为调整惩罚基准精度不足的阀门，以确保惩罚性赔偿数额的相对合理性。

三是被告属于间接侵权的情形。[①] 著作权间接侵权主要包括教唆侵权和帮助侵权两种情形，实践中最常见的侵权行为人是网络服务提供者。随着互联网技术的发展，著作权网络侵权的裁判难点也已经由网络用户的直接侵权转变为网络服务提供者的间接侵权（主要是帮助侵权）。然而，在侵权行为的可责罚性上，直接侵权是直接实施了受《著作权法》保护的作品著作权的侵权行为，间接侵权则属于诱导性的教唆侵权或者辅助性的帮助侵权，较之直接侵权，间接侵权的可责罚性较低。与此相对，为区分体现直接侵权的主导地位和间接侵权的次要地位，在确定惩罚性赔偿数额尤其是惩罚倍数时，应当将教唆侵权、帮助侵权等间接侵权作为消极因素予以适当酌减，从而确保直接侵权和间接侵权在惩罚倍数的确定上与侵权法的体系协调。

四是侵权行为人的经济状况。比较法上，例如《美国侵权法重述》第 908 条，法官在确定惩罚性赔偿的数额时可以将侵权行为人的财产状况纳入考虑；[②] 此外，英国、加拿大、澳大利亚等普通法系国家的法院或者陪审团在确定惩罚性赔偿数额时亦是如此。[③] 惩罚、威慑与遏制固然是《著作权法》引入惩罚性赔偿制度的重要目标，但片面强调惩罚性赔偿制度的威慑功能可能给侵权行为人的经营发展乃至生存带来致命打击，贬损制度适用的社会效益、反噬版权产业的良性发展。此外，远超出侵权行为人履行能力的巨额惩罚性赔偿判决，在实践中也无法执行到位，进而可能损害法院判决的权威性。因此，为了更好地实现惩罚性赔偿特殊预防的目的，

---

① 《山东省高级人民法院关于审理侵害知识产权民事案件适用惩罚性赔偿的裁判指引》第 20 条第 2 款。
② 肯尼斯·S. 亚伯拉罕，阿尔伯特·C. 泰特. 侵权法重述：纲要 [M]. 许传玺，石宏，等译. 北京：法律出版社，2006：271.
③ 阳庚德. 普通法国家惩罚性赔偿制度研究——以英、美、澳、加四国为对象 [J]. 环球法律评论，2013（4）：146-148.

也为了避免侵权行为人因巨额赔偿而破产、维护法院判决的权威，法官在确定惩罚倍数时应当适当考虑侵权行为人的财产状况，使最终确定的惩罚性赔偿数额与侵权行为人的经济能力相适应。①

3. 计算说明

需要说明的是，故意是择一赋值，即0.5或1；情节严重则是对六个子因素进行择一赋值，然后加总各个子因素的赋值，再除以2，最后得到情节严重的总赋值，最大值是（1+1+1+2+2+1）/2=4；消极因素的赋值由四个子因素的赋值累加获得，区间是[-2,0]。因此，惩罚倍数的计算公式为：惩罚倍数=故意的赋值+情节严重的赋值+消极因素的赋值。

尽管司法文件明确规定惩罚倍数可以是非整数，但实践中极少出现非整数（即便是0.5的中间值）的惩罚倍数。这是因为非整数的惩罚倍数其实对应着更加精细化的司法裁量，而目前对于惩罚倍数与故意、情节严重的对应关系并未明晰，对于更精细化的非整数惩罚倍数的确定更是无从谈起。笔者设计的惩罚倍数确定方案，是通过对故意和情节严重进行赋值并通过权重公式计算得出惩罚倍数，至少在理论上存在非整数的惩罚倍数的可能性。

综上所述，笔者将各个影响因素与惩罚倍数的赋值区间相对应，并对积极因素的正向赋值和消极因素的负向赋值进行加总，从而确定一个相对合理的惩罚倍数。此套确定惩罚倍数的方案具有较高的精确性与较强的操作性。一方面，有助于提高法官确定惩罚倍数的透明度，限制法官的自由裁量权并规范惩罚倍数的认定规则，进而确保类似案情的著作权侵权案件的惩罚倍数大致相当，促进同案同判；另一方面，较之设置固定数值，笔者选取的区间形式可以在小范围内为法官保留一定程度的自由裁量权，从而为灵活应对实践中情况各异的著作权侵权案件预留空间。尽管如此，该方案在考量因素的取舍以及具体赋值等方面还很不成熟，其合理性仍然有待于司法实践的检验。

六、结 论

通过分析司法现状，可以发现即便在2020年《著作权法》明确引入惩罚性赔

---

① 罗莉. 论惩罚性赔偿在知识产权法中的引进及实施[J]. 法学，2014（4）：32.

偿制度后，相较于每年数量庞大的著作权侵权纠纷，审判实践中适用惩罚性赔偿的案例依旧稀少，且在法律适用上存在若干误区。为促进著作权侵权惩罚性赔偿的适用，笔者从法教义学的角度厘清其构成要件（故意、情节严重和惩罚基准可确定）以及惩罚倍数的确定问题。具言之：就故意要件而言，惩罚性赔偿中的故意包括直接故意和间接故意，且应对故意与恶意作一致性理解。在故意的认定上，可以根据侵权行为人的可谴责程度区分四种类型的故意。就情节严重要件而言，可以借鉴刑法上著作权犯罪对情节严重的认定经验，着重考虑侵权行为的后果。故意和情节严重乃适用惩罚性赔偿的实质要件，应由权利人承担举证责任，且在证明标准上应严于高度盖然性标准、接近但无须达到排除合理怀疑标准。至于惩罚基准可确定要件，则属于形式要件。惩罚基准包括实际损失、违法所得和权利使用费，但不包括维权费用、法定赔偿和精神损害赔偿。要破除审判实践中惩罚基准的确定难题，首先应明确，惩罚基准既可以是精确计算确定的，也可以是通过裁量性方法确定的；其次，需要借助统计学计算、经济学计算等现代量化方法，以及证明标准和举证妨碍制度的协同配合，才能真正盘活惩罚基准可确定要件的适用。适用惩罚性赔偿的精髓在于根据案情设定一个合理的惩罚倍数，对此，可以区分影响惩罚倍数的积极因素和消极因素并对其逐一赋值，先对积极因素进行累加，再对消极因素进行酌减，最终确定一个相对合理的惩罚倍数。

（责任编辑：张钧凯）

On the Judicial Application of Punitive Damages for Copyright Infringement:

Centered around Article 54（1）of the Copyright Law

Yu Xueliang

Abstract: Judicial practice shows that even though the Copyright Law has established a Punitive damages system, there are still few cases of copyright infringement applicable to Punitive damages in judicial practice, and there are some misunderstandings and difficulties in the application of the law. The constituent elements of punitive damages for copyright infringement include intent, serious circumstances and determinable penalty benchmark.

Among them, intent and serious circumstances belong to substantive elements, and should be recognized based on a correct understanding of their connotations and referring to relevant factors. The proof standard should be stricter than the high probability standard and close to but not necessarily reaching the standard of excluding reasonable suspicion. Determinable penalty benchmark is a formal requirement, which includes actual losses, illegal gains and royalties. When applicable, modern quantitative methods, proof standards and the system of obstruction of proof need to be coordinated. The essence of punitive damages lies in setting a reasonable penalty multiple, which can be determined by accumulating positive factors and reducing negative factors.

Key Words: Punitive damages for copyright infringement; Intent; Serious circumstances; Penalty benchmark; Penalty multiple

舞蹈定格画面著作权保护的困境与纾解

——兼评"杨丽萍诉云海肴餐厅装潢"案[*]

任文璐[**]

【摘　要】 随着舞蹈作品商业价值的不断攀升，一些不当使用他人舞蹈作品的行为频频出现。其中，"杨丽萍诉云海肴餐厅装潢案"引发了对未经授权使用舞蹈定格画面行为性质的争议。舞蹈定格画面具有受到著作权法保护的必要性和正当性，但是著作权法受制于现有舞蹈作品的独创性理论和保护范围，难以将舞蹈定格画面纳入保护。在作品保护范围方面，舞蹈作品实质上是不断变化的舞蹈画面构成的，而非连续的舞蹈动作，舞蹈作品的保护范围应扩张至舞蹈动作与舞美设计所组成的舞蹈画面。在舞蹈定格画面保护路径方面，舞蹈定格画面基于其中舞蹈动作的设计、画面舞元素的选择以及舞蹈画面的构图三方面而具有独创性，符合"作品"的构成要件。舞蹈定格画面是具有舞蹈作品特征的"表达"，其表现形式和内容性质均符合舞蹈作品的范式，应纳入舞蹈作品予以保护。

【关键词】 舞蹈作品　舞蹈定格画面　独创性　作品保护范围

一、问题的提出

随着精神文化生活需要的日益增长，舞蹈产业进入蓬勃发展的时期。公众耳熟能详的舞蹈作品数量持续增长，《只此青绿》《永不消逝的电波》《唐宫夜宴》等出

---

[*] 本文系高等学校学科创新引智计划（111 计划）"新时代科技革命与知识产权学科创新"（B18058）的阶段性成果。

[**] 任文璐，中南财经政法大学知识产权研究中心、知识产权学院博士研究生。

圈作品广受好评，《这！就是街舞》《蒙面舞王》《舞蹈风暴》等舞蹈类综艺节目纷纷上线。舞蹈创作元素不断拓展，"国风"与"异域"风格融合交织，"古典舞"与"现代舞"多舞种自然交融对话，越来越多的舞蹈作品利用 AR 技术、5G 技术、舞台灯光设计等丰富舞蹈视觉效果。舞蹈传播渠道不断增多，从单一的院线演出、电视播放，发展至通过移动互联网完成直播或随时随地的点播。随着我国舞蹈作品多样性的提升，传播范围的扩大，知名度的提高，舞蹈作品的商业价值也不断攀升，一些不当利用舞蹈作品的行为频频发生。然而，由于我国著作权法律制度对于舞蹈作品的规定较为滞后，一些针对舞蹈作品的侵权行为和"搭便车"商业模式未能得到有效规制，舞蹈作品的受保护范围、对不当利用舞蹈作品行为的规制路径，是著作权法领域亟待解决的问题之一。

2018 年起，以"杨丽萍诉云海肴餐厅装潢"案件为代表的一系列诉讼引发了对舞蹈定格画面静态使用行为性质的争议。[①] 该案中，被告云海肴餐厅将杨丽萍舞蹈作品《月光》中的舞蹈定格画面复制在餐厅屏风、墙画、隔断等装饰上。该画面中包含具体舞蹈动作、人物造型、月光背景和灯光明暗对比等元素。本案的争议焦点之一即为对舞蹈作品定格画面的静态使用是否侵犯舞蹈作品的著作权。对于该争议，本案一审和二审法院作出截然相反的判决。一审认为，《月光》舞蹈中结合了人物造型、月光背景、灯光明暗对比等元素的特定舞蹈动作，并非进入公有领域的舞蹈表达，系《月光》舞蹈作品具有独创性表达的组成部分，被诉装饰图案与《月光》舞蹈作品的独创性内容构成实质性相似，侵犯原告对舞蹈作品享有的著作权。[②] 相反，二审认为，舞者妆容、背景灯光等不属于著作权法意义上舞蹈作品的创造性设计，不能作为舞蹈作品保护的客体，被诉侵权行为单独使用《月光》作品中六个单人舞蹈动作，属于公有领域的表达，不构成侵犯舞蹈作品著作权。[③]

可见，一审、二审法院的核心争议在于舞蹈作品的受保护范围是否包含舞美元

[①] 北京市海淀区人民法院（2018）京 0108 民初 32020 号民事判决书；北京知识产权法院（2021）京 73 民终 104 号民事裁定书；北京市东城区人民法院（2021）京 0101 民初 11814 号民事判决书；北京市石景山区人民法院（2021）京 0107 民初 10426 号民事判决书；北京知识产权法院（2022）京 73 民终 1387 号民事判决书；北京市石景山区人民法院（2021）京 0107 民初 10427 号民事判决书；北京知识产权法院（2022）京 73 民终 2161 号民事判决书。

[②] 北京市海淀区人民法院（2018）京 0108 民初 32020 号民事判决书；北京市东城区人民法院（2021）京 0101 民初 11814 号民事判决书；北京市石景山区人民法院（2021）京 0107 民初 10426 号民事判决书；北京市石景山区人民法院（2021）京 0107 民初 10427 号民事判决书。

[③] 北京知识产权法院（2022）京 73 民终 1387 号民事判决书；北京知识产权法院（2022）京 73 民终 2161 号民事判决书。

素，静态性使用舞蹈定格画面是否侵犯舞蹈作品的著作权，但该问题没有被进一步解决，理论研究也付之阙如。鉴于此，有必要从舞蹈定格画面的特殊性出发，阐述舞蹈定格画面受著作权保护的困境之所在，并在此基础上修正舞蹈作品受保护的范围，以论述将舞蹈定格画面纳入舞蹈作品予以保护的正当性、合理性与可行性。

二、舞蹈定格画面著作权保护的困境

舞蹈定格画面具有受到著作权法保护的必要性和正当性，但在现有舞蹈作品著作权理论下难以予以保护。舞蹈定格画面不仅是指直接从舞蹈作品动态连续的画面中截取出的一帧画面，也可以是利用相关技术对舞蹈动作、人物造型、装饰元素、灯光背景等舞蹈设计元素进行后期组合而成的画面。舞蹈定格画面在舞蹈作品的创作、宣传、商业化变现过程中运用非常广泛，例如制作宣传海报、手办摆件、周边产品、建设主题乐园等。可见，舞蹈定格画面具有很高的商业价值，不仅承载了著作权人以及表演者的财产利益，而且是舞蹈作品发挥商业价值的重要桥梁。一方面，擅自使用他人舞蹈作品的定格画面获取商业利益的行为，实质上不当利用了著作权人的知名度和作品的使用价值，除有其他法定或约定事由，对作品的任何使用均须对著作权人进行补偿或得到其许可。故此，著作权人应当享有排他性使用舞蹈定格画面或从中获取收益的权利，著作权法具有保护舞蹈定格画面的必要性。另一方面，舞蹈定格画面中富有美感的标志性舞蹈动作、具有鲜明特色的布景造型以及带有创作者巧思的画面构图都表达了编舞者的思想和情感，也都是具有独创性的、值得著作权法予以保护的客体。故此，著作权法具有保护舞蹈定格画面的正当性。然而，著作权法受制于现有舞蹈作品理论和法律规定，对舞蹈定格画面的保护存在以下三点误识。

（一）静态性：与传统舞蹈作品内涵不符

舞蹈定格画面是一幅静止的、固定的图像，与传统观点下"连续的""动态的"舞蹈作品内涵不符。无论是直接截取还是后期组合而成的舞蹈定格画面都是一幅静态的、只呈现单一舞蹈动作的图像，这与我国立法和传统舞蹈作品理论所强调的"连续性"和"动态性"的舞蹈作品大相径庭。我国《著作权法实施条例》将舞蹈作品定义为"通过连续的动作、姿势、表情等表现思想情感的作品"。[①] 从舞蹈作品理论研究来看，也有一些学者强调舞蹈作品的"动态性"。有学者提出，舞蹈作品是通过连续的身体语言作为表现手法的艺术。[②] 有学者认为，静止的、单独的动作、姿势、表情很难有独创性，因此舞蹈作品应当是由"连续"的动作、姿势、表情构成的。[③] 还有学者提出，戏剧（舞蹈）作品一定是有动作和故事情节的，因此不可能是静态的。[④] 由此看来，无论是目前我国的法律规定，还是传统的著作权法理论都认为舞蹈作品必须是"连续的""动态的"。这些选取经典的舞蹈动作和特色舞美设计元素制作而成的舞蹈定格画面虽然在舞蹈宣传海报或手办周边中有着广泛的运用，但客观上无法展现舞蹈的动律和变化。基于此，静态性的舞蹈定格画面难以融入传统舞蹈作品的范畴受到保护。

（二）公有性：单一舞蹈动作属于基础表达

舞蹈定格画面中单一舞蹈动作会被认为是公有领域的基础性表达，不受著作权法的保护。根据我国《著作权法实施条例》的规定，舞蹈仅是通过动作、姿势、表情表达感情的作品。可见，舞蹈作品只保护"动作设计"而不覆盖动作设计之外的其他元素。[⑤] 由此，舞蹈定格画面中能纳入舞蹈作品受到保护的仅可能为定格画面中单一的舞蹈动作、舞蹈姿势或表情，但单一舞蹈动作又往往被认定为公有领域的基础性表达。譬如有学者提出，舞蹈通用动作应属于公有领域，不属于舞蹈作品的著作权保护范围。[⑥] 还有学者提出，早已在公有领域流传多年的常规舞步、造型、动作和顺序等因缺乏独创性，不能构成舞蹈作品。无独有偶，在司法实践中也曾出现类似观点，"茅某芳与张某钢、中国残疾人艺术团侵犯著作权纠纷案"判决认为：顺风旗、商羊腿等舞蹈动作是我国古典舞的传统动作，相同体裁的舞蹈作品不可避免地会出现相同或相近似的动作，这种公有领域的思想内容不应为个人所独占。[⑦] 在"杨丽萍诉云海肴餐厅装潢案"中，法院认为：人类在舞蹈创作中，能够设计出

---

① 《著作权法实施条例》第4条。
② 韦之. 著作权法原理[M]. 北京：北京大学出版社，1998：26.
③ 王迁. 知识产权法教程[M]. 7版. 北京：中国人民大学出版社，2021：108.
④ CORNISH W R, DAVI LLEWELYN. Intellectual property: patents, copyright, trade marks and allied rights [M]. London: Sweet & Maxwell, 2003: 393.
⑤ 何敏，吴梓若. 舞蹈作品侵权认定的误区与匡正——兼评我国首例"静态手段侵犯舞蹈作品版权"案[J]. 贵州师范大学学报（社会科学版），2022（2）：123-137.
⑥ 何怀文. 中国著作权法：判例综述与规范解释[M]. 北京：北京大学出版社，2016：76.
⑦ 北京市海淀区人民法院（2006）海民初字第26765号民事判决书。

的单人动作是有限的,作为舞蹈创作的最基本元素,单人动作不应被任何人垄断。[1]可见,舞蹈定格画面很有可能会被视为对公有领域一般材料的表现,不具有独创性,从而不能受到著作权法的保护。

(三) 二维性:舞蹈定格画面独创性不足

舞蹈定格画面是二维平面上的图像,易被判定为欠缺独创性。舞蹈作品具有注重舞蹈动作的时间规定性与空间规定性的艺术形态特质[2],这就意味着舞蹈作品是具有一定时间性和空间性的。并且,传统著作权法独创性理论认为,舞蹈作品的独创性体现在对舞蹈动作、姿势、表情等的编排和设计上。然而,舞蹈定格画面是被固定在二维平面上的图像,在对舞蹈动作的空间展现方面有所欠缺,不足以表现舞蹈动作在三维立体空间的姿态。在时间维度上,舞蹈定格画面具有片段性,虽然可以有多幅,但是舞蹈动作不具有连贯性,不能展现舞蹈动作设计在时间维度的韵律和变幻。因此,在"杨丽萍诉云海肴餐厅装潢"案中,二审法院认为舞蹈定格画面不足以达到舞蹈作品独创性的要求,不应受到著作权法保护。

法律对舞蹈作品内涵的界定以及传统舞蹈作品独创性理论,使得舞蹈作品难以留出空间保护舞蹈定格画面,但是舞蹈定格画面在商业化运用过程中容易致使利益失衡,不当损害著作权人利益,著作权法具有保护舞蹈定格画面的必要性和正当性。舞蹈定格画面著作权保护的难点与痛点在于舞蹈作品内涵的狭窄以及舞蹈作品独创性理论的滞后,因此有必要重新检视新媒体技术背景下,舞蹈作品的保护范围以及舞蹈作品独创性的判断标准,以明确舞蹈定格画面的法律属性和保护路径。

三、舞蹈作品保护范围的修正

(一) 舞蹈作品保护范围之分歧

舞蹈作品法律内涵与艺术理论之间存在分歧。在我国著作权法律制度中,舞蹈作品的保护范围仅包括"表现思想情感的"且"连续的""动作、姿势、表情"。当然,《著作权法实施条例》以"等"字作为补充,表示随着时代的发展还可能出

---

[1] 北京知识产权法院(2022)京73民终2161号民事判决书。
[2] 张萍.中国舞蹈著作权问题及对策研究[D].北京:中国艺术研究院,2012.

现更加丰富的表演形式或方法，但是按照文意解释，应当认为"等"所包含的内容应与动作、姿势、表情性质相似，或在某些方面具有同质性。可见，我国著作权法还是聚焦于"动作、姿势、表情"保护舞蹈作品。然而，在艺术理论中，通常认为舞蹈作品是通过一定空间和时间内，舞蹈动作、姿态、表情和不断变化的画面来塑造形象的艺术。① 因此，在舞蹈艺术理论的观点下，舞蹈作品并不局限于通过对动作、姿势、表情等肢体语言的设计和编排来表现思想和情感，而是扩展到通过舞蹈作品所呈现的不停变幻的舞蹈画面来传递思想和情感的范畴。故而，通过对比著作权法概念中的"舞蹈作品"与舞蹈艺术领域的"舞蹈作品"的内涵，可以看出，一方面，我国著作权法律制度仅保护了舞蹈这门综合艺术中最关键的"动作、姿势、表情"等要素的独创性，保护范围较为狭窄，不足以保护舞蹈作品全部的独创性；另一方面，由于我国《著作权法实施条例》制定之初，舞美技术以及一些舞台媒体设备并不先进，运用也不广泛，因此，舞蹈作品通常是以舞蹈演员的肢体协调性和柔韧性为看点。随着多媒体信息技术的进步，舞蹈作品不再仅是一门肢体动作的艺术，而是一门综合性的、复合性的视觉艺术，现有著作权法对其提供的保护具有滞后性，不够全面。

学理上，对于舞蹈作品的保护范围存在分歧。一种观点认为，舞蹈作品指的是舞蹈的动作设计，这种设计可以是以书面的舞谱等形式固定下来的，至于舞蹈中的服装设计、布景等，如是舞蹈作品中写明的，则也应属于作品的一部分。② 舞蹈作品是灯光、布景等艺术元素和舞蹈动作要素结合组成的，应被视为多元素共同编排形成的舞蹈作品。③ 另一种观点认为，舞蹈作品是由"连续"的动作、姿势、表情构成的，是这些因素相互组合和连接的方式体现了独创性，因此舞蹈表演时拍摄的照片，无法体现连续的舞蹈动作设计，难言构成对舞蹈作品著作权的侵害。④ 两种观点虽然都认为著作权法保护的客体不是指在舞台上的表演，而是舞蹈作品的动作设计，但前者认为，人物造型、装饰元素、灯光背景等舞美元素若与舞蹈动作一同被固定下来，则属于舞蹈作品涵盖的范围；后者认为，舞蹈作品的保护范围是连续的动作、姿势、表情，不仅人物造型、装饰元素、灯光背景等舞美元素不受到舞蹈作品的保护，且动作、姿势、表情必须是连续的，才能属于舞蹈作品涵盖的范围。

---

① 隆荫培，徐尔充. 舞蹈艺术概论 [M]. 上海：上海音乐出版社，2009：132.
② 郑成思. 版权法：上 [M]. 北京：社会科学文献出版社，2016：95-96.
③ 吴汉东. 知识产权法 [M]. 北京：法律出版社，2021：158.
④ 王迁. 知识产权法教程 [M]. 7版. 北京：中国人民大学出版社，2021：108.

由此产生对舞蹈作品保护范围认识上的分歧。在"杨丽萍诉云海肴餐厅装潢"案中，一审、二审之所以会对被告餐厅中的装饰画是否侵犯原告舞蹈作品著作权作出截然不同的认定，是因为一审持前种学术观点，二审持后种学术观点。可见，无论是理论界还是实务界，对于该问题都未形成统一的看法。

（二）历史沿革下舞蹈作品受保护元素的多元性

著作权法语境下的"舞蹈作品"保护范围，应结合舞蹈作品的立法渊源和舞蹈艺术理论的最新发展来确定。从保护沿革上来看，舞蹈作品最开始保护的元素就是多元的。根据《伯尔尼公约》1885年议事录的记载，他（编舞者）编排的场景、舞台布景、服装、场次、色彩；此外还有情节、表现该剧的动作、手势和舞蹈展开，这些都构成名副其实的艺术作品。可见，最初对舞蹈作品提供保护时，立法者就意识到舞蹈作品的创造性来源不局限于对动作等的设计和编排，还包括舞台布景、服装、色彩等的设计和组合。因此，我们可以理解为舞蹈作品最初保护的就是舞台画面的整体，其受保护元素是多元的。

我国司法实践中已有保护舞美设计的先例。在"王某君诉东莞市环宇激光工程有限公司等侵犯著作权纠纷"案中，终审法院认为，舞蹈作品通常还伴有音乐、灯光、服装等艺术手段的配合，涉案作品是由舞蹈者的动作配合不断变换的激光光束综合而成的舞蹈作品。[1] 可见，法院认为涉案舞蹈作品的保护范围为特定编排的激光束结合动态舞蹈动作，由此将舞台灯光纳入舞蹈作品的保护范围。在"杨某等与淮阴师范学院、吕某著作权侵权纠纷案"中，法院认为："舞蹈作品的构成形式包括舞蹈结构、舞蹈语言、舞蹈形象以及舞蹈的辅助因素。通过对比舞蹈动作、舞者形象、造型服饰、舞台灯光、舞蹈道具等要素，认定被诉侵权作品与原作品《碇步桥水清悠悠》构成实质性相似。"[2] 可见，法院认为舞蹈作品受著作权保护的元素是多样的，不仅包括舞蹈动作，具有较高独创性和艺术价值的造型服饰、舞台灯光、舞蹈道具等舞蹈辅助要素也应受到保护。虽然我国已有保护舞台灯光等少数舞美元素的先例，但随着媒体技术的不断进步和在舞台中的普遍运用，舞美元素的应用不断多样化，我国舞蹈作品的保护范围还应不断与时俱进。

---

[1] 广州市中级人民法院（2011）穗中法民三终字第269号民事判决书。
[2] 江苏省淮安市中级人民法院（2019）苏08民初145号民事判决书。

（三）基于艺术理论构建舞蹈作品保护范围

从艺术理论来看，舞蹈是一门综合性艺术。首先，舞蹈艺术领域的通说认为，舞蹈最本质的属性是舞蹈表情、舞蹈节奏和舞蹈构图。[①] 由此可见，舞蹈应当是包含动作姿态、造型设计、灯光背景、服装布景等构成要素的完整舞蹈画面，但主要通过肢体动作作为舞蹈语言塑造形象的综合性艺术。舞蹈作品不仅是通过动作的编排和设计来表达思想、传递情感，还是一门集舞美元素与舞蹈动作为一体呈现出一幅幅舞蹈画面来渲染环境、表达情感的复合艺术。其次，舞蹈编导活动通常被认为是以肢体语言为载体，结合灯光、舞台布景、构图等要素，塑造艺术形象、展现审美意象的创作过程。[②] 因此，在编舞过程中，舞蹈作品的著作权人不仅要构思动作姿态、队形变换，还要设计灯光、布景、造型，可以说舞蹈作品的舞美布景体现了编舞者的创作构思，编舞者创作了舞台画面整体。因此，在对舞蹈作品提供法律保护的过程中，对舞蹈作品的认识也不应该仅停留在舞蹈作品就是连续的动作姿态层面，而应深刻地认识到舞蹈作品是由舞蹈动作和舞美元素构成舞蹈画面的综合性艺术。

从舞蹈创作实践的最新发展来看，多媒体技术和影音设备越来越普遍地被应用于舞台表演中。随着科技的进步和文化的发展，大众对于娱乐仿真性和娱乐体验感的要求不断提升，舞蹈作品中的舞美元素不断迭代，成为不可或缺的一部分。在软件方面，图像软件和动画软件及多媒体集成软件不断优化；在视觉技术方面，AR技术（增强现实技术）和VR技术（虚拟现实技术）不断成熟；在妆造水平方面，特效化妆水平、造型打造能力不断提升，在为舞蹈增色的同时，迸发出前所未有的视觉冲击和视觉体验，为观众营造出身临其境之感。因此，舞蹈作品早已脱离了单纯依赖肢体动作来表达思想情感的阶段，人物造型、装饰元素、灯光背景等舞美元素对舞蹈作品展现壮丽意境、烘托叙事氛围、推动故事情节、衬托肢体动作、表达思想情感等都起到了至关重要的作用。故舞蹈作品受保护的元素也不应该局限于肢体动作，人物造型、装饰元素、灯光背景等舞美元素的设计和编排也是舞蹈作品的重要组成部分。

从舞蹈作品的创作过程来看，编舞者对于舞美设计投入了智力劳动，达到了最

---

① 吴晓邦. 舞蹈[M]//中国大百科全书（音乐·舞蹈）. 北京：中国大百科全书出版社，1989：13.
② 陈丽竹，李一凡. 舞蹈编导创作要素及结构分析[J]. 戏剧之家，2022（19）：142.

低限度的创造性，舞美元素的设计与编排能够体现舞蹈作品的独创性。[1] 编舞者对于舞美设计的构思、舞美元素的选择和编排，不仅要考虑到与舞蹈动作的协调性，还要协助舞蹈的思想情感表达，是编舞者智力投入的成果。"现代舞之母"玛莎·葛兰姆（Martha Graham）主张在舞蹈作品中摒弃写实性的道具和布景，强调布景与舞蹈情绪的配合，例如在其舞蹈作品《悲悼》中，玛莎穿着墨色长裙独舞，黑色布料约束着她的身体，限制着她的肢体动作，传递出一种深切的压抑和沮丧，以此来表达社会对女性的束缚和规劝，进而展现先锋女性的独立与新女性的力量。可见，编舞者在创作新作品时一般不只停留在对动作和姿态的编排和设计层面，而是会完整地构思整个舞蹈作品呈现的舞台画面，不仅有连续的动作，还有人物造型、装饰元素、灯光布景等舞美元素。同样，对于这些舞美元素的选择和安排也达到了著作权法对独创性所要求的最低的创造性标准。可见，这些独具特色的舞美设计同样体现着编舞者的巧思，是舞蹈作品独创性之所在。

故此，舞蹈作品的保护范围应扩张至舞蹈动作与舞美设计所组成的舞蹈画面。著作权法中作品受保护的范围应是涵盖该作品中所有独创性元素的集合，而舞蹈作品的独创性不仅体现在对舞蹈动作、姿势、表情的设计与编排之中，还体现在人物造型、装饰元素、灯光背景等舞美元素的设计与编排之上。固然，舞蹈动作的设计和编排构成舞蹈作品独创性之根本。诸如《只此青绿》舞蹈作品中的著名动作"青绿腰"，即双脚一前一后，腰部慢慢后仰，直至倾斜90度，然后再回正，该动作用来表现《千里江山图》中耸峙千年的"险峰"形象，十分惊艳，也极具创造性。但人物造型、装饰元素、灯光背景等舞美元素的设计与编排也能体现舞蹈作品的独创性。《只此青绿》中舞者下半身石青，上半身石绿的色彩搭配生动地展现了"青绿河山"的景象，多层的裙摆、隆起的双袖如叠嶂峰峦，挺拔的身姿和高耸入云的簪发更形成了山势起伏的意境，舞美设计结合舞蹈动作所形成的巍峨山峰图是该舞蹈作品的精妙之处与独创所在。因此，《只此青绿》中一幅幅变化的舞蹈画面才是著作权法中舞蹈作品应受保护的范围，舞蹈作品的保护范围不应再局限于"连续"的"动作、姿势、表情"，而应扩张至舞蹈动作与舞美设计所组成的舞蹈画面。

综上，舞蹈创作者设计、编排的舞蹈动作和舞美元素的画面整体，是受著作权法保护的舞蹈作品范畴。那么，对舞美元素的设计和编排，这种具有独创性的思想

---

[1] 杨华权. 论舞蹈作品独创性的法律认定 [J]. 北京舞蹈学院学报，2019（4）：43.

表达就应当纳入舞蹈作品保护范围之中。但是需要强调的是，舞蹈动作的设计与编排始终是舞蹈作品的核心和根本，只有依托于舞蹈动作的舞美设计才能被纳入舞蹈作品的保护范围之中。著作权应保护的是舞美设计与舞蹈动作的整体画面，而非单个舞美设计或单动作设计。

四、舞蹈定格画面著作权保护路径的明确

现今，对于舞蹈定格画面的保护路径存在分歧，一种观点根据舞蹈作品的保护范围是对舞蹈整体的设计包括动作设计、服装设计、布景设计等，认为舞蹈定格画面属于舞蹈作品应涵盖的范围之内，因此应被视为舞蹈作品受到著作权法的保护。[1] 另一种观点基于仅保护"动作、姿势、表情"的舞蹈作品保护范围理论，认为舞蹈定格画面不属于舞蹈作品保护的范围，擅自使用他人舞蹈作品的静态画面属于不正当竞争行为。[2] 由此产生争议和分歧，在上一部分厘清舞蹈作品的保护范围延及动作和舞美设计的整体画面前提下，本部分将重点探讨舞蹈定格画面的保护路径。

（一）正当性：舞蹈定格画面具有独创性

舞蹈定格画面的独创性主要体现在舞蹈动作的设计、画面舞蹈元素的选择以及舞蹈画面的构图三方面。这些方面均展现了作者的个性特征和思想情感。首先，有一些舞蹈动作和舞美元素是该舞蹈标志性的、具有鲜明个人特色的设计，不是常见的、惯常的，是编舞者个性的表达，不应被认为属于公有领域。其次，虽然单个舞蹈动作和单个舞美元素作为公有领域的基本表达不能被个人独占，但是舞蹈定格画面中对于这些公有领域的基本表达的选择和组合编排，是智力劳动的成果。最后，舞蹈定格画面的构图更是体现了创作者的思想表达，将独具特色的舞美元素与舞蹈经典动作结合于一幅图片中，对于画面位置的安排、画面布景的设计，满足著作权法意义上"创"的要求。故此，仅基于单一舞蹈动作认为舞蹈定格画面属于公有领域的表达缺乏正当性。舞蹈定格画面对舞蹈动作的设计、画面舞蹈元素的选择以及舞蹈画面的构图，是智力劳动的成果，具有独创性。

---

[1] 北京市海淀区人民法院（2018）京0108民初32020号民事判决书。
[2] 北京知识产权法院（2022）京73民终2161号民事判决书。

舞蹈定格画面的静态性和二维性并不影响其独创性。虽然著作权法传统理论认为，充分表达是作品独创性的重要前提，充分表达即意味着作品必须有一定篇幅和体量，但这并不意味着简短的，即静态的、二维的作品不能够具有创造性。例如简短的标题，在司法实践中，国内外都认可简短的标题也可以具有独创性，是作者个性化的表达。在"弗拉门德案"中，法院就认可了来源于作者并且展现出个性的标题应受到著作权法保护。[1] 聚焦到舞蹈定格画面，"独创性"只要求编舞者对舞蹈画面的编排达到最基本的智力创作高度，显然舞蹈动作的设计、画面舞蹈元素的选择以及舞蹈画面的构图已经体现了舞蹈定格画面的"独创性"。故此，仅基于舞蹈定格画面的静态性和二维性就全盘否定其独创性不具有合理性和正当性，依旧有一些舞蹈定格画面可以通过对舞蹈设计元素的选择和编排来表达编舞者的个性和作品的独创性。

（二）合理性：舞蹈定格画面符合舞蹈作品之本质

现今，对舞蹈作品的理解应当更加多元，一方面，随着多媒体技术在艺术作品中越来越普遍地运用，舞蹈作品的保护元素不应再局限于动作、姿态和表情，对舞蹈作品表达思想情感有益的、具有独创性的元素都应纳入保护。另一方面，对舞蹈作品的理解不应再局限于"动态"的艺术，而应是体现肢体动作美感的艺术。舞蹈作品"DUET"中就有舞蹈演员在舞台上静坐三分钟的演绎，因此运用"动态"来限制著作权法保护的舞蹈作品过于狭窄，而应将舞蹈理解为体现肢体动作美感的艺术，以容纳如今多元的舞蹈作品。基于此，展现舞美设计和舞蹈动作的舞蹈定格画面具有纳入舞蹈作品予以保护的合理性。

舞蹈定格画面是具有舞蹈作品特征的"表达"。舞蹈定格画面主体表现了舞蹈画面的美感，具备了舞蹈作品特有的表现形式——舞蹈画面。从舞蹈学理论来看，学者们提出舞蹈实质上是由不断变化的画面构成的。[2] 可见，舞蹈画面随着时间不断变化就形成了舞蹈作品，因此构成舞蹈作品的基本单位实质上不是舞蹈动作，而是舞蹈画面。著作权法意义上的舞蹈作品也应结合舞蹈艺术理论，将舞蹈作品所涵盖的表达形式界定为舞蹈画面，即通过舞蹈画面表达思想情感的作品类型。舞蹈定格画面需要舞蹈编排者利用对舞蹈动作的设计，人物造型、装饰元素、灯光背景等

---

[1] *Flamand v. Societe Radio – Canada*（1967）.53 C. P. R. 217（Que. S. C.）
[2] 于平，冯双白. 吴晓邦舞蹈文集：第2卷 [M]. 北京：中国文联出版社，2007：80.

舞美元素的烘托使每幅舞蹈画面都能体现肢体动作的韵律、舞蹈画面的美感,如此才能使舞蹈作品整体上具有高欣赏价值。舞蹈画面的精美构图、舞蹈韵律的抑扬顿挫、舞蹈情感的自然流露共同构成舞蹈作品的本真所在。基于这样的认识,舞蹈定格画面实质上就是将构成舞蹈作品的最小单位一幅幅"舞蹈画面"固定下来,本质上舞蹈定格画面还应属于舞蹈作品的范畴。故此,舞蹈定格画面的表现形式和内容性质均符合舞蹈作品的范式。

从舞蹈定格画面的生成途径来看,舞蹈定格画面的产生有两个途径:一是直接截取舞蹈作品中的某一画面,二是选取舞蹈作品中具有特色和艺术价值的舞蹈动作和元素设计组合成静态图像。首先,舞蹈定格画面的产生不是智力创作的过程。无论是"直接截取"还是"后期组合",都应当评价为机械劳动,其创新程度没有达到智力创作的高度。从舞蹈作品到舞蹈定格画面的过程没有体现创作者的个性。其次,舞蹈定格画面的独创性来源于舞蹈作品本身。根据上文的论述可知,舞蹈定格画面具有独创性并来源于舞蹈作品,展现了舞蹈作品的画面、情感和思想。故此,舞蹈定格画面的著作权相关利益应归属于舞蹈作品创作者,舞蹈定格画面应纳入舞蹈作品予以保护。

从目的解释的角度来看,将舞蹈定格画面纳入舞蹈作品的保护范畴能充分保护著作权人的利益。首先,舞蹈作品著作权人能直接主张权利。未经权利人许可擅自使用他人舞蹈定格画面侵犯舞蹈作品著作权人的著作权,舞蹈作品的著作权人不必再借助摄影作品的著作权或者录音录像制作者的邻接权去主张权利。实质上在大多数针对舞蹈定格画面的侵权行为中,"搭便车"的是舞蹈作品的声誉和价值,舞蹈作品的著作权人更具主张权利的正当性和意愿诉求。其次,对于将舞蹈定格画面进行修改后利用的行为,能够通过改编权规制,不需要再借助反不正当竞争法。对舞蹈定格画面给予著作权法保护,本质上保护了舞蹈动作与舞美元素的组合样态,因此只要与任一舞蹈画面构成实质性相似就会侵犯舞蹈作品著作权。

(三)可行性:舞蹈作品保护路径之司法适用

在"杨丽萍诉云海肴餐厅装潢"案件中,涉案舞蹈定格画面展现了一位高盘发髻、身着紧身长裙的女子在月亮下起舞的剪影图,组合了傣族舞姿和月亮的舞台背景,形成独有的体态美感,其中月亮和舞者的构图,表现了编舞者所要表达的空灵淡泊的诗意、舞者的灵动以及对舞蹈的热爱。该舞蹈定格画面使用的编舞者杨丽萍设计的云南孔雀舞动作、月光背景下人物剪影的基本构图、暖色灯光、明暗对比、女子舞者以及民族服饰的组合，应当被认定为著作权法意义上具有独创性的表达。除此之外，该舞蹈定格画面并非单纯地截取舞蹈作品的某一帧，而是将舞蹈作品中的一些元素进行组合，但是舞蹈定格画面的独创性还是来源于舞蹈作品本身。舞蹈动作是该画面的核心内容和主体部分，因此该舞蹈定格画面在内容性质上满足舞蹈作品的范式；通过舞蹈画面来传递思想、表达情感，因此该舞蹈定格画面符合舞蹈作品的表现形式。基于此，该舞蹈定格画面应纳入舞蹈作品予以保护。未经著作权人许可，擅自使用《月光》舞蹈作品的静态舞蹈画面，被告餐厅应当被认定为侵犯舞蹈作品的著作权，而非不正当竞争。

五、结　　语

随着科技的进步和文化的发展，大众对于娱乐仿真性和娱乐体验感要求的不断提升，多媒体技术和影音设备也随之不断改进被应用于舞台表演中。舞蹈作品早已脱离了单纯依赖肢体动作来表达思想情感的阶段，舞蹈作品应被视为一门通过舞蹈画面来表达思想情感的综合性艺术。舞蹈动作姿态表情之外，人物造型、装饰元素、灯光背景等舞美元素对舞蹈作品变幻意境展现、故事情节推动、思想情感表达等方面都起到了至关重要的作用。从舞蹈艺术理论来看，舞蹈是一门兼舞蹈语言、舞蹈节奏和舞蹈构图于一体的表演艺术形式，其独创性不仅体现在对舞蹈动作、队形变换的设计与编排之中，还体现在人物造型、装饰元素、灯光背景等舞美元素的设计与编排之中。因此，舞蹈作品的保护范围应扩张至舞蹈动作与舞美设计的整体舞蹈画面。舞蹈定格画面实质上就是将构成舞蹈作品的最小单位的一幅幅"舞蹈画面"固定下来，其内容形式和内容性质均符合舞蹈作品的范式，具有独创性并来源于舞蹈作品，其著作权相关利益应归属于舞蹈作品创作者，因此应纳入舞蹈作品予以保护。

（责任编辑：张钧凯）

Dilemma and Solution of Copyright Protection of Dancing Stop – motion Pictures:
Comment on "Yang Liping v. Mystic South – Yunnan Ethnic Cuisine"

Ren Wenlu

Abstract: With the rising commercial value of dancing works, some improper use of other people's dancing works occurs frequently. It is necessary and legitimate for dancing stop – motion pictures to be protected by copyright law, but copyright law is limited by the originality theory and protection scope of existing dancing works, so it is difficult to include dancing stop – motion pictures into the protection. Dancing works are essentially composed of changing dancing pictures, rather than continuous dancing movements, and the scope of protection of dancing works should be extended to dancing pictures composed of dancing movements and stage design. In terms of the protection path of the dancing stop – motion picture, the dancing stop – motion pictures is original based on the design of the dancing movement, the selection of the dancing elements and the composition of the dancing picture, which meets the constitutive requirements of the "work". Dancing stop – motion picture is the "expression" with the characteristics of dancing works, and its expression form and content are in line with the paradigm of dancing works, so it should be included in dancing works for protection.

Key Words: Dancing works; Dancing stop – motion pictures; Originality; Protection scope

民间文学艺术保护进路探讨

——以民间音乐保护体系构建为视角

孙子涵[*]

【摘　要】 保护发扬民间文学艺术不单是历史使命，更是新时代的国家重点要求、习近平文化思想的重要组成。对此既应重视民间文学艺术的主要特征对加强保护提出的个性化要求，亦应时刻把握中国实践语境，准确总结经验，及时回应现时需要。民间音乐作为民间文学艺术必要、重要且典型的组成部分，明确其保护模式可以以点及面地实现民间文学艺术保护的制度设计、实践路径设计。由是，本文分别自立法、司法、行政三维角度开展探讨，分析并提出保护进路。

【关键词】 民间文学艺术　民间音乐　特别权利立法　司法导向　行政保护

一、引　言

2023 年 6 月 10 日是"文化和自然遗产日"。2023 年 6 月 2 日，习近平总书记在文化传承发展座谈会上做了重要讲话，为担负新的文化使命指明了前进方向。总书记指出，党的十八大以来，党中央在领导党和人民推进治国理政的实践中，把文化建设摆在全局工作的重要位置，不断深化对文化建设的规律性认识。总书记强调，在新的历史起点上继续推动文化繁荣、建设文化强国、建设中华民族现代文明，要坚定文化自信，坚持走自己的路，立足中华民族伟大历史实践和当代实践，用中国道理总结好中国经验，把中国经验提升为中国理论，实现精神上的独立自主。

---

[*] 孙子涵，北京大学法学博士。

民间文学艺术具有由集体共享、在流变中存续、密切关联来源地域以及来源民族等特征，这与《著作权法》第3条所列举的著作权客体的特征具有明显差别。我国民间文学艺术资源丰富，挖掘和利用却不够充分，传承、留存文化根脉的任务艰巨。其中，民间音乐是民间文学艺术典型且重要的组成部分，民间音乐一直与人类文明的发展相伴，不断传承、迭代、演化，推动民间文学艺术繁荣发展。聚焦民间音乐这一客体，可以代表回应如何解决我国民间文学艺术法律保护持续不力的问题，对于加快回应保护民间文学艺术的需要具有重要的借鉴意义。因此，本文拟依次从立法、司法、行政三个维度探讨民间音乐保护进路，力争为合理、全面、及时地回应民间音乐、民间文学艺术的保护需要、发展需要，提供更多思考。

二、反思立法补强空间，构建特别权利制度

诚然，我国目前既有国家层面的立法，也有地方层面的立法，已初步形成包括如各知识产权单行法以及非物质文化遗产相关单行法等主要部门法律规范的综合规制体系。[①] 但是，整体而言，我国单行法的相关立法存在的偏重公法、依赖行政管理手段和专门机构的创设、存在滞后性、对国际立法的依赖性较强等问题尚待解决，并且其中缺失了关键的具体立法规则，例如对《著作权法》第6条"民间文学艺术作品的著作权保护办法由国务院另行规定"要求的正面回应。而针对民间音乐保护，在相关权利创设、维护的维度上，恰好主要涉及对著作权制度的适用以及调整。

对于民间音乐的有效立法保护首先需要恰当承袭著作权法的宗旨和基本原则，以及现行有效的规则体系和结构，同时也应当有所调整和发展，以回应民间音乐特别保护的需要。具体而言，即要在立法保护范围、立法保护对象以及法律规则结构三方面予以特别重视。

[①] 国家层面的相关法律规范包括《宪法》（第4条、第22条、第119条、第122条），以及《非物质文化遗产法》《文物保护法》《传统工艺美术保护条例》《图书、期刊版权保护试行条例》《图书、期刊版权保护试行条例实施细则》等。在地方层面，2000年起，多个省、自治区、直辖市进行了大量在民族民间传统文化保护条例、非物质文化遗产保护条例、非物质文化遗产管理办法等方面的立法，关联的民间文学艺术客体类型广泛，涉及对传统文字、传统音乐、传统舞蹈等传统文学艺术形式的保护。近年出台的相关地方性法规立法成果，包括《龙岩市客家文化保护条例》（2022年）、《海东市河湟文化保护条例》（2021年）、《道真仡佬族苗族自治县民族民间文化保护条例》（2021年）、《云南省纳西族东巴文化保护条例》（2020年），等等。

（一）辩证参照现行法律

知识产权法是现行私法各部门法之中与民间文学艺术关联最密切的立法逻辑，也是国际上主要采用的、保护民间文学艺术的私法部门法。知识产权法严格依照法律规定赋予相应权利，随着社会生产中科技含量的提高、知识产品商品化程度加深、知识产物的创造者对财产流通交易参与度的加深、立法分辨以及确认权利逐渐精确化，知识产权私法制度体系得以产生，进而得以不断丰富。知识产权关乎国家对于个人授予在特定、有限的时间内排他地享有法定垄断权，关乎阻止被授权人以外的其他人在未经授权的情况下利用知识产权。赋予知识产权有助于厘清产权范围以及归属，激发对于权利客体的保护以及维权诉求，规范相关市场的秩序，实现相关利益的优化。而文学、艺术、科学作品，正是典型的知识产权客体。

现行《著作权法》的制度设计与保护民间音乐在很多方面具有契合性。在保护作品和保护民间音乐上，均可以通过应用私权制度激励艺术上的创新，平衡相关群体如创作者、传播者与使用者之间的利益。具体而言，第一，著作权的客体与民间音乐都覆盖具有文化性、创造性、非物质性的智力活动成果，都是人类的文化创造、在一定程度上具有独创性，都是人类一定的思想或情感的表达成果。第二，著作权作品与民间音乐的创作主体相对于社会公众来说是相对少数、可以界定的群体。在进行民间音乐创作时，创作人也如同进行其他类型的智力劳动，甚至有体物创造一般，付出了一定的劳动。第三，在保护目标方面，保护民间音乐的主要目的包括防止创作主体遭受精神甚至物质上的侵害，防止他人不经许可而进行滥用、歪曲、丑化等性质的不当使用行为。在以恰当方式使用民间音乐时，应当表明民间音乐的权利归属主体，进而保障相关的人身权利以及经济利益得以实现。并且，民间音乐保护制度应当具有能够激励民间音乐来源群体传承、发展其传统文化、艺术的功效。由此可见，著作权法的立法目标与之有相近之处。著作权法的立法目标同样包括激励创作，以及注重保护无形的劳动成果、旨在丰富社会的精神文化以及智识创造成果。第四，民间音乐同样集精神价值和经济价值于一身，可能的人身权利及财产权利的二分诉求结构以及诉求内容，与著作权法的现行保护范围最为契合。无论营利与否，利用民间音乐的方式，与行使著作权的方式极为相近。保护民间音乐、维护权利人的著作权，均逐次要求确定赋权客体、确定享有权利的主体、确定权利主体具体可享有的系列人身权利以及财产权利。第五，规定不同主体、在不同情况下的权利边界，包括当符合合理使用或者法定许可等法定情形时，非权利人的使用行为在使用前需要经过许可或者支付报酬等方面的限制可以放松，而不至侵犯相关权利，不必承担侵权损害等的赔偿责任。对于民间音乐以及各式著作权客体而言，需要明确依法制止的不正当利用、不正当竞争等的系列行为，同样具有相近的呈现形式。第六，在可由著作权赋予的人身权利中，署名权、注明来源权、保护作品的完整性等权利，同样是民间音乐人格权益、精神权益的体现。而著作财产权中的复制权、发行权、广播权、表演权等权利，在很多学者看来也应该是可以赋予民间音乐权利主体的财产权利。从使用方式来说，民间音乐和《著作权法》中涉及的很多作品的使用方式相同。在承担责任方面，在侵害民间音乐权利或者侵害著作权后，同样应该承担停止侵害、消除影响等的责任。整体而言，著作权法属于实用性、可操作性较强的法律规范，民间音乐的保护同样对其保护模式在应当具备可操作性方面，具有较高的要求。[1]

因此，在私法保护模式中，承接现行《著作权法》并通过对《著作权法》做出一定的调整而设立特殊条款或特别立法以对民间音乐进行保护，属于主流的保护模式选择。参考著作权法律体系设计保护民间音乐的制度，一方面，可以充分地利用现有的法律规范，为构建并丰富民间音乐的保护机制提供制度基础以及规制经验。另一方面，这将使我国的新法律法规更易融入 TRIPs 协议等相关国际条约以及国际性知识产权或文学、艺术等的共识性宏观保护框架。进而，为国际社会认可我国的民间音乐保护模式提供助力，也可为我国的民间音乐在国际上获得同等的、充分的保护提供便利、提供支持。[2] 自现代意义上的著作权单行法在英国诞生至今，著作权制度在经过三百余年的发展后已经形成相对成熟、完整的规则体系，以及与之相匹配的司法机关及行政管理机关，包括既拥有修改完善、具有不同层级效力的法律法规的经验，也已经形成专门法院或专门法庭、著作权管理组织等各具优势的专门机构。参照著作权法律体系建立民间音乐特别权利体系或者将民间音乐直接纳入现行的著作权法律体系，有利于实现民间音乐法律保护的稳定性、可预见性和易操作性，此外，更可以免除探索和完整构建全新保护机制的成本和风险。

在国内以及国际范围内，著作权法角度的民间文学艺术立法保护进程停滞不前确属实情，但这并未否定参照著作权法律体系进行民间音乐保护体系建构的尝试。

---

[1] 卿越. 民间文学艺术纳入著作权法保护的正当性 [J]. 学术探索, 2017 (9): 96-97.
[2] 卿越. 民间文学艺术纳入著作权法保护的正当性 [J]. 学术探索, 2017 (9): 97.

至今，国际上既有《伯尔尼公约》《突尼斯示范法》及1982年《保护民间文学艺术表达防止不法使用和其他侵害行为之国内法示范条款》（以下简称1982年《示范条款》），以及其他国家和地区的著作权法保护民间音乐的先例，同时存在一定数量的、从非物质文化遗产保护等其他角度保护民间音乐的经验。国际社会对于民间文学艺术、民间音乐的属性、特点的认识越来越清晰，但在世界范围内对适合应用著作权法律体系保护民间音乐确实仍然存在较多质疑。我国自《著作权法》预设了具有确认保护模式性质的第6条民间文学艺术作品保护条款后，虽然对于民间文学艺术保护的问题持续给予了较多重视，但是时至今日，仍旧没能形成民间文学艺术著作权保护的具体方案。可以说，设计民间文学艺术的著作权法保护路径在现时阶段已然陷入了困境。但是，不应否认以著作权法保护民间音乐的路径还存在研究和探索的价值，以及该路径的可行性并没有遭到完全否定，也同样是不争的事实。客观地讲，世界各国的保护诉求、现行的法律制度及文化习惯、经济结构及发展水平均不尽相同，民间音乐保护在一些国家或对于来自一些文化背景的群体而言，融入其著作权法律体系的难度较大。但是，我国作为具有悠久历史和灿烂文化的文明古国，同时也是传统文化资源丰富、民间文学艺术资源丰富的大国，需要在保护、发扬民间文学艺术上有所担当、有所作为，继续加强研讨，摆脱上述各项困境，探索出一条科学的、经济的、适用范围广泛的保护民间文学艺术法治之路。

（二）扩展保护范围

知识产权法、著作权法均具有一定的弹性适用空间。一方面，对于知识产权法而言，知识产权法律体系在整体上都有为回应社会发展需要而产生、逐渐变化发展的特点。从知识产权法律体系整体，到著作权法律体系，均已按需进行了多次调整。以法律赋予财产性利益、以法律关系加以规制的客体最初基本上全部为有体客体，典型事例是不同文明、文化均已在极早的时代即形成了物权占有、转移等方面的社会规则。进入近现代社会，先后产生发展的知识产权各单行法逐渐广泛地将无体物或尚未被物质载体固定的利益加以保护。

就知识产权法律制度整体而言，通过回顾历史即可发现，在其发展过程之中保护范围是在不断地扩展的。知识产权法律体系最初形成时仅包含著作权法、专利法、商标法等有限的单行法，因应现代科学技术及商品经济的发展，法律规则不断细化、新知识产权单行法逐渐形成。反不正当竞争权利、商业秘密权利、集成电路布图设计权利、植物新品种权利、地理标志权利、域名权利等新的知识产权权利形态，均是随社会环境及需求的变化而逐渐产生的。而就知识产权各单行法而言，共同遵循的共性定律在于各单行法都在循序拓展、丰富内容。例如，随着生物技术的发展，专利法逐渐认可授予有生命的发明以专利权，并逐渐淡化了发明与发现的界限，赋予基因技术等客体以专利权利的保护。商标法的保护范畴则经历了从商品商标扩大到服务商标、从平面商标扩大到立体商标的发展过程。

"知识产权"属于宽泛的法律概念。知识产权的涵射范围并不限于现有法律中知识产权的类型，而是广泛包含生发于文学、艺术、科学、工业等领域的智力创造。知识产权法律制度的存续运作始终处于动态的发展变化之中。基于保护文化多样性以及促进民间文学艺术的保存与发展等方面的需要，在知识产权法律体系中增加对于民间文学艺术的保护应是无可非议的。

此外，从百年来知识产权制度的发展进程方面也可以看出，法律变革与社会发展通常是具有互动关系的。法律的演进或可呼应社会发展态势，或可为社会发展方向起到引导作用。法律演进变革的主要形式包括通过新法律法规、部门规章、司法解释等产生方式各异、效力各异的规范，也包括通过司法裁判形成先例判决引导法律理念以及成文法律等的变革。在形式、效力不同的多样规制形式中，选用以成文法律的形式进行变革，相对而言更具全面性、系统性、逻辑性、确定性、直接性、集中性、审慎性等优点。尤其在作为大陆法系国家的我国，单行法律修改的意义及影响更为明显。

另一方面，就著作权制度本身而言，著作权法属于应用法学，著作权制度同样持续随实践的发展进程而全面地发展变化。不论是在世界范围内抑或在我国，著作权法律体系都明显可以呈现出与时俱进的发展特征。例如，随着传播媒介、生产工具的发展和日益多元化，著作权客体的范围也在不断扩大。在著作权制度的发展历程中，作品类型是开放的。现代著作权制度源于18世纪初英国对印刷出版行业进行规制的需要，最初规制的客体仅包括文字和美术作品。之后随着著作权客体范围不断拓展，至19世纪末，著作权客体的范围已然融入了音乐作品、戏剧作品、摄影作品等；进入20世纪后，各类电子、数码、科技类客体相继进入著作权的保护范围。对于我国而言，1990年制定《著作权法》时仅旨在保护书刊、影视作品、计算机软件等有限的客体类型。而后法律逐渐扩容，逐渐囊括了网络上流通的信息、技术保护、权利标示等新客体类型。① 近年来，人工智能创作生成物、体育赛事转播画面、网络游戏直播画面、自媒体短视频等，陆续成为广受热议的潜在著作权法律规制对象。因此，如今的著作权法律包罗范围广泛，包括文学作品、美术作品、音乐作品、影视作品、戏曲作品、舞蹈作品、摄影作品、图形作品等，甚至独创性程度相对较低的计算机软件和数据库等客体随着相关技术的发展以及赋权保护需求的增加，逐渐被视为作品、新型权利客体。甚至，如若相关产业的管理运作规律与传统著作权客体、著作权制度以及相关机构的运作规律差异较大，抑或对赋权保护有特殊要求时，也可以形成特别条例，进行独立立法。

再如，从权利主体的角度讲，著作权制度在确立初期，选择将保护范围限制于保护出版者的权益。但是，随着信息科技的发展以及相关联的利益群体之间的关系发生变化，作者的权利也随之被纳入著作权制度的保护范围，进而成为其保护的核心内容。此外，从权利内容的角度讲，现代著作权法形成初期，著作权权利仅是有限度的复制禁止权利，法律同时也对公开使用行为进行了一定的规制。② 而如今，著作权包含丰富的人身权以及财产权。著作权这一法律概念，是历史性的法律概念。在不同历史时期，播放权、制片权等权利，随着新技术的发展而逐渐融入著作权法律之中；发行权、改编权等权利，随着商品经济的发展而逐渐融入著作权法律之中；翻译权、最终使用权等权利，则随着国际交流的增加、深化而逐渐融入著作权法律之中。③

邻接权概念的产生同样是可以反映著作权法发展特点的典例。在著作权制度形成之初，邻接权的概念并没有同时形成。随着对音乐作品机械复制技术的发展、相关行业的发展，邻接权的概念应运而生。当较多公共服务场所采用播放唱片的方式取代传统的表演者表演方式呈现音乐作品，表演者的经济利益受到了冲击，著作权制度也随之进行调整，加入了邻接权的概念以保护表演者的利益。此后，邻接权制度得到不断发展、内容得到不断丰富，权利主体的范围进一步扩展到出版商、唱片制作人等群体，进而国际公约相继形成，国际上逐渐明确了对邻接权保护的共识。例如，先后形成于 1961 年的《保护表演者、录音制品制作者和广播组织罗马公约》、1996 年的《世界知识产权组织表演和录音制品国际公约》等便是保护邻接权

---

① 库文妍. 著作财产权的中国历史文化之维 [J]. 天水师范学院学报, 2020, 40 (3)：113.
② 丁文杰. 论著作权法的范式转换：从"权利"到"行为规制" [J]. 中外法学, 2022 (1)：248.
③ 郑成思. 版权的概念与沿革 [M] //中华人民共和国著作权法讲习. 北京：中国国际广播出版社, 1991：68 - 87. 转引自：冯晓青. 著作权扩张及其缘由透视 [J]. 政法论坛, 2006 (6)：74 - 75.

人的主要国际公约。

（三）突出传统文化保护

包括我国在内的发展中国家，应当加强对著作权制度工具性属性的理解和应用。我国及各发展中国家、蕴含丰厚民间文学艺术资源的国家，应当深刻认识著作权制度在发达国家随着社会需要和行业需要的变化，以及经济环境的变化而演变的过程，应当充分分析相关经验。发达国家的内生需要是促进著作权制度形成，进而迄今产生了诸多客观变化的持续主导动力。著作权制度中的很多基本原则和核心概念均是由发达国家率先形成认识、做出突破的。发达国家已多次促成将一度被广泛认为属于不应该以著作权法律制度规范的对象演变成为可由其规制、保护的对象，甚至是着力强调加强保护的对象。计算机软件即是一例。以美国和欧洲多国为主导的西方发达国家数度为继续保持甚至强化各自优势行业在全球产业中的领先地位，而多次突破当时著作权制度划定的禁区。① 一直以来，西方国家按其需求主导了著作权保护客体的扩张，而发展中国家持续处于被动跟随的劣势地位。

民间文学艺术资源丰富恰好是发展中国家的相对优势和采用国际竞争的重要资源。但是，各国保护力度总体而言尚且不足、相关规范相对缺乏、国际上尚未形成保护共识。因此，发展中国家更应该尽快主动引导著作权客体范围甚至规制理念的新一轮扩张，将民间音乐等民间文学艺术作品纳入著作权保护范围并制定配套规则。由此可以优化传承音乐等民间文学艺术资源与进行文化创新之间的公平协调关系，运用法律制度实现公平，实现对发展中国家与发达国家之间利益维护规则失衡的现时状态的及时矫正。况且，从如1976年《突尼斯示范法》、1982年《示范条款》等国际典型民间文学艺术保护制度范式形成至今，国际社会已经对该议题进行了充分的反思，持续地对民间文学艺术的著作权法律保护议题进行了周延的讨论。

在我国国内法律体系之中，及至在国际上建立民间文学艺术的特殊著作权保护体系的理论基础与时机已经相对成熟。《著作权法》第6条也早已明示了无形财产权利、著作权法这一对民间文学艺术立法保护的突破路径，在此时形成特殊著作权制度保护民间音乐，属于我国应当尽快采取的行动。从客观上讲，民间音乐与《著作权法》第3条涵盖的文字作品、美术作品、视听作品等著作权客体类型相比有所

---

① 崔国斌. 文化及生物多样性保护与知识产权 [D]. 北京：北京大学，2002：41.

区别，如前文所述，直接套用实施现行《著作权法》对民间音乐加以保护，确实将会产生障碍。但是，预期障碍可以通过对著作权制度必要但有限度的调整加以克服。

（四）借鉴著作权法结构

我国以《著作权法》为主的现行著作权单行立法发展历程长久，较为成熟。在世界范围内，著作权法亦是已然较为规范化。此时，考量融合的成本、收益平衡的要求以及融合的可行性、契合程度，以及兼顾考量我国保护民间文学艺术的迫切需要，应当认为，为施行有效的保护制度，应当为民间文学艺术、民间音乐设计特别的权利保护制度。对于民间音乐，应当在知识产权法律规范的体系之内，主要参考《著作权法》，类比其架构、逻辑以及理论基础，构建特别权利保护制度，另行形成单行立法。即便在先行对民间文学艺术的立法尝试之中，确实存在如1982年《示范条款》，认为各国并不必须单独立法，而是可以将保护民间文学艺术的法条融入一国的知识产权法律体系之中。[①]

设计特别法保护体系独具优越性，更加适合民间文学艺术的保护需要。特别法保护制度将民间音乐等民间文学艺术与《著作权法》下限定的作品相区别，可以脱离《著作权法》制度框架的束缚，尤其是其中属于根本性，但与民间音乐特征有所区别的限制、设计。特别法保护制度可以更为具体直接地回应民间音乐保护的需要，强化特别法在保存、传承、保护民间音乐客体及来源群体等方面的功能。同时，特别法保护制度能较为妥善地衔接现有的知识产权制度，维护知识产权制度的稳定性。知识产权法律制度具有一定的灵活性，不应一味地维持现状，而是应持续保证可以对应有的权利进行确认和维护。为民间音乐赋予特别权利、形成特别法保护制度，如同为计算机软件形成《计算机软件保护条例》，将计算机软件作为特殊作品进行特殊保护的模式，这是知识产权法律体系为了解决高科技发展成果保护问题和传统文化传承发展问题这两大主要问题而进行的制度创新。第一类制度创新主要服务于对计算机软件、非独创性数据库、植物新品种等的立法保护，而第二类制度创新则

---

① 根据WIPO对1982年《示范条款》的评注，虽然其旨在示范引领各国国内法的制定规范，与此同时，其也为各国留出了个性化立法的空间，以便各国采用最符合自身特点的规范形式。即对1982年《示范条款》的采用形式可以是单行法律，也可以是法典中的一个章节，甚至可以是判令或政令。WIPO, UNESCO. Model Provisions for National Laws on the Protection of Expressions of Folklore Against Illicit Exploitation and Other Prejudicial Actions, With a Commentary [DB/OL]. (1983) [2023-03-07]. https://unesdoc.unesco.org/ark:/48223/pf0000220160.

主要服务于对民间文学艺术、传统知识、遗传资源等的立法保护。① 民间音乐作为第二类中的规制对象，适宜进行类比并以新的特别法加以保护。

UNESCO、WIPO 曾形成报告，认为知识产权制度未能且不足以给予民间文学艺术适当的保护，最好的选择应当是创设一种保护民间文学艺术的特殊制度。② 同时，国际上的1982 年《示范条款》、IGC 自成立以来一直致力于在世界范围内建立的专门制度、我国的《民间文学艺术作品著作权保护条例（征求意见稿）》等示范法律或立法尝试均为制定类似著作权法律但相对独立的特别法保护制度的举措，呈现出对特别法立法的支持态度。因此，推出包含民间音乐的民间文学艺术特别立法在地区、国内和国际不同层面可以相继产生作用。在国内，又可以通过先行确立全国通行的特别立法，进而各地方可以在立法权限范围内按需设立地方性法规。

三、总结司法经验，增强科学立法

保护传统文化是社会的要求、历史的要求，同时，在我国司法实践中不可回避，而难点频现。《非物质文化遗产法》《文物保护法》《传统工艺美术保护条例》等立法实践无疑是积极尝试，《著作权法》第 6 条的要求三十余年仍未出台面世，则反映出可以从其他关联视角探寻设计传统文化保护规则。司法因"不能拒绝裁判"而逐渐形成对现行立法的多维度超越，或可具有反映涉民间文学艺术纠纷的高频纷争点、为进一步立法启发适宜态度及规则等参考价值。

我国数十年来的司法裁判，已然在主要包括民间文学艺术的权利主体、权利客体、权利内容和权利限制方面，形成了对现行著作权法体系的系列突破，其极具总结的必要、极具立法指导意义。

（一）确定新权利主体类型

《著作权法》中认可的权利主体明确、固定，进行作品创作的必然是具体个体。2020 年《著作权法》第 9 条规定著作权人包括作者和其他依照本法享有著作权的自然人、法人或者非法人组织，与我国《民法典》保持了用语的一致。自然人包括中国人、外国人、无国籍人士。法人在满足具备名称、组织机构、住所、财产等的条

---

① 严永和. 民间文学艺术的知识产权保护论［M］. 北京：法律出版社，2009：204.
② 杨鍫蛟. 从人权保障视角看民间文学艺术保护［J］. 人权，2014（6）：32.

件以及获得有关机关批准后得以形成，其他组织则在满足合法成立、有组织机构、有独立的财产等条件后形成。自然人、法人、非法人组织虽然在构成形式上存在差别，属于不同的概念，但是三类主体创作作品的方式均为经由具体的自然人进行智力活动，并创作完成作品。法人、非法人组织虽然是法律拟制的主体，但法人、非法人组织本身无法进行智力创造活动，均需依赖团体内的自然人开展智力活动，创造智力劳动成果。

以不同划分依据划归的集体被我国司法裁判认定为可以作为民间文学艺术的权利主体。这符合民间文学艺术通常不是由个体自然人独立创作完成，而是在特定的、由多人形成的集合，以及特定的地域之内被共同创作完成的形成特点。并且，民间文学艺术通常会随着历史的发展而不断地被修改、补充、完善，逐渐形成相对稳定的形态，由是体现出创作者集合所有的共性的创作风格、表现方式、主旨内涵。我国的司法裁判认可作为民间文学艺术作品的著作权主体，与《著作权法》第9条拟制的法人、非法人组织权利主体不同，需要具有民族性、地域性、延续性的特点，在亲缘、地缘等方面应当受到限制。并且，《著作权法》第9条中拟制的法人、非法人组织的集结依据通常包括获得经济利益、主动实现特定目的，而民间文学艺术权利主体的形成与前述目的的关联性更小，同时不排除司法裁判判定的民间文学艺术权利主体中的部分个体与相对应的民间文学艺术的关联度不够密切、直接，甚至几乎没有关联。

在《乌苏里船歌》案中，① 司法机关认定案涉赫哲族民间音乐曲调形式《想情郎》和《狩猎的哥哥回来了》仅在赫哲族族群之中世代传唱，在其他民族中并没有出现与之相同或相近的民间音乐。音乐曲调作为赫哲族民间文学艺术作品，是赫哲族成员共同创作并拥有的精神文化财富，其虽然不归属于赫哲族的某一特定成员，却与每一位赫哲族成员的权益相关联。赫哲族中的任何群体、任何成员都应当有维护本民族民间文学艺术不受侵害的权利。因此，我国的司法裁判拓宽了权利主体的范围，允许将民族、族群、社群作为权利的主体。以民族、族群、社群等群体作为权利主体适合民间文学艺术一方面持续地存续，而在另一方面，属于在相对确定但不固定的地域间世代传承，且在不断演绎、发展，基本不存在具体且固定的创作者，

---

① 黑龙江省饶河县四排赫哲族乡人民政府与郭某、中央电视台、北京北辰购物中心侵犯民间文学艺术作品著作权纠纷案，一审北京市第二中级人民法院（2001）二中知初字第223号、二审北京市高级人民法院（2003）高民终字第246号。

但是相关的权利又应该赋予恰当的权利主体。

司法机关注重权利的有效实现，在判定民间文学艺术权利主体时注重保障民间文学艺术的有效保护和传承。选择认定特定民族、族群、社群等可以被确定、基本可以延续存在的群体为民间文学艺术的权利主体，有利于化解权利主体存续期有限、权利主体的存续期与民间文学艺术客体可能持续存在的存续期不相匹配的赋权障碍，进而可以保障权利主体对相应的民间文学艺术客体持续享有维权的权利，以及开发利用的能动性。基于相同要求，在司法裁判认定民间文学艺术的权利主体为民族、族群、社群等群体后，法院进一步认可了相应的代行主体可以包括民族、族群、社群等群体的当地政府或其文化主管部门。在《乌苏里船歌》案中，在论争黑龙江省饶河县四排赫哲族乡政府是否具有主张民间文学艺术作品著作权诉讼的主体资格时，被告辩称当时在全国赫哲族组成建制的民族乡一共有三个，原告只是其中之一，没有资格代表全体赫哲族人提起诉讼。而法院在判决中认定，四排赫哲族乡政府作为一个民族乡政府，是依据我国《宪法》和法律的规定在少数民族聚居区内设立的乡级地方国家政权，是赫哲族部分群体的政治代表、赫哲族部分群体公共利益的代表。因此，在赫哲族民间文学艺术可能受到侵害时，为了维护本区域内的赫哲族公众的权益，在可以体现我国《宪法》规定的基本原则和特别法律关于民族区域自治法律制度的原则，且不违反法律禁止性规定的前提下，可以以自己的名义对侵犯赫哲族民间文学艺术作品合法权益的行为提起诉讼。

（二）拓展权利客体范畴

尽管在国际上尚未形成对著作权客体独创性标准的统一认识及判断标准，但是各国已经形成现代著作权法的客体为创作者"独"创而成的共识性认识。而对于民间文学艺术而言，在《乌苏里船歌》案中，司法机关判定赫哲族民间音乐曲调形式《想情郎》《狩猎的哥哥回来了》早已在赫哲族中世代流传，其已然超越了归属于具体的、个体的作词者、作曲者，而是成为族群成员共同创作且拥有的精神文化财富。且可以以四排赫哲族乡政府作为赫哲族部分群体的政治代表、赫哲族部分群体公共利益的代表。司法裁判中的权利主体由是成为有别于传统著作权主体类型的新形式。例如，不排除"独"创民间音乐的赫哲族群体中包含对上述音乐曲调完全不知情、不相干的个体、家庭等，且新型权利主体对于其权利的行使几乎必然需要借助代行主体的介入、协助。在《乌苏里船歌》案中即为需要依靠少数民族乡的乡政府提起诉讼。与此同时，司法裁判沿用了著作权法一般作品的判断逻辑，对《乌苏里船歌》案的案涉歌曲的独创性进行判断。例如，司法机关裁判仅在赫哲族族群之中传唱的《想情郎》曲调以表达男女爱情为主旨，虽然只有四句萧曲、内容较为简短，但是具有起、承、转、合的音乐结构，具有具体的表现形式，属于完整的音乐表达。

此外，著作权法的保护范围不及于公有领域内的作品。在黄某修诉南宁市艺术剧院侵犯著作权纠纷案这一针对民间文学艺术的演绎作品的著作权侵权纠纷案件中，① 原告黄某修的作品，其收集整理的壮族民间传说《妈勒带子访太阳》一文，是在民间传说的基础上融合其本人的理解想象，以其具有个性风格的语言文字整理加工而成的。被告南宁市艺术剧院编排的大型舞剧《妈勒访天边》在人物设置、故事情节等方面与黄某修的文字作品有相同或相似之处。但是，黄某修未能举出充分的证据证明人物设置、故事情节等方面的内容属于其独创的作品，即舞剧《妈勒访天边》的人物设置、故事情节等方面不构成对黄某修作品相关著作权权利的侵犯。对此，司法机关认定了原告及被告的演绎作品的著作权不应及于相关的壮族民间传说的部分。对于利用民间文学艺术进行再创作而形成的作品，作者的著作权不能及于民间文学艺术领域中公有的部分。对公有的民间文学艺术，无须征得任何主体的同意或者向任何主体缴付费用即可使用。

又如，北京市第一中级人民法院在判定改编自蒙古族民歌《韩秀英》的流行歌曲《月亮之上》是否侵犯另一首改编歌曲《敖包相会》的著作权时，在对比两首演绎作品的相似性时，在对作品进行区分表达与思想、剔除与民歌《韩秀英》相同的表达之后，才对作品剩余部分进行对比及独创性判定。② 剔除与民间音乐相同的表达的做法同样影响对民间音乐样本的地位界定。司法机关在审理案件时将相关传说划归社会公有领域。这有别于免除许可或者免除缴付费用，属于对民间文学艺术在性质的层面上，进行了评价其为有别于传统著作权客体的判断。

（三）增加权利内容适用情形

在民间文学艺术的权利内容方面，著作权法赋予的权利包括人身权利和财产权

---

① 黄某修诉南宁市艺术剧院侵犯著作权纠纷案，一审广西壮族自治区南宁市中级人民法院（2007）南市民三初字第62号，二审广西壮族自治区高级人民法院（2008）桂民三终字第15号。
② 北大法宝. 抄袭歌曲侵害权利 著作权人依法维权 [J/OL]. (2008-12-23) [2023-06-25]. https://www.pkulaw.com/pal/a3ecfd5d734f711ded9b0faa8ccd548e4dfb505c01f39dcbbdfb.html.

利两大类。《著作权法》第 10 条依次列举设置了系列人身权利、财产权利，并设置了"应当由著作权人享有的其他权利"的兜底性权利。传统著作权法为保障作者的人格尊严、肯定作者在脑力上无形的劳动付出而立法赋予著作权人人身权利，同时为保障作者排他地享有智力劳动成果以及依靠智力劳动成果产生的经济利益、保护私有财产、激励作者进一步地进行创作，进而使得全社会的文学艺术和科学得以进步、人类智识得以提高，而设置了财产权利。而民间文学艺术的司法裁判曾侧重判定权利主体可以享有人身权利，但不可享有财产权利。例如，在《乌苏里船歌》案中，原告认为被告侵犯了其人身权利及财产权利，侵犯了其署名权及获得报酬权，因此请求法院判令被告承担赔礼道歉、消除影响和赔偿损失的责任，在中央电视台播放《乌苏里船歌》并说明其为赫哲族民歌，对侵犯著作权一事作出道歉，并判令被告赔偿原告经济损失 40 万元、精神损失 10 万元。最终，法院仅判决被告需在报纸上公开声明其作品是依据赫哲族的民间音乐曲调改编而成的，在此后使用《乌苏里船歌》时应当标明其曲调来源。即仅支持了原告对人身权利的诉求，而未予支持其对于财产权利的诉求。

（四）调整权利限制规则范围

在民间文学艺术的权利限制方面，《著作权法》通过第 24 条合理使用制度和第 25 条法定许可制度平衡对著作权人的激励，对权利的确认和维护，以及保障社会公共利益、在公有领域开放智识分享。法律规定的合理使用及法定许可制度场景明确、有限，属于为合理平衡保护相关利益而具体设计的制度。对于《著作权法》主要适用的现代文字作品、音乐作品、美术作品、摄影作品、视听作品等类型的作品而言，防范非权利人未经许可地、不合理甚至带有诋毁性地复制、传播、演绎作者作品，是《著作权法》的主要任务，同时也是著作权纠纷的主要类型。

相对而言，民间文学艺术的规制目的有别，侧重在保存好、传承好传统文学艺术的同时，激励传承人、文艺工作者甚至普通群众对民间文学艺术进行再开发、再利用，形成对中华民族传统资源、历史遗产的发扬、创新。因此，司法裁判支持使用人对民间文学艺术的自由复制、演绎和传播行为，减少了公共利益范围的限制，扩大了传统著作权法中合理使用制度的范围，弱化了传统著作权法对非权利人使用作品需要付费、需要提前获得权利人许可等方面的限制。但是，司法机关仍然强调在应用有特定来源的民间文学艺术时，需要明确来源、名称。标明素材来源的署名行为在涉民间文学艺术的纠纷中尤为重要。从《乌苏里船歌》案中即可看出，[①] 我国司法机关在审理涉民间文学艺术的著作权纠纷时，对于标明素材来源尤为重视。

黄某修诉南宁市艺术剧院侵犯著作权纠纷案，还体现了司法机关主张调和弱化因应用民间文学艺术进行创作而产生的纠纷、矛盾的态度。黄某修诉南宁市艺术剧院侵犯著作权纠纷案中，法院认定黄某修较早地收集、整理了相关民间传说，对传说的保存、流传具有重要意义。司法机关在面对纠纷时以实事求是、协商解决的态度积极调解，形成由被告南宁市艺术剧院补偿原告黄某修3万元的纠纷化解方案。即如果能够认定在后的作品和具有一定独创性的、收集整理时间较早的民间文学艺术作品存在利用关系、间接受益关系，应当以公平合理、惠益分享的原则化解矛盾、妥善处理纠纷。

四、加强行政保护，形成多元保护格局

《最高人民法院关于充分发挥知识产权审判职能作用推动社会主义文化大发展大繁荣和促进经济自主协调发展若干问题的意见》（法发〔2011〕18号）第9条要求"综合运用多种法律手段，积极推动非物质文化遗产的保护、传承和开发利用，促进我国丰富的文化资源转化为强大的文化竞争力"，形成全面、综合的传统文化保护体系义不容辞，而从行政维度赋予保护在我国尤其具有相关实践经验丰富的优势，其效用、制度规则构建以及具体实施需要予以持续关注。

我国政府长期对传统文化保护持支持态度。例如，我国于1950年即成立中国民间文艺研究会（1987年更名为中国民间文艺家协会），多次开展全国性的民间文学艺术采风活动，以及如《中国歌谣集成》《中国民间故事集成》《中国谚语集成》的普查、编纂、出版工作。1979年，原文化部、国家民族事务委员会、中国文学艺术界联合会有关文艺家协会共同主办，启动《中国民族民间文艺集成》丛书的编纂工程，详尽整理我国各地各民族的音乐、舞蹈、戏曲、曲艺、民间文学等的历史、现状及其来源地、呈现者、记录者等信息，形成《中国民间歌曲集成》《中国戏曲音乐集成》《中国民族民间器乐曲集成》《中国曲艺音乐集成》《中国民族民间舞蹈

[①] 参见黑龙江省饶河县四排赫哲族乡人民政府与郭某、中央电视台、北京北辰购物中心侵犯民间文学艺术作品著作权纠纷案，一审北京市第二中级人民法院（2001）二中知初字第223号，二审北京市高级人民法院（2003）高民终字第246号。

集成》《中国戏曲志》《中国民间故事集成》《中国歌谣集成》《中国谚语集成》《中国曲艺志》系列丰厚研究成果。行政角度的传统文化保护措施以类型化界分，主要应当包括宣传保护观念、鼓励发扬行为、健全执行机制、深化保护协作四个方面。

（一）宣传保护观念

我国在保存及发扬传统文化、传统文学艺术的进程中，应当坚持马克思主义在意识形态领域的指导地位，同时秉持把握住社会主义核心价值观、中国特色社会主义共同理想的引领作用。应当持续深化开展具有积极导向作用、凝聚作用的社会主义意识形态的宣传教育，常态化进行爱国主义教育、集体主义教育、社会主义教育，弘扬中华民族传统美德。

同时，应当确保相关媒体的对保护传统文化的传播宣导广度、力度。应当"加强全媒体传播体系建设，塑造主流舆论新格局""健全网络综合治理体系，推动形成良好网络生态"，[①] 形成有利于与时俱进地宣扬传统文化相关知识、文化的网络空间、信息交互空间。

此外，有必要强化传统文化权利人的法律意识，提高社会参与度。尤其对于偏远地区、信息欠发达地区等，民众的法律意识、权利维护意识较为有限，政府相关部门为此更应当以联合有关协会组织、高等学校或相关教育机构等组织的方式，定期举办切实符合当地需要的、多样化的法律教育活动，包括提供法律咨询服务、法规宣讲服务等，争取形成科学、完整的传统文化教育体系。由此加强宣传、引导、教育，从源头积极构建规范法制模式，指导传统文化来源群体加强对其所拥有的文化资源、文化财富的认识，以及对于其中的知识产权保护相关事宜的认识。

最后，我国还应当在国际层面加强文化交流、推动中华文化更好地走向世界，使世界更好地、更为准确地认识我国的各式传统文学艺术形式，认识我国丰富的传统文化。在国际层面上，应当积极推广我国的传统文化、积极宣扬我国特色的相关保护经验，进而增强中华文明传播力、影响力。加强我国的国际传播能力建设、全面提升国际传播效能，将有助于提升人民群众的认同感和自豪感，提升我国的国际地位、形成与之匹配的国际话语权。

---

① 习近平. 高举中国特色社会主义伟大旗帜 为全面建设社会主义现代化国家而团结奋斗——在中国共产党第二十次全国代表大会上的报告［J］. 中华人民共和国国务院公报，2022（30）：18.

(二) 鼓励发扬行为

传统文化附加价值的开发、实现甚至增长，需要依靠各样态的文学艺术活动、教育活动、经济活动等多样形式的推动，以激发其使用活力、发展动力，持续地展现出新意和生命力。应当兼收并蓄各类积极的传承、教育、商业开发等的渠道，支持推出更多以人民为创作中心、增强人民精神力量的优秀作品，支持建设传统文化人才梯队，培育在各领域德艺双馨的文学艺术家。经济支持、商业宣传等方面应当兼顾，例如建设传统文化发展基金，成立基金委员会，为传统文化传承人、来源群体提供专项资金支持，提供经济补贴、奖金奖励，及时开展传统文化的保护、抢救工作。针对作为商业性利用、发扬传统文化的主要渠道的各式演绎作品，应当通过积极管理改编和传播行为，加强对作品的正当使用，同时预防可能的过度篡改行为。

与此同时，对于由使用者的个体过失造成的非传统、非正常、未准确指明原始来源、在反映传统文化内涵上有所偏颇等现象，相关的文化部门、管理机构应当及时引导做出更正，做出相应教育，尽快最小化任何形式的负面影响。而对于故意的歪曲、贬损传统文化旨意抑或其来源社群、群体的行为，以及由此造成的系列损害传统文化来源地关联群体的经济收益、损害国家文化利益以及国家形象等的行为，行政机关可以对其进行罚款，并将罚款所得纳入传统文化的保护发展基金。对于情节以及影响恶劣的情况，在必要时，还应当及时提起民事甚至刑事诉讼。制度的顶层设计，应当与社会现实诉求形成动态契合的关系。我国因具有幅员辽阔、多民族于大范围内杂居而于小范围内聚居、传统文化储量大且样态丰富的特点，在确定发扬传统文化抑或惩戒滥用行为的立法规范时，尤其应当保证规则的多样性、灵活性、层次性。

(三) 健全执行机制

权利的生命力经由权利的实现所反映，有赖于权利准确、及时地实施。对于传统文化而言，以民间音乐为例，相对于大量现代音乐作品及其词作者、曲作者、表演者，及至相关产品、产业等，可以联结至音著协、音集协的受理管辖范围，以获得集体管理、代理诉讼等方面的支持，集体管理、集中维护我国民间音乐的制度体系仍旧存在较大的完善空间，需要有关部门积极牵头设计，予以构建、实现。相应地，应当形成由知识产权法律、管理甚至音乐专业人才组成的，规范化且逐级受到政府监督指导的民间音乐专门服务管理机构。同时，不同于国务院自2006年起已经陆续公布了五批国家级非物质文化遗产代表性项目名录，并为之提供特别保护，民间音乐至今仍旧缺少相仿的资源整合，待保护项目目录亟须构建。

在建构传统文化专门保护机制时，地方相关机构在运作上需要避免重权力而轻权利、重职权而轻职责、重申报而轻管理、重社会管控而轻民权保护等方面的问题。相关行政机关、管理机关在辅助管理传统文化资源时，不可偏重关注经济价值，而是应当兼顾重视文化价值和传承。[①] 为此，传统文化专门保护机制在构建过程中，应当对于相关实践经验兼收并蓄，包括文学艺术行业的相关实践、经济活动实践、司法实践以及多元化的纠纷解决实践等。

对于健全现代文化产业体系、公共文化服务体系和相关的市场体系而言，具有完善的经济收益管理和分配系统是传统文化保护机制得以良好运作的关键。为此，应当坚持公平、公正、公开的制度设计以及分配原则，考虑当地情况因地制宜地、契合当地经济发展水平地设计申报规则、经济收益分配规则、纠纷化解规则等。

传统文化保护体系应当具有整体性、全面性的特征。传统文化保护体系应当具有分类设计、规范公开的权利确认以及维护机制；应当形成全面平衡相关利益的惠益共享机制；应当形成适宜的合理使用机制，保障关联群体可以积极、有效地交流、互动；应当构建简繁相宜、高效互通的集体管理、行政协助机制。尤其，随着相关技术日益成熟，可以考虑参考区块链、非同质化代币等新技术，设计新的传统文化归档、记录、管理思路。由此，可以提供实现登记大量信息、权利确认、各相关权利查询、协助及监督相关交易、内容侵权监测等的技术、管理模式的支持。

（四）深化保护协作

保护协作的形式包括跨领域以及跨地域的多样协作方式，对此，我国传统文化资源储备的特征同样要求形成综合的辅助运作机制。例如，国家财政、产业、国际经济贸易等方面的政策及制度设计，适宜向支持传统文化传承发展的维度进行适度倾斜；传统文化数据库及代行管理机制等的建设，有赖于对相关数字技术、信息管理技术等的良好应用。又如，应当全面支持对各少数民族文化、各少数民族生活环境、各少数民族语言等的保护、传承、推广工作，优化传统文化的存在氛围以及其

---

① 罗洪洋，刘珂.少数民族民间文学艺术法律保护研究——以贵州"布依八音"为例[J].贵州民族研究，2015（4）：11.

应用、传承的空间。同时，也应当持续鼓励并创新实现对传统文化与关联艺术形式、现代艺术形式、现代传播呈现形式等的融合探索，应当鼓励多样化的文化、娱乐、创意产业的发展。此外，也应当通过积极推动举行国际文化交流研讨活动、积极参与国际会议论坛、积极在中外主流媒体平台以及渠道上发出中国声音、积极举办跨国巡回演出或民俗文化节等多样化的活动，加强保护模式分享，以及不同文化之间的交流、碰撞、学习、借鉴，扩展传统文化的传播空间。与此同时，这亦将有利于"做大蛋糕"，实现对我国各式传统文化、民间文学艺术形式内涵体量的充实。对于采样我国传统文化元素进行再创作的行为，我国应当建立集中登记等制度，加强管理。又如，对于不当的传统文化采风行为，应当主动回应、积极宣扬传统文化的主旨本意，尽早地把控诋毁性演绎作品的影响范围。进而，我国可以带动全球范围的传统文化保护标准体系的完善、升级。

五、结　　语

党的二十大报告明确提出，推进文化自信自强、铸就社会主义文化新辉煌，要求更好"传承中华优秀传统文化""加大文物和文化遗产保护力度""增强中华文明传播力影响力"。中共中央、国务院印发《知识产权强国建设纲要（2021—2035年）》，提出构建响应及时、保护合理的特定领域知识产权规则体系，要求加强民间文学艺术的获取和惠益分享制度建设。在提升"保护知识产权就是保护创新"的思想观念认识的同时，夯实对于创新不可替代的基础文化土壤，建设具有中国特色的知识产权保护体系，可谓至关重要。

进行民间音乐、民间文学艺术特别权利立法既可直接回应《著作权法》第 6 条要求，更可以全面、集中明确保护规范，反映政府保护态度，引导社会对于保护制度体系的建设，强力进行宏观统筹，维护国家权益。我国系列涉民间文学艺术、传统文化的司法裁判，作为对相关现实问题、实践要求的直接回应，充分彰显了加强中国特色社会主义文化建设的客观规律、可行进路、潜在规则。司法裁判尤为直观、高效，对于解决典型民间文学艺术纠纷、示范厘清具体民间文学艺术保护办法的针对性极强。至于行政保护措施，发扬行政保护进路可以充分沿用已有实践经验，促进跨领域、跨产业、跨部门的多样化协调联动。这尤为契合民间文学艺术公共属性、公益属性强的客体特征。在特别权利私法立法储备进程中，可以及时行使补强作用，高效调动社会积极性。概言之，加强民间文学艺术保护要求立法、司法、行政同步发力，且事不宜迟。因地、因时、因事制宜，兼采立法、司法、行政三者之所长，方为深化民间文学艺术保护的理想进路。

（责任编辑：王颖）

On Approaches to the Protection of Expressions of Folklore:
From the Perspective of the Construction of Folk Music Protection System

Sun Zihan

Abstract: The protection and promotion of expressions of folklore constitute not only a historical mission, but also a critical national requirement in the new era and a vital component of Xi Jinping Thought on Culture. In this regard, extra attention shall be paid to special needs raised to strengthen the protection put forward by the unique characteristics of expressions of folklore. Meanwhile, the practical context of China shall also be timely grasped to realize the accurate summarization of experiences and the timely response to actual needs. Folk music constitutes a necessary, crucial, and typical component of expressions of folklore. Clarifying folk music's protection model shall gradually implement the regulatory system and the practical path for the protection of expressions of folklore. Therefore, this article conducts discussions from three-dimensional legislative, judicial, and executive perspectives, so that shall analyze and propose expressions of folklore's protection approach.

Key Words: Expressions of folklore; Folk music; Legislation of *sui generis* right; Judicial orientation; Administrative protection

民间文学艺术作品的类型化与保护路径

刘银良[*]

【摘　要】 民间文学艺术作品的著作权保护是我国《著作权法》的立法难题，已持续三十余年未解决。客体的界定是最根本的困难与障碍。民间文学艺术作品具有多样性，要探究相应的著作权保护路径需对其进行类型化并分别处理。对于早已进入公有领域的民间文学艺术作品，著作权法难以再为之提供保护，应使之保留在公有领域。对于当代创新作品可适用于著作权法一般保护措施加以保护。对于民间史诗等持续传承与创新的民间文学艺术作品则可在著作权法下通过特别权利加以保护。为维护特别权利的合理性与效率，可采取"认证与保护"的基本路径，即对于满足选择条件的民间文学艺术作品纳入保护名录并提供特别权利保护，其中包括权利保护不受时间限制。通过客体的类型化并采取不同的处置路径，才可能解决民间文学艺术作品的著作权保护立法难题。

【关键词】 民间文艺　民间史诗　著作权　特别权利　非物质文化遗产

一、引　言

民间文学艺术作品保护是我国《著作权法》长期未解决的难题。《著作权法》（1990）第6条规定，"民间文学艺术作品的著作权保护办法由国务院另行规定"。迄今三十多年来，《著作权法》历经三次修正，该条规定从未改变，但民间文学艺术作品的著作权保护办法也一直未能制定。国家版权局曾于2014年公布《民间文学

---

[*] 刘银良，北京大学法学院、知识产权学院教授，北京大学科技法研究中心主任。

艺术作品的著作权保护条例（征求意见稿）》，后来可能因争议大而未有进展。与国内立法进程停滞相对应，国际立法过程亦同样缓慢。世界知识产权组织（WIPO）于2000年成立"知识产权与遗传资源、传统知识和民间文学艺术政府间委员会"（Intergovernmental Committee on Intellectual Property and Genetic Resources, Traditional Knowledge and Folklore, WIPO/IGC)，专门处理知识产权与遗传资源、传统知识和民间文艺等问题。虽然民间文艺的法律保护一般不涉及遗传资源利用，因而不涉及《生物多样性公约》等国际条约，属于相对独立的法律事务，但关于该议题的国际条约至今未见实质进展。[①]

这可能提示，无论是国内还是国际，关于民间文学艺术作品保护的立法过程都较为困难与缓慢。应该理解，国内与国际的立法困境皆事出有因，并且二者实质相关。笔者认为，关于民间文学艺术作品保护的立法延迟并非因为立法者的故意不作为所造成，而确实有实际的障碍没能克服，"非不为也，是不能也！"[②]立法的困境亦提示理论研究的不足。[③]如果不能从法理和保护路径等方面对相关法律关系做出系统阐述，将难以支撑公平与有效地立法，亦难以维护制度的有效运行。就民间文学艺术作品的著作权保护来说，最关键的问题是权利客体的确定。客体一旦确定，保护路径继而就可明晰，权利的设置与权属等问题亦可容易解决。为此，本文将探究民间文学艺术作品的著作权保护客体以及相应的保护路径，希望有助于我国民间文学艺术作品的著作权保护制度构建。

二、民间文学艺术作品的概念界定

客体的界定是知识产权制度须首先考虑的问题，对于民间文学艺术作品的保护尤为如此，因为其概念本来就含义广泛。在知识产权或非物质文化遗产保护等国际论坛，相关概念主要包括"民间文学艺术"（folklore）、"民间文学艺术表达"（expressions of folklore）、"传统文化表达"（traditional cultural expression）、"非物质文化

[①] 关于WIPO/IGC的最新谈判文本和议程进展，参见：WIPO, The Protection of Traditional Cultural Expressions: Draft Articles（保护传统文化表达：条款草案），WIPO/GRTKF/IC/47/15, June 7, 2023, at https://www.wipo.int/meetings/en/doc_details.jsp?doc_id=611456, last visited December 10, 2023.

[②] 刘银良. 传统知识保护的法律问题研究[M]//郑成思. 知识产权文丛（第13卷）. 北京：中国方正出版社，2006：226-227.

[③] 相关的近期研究，参见：胡开忠. 中国特色民间文学艺术作品著作权保护理论的构建[J]. 法学研究，2022（2）：131-153.

遗产"（intangible cultural heritage）等。

根据联合国教科文组织（UNESCO）管理的《保护非物质文化遗产公约》，"非物质文化遗产"是指被社区、群体或个人视为其文化遗产组成的各种实践、表现（representations）、表达、知识、技能以及相关的工具、实物、手工艺品和文化空间。非物质文化遗产世代相传，在各社区和群体适应环境以及与自然和历史的互动中被不断地再创造，为其提供认同感和持续感，并因而增进人们对文化多样性与人类创造力的尊重。并且，该公约仅关注符合国际人权文件以及符合社区、群体与个人之间相互尊重的需求和可持续发展的非物质文化遗产。[1]可见，该公约不仅界定了非物质文化遗产的范畴，还解释了其创造、传承与功能，并且对其施加了符合国际人权公约等必要限定，藉以排除可能有违人道或基本人权的非物质文化遗产。由该公约所界定的非物质文化遗产范围广泛，不仅包括承载传统文化表达，还包括文物和文化场所等。

WIPO 和 UNESCO 曾于 1982 年联合发布《保护民间文学艺术表达、防止不法使用和其他侵害行为之国内法示范条款》（以下简称"《示范条款》"），其第 2 条把受保护的"民间文学艺术表达"界定为"由社区或个人创造和维护的由传统艺术遗产的特征因素所组成的能够反映该社区的传统艺术期待（expectation）的产物"，特别是言语表达（如民间诗歌）、音乐表达（如民歌或器乐）、动作表达（如民间舞蹈）、有形表达（如绘画、雕塑、织物、服饰、乐器、建筑物）。[2]该《示范条款》对于民间文学艺术表达的界定及类型化既体现了其传统与社区本色，也通过类型化对其具体表现形式予以列举，属于概括和具体的统一，体现了概念的科学性与合理性，得到广泛认可。

在国际上，这反映在 WIPO/IGC 主持起草的《保护传统文化表达：条款草案》中，其界定的"传统文化表达"是指由本土居民或社区在传统背景下对于传统文化实践和知识的任何表达（或展现）形式，它们是动态和演变的，可以包括言语、音乐、动作、有形或无形的表达方式，或者各种表达方式的组合。[3]该界定基本承继了上述《示范条款》对于民间文学艺术表达的界定。在国内，国家版权局 2014 年公

---

[1] Convention for the Safeguarding of the Intangible Cultural Heritage, Article 2.1.
[2] UNESCO & WIPO, Model Provisions for National Laws on The Protection of Expressions of Folklore Against Illicit Exploitation and Other Prejudicial Actions (1982), Section 2 (Protected Expressions of Folklore).
[3] WIPO/IGC, The Protection of Traditional Cultural Expressions: Draft Articles (Facilitators' Rev.) (June 7, 2023), Article 1 "Use of Terms".

布的《民间文学艺术作品的著作权保护条例（征求意见稿）》第 2 条把"民间文学艺术作品"界定为"由特定的民族、族群或者社群内不特定成员集体创作和世代传承，并体现其传统观念和文化价值的文学艺术的表达"，并强调其包括（但不限于）如下类型："（一）民间故事、传说、诗歌、歌谣、谚语等以言语或者文字形式表达的作品；（二）民间歌曲、器乐等以音乐形式表达的作品；（三）民间舞蹈、歌舞、戏曲、曲艺等以动作、姿势、表情等形式表达的作品；（四）民间绘画、图案、雕塑、造型、建筑等以平面或者立体形式表达的作品。"[①]可见该界定基本借鉴了上述《示范条款》对于"民间文学艺术表达"的定义。

在著作权法框架下讨论和界定权利的客体，应考虑其内容与形式须与著作权法相一致。由上述几个概念的内涵及其类型化列举可知，"非物质文化遗产"的范畴广于其他概念，它也显然不适合在著作权法框架下作为权利的客体。对于其他三个概念，比较而言，"传统文化表达"应广于"民间文学艺术表达"，后者再广于"民间文学艺术作品"。因此，在著作权法框架下讨论对于民间文学艺术作品或表达的保护，合理的选择是把保护的客体界定为"民间文学艺术作品"，它也正是我国《著作权法》第 6 条的用语。进一步地，在上述《示范条款》（WIPO/UNESCO）、《保护传统文化表达：条款草案》（WIPO/IGC）以及我国版权局公布的《民间文学艺术作品的著作权保护条例（征求意见稿）》的列举中，可以把言语或文字表达或作品概称为文字作品，亦可以把有形表达或无形表达概称为（视觉）艺术作品，因此基本可把著作权法框架下的民间文学艺术作品分为文字作品、音乐作品、舞蹈作品、艺术作品四类，从而使其概念和种类与我国现行著作权法使用的作品种类概念相一致。在概念确定后，即可尝试厘清可受到著作权法保护的民间文学艺术作品的类型及其保护路径。

尽管理论研究或立法文本可以尝试把民间文学艺术作品进行分类，但应理解，任何种族、民族或社区的传统文化表达都可能相互交织在一起，成为该种族、民族或社区的传统文化整体。对其分门别类主要是为便利建立民间文学艺术作品保护制度。在民间文学艺术作品的创作、表演与传承中，各类作品可得以组合或交叉，从而体现出其传统或民族文化生态。由该角度看，维护非物质文化遗产是保护传统文化以及促进民间文学艺术作品创作与传播不可或缺的途径。进一步地，对于民间文

[①] 参见国家版权局《民间文学艺术作品的著作权保护条例（征求意见稿）》（2014 年 9 月 2 日公布）第 2 条。

学艺术作品的保护须有合理的客体范畴和确实的法理基础，试图建立无所不包的民间文学艺术作品保护制度只会导致立法进程迟滞，乃至使其变得不可能，这也正是立法未能有所进展的重要原因。

三、民间文学艺术作品的类型化

实证法下的权利设置须考虑合理性与可行性。前者是指权利与义务的设置需有充分的法理基础以论证其正当性，后者是指权利能够切实保证实现。权利的合理性是其可行性的前提：如果没有合理性作为基础，权利的可行性就难以保障，因为其实施不仅难以保障权利的实现，反倒可能激发新的矛盾，带来多方面的问题。因此，可行性既是合理性的延伸，也是合理性的验证：如果权利的设置没有可行性可言，人们亦难言其具有现实合理性。

法定权利的确立一般要求有确定的客体，以避免对公共利益的过分侵扰，尤其是对于流传时间久远的民间文学艺术作品而言，对其过度保护更可能影响公共利益以及社会发展目标。确定的客体亦可维护制度的可行性与效率。因此，在确定受保护的民间文学艺术作品中，为避免出现滥设权利和滥用权利现象，应审慎地确定受保护的民间文学艺术作品范围，一方面保证不侵扰公共利益，另一方面用于消除权利设定中的模糊性，增加法律的确定性，降低法律实施的成本，进而维护制度的可行性与效率。

申言之，民间文学艺术作品流传年代久远，种类繁多，其合理性与可行性尤其需要全面辨析，也只有在其合理性与可行性得到保证的情形下，才可能在著作权法框架下为之设置合理且可行的权利或保护制度。在著作权法框架下针对民间文学艺术作品保护的立法，无论是国内还是国际，最基本的障碍在于立法者或利益相关者总是希望受保护的客体范围越广泛越好，意图把所有民间文学艺术作品全部纳为权利客体，但此种无所不包的客体策略也导致相关立法难有实质进展，所谓"欲全而不达"是也。立法者或研究者如果不能对权利的客体加以辨析，仅凭朴素的民族情感就认定民间文学艺术作品保护的客体范畴越广越好，就不仅不能推动立法，反倒可能引发理论上的悖论或实践中的制度运行困境。

例如，不少研究者对于迪士尼公司根据花木兰的民间故事或《木兰辞》成功制作动画片《木兰》并获得巨额票房收入而耿耿于怀，认为属于文化错用甚至盗用。

但如果就此主张为流传数百年乃至上千年的民间故事、传说或谚语设置权利，就既可能缺乏法理基础，也可能导致现实困境。数千年间，在世界范围内发生了广泛的文化交流，其中包括中外文化交流。例如，从天竺或印度来的佛经翻译和传播就诞生了无数经典，对于中国传统文化产生了极为广泛与深远的影响，很多佛经概念、成语或故事早已成为中国传统文化的内在部分。人们耳熟能详的很多民间故事或传说，如"曹冲称象"或"黔之驴"，乃至家喻户晓、妇孺皆知的经典角色孙悟空及其七十二变能力等，均可能借鉴于佛经故事或其他印度经典。①如果为花木兰等民间故事规定权利，那么如果印度就此主张其源头的权利，该如何处理就是难题，相应的制度设置可能导致其内在困境。

虽然多样性的民间文学艺术作品对于传统文化的维护、传承与发展皆不可少，但若从权利或制度的合理性与可行性考虑，则需对著作权法下的民间文学艺术作品加以类型化并做出取舍。著作权法的目标是通过赋予作者和传播者著作权或邻接权而激励作品的创作与传播，进而促进社会与文化发展。既然是在著作权法框架下设置对于民间文学艺术作品的保护，相应的权利与制度设置就须遵照其基本目标和一般原则，并须有助于实现著作权法的立法目标，否则就会导致著作权法的内在矛盾，也将无助于民间文学艺术作品保护制度的公平与效率。结合著作权法的目标和基本原理，可知只有创新性的民间文学艺术作品才可能具有被赋权的法理基础，相应的制度设计也才可能具有合理性与可行性。

为使著作权法下的民间文学艺术作品保护制度合理且可行，须对民间文学艺术作品加以类型化：首先须厘清可受保护的主题（protectable subject matter），即民间文学艺术作品；然后再针对不同类别的可保护作品分别设置不同的保护路径。以上述是否具有创新性作为标准，即可对民间文学艺术作品是否得到著作权保护进行选择与取舍：已进入公有领域很长时间且不再有创新性的民间文学艺术作品只能保留在公有领域；只有创新性的作品才可能在著作权法下获得合理保护。

申言之，对于已经固定并流传数百年乃至上千年的作品，由于它们早已固定为文本（或通过口头传颂），流传久远，成为传统文化的一部分，处于公有领域久矣，

---

① 季羡林. 从比较文学的观点上看寓言和童话［M］//比较文学与民间文学. 北京：北京大学出版社，1991：43，47；季羡林. 柳宗元《黔之驴》取材来源考［M］//比较文学与民间文学. 北京：北京大学出版社，1991：48-54；季羡林.《西游记》与《罗摩衍那》——读书札记［M］//比较文学与民间文学. 北京：北京大学出版社，1991：151-152；季羡林.《罗摩衍那》在中国［M］//比较文学与民间文学. 北京：北京大学出版社，1991：215-220.

不再有创新性，再在著作权法框架下对其赋予某种权利保护，就不仅没有法理基础，也难有制度上的可行性，因此很难在著作权法下再为之提供任何性质或任何形式的保护（作者的署名权除外），因此唯一的选择是不再予以保护。此类作品构成传统文化或非物质文化遗产的大部分，如大量的民间故事、传说、谚语等。此类作品是传统文化的有机组成，其意义在于提供传统文化传承与创新的土壤和环境，因而有助于孕育新的民间文学艺术作品。相应的民间文学艺术作品如果是固定在载体上，其载体则可能作为文物获得《文物保护法》保护。

针对创新性的作品，即可考虑在著作权法框架下对其实施合理的保护。鉴于其多样性，本文主张将具有创新性的民间文学艺术作品再分为当代创新作品以及持续传承与创新作品两类。当代创新作品是指现代社会成员基于传统文化或传统技艺所创作的作品，如利用传统音乐创作或改编的民间音乐作品、利用传统舞蹈创作或改编的民间舞蹈作品、利用传统技艺或艺术形式创作或改编的民间艺术作品（如剪纸作品）等。此类作品源自传统文化或传统技艺，由传统文化或其元素所支撑，对于传统文化以及民间文学艺术传承具有积极意义，使之成为具有生命力的文化或文学艺术形式。此类作品由具体的作者（可以是个人作者、合作作者或集体作者）所创作，其作品可通过著作权法予以直接保护，作者享有相应的权利并受到相应的权利限制，其作品也在保护期届满后进入公有领域。当代创新性的民间文学艺术作品虽然基于传统文化而创作，但它们与其他种类或形式的作品并无区别，无须予以特别关注。

值得特别关注的是，在历史长河中持续传承与创新的民间文学艺术作品，可称之为"长线"民间文学艺术作品。此类作品是指历经数百年乃至上千年的传承与演变并仍然在传承与创新的作品。由于始终处于持续传承与创新的过程中，长线民间文学艺术作品的文本可能一方面在被固定，另一方面则始终处于改编、演绎或演变中，作品的创新性因而不断体现——此类作品的持续创新性也与《保护非物质文化遗产公约》强调的非物质文化遗产"再创造"过程以及 WIPO/IGC 主持起草的《保护传统文化表达：条款草案》所强调的"动态和演变的"特点相契合。[1]此类绵延数百年乃至上千年的长线民间文学艺术作品显然应属著作权法下的特例，著作权法提供的一般保护已难以满足其保护的需求。此类作品才是我国著作权法下《民间文学艺术作品保护条例》须真正关注的民间文学艺术作品类别。

---

[1] Convention for the Safeguarding of the Intangible Cultural Heritage, Article 2.1; WIPO/IGC, The Protection of Traditional Cultural Expressions: Draft Articles (Facilitators' Rev.) (June 7, 2023), Article 1 "Use of Terms".

四、长线民间文学艺术作品的特别权利保护：民间史诗为代表

在我国长线民间文学艺术作品中，民间史诗是杰出代表。我国民间史诗浩如烟海，类型全面，是极为优秀的民族文化财富，在世界范围内亦为少见。[1]作为本文所称长线民间文学艺术作品的典型，我国史诗作品可作为探究如何在著作权法下通过特别权利保护民间文学艺术作品的代表。在很多国家，史诗早已被固定为文字（如荷马史诗），归入公有领域，成为人类的共同财富。但在我国至今仍有多部史诗被广泛传唱和演变，属"活着的史诗"，其中包括我国"三大史诗"，即藏族的《格萨尔》、蒙古族的《江格尔》和柯尔克孜族的《玛纳斯》。以《格萨尔》为例，该史诗约诞生于公元前后至公元5、6世纪，到7—9世纪其框架已基本成型，并在10世纪后得到广泛传播、传承与发展，至今仍在青藏高原被广泛传唱，处于演变之中，这一部史诗就比世界"五大史诗"的总和还要长。[2]

在其长期传承过程中，经过历代说唱艺人的传承与创新，《格萨尔》出现很多异文和变体，它们虽然在主要情节和主体内容方面大体相同，但在具体内容和细节上又各有特点，同中有异，异中有同，各具特色，藏谚称"岭国每人嘴里都有一部《格萨尔》"，在已记录的300多部《格萨尔》中，异文就占据了大部分。[3]《玛纳斯》也已录有70余种异文。[4]这些民间史诗对于各传承民族来说意义重大，因为史诗沉淀了各民族的创世史、英雄史或迁徙史，是其民族文化之根。从演变趋势看，我国不少民间史诗仍属口承史诗，千百年来口耳相传，至今仍保留着可贵的传唱传统，仍有不同艺人在传唱，仍处于发展和演变中。[5]例如，《玛纳斯》现在仍有不同年龄段的传唱者在传唱。[6]《格萨尔》和《玛纳斯》亦分别被 UNESCO 于 2009 年列入世界

---

[1] 如仅我国蒙古族及蒙古语族就有几百部英雄史诗。参见：仁钦道尔吉. 关于《江格尔》的形成与发展[M]//苑利. 二十世纪中国民俗学经典·史诗歌谣卷. 北京：社会科学文献出版社，2002：347.

[2] 卢亚军，努木，扎西次仁，等. 世界上最长的史诗《格萨尔王传》究竟有多长[J]. 西藏艺术研究，2020（2）：93-95.

[3] 曲成. 雪域灵魂《格萨尔》[J]. 中国民族，2001（3）：10-11.

[4] 郎樱. "活着的荷马"居素普·玛玛依[J]. 中国民族，2001（3）：15-18.

[5] 郎樱. 藏族史诗《格萨尔》的圆形叙事结构——与印度史诗《罗摩衍那》之比较[M]//张玉安. 东方民间文学比较研究. 北京：北京大学出版社，2003：164.

[6] 阿地里·居玛吐尔地. 从民间走向人类非物质文化遗产的巅峰——《玛纳斯》史诗在中国的命运[C]//新疆克州阿克陶县. "史诗之光—辉映中国"——中国"三大史诗"传承与保护研讨会论文及论文提要汇编. 2012：54-55.

非物质文化遗产代表作名录，显示它们仍然在被有效传承、传播与传唱。[1]

持续的传承与创新为"活着的"民间史诗作品获得著作权法下的特别权利保护奠定了法理基础。从著作权法角度看，史诗作品的持续传承与创新可保证史诗作品被不断演绎出新的异文或变体，它们相当于作品的改编或演绎，新异文和变体可作为演绎作品获得某种形式的著作权保护。这意味着，持续的传承与创新一方面使民间史诗成为"活着的"史诗，另一方面则使其著作权保护具有著作权法的基本法理支撑，因而为我国民间史诗作品的特别权利保护奠定了伦理与法理基础。或言之，根据著作权法原理，对仍处于口头传承和演变过程的我国民间史诗作品，人们可能难以主张它们已进入公有领域，并继而否认它们具有著作权保护的法理基础。合乎逻辑的结论是，著作权法可为持续传承与创新的民间史诗作品提供著作权法框架下的某种权利保护——如果著作权法下的一般保护不能满足其需求，则可考虑特别权利保护。显然，对于此类意义重大、结构宏伟、源远流长、持续传承与创新的长线史诗作品，著作权法的一般保护（尤其是有限的保护期）难以满足其需求，因此更为理想的路径是在著作权法框架下为之设置特别权利保护。

基于以上分析，并基于著作权法的基础理论，笔者建议在我国著作权法框架下，通过制订《民间文学艺术作品保护条例》，为我国民间史诗等具有代表性的民间文学艺术作品提供特别权利保护。因为其均属于传统知识或民间文艺领域的立法，在选择性保护等方面该条例可借鉴我国《传统工艺美术保护条例》对我国传统工艺美术的保护等。该著作权法下的特别权利制度涉及多方面的制度要素，其中最重要的方面包括客体的界定、主体及其权属、权利及其限制与例外等。

第一，客体的界定。

著作权法下的特别权利保护须针对严格选择的客体，以保证制度的合理性、可行性与效率。对客体的选择须依据具体条件，符合条件的民间文学艺术作品才可跨越特别权利保护的门槛。鉴于上述原因，建议优先考虑持续传承与创新的我国民间史诗作品。对符合条件的史诗等民间文学艺术作品，建议纳入保护名录，然后对其施加特别权利保护。或言之，在选择性的基础上，可对民间史诗等符合

---

[1] UNESCO. Browse the Lists of Intangible Cultural Heritage and the Register of good safeguarding practices [EB/OL]. [2023 - 12 -08]. https://ich.unesco.org/en/lists? text = &region[ ] =04&country[ ] =00045& multinational = 3#tab.

条件的我国民间文学艺术作品采取名录制进行保护。为名录中的史诗等民间文学艺术作品设置选择性条件,相当于为民间文学艺术作品的特别权利保护设置必要的门槛,目的是防止客体泛滥或者范围过宽而使特别权利保护丧失合理性基础,进而保证该特别权利制度的可行性与效率,并最终有利于传统文化传承和持续创新。

鉴于我国民间史诗作品的突出特点与代表性,在此以其为例说明如何通过名录界定受特别权利保护的客体。根据我国史诗学界对于史诗作品的研究成果,笔者认为可把进入名录的史诗作品界定为:流传年代久远,至少为百年;具有鲜明民族特色,对于传承民族意义重大;传唱的民族可有一个或多个,流传的区域可为一个或多个民族地区;传唱的方式需是口头传承,或者是口头传承与文字传承并行;应有异文和变体,并仍有新异文和变体产生;篇章宏伟,一般应具有一千诗行以上。①这些标准基本能够涵盖我国现有民间史诗作品,且强调它们仍须有持续的传承与创新过程以及新异文或变体的产生,因此对于界定应受特别权利保护的客体至关重要。对于达不到选择标准的民间文学艺术作品就不予纳入名录,避免导致制度滥用或者因涉及太多作品而影响公共利益。鉴于满足选择性条件的民间文学艺术作品数量有限,通过该认证与准入程序可严格控制受特别著作权保护的民间文学艺术作品,就可把对公共利益的可能影响降到最低。

申言之,著作权法下的特别权利制度应当对我国民间史诗等民间文学艺术作品实行"准入与保护"的基本路径,即在对客体进行认证与准入的基础上再给予特别权利保护。认证机构应有多元化的成员组成,应包括版权以及文化(非物质文化遗产)管理人员、史诗等民间文艺研究专家、史诗等说唱艺人、法律专家等。认证机构对于客体的认证可包括是否为史诗等民间文学艺术作品、传承民族、说唱或传承传统以及是否仍有异文和变体的产生等方面。对于认证程序和结果,应设置异议程序和救济机制。

关于我国民间史诗等民间文学艺术作品的口头传承与演变,应该认识到,史诗的生命在于流动,在于有异文或变体产生的机会以及产生的异文或变体被保存的机会,因此须强调口头传承的重要性,因为只有口承存在才会有异文和变体产生的土壤,而一旦没有了口承,都固定为文字,则史诗就成为没有生命力的作品,就不再

---

① 笔者曾主张要求史诗篇章在三千诗行以上,现在认为一千诗行的篇章涵盖范围更为广泛与合理。刘银良. 史诗作品的法律保护 [J]. 政法论坛, 2006 (1): 118-119.

是"活的史诗",而成为如《荷马史诗》类的书本史诗。①之所以要求史诗等民间文学艺术作品应有新异文或新变体产生的可能性,主要是考虑到,基于作品"不断创新"的条件并为之提供"不断更新"的保护,不会与著作权法的基本原则相冲突,以免被指责对民间文学艺术作品提供特别权利保护缺乏伦理基础。并且,通过设置该标准亦可为传承民族或传承人施加合理的压力,进而促进其民间文学艺术作品的传唱、传承与创新,使民间史诗等保持其"活的史诗"的生命力,促进民族文化的繁荣,保持文化多样性。仅仅是为保护而保护就可能适得其反,反而不利于促进史诗等民间文学艺术作品的传承与创新。

第二,赋予名录作品特别著作权保护。

在著作权法框架下,对于经认证和准入的名录中的史诗等民间文学艺术作品,可赋予特别著作权保护。权利主体可以是传承民族或其代表机构(如专门成立的史诗等民间文学艺术作品保护委员会),或者地方政府等。传承民族对于其史诗等民间文学艺术作品可享有特别的著作权——该著作权基本类似于文字作品或口述作品等所享有的著作权。其中,精神权利主要包括署名权、发表权、修改权和保护作品完整权。史诗等民间文学艺术作品的作者或权利人可署传承民族,如《格萨尔》可署为藏族史诗、《江格尔》可署为蒙古族史诗、《玛纳斯》可署为柯尔克孜族史诗等。如果史诗作品的某变体是源自某史诗说唱艺人,亦可加署该传唱艺人,以保护说唱艺人的署名权。修改权和保护作品完整权仅限制或禁止传承民族之外的人的相关行为,但不限制本民族的说唱艺人或一般成员。经济权利可包括复制权、发行权、表演权、远程传播权(包括广播权、信息网络传播权)、改编权(包括摄制权)、翻译权、汇编权、整理权(整理史诗等作品的权利)、注释权(注释史诗等作品的权利)等。对于各项经济权利还须有许可权和获酬权,但不宜设置转让权。相应的收益可通过公平分配机制用于本民族的文化发展和传播事业,尤其用于支持史诗等民间文学艺术作品的保存、传承、传播与创新。②

第三,特别著作权的限制与终止。

为维护公共利益,促进史诗等民间文学艺术作品的保存、传承与传播,还须针

---

① 关于口承和史诗变异和演化的关系,可参见:施爱东. 回到原点:史诗叠加单元的情节指向——以季羡林译《罗摩衍那·战斗篇》为中心的虚拟模型 [M]//张玉安,陈岗龙. 东方民间文学比较研究. 北京:北京大学出版社,2003:179-181.

② 刘银良. 史诗作品的法律保护 [J]. 政法论坛,2006(1):120-124;刘银良. 传统知识保护的法律问题研究 [M]//郑成思. 知识产权文丛(第13卷). 北京:中国方正出版社,2006:245-251,266-270.

对我国史诗等民间文学艺术作品明确规定合理使用与法定许可等限制性制度,从而既有助于传统文化的传承与发展,亦促进著作权法基本目标的实现。鉴于史诗等民间文学艺术作品对于传承民族的重要性,建议为进入名录的史诗等民间文学艺术作品规定不设期限的特别著作权保护,即只要该史诗等民间文学艺术作品能够持续传承与创新,该传承民族就可对其享有著作权——此即为何称为"特别权利"或"特别著作权"的根本原因。

然而,既然有准入机制,亦需有退出机制,该选择机制与制度才算平衡与合理。申言之,为激励传承民族对于其史诗等民间文学艺术作品的传承、传播与创新,宜规定只要名录中的史诗等民间文学艺术作品不再满足上述认定条件,就可能导致其从名录中被删除,不再受到特别著作权保护。这意味着,一旦史诗作品等不再有口头传承与创新的过程,不再有新的异文和变体产生,而仅有固定的文字,该特别权利将不再生效,取而代之的将是适用著作权法一般规定予以保护——在相应的著作权期限届满后,史诗等民间文学艺术作品就进入公有领域,或者直接进入公有领域。设置退出机制的目的在于通过必要的生存压力,反向激励传承民族对于其史诗等民间文学艺术作品的持续传承、创新与发展。但只要史诗等民间文学艺术作品仍在被口头传承并处于演变与创新过程中,名录中的史诗等民间文学艺术作品就可受到特别著作权保护。

五、非物质文化遗产法的支持

讨论民间文学艺术作品保护,离不开《非物质文化遗产法》的支持,因为民间文学艺术作品是非物质文化遗产的重要载体,对于其传承与创新皆不可少,而对非物质文化遗产的维护和促进,亦可促进民间文学艺术作品的创作与传播。二者是互为依存和互相促进的关系。这意味着,对于民间文学艺术作品的著作权保护,一方面需要在《著作权法》框架下进行制度设置,另一方面需要《非物质文化遗产法》的支持。相应的国际条约主要包括 WIPO 管理的《伯尔尼公约》以及 UNESCO 管理的《非物质文化遗产保护公约》等。

人类创作的作品,既是作者思想的承载,又因而具有文化价值、市场价值和社会价值。关于法律或权利保护与文化发展的关系,应该理解,文化(包括传统文化)不能被法律或权利所割裂或分割。法律须服务于文化与社会,而不是文化或社会须服务于法律。法律或权利仅是调整社会关系或法律关系的规范,其合理设置须以全面反映社会现实为前提，否则就可能导致法律规范与现实脱节。就民间文学艺术作品保护而言，著作权法与非物质文化遗产法关注的对象以及提供的路径不同。著作权法关注文化创新的成果，通过赋予创作者著作权激励其创作，而非物质文化遗产法旨在维护文化创新的环境与土壤，目标是维护传统文化的传承与发展，因此两部法律的最终目标具有一致性。传统文化是基础与土壤，文学艺术作品是产品，相应的法律保护是对其市场价值和社会价值的维护。作品的产生依赖于文化，并贡献于文化和维护文化，相应的权利保护亦不能割裂、阻碍文化的发展与进步，否则就属本末倒置。相应地，《非物质文化遗产法》基本是行政保护或社会保护，功能在于提供文化传承与保护的环境与土壤，保证传承人及其传承地位与传承机制，为作品创作提供支持。《著作权法》提供的是私权保护，通过激励作品的创作、传播与使用，继而丰富传统文化或现代文化。二者因而可互相支持与促进。

  对于认证与准入保护名录的史诗等民间文学艺术作品，可在两法律框架下予以保护。在《非物质文化遗产法》框架下，由国家或地区文化部门或相应机构对我国的民间史诗作品等进行收集、整理和出版等文献化工作，为其建立文字（包括电子）档案，在防止其灭失之虞的前提下，帮助和促进民间史诗等作品的有效传承与传播。对于史诗等说唱艺人，国家文化部门等可根据《非物质文化遗产法》评审并授予其非物质文化遗产传承人称号，使其享有相应的权利，承担相应的义务，其目的是希望能够更好地保存、传承和传播史诗等作品，维护非物质文化遗产的创作与传播，保证民间史诗等民间文学艺术作品的持续创作和传播，使之成为"活着的史诗"。[①]虽然我国很多史诗作品尚具有旺盛的生命力和广泛的群众基础，但不少史诗确实面临失去口承的风险，即使"三大史诗"也是如此。这是因为伴随着老一代史诗说唱艺人的去世或老龄化，说唱艺人后继乏人的现象日趋严重，而史诗说唱艺人的多样化正是史诗流传、变异和创新的灵魂。[②]并且，孕育史诗和哺育史诗的社会、经济与文化环境不断改变，其他艺术形式可能涌现，也对史诗等民间文学艺术作品的传承和传播产生影响。[③]通过非物质文化遗产法的保护与支持，或可鼓励公众欣

[①] 刘银良. 传统知识保护的法律问题研究［M］//郑成思. 知识产权文丛（第13卷）. 北京：中国方正出版社，2006：269-270，288-289.

[②] 例如，在当今能够完整演唱八部《玛纳斯》的玛纳斯奇（《玛纳斯》说唱艺人），也仅有被称为"活着的荷马"的居索普·玛玛依一人。参见：郎樱. "活着的荷马"居素普·玛玛依［J］. 中国民族，2001（3）：15-18.

[③] 杨恩洪. 史诗与民间文化传统——果洛藏区《格萨尔王传》的实地考察［J］. 民族文学研究，1997（2）：34.

赏、传承和创作史诗等民间文学艺术作品，就可望能够改善或延缓传统文化的衰落趋势。这与著作权法框架下的一般保护和特别权利保护互为依存和支持，并且都和保护我国传统文化或民族文化多样性和发展有关。

六、结论与建议

综上，民间文学艺术作品本身具有多样性与复杂性，在著作权法框架下要探究其保护措施须对其加以类型化。对于早已进入公有领域的民间文学艺术作品，难以在著作权法下再为之提供合理且可行的保护，应使之仍保留在公有领域。对于创新性的民间文学艺术作品，才可能在著作权法框架下探究其保护措施。当代社会成员所创作的当代创新民间文学艺术作品可通过著作权法一般保护措施加以保护，而对于持续传承与创新的民间文学艺术作品则可在著作权法框架下探讨其特别权利保护，两种路径的结合才可能产生期待的保护效果。通过客体的持续类型化并采取不同的处置路径，才可能解决民间文学艺术作品的著作权保护立法难题。

针对史诗等民间文学艺术作品的特别著作权保护，建议依据我国《著作权法》第6条规定，在著作权法框架下制定我国《民间文学艺术作品保护条例》。为维护制度的合理性与效率，可对史诗等民间文学艺术作品实行"认证与保护"的基本原则与路径，即在对民间文学艺术作品进行认证和准入的基础上再赋予其特别著作权保护。条例须明确规定客体准入标准、认定程序和认定原则，继而赋予持续传承与创新的民间文学艺术作品特别著作权保护，其中包括著作权保护期不受时间限制。传承民族作为权利主体可享有相应的精神权利和经济权利。条例还应规定退出机制，即名录中所列民间文学艺术作品一旦不再满足准入条件就可导致其从名录中删除，藉此激励民间文学艺术作品的传承与创新。鉴于史诗等民间文学艺术作品的特殊性与代表性，其特别权利保护可望能够为我国民间文学艺术作品保护提供可资借鉴的模式，并为国际社会提供中国的可能经验。

（责任编辑：王颖）

On the Typification and Protection Pathways of Folklore Works

Liu Yinliang

Abstract: The copyright protection of folklore works is a difficult legislative issue under the Copyright Law in China which has not been resolved for more than thirty years. The most fundamental difficulty or obstacle remains how to define the objects. To explore the corresponding copyright protection pathways, the diverse folklore works need to be classified and treated separately. For those having already been in the public domain, it is difficult to provide copyright protection and they should be kept there. Modern creative folklore works can be protected by the general protection of the copyright law. Folklore works that continue to be inherited and recreated, such as folk epics, can be protected by the *sui generis* rights under the copyright law. To maintain the rationality and efficiency of the *sui generis* rights, the basic pathway of "certification and protection" can be adopted, that is, folklore works meeting the selection conditions can be included in the protection list and provided with *sui generis* rights, including that the rights are not limited in time. Only by typification and different treatments can it be possible to solve the legislative issue of copyright protection for folklore works.

Key Words: Folklore; Folk epic; Copyright; *Sui generis* right; Intangible cultural heritage

三、新兴问题与理论问题

生成式人工智能治理的中国路径*

——以 ChatGPT 为中心

刘卫锋**

【摘　要】 ChatGPT 等生成式人工智能在给人类带来进步的同时也产生了相应的法律问题和伦理问题等。然而，若不加考虑地对 ChatGPT 等实施严格监管势必会削弱人工智能产业作为一个新兴产业的竞争力。因此，有必要在科技、经济与国家安全之间寻求平衡，使 ChatGPT 等生成式人工智能的治理和使用更为有效，从而协助人类合理决策。此外，为了解决 ChatGPT 等生成式人工智能所带来的法律问题，可在《民法典》和《著作权法》等法律框架下，有限制地赋予 ChatGPT 等生成式人工智能法律人格，扩大知识产权合理使用的范围，构建义务规则下的模式许可制度等。

【关键词】 生成式人工智能　ChatGPT　科技安全　有限法律人格　合理使用

一、引　言

目前，公众作为用户可以直接参与 OpenAI 制作的 ChatGPT 备受关注。微软创始人比尔·盖茨（Bill Gates）曾将"ChatGPT 的诞生视为超越了互联网的发明"。[①] Image Net 设计者李飞飞教授将 ChatGPT 视为"人类发展的重大转折点"。[②] 最初，

---

* 本文系西北政法大学义乌研究院横向课题"知识产权专项企业合规问题研究"（YW2023-15-025）阶段性成果。
** 刘卫锋，法学博士，西北政法大学民商法学院副教授，商法教研室主任。
① Rachel More. Microsoft co-founder Bill Gates：ChatGPT 'will change our world'［N］. REUTERS，2023-02-10.
② Fei-Fei Li. AI's Great Inflection Point［R］. Generative AI：Perspectives from Stanford HAI，Stanford HAI，2023：4.

互联网仅限于主服务器之间的通信网络连接，随着网络协议和网络浏览器的开发，互联网的使用呈现出普遍化，而 ChatGPT 的出现已经超过了互联网创新。生成式人工智能一直以各种数据为基础，为人类提供可选择的服务。但是，ChatGPT 与 OpenAI 模型不同，在生成结果的同时，试图了解人类的意图。不仅如此，生成式人工智能在一定程度上给创作者和出版社带来挑战。在多个领域已经出现与 ChatGPT 合作的文章，ChatGPT 等生成式人工智能正在弱化创作者的写作门槛，然而 ChatGPT 在学习过程中也存在使用数据的版权问题和因生成内容引起的法律和伦理问题，对此，如何权衡 ChatGPT 等生成式人工智能的利弊备受争议。除此之外，针对生成式人工智能监管也逐渐开始，欧盟已经针对 ChatGPT 出台了相关的监管措施，[1] 意大利等国则完全禁止使用 ChatGPT。[2] 鉴于此，为了应对生成式人工智能带来的机遇与挑战，本文以 ChatGPT 为中心，针对 ChatGPT 等生成式人工智能的现状以及带来的挑战进行阐述分析，进而提出相应的解决方案。

二、生成式人工智能的内在逻辑构造：大规模语言模型和 ChatGPT

（一）生成式人工智能的基础：生成式大规模语言模型

ChatGPT 是基于互联网上大量文本进行机器学习的大规模语言模型（large-scale language model，LLM），通过数据机器学习的结果称为生成式人工智能模型。大规模语言模型是一类使用大量数据和参数进行训练的语言模型，旨在模拟和理解人类语言的特征和规律。这些模型广泛用于自然语言处理、语音识别、机器翻译、对话系统、聊天机器人等领域。另外，由于具有数十亿甚至数千亿的参数，因而大规模语言模型的训练过程需要大量的空间和时间。一般来讲，传统的生成式人工智能模型是通过输入学习数据来了解数据的属性，并根据数据得出相应结果的推论模型。相反，大规模语言模型是以学习文本为基础，进而统计概率预测其他文本。

---

[1] Foo Yun Chee, Supantha Mukherjee. Exclusive: ChatGPT in spotlight as EU's Breton bats for tougher AI rules [N]. REUTERS, 2023-02-04.

[2] Elvira Pollina, Supantha Mukherjee. Italy curbs ChatGPT, starts probe over privacy concerns [N]. REUTERS, 2023-04-01.

根据大规模语言模型的大规模参数及模型特征，其在运用中具有涌现能力及多语言提取能力的特征。第一，基于大规模参数大型语言模型表现出的涌现能力主要有三个方面。首先是上下文学习能力，大型语言模型可通过输入文本的词序列生成测试实例的预期输出。其次是指令遵循能力，通过对指令微调提高泛化能力。最后是多步骤复杂任务处理能力，通过思维链推理策略解决复杂任务。① 第二，基于大型语言模型特征的多语言提取能力主要表现在 Transformer 的模型架构之中。Transformer 利用一种前馈全连接神经网络架构，使用多头自注意力机制（multi-head self-attention），构建编码器-解码器结构。② Transformer 特征提取器的使用使得模型具有了易于并行、能够获取长距离依赖、综合特征提取能力强的特征，有一定的多语言特征提取能力。③

（二）生成式人工智能的变革：ChatGPT

ChatGPT 是 OpenAI 开发的生成式人工智能模型，是基于互联网上公开的大规模数据进行机器学习而生成的 GPT 模型。GPT 模型是从谷歌的 Transformer 模型分化而来的一种模型。另一种形式的 BERT 模型也是在 Transformer 中分化出来。另外，GPT 作为一种训练模型，其核心思想是在大规模的语料库上进行自主学习，通过上下文信息的预测来训练生成器，使其具备一定的语言理解和生成能力，从而实现更为有效的学习。

生成式人工智能模型通过 crawling 等方式收集大量数据，或将公开的信息构建为数据库，以持续学习的方式进行升级。若在 ChatGPT 中输入以提示符形式的命令等，GPT 则会分析命令的脉络，并生成相应的结果。若运用 DALL-E2、Midjourney 和 Stable Diffusion 等工具，仅需在文本框中输入几个词，则可以生成复杂、抽象或真实的作品。

自 ChatGPT 出现，在两个月内就获得了 1 亿以上用户的使用，这在一定程度上得益于 ChatGPT 的性能。人工智能模型的性能取决于参数的数量，2018 年 GPT-1 有 1.17 亿个参数，2019 年 GPT-2 有 15 亿个参数，2020 年 GPT-3 达到了 1750 亿个参数。此外，目前 GPT-3.5 版本与 GPT-3 的数量相同，但可以通过强化学习

---

① Zhao W X, Zhou K, Li J, et al. A Survey of Large Language Models [J]. arXiv preprint arXiv, 2023.
② 岳增营, 叶霞, 刘睿珩. 基于语言模型的预训练技术研究综述 [J]. 中文信息学报, 2021（9）: 15-29.
③ Pires T, Schlinger E, Garrette D. How multilingual is multilingual BERT? [J]. arXiv preprint arXiv, 2019: 4996-5001.

(enforcement learning) 获得用户反馈,进而不断提高其性能。然而,针对这些 OpenAI 的各种 GPT 模型,微软公司拥有独占权(exclusive right)。①

ChatGPT 在诸多领域得到了运用,其中最为典型的是,用户正在利用 ChatGPT 生成随笔、诗歌、小说等文本形式的文章,以及代码(错误修正)、经营模拟和视频脚本等多种内容。事实上,生成的作品已经超过人类创作的水平,由此也得到部分群体的肯定性评价。然而,ChatGPT 具有其他生成式人工智能模型共同的局限性和问题,即数据的版权处理不明确,由此可能带来相应的法律问题。实践中,已经出现针对中端或稳定融合等生成式人工智能模型提起的集团诉讼。

(三)ChatGPT 趋势:使用者生成模型和服务适用模型

除了 ChatGPT 之外,还有 Codex 模型。Codex 模型可以通过输入其他生成 Dall-E2 等图像或英语自然语言语句或图像数据等来编程。从 ChatGPT 的编程能力来看,Codex 模型也可以纳入 ChatGPT。

虽然在人工智能模型中可以分别创建图像、视频、文本和声音,但未来还将实现在多模型(Multimodel)变送器中创建不同类型内容的模型。自 2023 年 3 月起,微软公司开始将 ChatGPT 模型用于其搜索引擎 Bing 和 MS Office。

三、ChatGPT 对相关领域的挑战与机遇

(一)ChatGPT 运用领域的扩展与界限

ChatGPT 虽然只能生成文本内容,但是也面临生成内容上错误或著作权等法律问题。从实践来看,ChatGPT 在自然语言处理方面已经取得了很大成功,并且在教育领域有着广泛的应用前景,但在实际的学习和教育场景中使用 ChatGPT 仍存在诸多问题。教育是一种复杂的人类活动,需要考虑很多因素,例如学生的心理健康、人际关系、价值观培养等。而 ChatGPT 只是一种基于技术的工具,它并不能完全代替人类的思考和判断。②

---

① Connie Loizo. That Microsoft deal isn't exclusive, video is coming and more from OpenAI CEO Sam Altman [N]. TechCrunch, 2023-01-18.

② Sofia Barnett. ChatGPT Is Making Universities Rethink Plagiarism [N]. WIRED, 2023-01-30.

首先，ChatGPT 生成的答案中也会出现知识性错误。例如，当 ChatGPT 在推特（Twitter）上科普航天器历史时，ChatGPT 被物理学家指出搞错了空间站的名字。一般来讲，这是由于用于训练模型的相关领域的数据参数量不够而导致。因此，为了提升 ChatGPT 的性能，需要保证相关领域数据的准确性和完整性。其次，使用 ChatGPT 对用户的"提问能力"有较高要求。当用户输入的措辞过于模糊时，ChatGPT 会自行猜测用户的意思，最终可能给出一些有歧义的结果。如果用户对自己所提问的问题没有清晰的认知，就不能精准地对 ChatGPT 进行提问。最后，ChatGPT 生成的答案可能会误导用户。ChatGPT 对输入短语的变化比较敏感，即使是同一个问题，哪怕稍微更改一下措辞，也可能会给出不同的答案。这种现象在中文语境中尤其明显，这可能是因为用于训练模型的中文语料数据不足，使得 ChatGPT 理解同义词的能力较差。[1]

（二）ChatGPT 对相关产业领域的挑战

1. ChatGPT 对知识产权领域的挑战

目前，ChatGPT 虽然被应用于诸多领域，但利用 midjourney 生成模型制作的图像在美国科罗拉多州博览会艺术比赛（Colorado State Fair art competition）中备受争议。借此，美国曾试图将以生成式人工智能模型生成的内容视为剽窃或著作权侵权，禁止参评。实践中，制作人在参展时通过标注终端和本人的名字（如 Jason M. Allen via Midjourney）以表明自身的作品是使用生成式人工智能制作，将被视为侵权。

此外，在电影或广告制作中最重要的是脚本，ChatGPT 也可以生成脚本。从这一点来看，ChatGPT 处于视频制作的核心位置，但也面临反序列化和加密实现等方面的风险。[2] 在音乐领域，也有从各种音乐资源中机器学习出来的模型，比如谷歌撤回发布计划的音乐生成人工智能模型"Music LM"。当然，音乐生成模型多种多样，但由于版权问题，商业化并不容易。对谷歌而言，它之所以暂不公开，是因为音乐作品与其他类型的内容相比，对版权侵权和剽窃更敏感。

---

[1] 陆道坤.是"神马"还是"灰犀牛"：ChatGPT 等大语言模型对教育的多维影响及应对之策［J］.新疆师范大学学报（哲学社会科学版），2023（45）：103 - 121；成生辉. ChatGPT 在给教育带来变革的同时，又会带来何种风险？［EB/OL］.（2023 - 07 - 14）［2023 - 10 - 18］. https://www.huxiu.com/article/1795815.html.

[2] Connie Loizos. That Microsoft deal isn't exclusive, video is coming and more from OpenAI CEO Sam Altman ［N］. TechCrunch，2023 - 01 - 18.

2. 基于 ChatGPT 进行多种商业领域的开发

未来将利用 ChatGPT 开发出多种商业模式。事实已经证明，ChatGPT 的写作或编码领先于人类的能力。虽然 ChatGPT 模型本身是以文本为主的生成模型，但从视频制作文本的简单性来看，也可以开发出与视频和语音模型相结合的多种商业模型。

ChatGPT 可以提供语言表达的灵感和优化建议，帮助创作者创作出相匹配的文字内容，但在这一过程中也存在与人类创作发生冲突的可能性。在产权市场，生成式人工智能模型似乎无法摆脱版权这一问题。目前，版权侵权诉讼最多的领域之一即是基于 ChatGPT 生成的音乐。

四、大规模语言模型（LLM）面临的法律风险和伦理风险

（一）LLM 模型面临的法律风险

根据 ChatGPT 运用的领域不同，随之引起的法律问题和伦理风险也不同。针对 LLM，存在的法律问题可以概括为以下几个层面：第一，LLM 对于学习数据的个人信息保护问题。LLM 存在从学习数据中提取个人信息的可能性，并将其存储和利用。对此，解决方案有删除学习数据中包含的个人信息等方法。第二，LLM 生成的文章可能会引发批判、歧视、侵犯版权等法律问题。LLM 在生成自然语言时，会参考学习数据中包含的语句。为了防止这种情况发生，在训练模型时要慎重选择和预处理学习数据，建立利用 LLM 验证生成语句的系统等方案。第三，LLM 生成的语句可能很难与人们所创作的作品区分开来。这意味着可能会引发版权问题，若使用 LLM 生成的作品与其他人的作品类似，可能会构成侵权。为了防止这种情况发生，需要一种技术方法来检测 LLM 生成语句来源于学习数据的程度。第四，利用 LLM 自动生成文本可能会被恶意利用。例如用于虚假信息生成、广告信息生成、诈骗等多种犯罪行为。为了防止使用 LLM 的犯罪行为，需要对使用 LLM 进行限制或积极监测，并通过法律制裁等来遏制这种行为。

总之，为了克服 LLM 带来的问题和局限性，不仅需要技术上的支持，也需要法律上的积极回应。

1. 基于使用条款签订协议

为了使用 ChatGPT，用户根据同意使用条款等程序注册会员。使用条款是指无

论其名称、形式或范围如何，合同的一方当事人为了与多个相对人签订合同而制作一定的格式合同。

除了使用条款外，如图 5 所示，OpenAI 将提示用户该系统可能会生成错误的信息、可能性偏向，以及 2021 年以后的信息限制等可能。这可以理解为特别约定的附加条款。因此，由于 OpenAI 明确告知 ChatGPT 的局限性，也就难以依据其内容为由追究其责任。

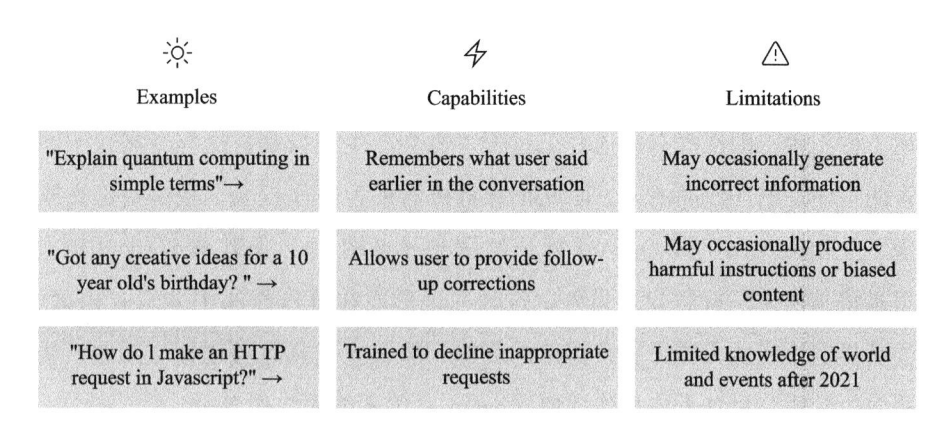

Examples	Capabilities	Limitations
"Explain quantum computing in simple terms"→	Remembers what user said earlier in the conversation	May occasionally generate incorrect information
"Got any creative ideas for a 10 year old's birthday?"→	Allows user to provide follow-up corrections	May occasionally produce harmful instructions or biased content
"How do I make an HTTP request in Javascript?"→	Trained to decline inappropriate requests	Limited knowledge of world and events after 2021

图 5 ChatGPT 启动画面的告知

来源：OpenAI（2023）。

如上所述，在使用 ChatGPT 的过程中，会产生各种法律问题。一般来讲，使用条款是特定经营者和使用者之间的合同，根据私权自治的原则，当事人达成一致即生效。目前，使用 ChatGPT 时需要注册会员，上述条款也可以看作合同内容。然而，这并不是 ChatGPT 特有的使用条款，而是 OpenAI 提供的一般条款中特别约定，信息的内容、危害信息或偏向内容以及 2021 年以后的信息限制所产生的问题将仅涉及当事人责任问题。由于使用条款中并未明确规定著作权的归属，因此仍然面临 ChatGPT 生成物的著作权问题。

2. ChatGPT 模型下面临的著作权问题

（1）ChatGPT 是否会产生著作权？

任何人，若用文字、图片、音乐等表达自己的独创性思想，都会产生著作权，而表达这种思想的成果被称为作品。虽然 ChatGPT 生成的作品超过了人类的创作水平，但很难认为 ChatGPT 生成的作品包含人类的思想和情感。美国版权局曾将绘画小说《黎明的位置》注册为作品，但 2022 年 10 月，美国版权局要求作者克里斯蒂娜·卡什塔诺娃说明其作品是否由生成式人工智能制作等。著作权人因未说明事由而被取消登记。《黎明的位置》事件发生后，美国版权局制定了《人工智能创作指南》。①

事实上，ChatGPT 能够产生著作权。若将 ChatGPT 与一般的计算机软件在著作权意义上不作区分，那么创作者使用 ChatGPT 所生成的内容能够轻易地达到作品的认定标准。而即便按照传统标准，创作者在积极、充分使用 ChatGPT 时，亦可以基于其个人行为而获得对 ChatGPT 生成内容的著作权。

（2）基于 ChatGPT 产生的著作权归谁？

①基于 ChatGPT 产生的著作权与标识。著作权是创作者使用、收益、处分作品的权利。也就是说，转让或允许使用著作权的权利，在创作的同时发生。著作权原始归属于创作者，即使没有其他登记过程，也会产生该权利，这与专利权不同。著作权人的主体是创作作品的人，因此很难将机器视为著作权人。在一些论文或文章中出现了使用 ChatGPT 或 OpenAI 标记的情况（见图 6），但其基于 ChatGPT 生成，因此很难将其视为享有版权。另外，这种标记形式在著作权法中并未有相关规定。若将作品界定为表达人类思想或情感的创作，那么应当具有独创性。因此，从现行规定来看，动物、机器人或自然现象（nature）等不能成为作者。

图 6　ChatGPT 与共同作者标识

来源：谷歌检索（2023）。

②ChatGPT 是否为共同作者。《科学》《自然》杂志等不接收将 ChatGPT 作为共同作者的论文。与共同著作不同，ChatGPT 生成的作品具有任何人都可以自由使用的公共性，因此 ChatGPT 生成作品的著作权并不成立。若对生成的成果作出创作性贡献时，可以被认定为原作品，而不是二次生成作品。然而，值得注意的是，Chat-

---

① United States Copyright Office. Copyright Registration Guidance：Works Containing Material Generated by Artificial Intelligence [J]. Federal Register, 2023, 88（51）：78–85.

GPT 的学习过程并不是仅利用现行数据进行学习，而可能通过抓取相关的文本进行制作并重新生成作品。这种情形下，权利关系可能变得复杂，包括具有著作权的情形和不具有著作权的情形，且不确定如何获得著作权人的许可，因此也有可能面临其他问题。

③ChatGPT 提示是否属于著作权法的保护范围。如何确定 ChatGPT 屏幕上输入命令的性质也是一个重要问题。根据提示符的内容，作品的质量可能会有所不同。在提示符下输入、修改和补充大量命令的过程中，可以得到所需的作品。正因如此，提示符成为一个独特的市场。在提示市场上，每个提示高达 1~2 美元。从这一层面来看，提示存在一定的价值。然而，这种 ChatGPT 提示符与之相关的著作权侵权问题如何处理尚待著作权法厘定。[1]

（二）ChatGPT 的内在局限

ChatGPT 的局限性体现在：第一，依赖学习数据。ChatGPT 仅使用学习数据中包含的信息进行学习和生成，因此学习数据的数量和质量对 ChatGPT 的性能和质量有很大影响。如果学习数据不足或存在对学习数据的错误或偏向，ChatGPT 的性能可能会下降。第二，生成语句的连贯性和可信度问题。ChatGPT 使用大量学习数据生成语句，有时可能会提供不连贯或错误的信息。此外，很难确认 ChatGPT 生成的语句是否是可靠的信息，因此无法直接信任 ChatGPT 生成的内容。第三，幻觉效应等伦理问题。使用 ChatGPT 生成的语句可能会引发法律问题或社会问题。例如，如果 ChatGPT 生成的文章包括仇恨言论或歧视言论等，这些内容可能会成为社会问题。第四，计算资源有限。ChatGPT 毕竟是一个大容量模型，学习和生成都需要大量的计算资源。计算资源的不足会降低 ChatGPT 的性能和效率。第五，人类的创意和互动不可替代。ChatGPT 是利用现有的学习数据生成，不能替代人类的创意和互动。人类拥有的直觉或感性等很难在 ChatGPT 生成的语句中找到。

ChatGPT 是基于数据的机器学习，数据中包含不同阶层、时代和领域的文化。但 ChatGPT 忽略了在数据提炼过程中，文化、代际和阶层之间的语言色彩可能会发生变化。因此，小说等不排除对女性的歧视性表达、对种族的指责、不道德行为的正当化、美化暴力、虐待动物等多种内容作为学习数据的可能性。即使是在特定作

---

[1] 周学峰. 生成式人工智能侵权责任探析 [J]. 比较法研究，2023 (4)：117-131.

品中可以接受的表达，独立或脱离脉络的引用也会有所不同。人工智能损害基本权利和维护人工智能表达的基本权利的问题至今悬而未决。综上，随着 ChatGPT 的发展，这些局限性可能要通过更多的研究和技术发展来克服。

（三）ChatGPT 存在的伦理风险

1. ChatGPT 能否摆脱偏向、幻觉效果

生成式人工智能模型是基于公开的数据进行学习的，在不判断人类各种错误或问题的情况下生成，可能会带来偏向性和差异性的风险。因此，有必要谨慎选择用于构建这些模型的初始数据，以避免包含有毒或偏激的内容。虽然 ChatGPT 具有过滤内容的功能，但似乎不是所有内容都可以被过滤。因此，如果 ChatGPT 运用于教育领域，也有可能在教育方法或内容上出现问题。

此外，从 ChatGPT 也可能存在不能如实表达这一点来看，可能会产生幻觉效应。幻觉效应是人在经历对现实的虚假或扭曲的认识时发生的一种现象，如看到、听到、感受、嗅到和品尝不存在的东西。幻觉效应可能由多种因素引起，如精神障碍（精神分裂症、抑郁症或焦虑）、使用物质（如酒精、药物或药物）或医学状态（如帕金森病、癫痫或偏头痛）。聊天机器人的功能是通过分析网络上发布的大量文本来创建的，可能无法区分事实和虚构。ChatGPT 也基于互联网上的各种信息进行学习，而且没有能力自行确认信息的真实性。因此，即使在语言系统方面针对提问作出相应的回答，但也会发生上下文意义混淆。从这一方面来看，ChatGPT 也很难摆脱幻觉效应。

2. ChatGPT 是否生成淫秽内容

从 ChatGPT 可以创建多种图像这一点来看，ChatGPT 也具有重要意义。但是，很难确认学习数据是否包含淫秽内容。尽管 OpenAI 公司正在试图过滤这种行为，但 ChatGPT 用户仍在生成淫秽内容。有些用户甚至越来越擅长制作详细的指令词来规避 OpenAI 的道德和责任护栏，从而生成淫秽内容。为此，有必要嵌入相应的法律措施或者道德准则，对于不适当的提问或者请求，拒绝回答或者生成。

ChatGPT 等服务的法律性质是"交互式信息通信服务"。我国政府在 2019 年发布了《儿童个人信息网络保护规定》，是我国首部规定儿童个人信息网络保护的专门立法。该规定的出台体现了我国对儿童个人信息保护的重视和关切，意味着对儿童个人信息的保护将会变得更加精细和规范，也更有针对性，对保护儿童个人信息安全以及为儿童营造一个健康的数字成长环境意义重大。该规定还进一步完善了未

成年人保护工作的具体内容和专门措施,在一定程度上倒逼网络运营者进行自查自省,为儿童提供一个更加清朗的网络空间。此外,该规定也提供了处罚的依据。

3. ChatGPT 是否违反研究伦理或者构成剽窃

针对 ChatGPT,从伦理上讲,用自身的名字标记非亲自撰写的文章则应被视为剽窃。擅自使用他人作品可能会构成著作权侵权或者剽窃。因此,将 ChatGPT 生成的作品标记为自身的作品可能违反研究伦理。但在著作权难以认定的情况下,也很难将其视为著作权侵权。事实上,由于很难确认作品是否使用 ChatGPT 生成,因此很难找到合理的解决方案。出于这一原因,美国纽约州公立学校禁止对 ChatGPT 的使用,这种措施是否合理则存在质疑。在需要积极使用各种教学方法提高教学水平的背景下,严格禁止本身并不是有效的解决方式,反而可能错失这种机会。相反,若不给予禁止,则有必要对存在的问题进行研究,查找出相应的措施才是较为合理的。

五、ChatGPT 等生成式人工智能模型进行监管的对策方案

(一)社会对 ChatGPT 的样态

社会对 ChatGPT 的反应呈现积极、消极的现状。首先不能否认的是 ChatGPT 所带来的积极效应。ChatGPT 产生的效应超越了人类创作或思考的能力,因此可能成为划时代的转折点。从创作工具利用的多元化这一点来看,ChatGPT 可以带来生成式人工智能的民主化或创作的民主化。另外,从利用技术实现人类思想这一点来看,ChatGPT 可以提高人文类社科的发展水平。但是,GPT 模型的垄断是通过互联网公开信息向特定运营商获取的生成式人工智能模式,从这一层面来看,特定企业垄断公共财产性质的学习数据是否公平值得怀疑。如果被独家使用,也可能会引发各种法律问题。因此,有必要针对 ChatGPT 的使用制定相应的指导方针,同时也要考虑人类过度依赖 ChatGPT 的风险。

(二)科技与经济安全、政府安全的联动

1. 科技与经济安全的联动

经济安全是国家安全中的重要一项。在一个国家安全战略中,经济安全应居于核心和基础地位。人类社会已经进入知识经济时代,"科学技术是第一生产力"成

为共识，科技竞争已经成为大国博弈的焦点。科技和经济深度融合，科学技术的发展变革不但是科技安全的重要根源，同时也成为经济安全的关键因素。科技安全逐步上升为国家安全的独立要素，与经济安全等传统安全共同成为国家安全体系的重要组成部分。经济安全是国家安全的基础，而科技安全是国家安全的重要保障。随着ChatGPT等人工智能生成物的快速发展，必须加快建设科技安全监测预警体系，完善科技安全监测预警理论方法与协同应对机制，打造科技安全评估专业队伍，在进一步加强国际合作中提升科技安全保障水平，保障科技和经济的安全，有力支撑我国高质量发展，保障国家安全。①

2. 科技与数字政府安全的联动

在针对ChatGPT的提问中，ChatGPT会按照所提问的意图进行作答。因此，在利用技术的过程中，如果其意图不客观，ChatGPT会给出偏驳的结果。如果提出的问题要求分析特定领域的优缺点，并提出相应的方案，答案也可能有所不同。ChatGPT通过反复的自我升级，则会嵌入超出想象的科学逻辑和未来提案的期待值。然而，归根结底ChatGPT只是一个辅助聊天机器人。ChatGPT推出的信息来源不明确，且信息的深度存在限制。若在没有相应监测或者过滤情况下，将ChatGPT运用于政府业务或者修订现行法律制度，则会陷入巨大的困境。换言之，ChatGPT虽然依据多种数据学习进行回答，但基于数据体量有限、数据来源不明等因素，期待ChatGPT给出客观的回答基本不可能。同时，ChatGPT的善用能够使数字政府建设事半功倍，相反也可能会带来数字政府的危机。鉴于此，有必要从以下两个维度进行考量：第一，在中央主导下建立"自上而下"的数据分类分级制度，即高等级涉密数据、中等级涉密数据和低等级涉密数据。在这里，无论什么等级的数据，ChatGPT在数据收集、处理和应用过程中都应当依法进行。第二，完善ChatGPT的责任链条。为避免ChatGPT植入行政决策所导致的"无责可追"，应当完善配套的追责链条。在这里，无论是行政机关还是ChatGPT的服务提供者，都不能基于算法而免责。就政府而言，其应当就ChatGPT模型的决策失误承担行政责任；就服务提供者而言，其应当就ChatGPT的决策失误承担民事责任。②

---

① 郭秋怡. 深刻认识科技安全与经济安全互动关系建立科技安全监测预警体系 [J]. 中国科学院院刊, 2023 (4): 553-561.

② 周智博. ChatGPT模型引入我国数字政府建设：功能、风险及其规制 [J]. 山东大学学报（哲学社会科学版），2023 (3): 144-154.

（三）ChatGPT 摆脱人类的限制

针对技术的限制有必要进行摒弃。从历史上来看，技术产业的问题往往多于其解决的问题。针对 ChatGPT 的限制也是如此。ChatGPT 产生的各种问题也是其中一种社会现象。在诸多法律和制度的实施中，出现包括犯罪在内的社会问题都可以通过现行法律和制度来解决。即使法律制度存在不完善之处，也可以通过法律解释进行有效调整。因此，相比于立法，在现有规范或法制下寻找应对方案可能更有效。

ChatGPT 出现后，产生了各种各样的问题。欧盟在 2021 年提出的 AI 法案中称：其规范的对象不仅是利用生物识别和大规模监测系统，还包括对个人造成特定风险的生成式人工智能系统，如可能对健康、安全和其他方面产生重大影响的系统。因此，根据欧盟生成式人工智能法案，生成式人工智能系统风险分为四类：第一，不可接受的人工智能，其被禁止使用。第二，高风险生成式人工智能系统，是指运用生物识别的系统、大规模监控和重要决策系统等对个人造成高风险的生成式人工智能系统。第三，有限风险生成式人工智能系统，是指对个人造成有限风险的生成式人工智能系统，如用于客户服务或低风险决策的系统。第四，最小风险生成式人工智能系统，是一种将风险最小化或完全不给个人造成风险的生成式人工智能系统，如用于基本模式识别或简单数据处理的系统。欧盟 AI 法案还规定："在构建高风险生成式人工智能系统之前，必须经过风险评估，组织必须确保这些系统以最小化风险、保护个人权利和自由的方式设计、开发和运营。"

OpenAI 内部也提出了监管的必要性。在接受《时代》周刊采访，当被问及政策制定者和监管者因担心政府干预会延缓创新而介入是否为时过早时，OpenAI 的首席技术官说："现在为时不早。"[1] 考虑到这些技术带来的影响，所有人的参与都至关重要。此外，像 OpenAI 这种公司，将其以受控和负责任的方式带入公众意识至关重要。总之，与其说是具体的限制，不如说是有必要进行限制。OpenAI 联合创始人伊伦·马斯克也强调监管的必要性。

著作权法、专利法等将权利主体限定为人，从这一点来看，动物、自然现象、人工智能产生的事物则不被认可其具有权利。DABUS 是美国想象引擎公司（Imagination Engines Inc.）创始人斯蒂芬·泰勒（Stephen Thaler）开发的人工智能系统，一共发明

---

[1] STEVE MOLLMAN. ChatGPT must be regulated and A. I. "Can be used by bad actors", warns OpenAI's CTO [N]. Fortune, 2023-02-06.

两项新技术,分别是分形食品容器与能引起更大注意力的警示灯。因两件发明都是 DABUS "自己的创意",因此斯蒂芬·泰勒认为 DABUS 应被认定为发明者,他本人则获得两项技术的专利权。然而当斯蒂芬·泰勒于 2020 年向欧盟及十几个国家法院提出,要将 DABUS 列为专利发明人时遭到拒绝,在全球掀起浩大的争论与法庭大战。DABUS 虽然根据《专利法》申请了专利,但各国都不承认其发明。这是因为《专利法》将发明人限定为人,而 DABUS 不是人,因此不能承认其作为发明人的地位。

欧盟自 2017 年就开始讨论是否赋予机器人法律人格,但未能得出具体结论。我国也从 2020 年开始成立生成式人工智能相关工作组,对相关法律制度的修订方案进行持续的讨论。

(四) ChatGPT 等新科技的政策方案

1. 新科技的政策方向

一般来讲,针对科技的政策方案不能阻碍科技的发展。若针对科技的政策不当,可能就会降低科技竞争力。此外,监管部门应当制订出最低限度监管的指导方针,以反映市场需求,营造良好的使用环境,而不是严格禁止。对于机器学习中使用数据的著作权问题,由于尚未得到有效解决,因此针对 ChatGPT 的著作权争议仍然很大。一方面,数据挖掘、TDM 和机器学习课程也有可能得到社会化,因此可以主张公平使用抗辩;另一方面,ChatGPT 侵犯他人著作权获得垄断收益,可能违反公平性原则。

鉴于此,有必要考虑扩大集中管理的范围或者或赋予被侵权人补偿金请求权。针对 ChatGPT 生成的作品,与是否构成剽窃或者著作权侵权无关,应当赋予其伦理义务,即标注出处或者来源。此外,还需要协会、学会等机构以行业标准进行规范。对于数据中包含偏见等可能侵犯基本权利的风险,应当通过过滤或监测系统进行管理。[①]

2. 生态系统偏重的深化

风险生态系统呈现出正在向 OpenAI 公司倾斜的现象。虽然在国内构建了基于 ChatGPT 的微信、QQ、知乎等,但从可以与跨国企业竞争的中文数据是任何人都可以使用的环境这一点来看,应当将范围由国内企业扩大到跨国企业,以此提升中文在国际上的影响力和竞争力。

---

① 俞鼎,李正风. 生成式人工智能社会实验的伦理问题及治理 [J/OL]. 科学学研究:1-13. [2023-11-04]. https://doi.org/10.16192/j.cnki.1003-2053.20231016.004.

为了分散国内生态系统面临的风险，必须建立与国内 ChatGPT 联动的服务环境。目前，北京等地方政府出台了相关政策，将支持头部企业打造对标 ChatGPT 的大模型，着力构建开源框架和通用大模型的应用生态。但需要注意的是，在全球化视野下，全球数据流通与数据治理已经是大势所趋，风险生态系统的构建应当基于全球视野，或者为了市场的扩张，有必要与全球平台联动。

3. ChatGPT 等知识产权问题的完善对策

针对 ChatGPT 的著作权问题，第一，构建更加开放的合理使用制度。一是可以对合理使用本体条款即《著作权法》第 24 条第 1 款第（1）项和第（6）项进行扩张，分别突破第（1）项下"个人"和第（6）项下"大专院校、科研院所"的主体限制。二是可以对合理使用的非营利性目的进行进一步解释。对其解释可分为两种路径。其一是在不突破非营利性目的的限制下，将非营利性目的限于直接目的之下，将虽用于企业经营，但主要为研发创新所需的数据与文本挖掘间接性行为排除在外；其二是直接突破非营利性的目的限制。三是可以用好合理使用兜底条款即《著作权法》第 24 条第 1 款第（13）项，通过制定生成式人工智能行政法规的形式为大模型研发所需的数据文本挖掘合理使用提供制度空间。[①]

第二，构建义务规则下的模式许可制度。在人工智能与大数据时代以千亿计的数据参数面前，放宽著作权使用标准，构建"义务规则"下的"选择退出"机制具有法经济价值的合理性。此外，进入 Web 3.0 数字经济时代，传统经济的三大假设理论基石已经发生动摇，其中基础性的资源稀缺假设已经被共享经济所动摇。因此，可以在《著作权法》第 26 条的基础上，通过制定生成式人工智能行政法规的形式，为大模型研发所需的数据与文本挖掘设计"选择退出"许可制度。但也要注意到，"选择退出"机制会将原本由使用人承担的特定义务转换到权利人身上，增加权利人版权利益的实现负担，降低使用人的侵权风险。[②]因此，"选择退出"机制应严格限定使用范围及适用情形。

第三，赋予 ChatGPT 等生成式人工智能以主体性——ChatGPT 为作者，而版权归属于法人的制度模式。首先，如上所述，美国版权局认为创作劳动的贡献是判断版权的重要标准，而用户使用 ChatGPT 生成的作品不存在实质性贡献，因此用户不

---

① 郑飞，夏晨斌. 生成式人工智能的著作权困境与制度应对 [J]. 科技与法律（中英文），2023（5）：86-96.

② 冯凯. 个人信息"选择退出"机制的检视和反思 [J]. 环球法律评论，2020（42）：148-165.

被视为版权的所有人。我国《著作权法》也已有将法人"视为作者"的具体规定，这一构造在当前《著作权法》体系面前不存在法律障碍。其次，在司法实践中，这一构造也获得过支持。在"腾讯诉上海盈讯公司"案中，涉案文章虽然是ChatGPT生成创作，但可将法人视为作者。① 最后，著作权保护的实质是作品背后的独创性智力劳动。《著作权法》的立法目的在于鼓励创作，而独创性智力活动才属于创作，才可能受法律所鼓励。② 无论从非自然人存在物成为法律主体的拟制理由观察，还是从ChatGPT等生成式人工智能成为法律主体的问题实质考量，ChatGPT等生成式人工智能成为法律主体并不是为了保护ChatGPT等生成式人工智能的利益，而是为了保护人类的利益。然而，由于ChatGPT等缺乏"意志理性"与"责任能力"，ChatGPT等尚不具备行为能力，但可以赋予其类似法人的有限权利能力。从知识产权的角度出发，应当认可ChatGPT等生成式人工智能的"创造物"，但由于ChatGPT等生成式人工智能自身权利能力和行为能力的缺失，采取双重主体共同参与、由ChatGPT等生成式人工智能与原始设计者共享主体地位并承担责任义务更为妥帖。事实上，"ChatGPT等生成式人工智能并未对法律基础理论、基本法学教义提出挑战，受到挑战的只是如何将传统知识适用于新的场景"。③ 因此，现阶段不宜急于求成、一步到位赋予ChatGPT等生成式人工智能以法律人格，根据ChatGPT等生成式人工智能的能力发展与实际场景需求，不断地完善ChatGPT等生成式人工智能的权利能力与行为能力体系，才能更好地解决如ChatGPT等生成式人工智能发展中不断出现的新法律问题。

六、结　　论

一直以来，在人类与人工智能的竞争中，人类在创作性或艺术性领域处于优势地位，但生成式人工智能正在将其能力渗透这些领域。与学习记录人类所有文献的机器竞争，仅靠人类碎片般的经验和直觉是很难应对的。从这一层面来看，也有人主张，将机器生成物与人类进行比较本身就很难看作公平竞争。在对生成式人工智能生成物的权利关系以及如何处理权利质疑的情况下，有必要制订相应准则或者指

---

① 魏永征. 新闻传播法教程[M]. 北京：中国人民大学出版社，2019：200.
② 王迁. 著作权法[M]. 北京：中国人民大学出版社，2023：19.
③ 骁克. 人工智能体法律人格化拟制路径之探究[J]. 法律方法，2021（34）：265-279.

南平衡各种利益相关者的利益，维护法律的稳定性。首先，如果从监管角度限制包括算法在内的各种人工智能技术，那么必然会削弱人工智能产业的竞争力。因此，为了提高科技的竞争力，针对新科技的政策方案原则上不能阻碍技术的发展。同时，为了确保国家安全，应当构建科技安全监测预警体系，搭建科技安全、经济安全与国家安全的联动平台，有力支撑我国高质量发展。其次，针对生成式人工智能生成物的知识产权问题，可以在《民法典》和《著作权法》等法律框架下，赋予ChatGPT等生成式人工智能法律人格，扩大知识产权合理使用的范围，构建义务规则下的模式许可制度等。再次，为了解决信息不准确或算法偏向等风险，应当确保对各种数据进行分级管理。最后，有必要确保ChatGPT等生成式人工智能的公平使用。

（责任编辑：张钧凯）

The Chinese Path of Generative Artificial Intelligence Governance Centered around ChatGPT

Liu Weifeng

Abstract：Generative artificial intelligence such as ChatGPT not only brings progress to humanity, but also raises corresponding legal and ethical issues. However, implementing strict regulations on ChatGPT and others without consideration will inevitably weaken the competitiveness of the artificial intelligence industry as an emerging industry. Therefore, it is necessary to seek a balance between technology, economy, and national security, in order to make the governance and use of generative artificial intelligence such as ChatGPT more effective, thereby assisting human decision – making. In addition, in order to address the legal issues brought about by generative artificial intelligence such as ChatGPT, it is possible to give ChatGPT and other generative artificial intelligence legal personality with restrictions under legal frameworks such as the Civil Code and the Copyright Law, expand the scope of reasonable use of intellectual property rights, and establish a model licensing system under obligation rules.

Key Words：Generative artificial intelligence；ChatGPT；Technology security；Limited legal personality；Reasonable use

论企业数据权益保护制度

——基于结构功能主义的分析框架

张靖辰[*]

【摘　要】 企业数据确权成为数字经济时代回应商业利益诉求与赋能社会经济发展的立法考量。基于信息内容价值与数据计算价值的差异，信息规范与数据规范无法等同，且二者具有协调适用的紧密联系。企业数据权益客体可具体化为承载商业信息的原始数据、数据集合与数据产品，三者具有劳动投入增多的递进逻辑关系。但囿于企业数据之上多主体利益共存情形难以避免，企业对原始数据与数据集合不必然享有完全支配与绝对排他的权能。对经匿名化与脱敏化处理的数据产品，可以赋予企业完整的数据产权。企业数据授权不应超出在先人格利益与公共利益限制。三重授权原则因场景主义缺陷不宜作为企业数据流动的普适性规范。

【关键词】 企业数据　数据确权　数据授权　结构功能主义

一、问题的提出

企业数据在商业活动中正起到基础资料与竞争优势的功能，其重要性在时下已不必言及。2022年12月2日，中共中央、国务院印发《中共中央、国务院关于构建数据基础制度更好发挥数据要素作用的意见》（以下简称"《数据二十条》"）强调"加快构建数据基础制度"。其中，企业数据被明确为数据产权结构性分置制度下的具体组成部分。但显而易见的是，企业数据本身是一项具有多层次与多维度特

---

[*] 张靖辰，北京大学法学院博士研究生。

征的综合性概念。被作为法学概念的企业数据，其内涵尚不明确。学理上对企业数据的概念阐述，有如企业控制的数据或作为企业财产权客体的数据；[①] 与企业经营相关的信息、资料；[②] 企业生产经营活动中产生或获取的以电子方式记录的数据。[③] 而即便依据《数据二十条》推论企业数据是指"各类市场主体在生产经营活动中采集加工的不涉及个人信息和公共利益的数据"，[④] 其仍因过于抽象而不能满足企业数据相关权利界定及制度设计的立法发展需要。企业数据权益保护制度建构正成为当下亟须解决的重要课题。为回应商业利益诉求并契合《数据二十条》的政策意蕴，自当对企业数据的确权授权及权利边界问题条分缕析。

传统的财产法益保护模式在数据确权问题上表现出适用困境。有学者认为，为数据确立与传统物权、知识产权所平行的第三类具有对世性的财产权利，符合财产权制度发展的历史趋势。[⑤] 物权说提出，企业数据可纳入物权保护框架。即尽管数据具有无形性，但其在表现形式上客观存在，且满足物权支配性、排他性等法律特征，可以通过延伸物的概念内涵而将数据视为物权的客体。[⑥] 但企业数据的支配与归属与传统物的权利规则存在显著区别，制度套用在后续讨论中被认为尚不可取。[⑦] 而知识产权说则提出多元方案。其中，汇编作品是较早的数据保护模式，我国《著作权法》第15条已对此明确规定。欧盟与美国司法早期亦常通过汇编作品对企业数据加以保护。[⑧] 商业秘密说认为数据因其形成与产出同时满足商业秘密的构成要件，以商业秘密作为保护方式具有优势地位。[⑨] 但对此有观点指出，商业秘密保护路径的困境在于间接地鼓励企业垄断和隐藏数据，不利于数据产业发展。[⑩] 新型知识产权客体说认为，既有知识产权制度不能直接适用企业数据保护，以商业数据权

---

① 武腾. 数据资源的合理利用与财产构造 [J]. 清华法学，2023 (1)：156.
② 郑璐玉，杨博雅. 新兴权利视域下商业数据分类与保护研究 [J]. 科技与法律（中英文），2021 (3)：10.
③ 黄朝椿. 论基于供给侧的数据要素市场建设 [J]. 中国科学院院刊，2022 (10)：1406.
④ 《数据二十条》第5条明确："对各类市场主体在生产经营活动中采集加工的不涉及个人信息和公共利益的数据，市场主体享有依法依规持有、使用、获取收益的权益……"。实践中，企业数据可能包含大量的个人信息，这种情形甚至具有必然性。因此，对"不涉及个人信息和公共利益的数据"应作限缩解释，即企业不得任意处分"个人信息和公共利益的数据"。
⑤ 张新宝. 论作为新型财产权的数据财产权 [J]. 中国社会科学，2023 (4)：145.
⑥ 林旭霞，蔡健晖. 网上商店的物权客体属性及物权规则研究 [J]. 法律科学（西北政法大学学报），2016 (3)：197.
⑦ 李爱君. 数据权利属性与法律特征 [J]. 东方法学，2018 (3)：72.
⑧ 许春明. 数据库的知识产权保护 [M]. 北京：法律出版社，2007：77-93.
⑨ 俞风雷，张阁. 大数据知识产权法保护路径研究——以商业秘密为视角 [J]. 广西社会科学，2020 (1)：102.
⑩ 冯晓青. 知识产权视野下商业数据保护研究 [J]. 比较法研究，2022 (5)：39.

对可公开数据进行保护契合此类数据的特征。① 在物权说与知识产权说之外，竞争保护模式是我国司法于当下对企业数据加以保护所采取的主流方式，亦受到学界的支持。② 不难发现，企业数据不适合一概而论，以特定方式对其进行保护不符合其多样性特征。采取多层分布式的保护模式，即知识产权作为一层保护，传统民法权益作为二层保护，竞争法作为兜底保护或为可行选择。③ 明确数据权利本质是"权利束"而确定其多种权利的具体边界，④ 是企业数据研究的合理进路。

如何保护作为商业信息基本表达形式的企业数据，涉及信息专有、信息自由与数据财产利益相冲突问题。多元的理论分析与建议导致如何取舍和平衡各主体利益实为困难。或者说，对企业数据的保护问题并非单一立法所能解决，平衡企业数据的多元主体利益、厘定企业数据所涉及的多元权利内容，离不开多项规范的协调适用。如此的整体性思维，为本文尝试将结构功能主义（Structural Functionalism）作为本问题的分析框架提供了理由。以此，或有益缕析规范间的冲突与协调，丰富学界对企业数据研究的理论分析维度，为企业数据权益保护制度发展提供有益参考。

二、作为分析框架的结构功能主义

结构功能主义作为社会架构研究的理论工具，正随着学理发展而延伸至各类具体的"社会行动"问题上。企业数据权益保护制度的建构作为社会行动，与结构功能主义的分析视角相契合。通过结构分析，能够获得对企业数据权益保护制度的全面认识。而根据既定的系统功能，游离于结构与功能之间，该工具能够为企业数据权益保护制度如何发展提供方向。

"二战"后的第三世界民族民主运动，推动美国逐步进入特定历史阶段——消费型的后工业社会。经济繁荣与日新月异的科学技术致使社会物质极为丰富，以至于深刻改变了美国社会结构。⑤ 在此背景下，美国社会学家帕森斯（Talcott Parsons）

---

① 孔祥俊. 商业数据权：数字时代的新型工业产权——工业产权的归入与权属界定三原则 [J]. 比较法研究，2022（1）：99.
② 张平.《反不正当竞争法》的一般条款及其适用——搜索引擎爬虫协议引发的思考 [J]. 法律适用，2013（3）：47.
③ 吴桂德. 商业数据的私法保护与路径选择 [J]. 比较法研究，2023（4）：193.
④ 闫立东. 以"权利束"视角探究数据权利 [J]. 东方法学，2019（2）：66.
⑤ 梁永佳. 所谓"赛博格人类学" [J]. 西北民族研究，2021（4）：84.

于1945年正式提出结构功能主义，以图揭示早期社会中的非理性行为。[1] 该理论将社会视为具有一定结构的系统，构成系统的各个组成部分则各自发挥相应功能，以实现社会整体平衡状态的存续。尽管在社会演进过程中，系统的组成结构会相应变化，但其可通过功能进行自我调节而重新达到平衡状态。结构功能主义理论体系可以具体区分为三个层次：

（1）社会行动论。帕森斯所提出的结构功能主义以韦伯的前期研究为基础，其基于韦伯所提出的"社会行动"概念，认为具体社会现象和过程可以通过"社会行动者"的"行动"加以理解和解释。帕森斯对结构功能主义确立的理论假设是，社会整体存在基本稳定且普遍适用的价值观念与行为准则，社会行动者是为了遵循二者而进行适应性调整。[2] "社会行动者"可以表征个人、社会群体甚至社会整体。

（2）宏观功能论。帕森斯在假定社会稳定存在且具备生存与发展功能的前提下，提出社会由四个实现必要功能的子系统组成：经济系统、政治系统、法律系统、亲属系统。由此揭示出社会系统的稳定运行不仅要求子系统功能满足其基本需求，且子系统间需存在合理的交换关系。[3] 各个子系统的总和即为社会整体。同时，帕森斯基于"系统均衡"概念进一步推论出均衡模式理论，即各子系统会随系统的部分或整体变化而变化，以保证系统的稳定性。

（3）一般系统论。帕森斯将社会视为一项生命系统，并认为任何生命系统的存在必须能够进行系统内部的自我调整，适应系统的外部环境，确定系统所追求的目的以及选择具体方式。即社会系统会通过自我调整适应社会环境并维持社会运转。帕森斯进而提出，社会系统具有四项功能：其一，适应功能（Adaptation），指系统适应环境的功能，包括为系统提供更多的应变措施、获取更多生存资源并分配给系统使用。适应功能由经济系统实现。其二，目标实现功能（Goal‑attainment），指系统建立和实现其目标的功能。其根据系统目标于系统内部分配资源，并根据目标的优先级实现这些目标。目标实现功能由政治系统实现。其三，整合功能（Integra-

---

[1] 结构功能主义并非由帕森斯所开创，而是由帕森斯吸收德国社会学家马克斯·韦伯关于社会行动的思想见解，即社会学应当在行动者本身意图与行动者集体行动两个层次理解社会现象；以及意大利统计学家、社会学家帕累托关于"社会系统"和"均衡"的概念认知，即将社会视为各个部分密切联系、相互作用的平衡系统。由此，帕森斯在继承前人结构功能主义相关思想的基础上，企图体系地构建社会理论体系。王翔林. 结构功能主义的历史追溯 [J]. 四川大学学报（哲学社会科学版），1993（1）：39.

[2] Talcott Parsons. The Structure of Social Action [M]. 2nd Edition. New York：Free Press，1967：50-52.

[3] Talcott Parsons. Social System [M]. London：Routledge，1991：45-138.

tion），指协调、调整和调节系统内不同参与者或单元之间的交互，以消除相互干扰并维护系统功能。整合功能由法律系统实现。其四，模式维护功能（Latency），指系统根据某种规范确保社会系统的参与者表现良好，并解决社会系统参与者间的内部冲突与紧张关系。模式维护功能由亲属系统实现。此即为著名的"AGIL"分析模式。帕森斯认为，四项功能的构架是一切层次组织的基本属性，从单细胞生物到人类文明。

结构功能主义强调关注特定系统中结构与功能的相互关系，从而研究系统的功能履行与结构实现。其中，结构是指系统中已形成的固定组成部分；功能是指系统对外部或内部发挥作用的能力。结构与功能两者间，结构作为功能的载体是功能实现的前提；而功能借助系统满足系统的需要。结构功能主义的理论逻辑是将结构概念置于功能概念之上，以本质为规范、秩序的结构整合具备不同功能的子系统，即整体观地分析系统中子系统间相互作用关系。[①]

至今，结构功能主义已逐渐发展为社会科学各子学科的研究方法，其具有普遍应用性的整体观以探讨系统的整合与发展问题，为社会科学研究提供了有益的观察视角与分析范式。在法学领域，结构功能主义正于近年被逐渐适用。如有学者在该分析框架下讨论我国户籍制度、[②] 信访制度，[③] 以及案例指导制度等。[④] 结构功能主义是将客观存在的对象视为"系统"。"系统"既可以是有体物，如工具、设备；亦可以是无形对象，如社会、政治、制度、经济等。灵活替换的"系统"概念，为具体研究提供了分析起点。"系统"的设定要求具体对象具有结构与功能的模式适应性，即具有以存在和发展为内在需要的本质属性。结构功能主义作为法学研究方法提供了一种体系解释的进路，其将法律制度作为一项独立的系统，以社会作为系统的外在环境，分析法律制度内在结构的同时关注法律制度与外在环境的关系。由于结构与功能之间的动态稳定被视为系统的基本需要，又因系统发展难以避免二者间的冲突，故对此类冲突的协调多被视为具体研究所旨在解决的问题。

[①] 阿图尔·考夫曼，温弗里德·哈斯默尔. 当代法哲学和法律理论导论[M]. 郑永流，译. 北京：法律出版社，2013：405-407.

[②] 项军，王鹏，刘飞. 户籍制度变迁与社会流动：结构功能主义的分析框架[J]. 社会科学战线，2023（10）：225.

[③] 陈璐，朱国云. 突破结构功能主义：中国信访制度研究的三维框架与治理逻辑[J]. 南京社会科学，2022（6）：88.

[④] 万进福. 我国案例指导制度定位的反思与回归——一种结构功能主义的视角[J]. 法律适用（司法案例），2017（22）：64.

三、企业数据权益保护制度的结构分析

将企业数据权益保护制度视为社会环境中的独立系统是该分析的逻辑起点。企业数据权益保护制度具有基本稳定的结构要素与内在逻辑,其决定了该制度的功能满足系统需要的可能方式。换言之,结构分析是推动该制度法律发展的基础,功能分析起到更为直接的制度设计引导作用。为明确该制度结构要素及基本关系,由企业数据的产生与使用过程中相关主体与可能的制度客体,可以将其划分为主体部分、客体部分与权利部分。

(一) 主体部分:基于利益共存的多元主体

《数据二十条》尝试建立公共数据、企业数据和个人数据的分级分类确权授权制度,其将主体部分厘定为行政部门、企业与个人。根据数据处理周期,又可以将相关主体区分为数据来源主体与数据处理主体。数据来源主体即有意或无意地进行数据生产,其与数据处理主体具有直接的利益关系。注重数据权益的企业除独立生产数据外,更依赖于多样的数据来源。个人信息与公共数据同样构成企业数据的重要组成部分。因此,商业利益、人格利益与公共利益均受到企业数据的普遍承载。多元利益的共存导致企业数据之上多主体间利益冲突与化解问题难以避免。

个人信息与非个人信息间的具体界限不清,是导致企业数据上多元主体关联必然性的直接原因。《数据二十条》所规定的个人数据并非我国严格意义上的法律概念,学理上多认为个人数据是能够识别个人身份信息的数据,包括狭义个人信息和数字足迹。[1] 即所谓个人数据是事实意义上记录个人信息的数据。可识别性是国内外界分个人信息与非个人信息的主要标准。作为网络用户的个人多作为企业数据的来源主体,其浏览、搜索、交易等行为产生痕迹信息均形成具有财产价值的数据。但司法实践中,法院对于个人网络行为痕迹、用户标签等是否属于个人信息具有不同的裁判理念。[2] 这导致明确的可识别性标准并不能够为商业实践中多元的企业数

---

[1] 王冠宇. 个人数据流动的不平等透视——基于生产、使用与获益的全过程分析 [J]. 江苏社会科学,2023 (1):124.

[2] 姬蕾蕾. 企业数据保护的司法困境与破局之维:类型化确权之路 [J]. 法学论坛,2022,37 (3):112.

据提供划分主体关联的有效指引。企业作为"个人信息处理者"应当对"个人信息处理活动负责",并符合《个人信息保护法》第13条所规定的可以"处理"的情形。实践中,企业或基于其与网络用户所签订的用户协议"约定"数据收集、处理甚至权属,进而对此类数据进行收集与处理。事实上,作为数据处理主体的企业,往往由于技术条件、经济实力、信息披露等因素,与个人数据来源主体之间形成实质不平等关系。法院也同样意识到,企业数据之上的多元主体利益难以清晰地进行分离。如在新浪微博诉脉脉案中,法院创设了三重授权原则以精细地调整数据来源主体与数据处理主体之间的利益关系。此时,用户协议往往成为法院认定企业对个人信息的收集行为合法的依据。这导致该格式协议轻易地割裂个人与个人信息间的利益关系,甚至企业据此通过保护网络用户隐私而主张其对个人数据享有排他性的权能。[①] 显而易见,保护网络用户的人格利益与个人信息之上的财产利益实质不同。由于个人信息被置于基本权利定位,其人格利益作用于构造复杂且形态多变的企业数据之上,导致企业财产利益与个人的人格利益难以有效厘清。

公共数据同样作为企业生产数据的主要资料。公共数据在时下立法中多作行政部门数据之表述。[②] 尤其在《浙江省公共数据和电子政务管理办法》使用公共数据概念后,政务信息与政务数据在相关立法中逐渐被其取代。而企业在日常经营过程中,利用公共数据"生产"数据产品时,企业需要根据不同情形满足相应条件以获得公共数据。[③] 受公共数据开放协议甚至公共利益保护的限制,企业同样不能当然地自由处理含有公共数据的企业数据。

企业数据在汇集、处理、加工等不同阶段具有不同程度的财产属性。尽管人格利益与公共利益能够被企业数据的巨大体量与复杂构造不断"稀释",但完全匿名化与脱敏化前的企业数据并不能摆脱个人与行政部门在先权利的约束。这表明企业数据之上具有多主体间的复杂权利义务关系或是企业数据的一项基本特征。

---

① 戴昕. 数据隐私问题的维度扩展与议题转换:法律经济学视角 [J]. 交大法学, 2019 (1): 35-50.
② 衣俊霖. 论公共数据国家所有 [J]. 法学论坛, 2022 (4): 108.
③ 《广东省公共数据管理办法》第23条:无条件共享的公共数据,由公共管理和服务机构通过省政务大数据中心申请并获取。有条件共享的公共数据,由公共管理和服务机构直接通过省政务大数据中心向数源部门提出共享请求,数源部门应当在5个工作日内予以答复。同意共享的,数源部门应当在答复之日起5个工作日内完成数据共享;拒绝共享的,应当提供法律、法规、规章依据。对于不予共享的公共数据,以及未符合共享条件的有条件共享的公共数据,公共管理和服务机构可以向数源部门提出核实、比对需求,数源部门应当通过适当方式及时予以配合。法律、法规、规章另有规定的除外。公共管理和服务机构通过线上共享公共数据确有困难的,可以通过线下方式实施数据共享。

（二）客体部分：劳动投入递进的原始数据、数据集合与数据产品

数据早期是信息记录的符号和工具，至数字经济时代成为经济要素而可被投入生产。早期的学理讨论未严格区分数据与信息，甚至时常将二者等同。在信息技术领域，数据是记录客观事件并可以被鉴别的符号。① 我国《数据安全法》第3条也明确，数据是对信息的记录。即对二者关系，数据是信息的表达载体，而信息是数据的具体内容。脱离信息而讨论数据问题，将因抛开数据价值而不具有意义。② 且由于数据具有更高的可控性，信息也因其数据形式表达具有更高价值。企业数据可以被视为作用于商业活动的信息载体，不论其在多大程度上包括个人数据与公共数据，都不改变其商业功能与商业目的。

在我国既定的立法中，商业信息是商业秘密权益的客体。我国《反不正当竞争法》第9条明确举例技术信息、经营信息为商业信息。2020年出台的《最高人民法院关于审理侵犯商业秘密民事案件适用法律若干问题的规定》第1条又对技术信息、经营信息甚至客户信息进行了详细解释。③ 即商业信息同样是十足宽泛的概念，且如客户信息同样属于个人信息的范畴。该规定中值得注意的是，"数据"被作为技术信息与经营信息的具体种类。显而易见，尽管条文如此表述导致信息与数据的关系冲突，但不影响立法者旨在强调数据作为技术信息或经营信息外在形式的"真意"。企业数据作为企业内部与外部活动的数字记录，包括如日志信息、客户信息、供应链信息、市场信息等多种信息类型。这些能够反映客户需求、市场发展与竞争趋势的企业数据，对企业制定市场战略、提高经营效率至关重要。也因此，企业数据所旨在表达的信息，通常具有一定商业价值，甚至受企业保密措施所管理。

将单条原始数据作为企业数据权之客体未免显得过于夸张，因为其价值体现仍停留在信息层面。多数情况下，企业所主张的数据权益多为数据集合及其衍生数据，即经过汇集或分析处理后的数据。对于"汇集"情形，是由作为数据处理者的企业

---

① 叶斌，黄洪桥，余阳. 信息技术基础[M]. 重庆：重庆大学出版社，2017：3.
② 崔淑洁. 数据权属界定及"卡-梅框架"下数据保护利用规则体系构建[J]. 广东财经大学学报，2020（6）：79.
③《最高人民法院关于审理侵犯商业秘密民事案件适用法律若干问题的规定》第1条："与技术有关的结构、原料、组分、配方、材料、样品、样式、植物新品种繁殖材料、工艺、方法或其步骤、算法、数据、计算机程序及其有关文档等信息，人民法院可以认定构成反不正当竞争法第九条第四款所称的技术信息。与经营活动有关的创意、管理、销售、财务、计划、样本、招投标材料、客户信息、数据等信息，人民法院可以认定构成反不正当竞争法第九条第四款所称的经营信息。前款所称的客户信息，包括客户的名称、地址、联系方式以及交易习惯、意向、内容等信息。"

对于原始数据进行规模化处理，其中可能包括企业原始数据、个人数据以及公共数据。这类集合型的数据往往是企业经长期投资所积累而持有的商业资源。比如，在"大众点评诉百度案"①中，百度公司通过搜索技术汇集大量网络用户评价信息所形成的数据集合。"分析"相较于"汇集"更为复杂，多用于形成具有预测、计算等价值的数据集合。例如，"淘宝诉美景案"②中的数据权益客体即为经过深度处理、提炼整合后，得以通过算法技术进行预测的数据产品。

企业数据权益正在从观念走向实体，其客体也正在从抽象走向具体。将载有商业信息的企业数据具体化为原始数据、数据集合与数据产品已体现在我国地方性规范之中。如2023年6月深圳市发展和改革委员会印发《深圳市数据产权登记管理暂行办法》，将数据权利客体类型化为"数据资源"与"数据产品"。其中数据资源是指自然人、法人或非法人组织在依法履职或经营活动中制作或获取的，以电子或其他方式记录、保存的原始数据集合；③数据产品是指自然人、法人或非法人组织通过对数据资源投入实质性劳动形成的数据及其衍生产品，包括但不限于数据集、数据分析报告、数据可视化产品、数据指数、应用程序编程接口（API数据）、加密数据等。企业汇集数据所形成的数据集合，是将单条数据汇总后形成可供技术直接应用的数据库，其是作为一项具有规模性和结构性的商业资源被高效应用。而针对数据产品，该规范要求企业"投入实质性劳动"而非"创新性劳动"，这既保护了企业投资，也与传统知识产品划分了界限。

由此可将企业数据的客体结构具体化为"原始数据—数据集合—数据产品"，这符合数据财产权内部的三级递进逻辑链条。④三者具有"劳动"意义上的递进关系。总体而言，原始数据可以来源于企业自主产生、个人处收集、行政部门处收集。企业对原始数据进行汇集处理后，可以形成数据集合。其虽然仅为数据集合而不需要进行复杂的分析劳动投入，但以企业的前期投资为数据收集的基本前提。企业对数据集合进行分析、加工处理后，得以形成数据产品。数据产品是对数据集合"商品化"的处理结果，其经过企业实质性劳动投入而深度释放数据价值，不仅具有数

---

① 上海知识产权法院（2016）沪73民终242号民事判决书。
② 杭州市中级人民法院（2018）浙01民终7312号民事判决书。
③ 后文仍暂采用数据集合而非数据资源概念，因为无论在语义学还是法学研究中，"数据资源"尚未被共识地作为指代"数据集合"的符号。如有观点认为数据资源包括原始数据与数据集合，参见：冯晓青. 数字经济时代数据产权结构及其制度构建［J］. 比较法研究, 2023（6）：24.
④ 申卫星. 论数据产权制度的层级性："三三制"数据确权法［J］. 中国法学, 2023（4）：48.

据集合的功能，亦更具有市场交易的商品属性。此外，不论原始数据、数据集合与数据产品，企业均可以通过数据交易的方式由第三方企业处获得。

（三）权利部分：差异化的企业数据权能

商业秘密制度已在企业数据保护问题上发挥重要作用，但这似乎并没有降低确立"企业数据权"的立法倾向。我国2022年《反不正当竞争法（修订草案征求意见稿）》第18条设立商业数据条款，不仅将"商业数据"界定为"经营者依法收集、具有商业价值并采取相应技术管理措施的数据"，亦尝试构建商业数据的保护规则。从第18条保护规则来看，企业数据的保护重心在于防止其他经营者通过不正当手段获取和使用他人数据；而商业秘密的保护重心则在于保护商业信息本身。我国司法实践也表明，目前企业数据相关纠纷多源于公开数据，即通过爬虫等技术手段的"搭便车"行为。尽管《反不正当竞争法（修订草案征求意见稿）》最终并未通过，但其商业数据与商业秘密的平行立法尝试与《数据二十条》的数据产权政策具有一致性。[①] 此外，企业数据权与传统著作权、专利权在客体特征、权利行使等方面颇有相似之处。不过，著作权与专利权以独创性和创新性为权利要件，企业数据权则侧重"实质投资"。

针对并行于商业秘密权的企业数据权益，《数据二十条》提出"建立数据资源持有权、数据加工使用权、数据产品经营权等分置的产权运行机制"，即企业数据三权分置。数据资源持有权被认为是赋予数据生产者对其实际控制、支配数据的排他性权利，肯定了数据生产者在数据生产、加工活动中的劳动投入；数据加工使用权是企业对独立生产或经授权获得的数据进行使用、分析等处理的权利；数据产品经营权则是企业对独立生产或经授权获得的数据进行劳动投入后形成的数据产品所享有的经营权和收益权。[②] 该解释下，三项子权利并非互斥关系，而是并行且一定范围重叠。

换言之，将企业数据权益具体化为三项独立互斥的子权利似乎并不是企业数据确权规范设计的理想模式。如《数据二十条》中提及"数据来源者享有获取或复制转移由其促成产生数据的权益""数据处理者对依法依规持有的数据进行自主管控

[①] 《反不正当竞争法（修订草案征求意见稿）》第18条所尝试规定的"商业数据"与《数据二十条》所确立的"企业数据"在核心内涵与概念所指具有一致性，由于《反不正当竞争法（修订草案征求意见稿）》并未生效，故本文仍以"企业数据"为讨论对象。

[②] 王春晖，方兴东．构建数据产权制度的核心要义［J］．南京邮电大学学报（社会科学版），2023（1）：25.

的权益""数据处理者使用数据和获得收益的权利""依法依规规范数据处理者许可他人使用数据或数据衍生产品的权利"。这表明企业数据权益尚需根据具体情形而个案组合。事实上，企业数据权利主体结构的复杂性本身就昭示着该权利关系并非企业与数据间的单一关系，而是数据相关主体间复合权利义务关系下多元利益共存的客观化体现。设定能够并存于不同主体的企业数据权利是实现权利分配下数据价值释放的最大化效益。只要各主体所享有的具体企业数据权利边界清晰，各主体即能够并行不悖地行使权利。

企业是否持有绝对排他且完全支配的数据须在个案中进行认定。由于数据来源、数据主体授权情形的差异，以及企业对数据进行汇集、处理方式的不同，规范层面直接、统一地界定"企业数据权益"的具体权利内容或不妥当。不同于传统物权，企业数据中的原始数据与数据集合权益的行使依赖于多主体间协同"合作"。而且，企业对数据所享有的财产性利益，在利益重要性位阶上弱于个人信息所承载的人格利益、公共数据所承载的公共利益，甚至国家秘密信息所承载的国家利益。多元利益共存下企业数据财产性利益行使受或个人、行政部门及国家的限制，其权能难以一概而论。

四、功能需求下企业数据权益保护制度建构进路

企业数据确权的价值追求是促进数据流动、共享数据使用、最大化释放数据价值。结构性分析对主体多元性、客体递进性与权利复杂性的厘清是企业数据确权基础的立法资料，其体现了呼之欲出的企业数据权益保护制度事实上具有自身的制度逻辑。结构功能主义分析框架下，企业数据权益保护制度适应功能、目标达成功能、整合功能与模式维持功能具有应然性。在各功能的内在要求下得以进一步管窥企业数据权益保护制度的建构进路。

（一）适应功能：保护企业数据的计算价值而非信息价值

适应功能是系统为自身运作，通过适应外部环境以实现总体目标的基础功能。《数据二十条》在指导思想中明确，企业数据权益保护以维护国家数据安全、保护个人信息和商业秘密为前提，以促进数据合规高效流通和使用，从而赋能实体经济为目的。企业数据权益保护制度是数字经济发展环境下的产物。企业作为市场主体

当然地追求经济利益，保护企业数据权益是对企业利益诉求的合理回应。由此确立数据资源化的法律依据，有益于释放数据价值。又因企业数据之上的多元主体利益共存，数据泄露及不正当使用可能对个人、社会和国家造成直接不利后果。所以，企业数据权益的保护方式与保护程度需进行精细的平衡，并最终实现赋能经济目标。但通过为企业数据确权而释放数据价值，尚不能直接说明为何有必要专门赋权企业数据，而非通过既有规定对企业数据加以保护。尤其是商业秘密制度，其对于企业而言具有保护非公开数据的便利性，甚至大多数所谓的企业数据本就是非公开的，其对于数据本身又基于商业信息而具有天然的适配性，对立法工作而言更是节约了立法成本。

未接受商业秘密制度适用于此的直接原因在于，数据价值与信息价值并不等同。数据的生产性价值正在从单一的信息内容价值转换为计算价值。①《数据二十条》如此旗帜鲜明地区分企业数据权益与商业秘密，正是体现了价值追求的差异性。数据作为信息的载体，单条数据的价值与其所承载的信息价值无异，其仅作为便于信息传播的工具。而所谓"大数据"则更多地用于计算、分析、预测。即企业数据权益中信息价值并不是立法者重点关注的对象，而是能够作为人工智能、算法等数据应用技术中体现计算价值的基础资料。例如，ChatGPT等智能工具的运行必然以足够体量的数据为应用基础，从而为用户决策提供参考以提升社会整体的运转效率。数据价值具有多维性的特征，这表明相同数据于不同使用方式或产生差异化的结果。尤其在数据应用场景不断丰富的数字经济环境中，数据流动于不同企业间能够更大程度地实现价值释放。商业秘密、个人信息等相关规范旨在关切信息价值而非计算价值。这一本质区别使得赋权企业数据成为适应功能的立足之处。

体现计算价值的企业数据在数字技术广泛应用的商业环境下，不仅能够在流动中释放价值，更能够不断获得增值。②这当然地直接有利于社会经济效益的提升。企业数据确权是企业数据流动的逻辑起点，即合理划分企业数据的排他权能以激励企业进行数据共享与交易。事实上，数据本身具有非排他性，其作为具有公共属性的社会资源，流动性越高则所实现的经济效益越大。赋权企业数据即是为激励企业"分享"数据，防止企业数据被长期私有化。实践中，北京国际大数据交易所已将

---

① 冉高苒，高富平."公益数据私人控制"的破解：确立私主体的数据开放义务 [J]. 中南大学学报（社会科学版），2023（4）：77.
② 唐建国. 数字经济治理体系中企业衍生数据法律保护研究——以北京市为例 [J]. 中国政法大学学报，2023（4）：81.

数据解构为可见的信息价值和可用的计算价值,尤其对计算价值进行确权、存证与交易,从而实现数据流通。① 立法对企业所"占有"的数据进行保护的内容是企业加工、处理以及交易数据的权利。数据若成为企业绝对的意志客体,将对经济活动造成额外的障碍。而若不对企业数据进行确权以"激励",虽能够便于相关主体直接使用其他主体所持有的数据,并在短期内实质加速数据流动,但长期如此将导致企业采取技术措施规避此类行为。而企业对数据的严格控制亦起到限制数据流动的效果。

(二)目标达成功能:差异化权利配置以落实企业数据有序流动

目标是系统活动预期结果的主观设想,具有指引系统活动方向、具体行动的作用。对系统目标的达成,是通过对其进行拆解而确立具体的阶段性目标,调动系统内部资源加以实现。企业数据权益保护制度根本目标是促进数据流动以释放数据的计算价值,而"阶段性"目标则是对企业数据权益进行合理配置,为数据流动提供制度保障。囿于数据来源的多元利益限制,应对企业数据进行差异化赋权,以提升企业权利行使的市场效率。在此问题上,有学者早期提出企业对原始数据不享有绝对权,而对衍生数据享有绝对权。② 但在结构分析下,多元的主体与客体的任意组合可能导致此类权利分配方式难以可行,且即便按照原始数据、数据集合与数据产品的分置模式,其权利问题亦难以一言以蔽之。

第一,对于企业原始数据与数据集合确权问题。数据集合是原始数据物理意义上的集合,其并未改变原始数据所承载的信息内容,及应当受到在先权利的约束,故可对二者的权利配置一并讨论。其一,企业对于其独立生成的原始数据,若不关联其他主体的人格利益与公共利益,则企业对其以及基于此类原始数据所形成的数据集合享有完全支配和绝对排他的数据权利。企业对此类数据的独占权利是其自我劳动下"生产"数据的合理结果。其二,企业由个人处收集数据时,虽投入相应收集数据的劳动,但企业仅对单条以及大量个人信息所形成的数据集合享有有限的数据权利。③ 因为,企业收集个人信息所形成的数据是个人行使个人信息决定权的结果,企业对个人数据的持有与加工使用受限于个人的同意范围或法定许可范围。而

---

① 刘金钊,汪寿阳. 数据要素市场化配置的困境与对策探究 [J]. 中国科学院院刊, 2022, 37 (10): 1440.
② 杨立新. 衍生数据是数据专有权的客体 [N]. 中国社会科学报, 2016-07-13.
③ 程啸. 论大数据时代的个人数据权利 [J]. 中国社会科学, 2018 (3): 118.

且，基于个人信息的利益保护，企业不能当然地与第三方进行此类数据的交易活动，亦作为个人信息删除权、个人信息携带权的义务主体应当履行个人的信息相关请求。其三，企业由行政部门处收集公共数据与由个人处收集个人数据类似。根据公共数据的开放类型，若公共数据为无条件开放，则企业对其享有较高程度的权能，但受限于公共数据开放基本原则要求；若公共数据为有条件开放，其具体数据权利受限于公共数据许可协议对数据获取条件、使用方式、使用目的等方面的限制。此外，在企业由第三方企业处通过数据交易取得的原始数据与数据集合，事实上与前述情形并无二致，不仅受限于个人信息权与公共数据许可协议的限制，亦受限于企业间数据交易协议的约定限制。值得一提的是，在数据交易情形下，若企业所交易数据包含个人信息，则继受取得数据的企业应当再次获得个人的同意。

而在企业对原始数据进行处理以形成数据集合时，企业投入更多筛选整合的劳动。数据集合与原始数据在数据体量与结构上的实质差异，表现了这一过程中企业劳动的价值。不过，数据集合虽然承载了企业更多的劳动投入，但其没有改变原始数据与个人、企业及行政部门等主体间的利益关系。企业对数据集合因劳动而享有的财产性利益也难以于多元的利益关系中被确立优先的利益位阶。对于企业独立生成原始数据所形成的数据集合，企业由于自始对该数据享有绝对排他的权利，即数据集合亦是如此。而对于涉及个人信息、公共数据及由第三方企业处继受的原始数据所形成的数据集合，因集合过程不涉及对单条数据承载信息内容的处理，故自始受其他主体权益的限制仍然存在。显而易见的是，数据集合的巨大体量"稀释"了个人信息的经济价值，甚至使其可以被忽略不计。[①] 不过，个人信息的经济价值与其所承载的人格利益相互独立。企业数据的财产属性可因其体量提升而增强，但这并不影响个人信息之上人格利益的存在，也不影响个人行使个人信息权。

第二，对企业数据产品确权问题。数据产品是企业对数据集合进行实质加工的结果，其具有独立于数据集合的可能。若企业对数据集合中所包含的个人信息、公共数据等没有进行彻底的匿名化、脱敏化处理，则数据产品也自然保持或一定程度上面临数据集合之上所存在的权利限制问题。反之，企业基于数据集合所"创造"的数据产品则不再受到在先权利人的约束。事实上，企业对于足够体量的数据集合已难以逐一审查是否可由企业完全支配，这要求企业在原始数据收集时即设定较高

---

① 张新宝. 论个人信息权益的构造 [J]. 中外法学, 2021, 33 (5): 1155.

的合规标准。对于后者,企业得以具有完全支配且绝对排他的数据权能。

(三) 整合功能:修正三重授权原则以协调信息规范与数据规范

整合功能是通过协调系统组成部分,达成各部分一致、协同的行动,从而实现系统的目标。由目标达成功能可见,企业数据的权属问题依赖于合同的达成,导致信息规范与数据规范之间的冲突与协调问题。企业数据的差异化赋权更表现出信息规范与数据规范在数据流通问题上存在张力,影响企业数据权益保护制度的立法目的实现。

对于企业数据之上共存的多主体利益,涉及多种授权机制。对此,我国司法在新浪微博诉脉脉案中结合技术形态与市场竞争模式,发展出三重授权原则,即"个人授权""企业授权"与"个人再授权"。且三重授权原则在后续淘宝美景案、新浪微博诉今日头条案中亦再次适用。三重授权原则的提出为数据授权机制提供了基本整合模式。第一重授权是,企业在收集个人信息时,应当取得个人授权。第二重授权是,企业间进行数据流动时,第三方企业应当取得企业授权。第三重授权是,企业间进行数据流动时,企业再次取得个人授权。该原则在保障个人信息利益的基础上兼顾了企业投资预期。在规范依据上,三重授权原则符合《个人信息保护法》保障个人享有权利控制信息的价值理念,尤其是企业向第三方企业提供数据以个人再同意为条件符合《个人信息保护法》第 23 条的明确规定。在社会效益上,三重授权原则考虑了企业的数据利用需求,保障了数据相关主体在利益分配上的合理性,从而有助于形成社会中稳定有序的数据流动秩序。

不过,三重授权原则仍存在明显问题。三重授权原则是场景主义规制,其难以形成确定且统一的制度规则。[①] 显而易见的是,三重授权原则以数据流动涉及个人信息为适用条件。但企业数据并非完全与个人信息相关联,企业独立产生的原始数据及获取的公共数据同样可以作为数据集合与数据产品的生产资料。而且,不同来源与类型的数据受到在先权利限制并不一致,三重授权的价值追求也应当根据数据类型的不同而具体细化。由此表现出,三重授权原则难以直接作为企业数据流动的一般性规范。

对三重授权原则应加以修正,厘清其授权逻辑并降低适用的社会成本。其一,

---

① 杨贝. 个人信息保护进路的伦理审视 [J]. 法商研究, 2021 (6).

企业首次收集个人信息时，因《个人信息保护法》已对相关问题进行明确规定，出于立法技术考虑，故不必再强调第一重授权。换言之，企业收集个人信息时获得个人授权理所当然，且企业出于合规义务考虑也自然应建立数据来源的授权确认机制。其二，根据企业持有数据的具体权能确立不同的授权要求。对于企业拥有完全支配权能的企业数据，企业不受在先权利约束而不必再请求"个人再授权"，故由企业间进行授权即可。此类数据包括无条件开放的公共数据、企业独立生成的原始数据与数据集合，经匿名化处理的个人数据、经脱敏处理的公共数据等企业加工处理后形成的数据产品。对于企业经个人授权获得的数据以及受数据开放协议约束使用方式的公共数据，企业在授权第三方企业数据权益时，应取得个人的再同意或符合数据开放协议的具体要求。

事实上，商业环境的多样性使得数据授权问题难以完全列举，甚至完全列举也并无多大意义。因为企业数据授权本质是通过法定条件或意定合同获得法律效力。三重授权原则多作为企业行为指引。概言之，在信息规范与数据规范之间，只要企业数据部分或整体地受到在先权利约束时，企业进行数据授权时便应当取得在先权利人的授权；在企业对其所持有的数据拥有绝对排他权能时，即可自主进行数据授权。在整合信息规范与数据规范时，或不必要明确上述各种情形下的具体规范，而以"数据来源合法"以蔽之足矣。当然，这并不是说明合同机制足够保护企业数据，毕竟企业无法基于合同关系阻止第三方主体对其数据权益的侵害行为。而是在企业原始数据、数据集合以及数据产品的权利内容法定时，不必再设立过于烦琐的"合规"要求。

（四）模式维持功能：登记制度保障数据安全以破解数据交易悖论

模式维护功能是消除社会系统中参与者之间的冲突与紧张关系。数据赋权是为保障数据流动。但企业出于数据安全因素考虑，产生"不敢"进行数据交易的担忧，使得数据流动与数据安全难以兼顾，形成所谓"数据交易悖论"。[①] 或出于竞争目的，或出于数据安全原因，符合商业逻辑的现象是企业将基于法定权利而加固或保障自身市场地位，数据确权反而成为数据流动的阻碍。而且，企业数据不免涉及个人信息与公共数据，数据流动为企业所带来的收益或难以覆盖相应合规成本，甚

---

① 龚强，班铭媛，刘冲. 数据交易之悖论与突破：不完全契约视角 [J]. 经济研究，2022 (7)：172.

至潜在的市场风险亦构成企业"不敢"交易数据的直接因素。如何化解企业出于竞争与安全目的而不愿意"分享"数据,及破解企业间由此导致的信任壁垒是核心难题。为破解信任壁垒,维持企业数据权益保护制度,可配套数据产权登记、数据交易媒介等配套制度。

其一,数据登记制度为企业数据权提供背书,加强了企业数据的权利外观。企业数据权具有完全或有限的排他性,但权利的排他性需要公示。数据登记制度能够解决企业数据权属的验证问题,成为目前被普遍接受和认可的数据权利公示方式。而且,数据产权登记制度已在地方进行试点。如《深圳市数据产权登记管理暂行办法》明确深圳市发展改革委作为数据产权登记工作的主管部门,并由市委网信办、市公安局、市政务服务数据管理局、市国家安全局在各自职责范围内承担数据产权登记监管职责。可以预见,在地方数据产权登记制度运行成熟后,或可类似于版权登记于国家层面设立统一的登记机构。为了落实数据产权登记制度的模式维持功能,不宜采取自愿登记模式。

其二,数据交易媒介制度为企业间进行数据交易提供了可信任的中介平台。事实上,我国自2015年设立贵阳大数据交易所后,各地均展开对数据交易所的建立与发展的差异化探索。多年来,我国在北京、上海、广州、武汉等多地均已建立数据交易所,且地方建立交易所的上升趋势仍然存在。而且,数据交易所并非仅提供数据交易媒介功能。如《上海市数据交易场所管理实施暂行办法》规定,数据交易所提供数据资产、数据合规性、数据质量等第三方评估,以及交易撮合、交易代理、专业咨询、数据经纪、数据交付等专业服务。数据交易所通过对数据来源审查、数据质量与价格评估等多项机制,在数据交易活动中承担着公正组织与合规监管的功能,基于其可信任性破解企业间信任壁垒。在地方性数据交易所的制度试点积累充分经验后,应进行国家统一管理而避免数据交易的地方差异化问题。

五、结　语

企业数据权益保护制度的确立,是通过规范企业行为消弭失序竞争,并促进企业数据合法、有效流动,实现数据计算价值的提升和释放。企业数据的主体、客体及其权利内容的多样性表明,其并非完全是个人信息的派生产物,也不是当然地由企业独立生产。如此复杂的结构组成,使得对企业数据分门别类地设立确权与授权机制或是数据流通的"必要设施"。企业数据权益或数据财产的系统性研究仍付之阙如,甚至具体概念内涵亦未统一。在本文的概念界定下,原始数据与数据集合因人格利益、公共利益限制而不易发展成为一项基本权利的客体;但经企业匿名化和脱敏化处理,或本就不包含个人信息与公共数据的数据产品,或具有发展成与物、作品和发明等并列的基本权利客体的可能。因为,此时数据产品是纯粹的财产而具有被特殊赋权的立法价值,企业得以对其享有绝对排他与完全支配权能。传统知识产权立法体系虽能够适用于企业数据权益保护,但表现出明显的路径依赖而并不理想。

(责任编辑:王颖)

On the Protection System of Enterprise Data Rights and Interests: An Analytical Framework Based on Structural Functionalism

Zhang Jingchen

Abstract: The clarification of corporate data rights has become a legislative consideration in response to business interests and empowerment of socio-economic development in the digital economic era. Based on the disparity between the informational value and computational value of data, information norms are not equivalent to data norms, and the two have a closely coordinated applicability. The object of corporate data rights can be concretized as the original data, data sets, and data products that carry business information, and these three have a progressive logical relationship with increasing labor input. However, due to the coexistence of multiple subject interests above corporate data, it is difficult to avoid the situation where the enterprise does not necessarily have complete control and absolute exclusive rights over the original data and data sets. For data products that have undergone anonymization and desensitization processes, complete data property rights can be granted to the enterprise. Corporate data authorization should not exceed the restrictions of prior personal and public interests. The triple authorization principle, due to its contextualism flaw, is not suitable as a universally applicable norm for the flow of corporate data.

Key Words: Corporate data; Data Rights ownership; Authorization of data rights; Structural functionalism

私法一般条款的适用：法解释还是法续造？

王威智*

【摘　要】 一般条款具有不确定性，因而其在司法适用中饱受争议。规范一般条款的司法适用需明确该适用过程属于法解释还是法续造，如此才能诉诸相应的适用方法，并厘清其与具体规定的适用关系。然而，既有的解释论、续造论和折中论三种立场可能无法准确地回答这一问题，传统的区分法解释和法续造的标准存在局限性。描述性事实要素的缺失、规范性评价之来源的多元性和动态性导致一般条款在适用时文义的退却和目的的扩张；区分法解释与法续造，实质上是在追寻形式合法性与实质正当性之间的一条权衡性标尺。基于这两点考虑，"文本含义—目的意义"之关系更适合作为适用范畴的界分标准。以此标准观之，我国私法一般条款的适用主要存在"目的意义主导""文本含义主导""文本含义与目的意义组合运用"三种类型，它们的适用范畴以及相应的适用方法是存在差异的。

【关键词】 一般条款　法解释　法续造　文本含义　目的意义

一、引　言

一般条款是制定法体系特别是私法体系中的一种重要规范类型。立法者试图通过一般条款来克服具体规定的局限，以实现法律规制的普遍性和灵活性。尽管在学理上，对于"一般条款"的界定尚未达成一致意见，但在司法实践中，诸如《民法典》[①]、

---

* 王威智，北京大学法学院法学理论博士研究生。

[①] 例如，《民法典》第153条第2款："违背公序良俗的民事法律行为无效。"第500条第3项："当事人在订立合同过程中有下列情形之一，造成对方损失的，应当承担赔偿责任：……（三）有其他违背诚信原则的行为。"

《著作权法》①、《反不正当竞争法》②（以下简称《竞争法》）中的很多规定已被作为一般条款得到广泛适用。然而，一般条款有着高度的抽象性，这为法律适用增添了不确定性。概念越不确定，适用就越困难。在社会生活急剧变化的今天，法官在面对纷繁复杂的案件事实时总感叹具体规则供不应求，于是产生"向一般条款逃逸"的冲动。一般条款的不确定性，加之法官适用一般条款的随意性，严重威胁了法治所要求的可预期性和安定性。

界定一般条款的适用范畴，是明确适用方法、施予适用限制的前提条件。如果一般条款的适用属于法解释，那么就应当运用法解释的思维和方法来适用它；如果一般条款的适用属于法续造，那么就应当运用法续造的思维和方法来适用它。对于一般条款适用范畴的准确界定还关系着一般条款与具体规定的适用关系与位序。这突出表现在，实践中法官并不明确一般条款的适用与具体规定的续造之间的先后关系。[3] 只有在明确一般条款的适用范畴之后，才能为一般条款的司法适用提供准确的方法指引和限制。

不过，无论是在欧陆的民法法系国家还是在我国，对于一般条款的适用属于哪个范畴都存在较大争议。归纳来看，主要存在解释论、续造论和折中论三种立场。

首先是解释论立场。德国学者卡纳里斯的法律漏洞理论奠基了教义学上的通说，他指出法律漏洞是法律"违反计划的""不完整性"。[4] 根据对法律漏洞的这一定义，尽管一般条款会有不确定性且未表明足够明确的要素，但是它包含了"规整"（Regelung），不能说是法律规定的"不完整性"。同时，一般条款确实是立法者有意规定在法律上的指令，其任务也是非常明确且有意义的，即考虑个案之特别情况

---

① 例如，《著作权法》第 24 条关于合理使用的一般条款："在下列情况下使用作品，可以不经著作权人许可，不向其支付报酬，但应当指明作者姓名或者名称、作品名称，并且不得影响该作品的正常使用，也不得不合理地损害著作权人的合法权益……"

② 例如，《竞争法》第 2 条："经营者在生产经营活动中，应当遵循自愿、平等、公平、诚信的原则，遵守法律和商业道德。本法所称的不正当竞争行为，是指经营者在生产经营活动中，违反本法规定，扰乱市场竞争秩序，损害其他经营者或者消费者的合法权益的行为。本法所称的经营者，是指从事商品生产、经营或者提供服务（以下所称商品包括服务）的自然人、法人和非法人组织。"

③ 例如，在受社会关注的"高空挑战第一人"失手坠亡案（即"何某某诉北京密境和风科技有限公司网络侵权责任纠纷案"）的审理过程中，两审法院有着两种不同的裁判思路。一审法院根据过错侵权的实质标准扩张适用了原《侵权责任法》第 37 条第 1 款，由此将有形物理空间的安全保障义务扩张到无形的网络空间。二审法院则认为，在适用过错责任一般条款能够归责的情况下，不必扩张具体规定的适用范围。参见北京互联网法院（2018）京 0491 民初 2386 号民事判决书、北京市第四中级人民法院（2019）京 04 民终 139 号民事判决书。

④ 克劳斯-威廉·卡纳里斯. 法律漏洞的确定：法官在法律外续造法之前提与界限的方法论研究 [M]. 杨旭，译. 北京：北京大学出版社，2023：2.

实现个案正义，因而也不能说它是"违反计划的"。① 据此，以卡纳里斯的漏洞理论观之，一般条款不属于法律漏洞，适用它就仅是解释，而非续造。

恩吉施也持同样的观点，他认为一般条款只涉及有计划地松动制定法的约束，尤其是出于决定适应于具体案件的特殊情形和适应于法律共同体之变化的观念这一目的；而且在这种情况下，制定法毕竟为决定权标出了一定的指南和界限。因此，一般条款不属于法律漏洞，适用它无须法续造。② 而在瑞士学界，由于《瑞士民法典》第 1 条第 2 款③和第 4 条④的同时存在，在部分瑞士学者看来，前者是关于续造的条款，后者更多是关于解释的条款，而一般条款更符合第 4 条的要件和情形，"探求表述模糊规范的确切内涵，实为解释之职事"⑤，因此一般条款的适用应被纳入解释而非续造的范畴。

其次是续造论立场。欧陆学界也有多位学者持续造论的观点。如魏德士认为，一般条款属于立法有意安排的法律漏洞，它使法官负有立法的任务，立法者希望法官能够对特定的案件类型灵活地"造法"，以适应此时技术经济、社会和政治的发展。⑥ 旺克认为，一般条款的具体化不是解释，因为解释方法无法解决何谓"善良"、何谓"风俗"等问题。⑦ 默勒斯同样认为，对一般条款的具体化是解释之外的法适用活动，这是在法律文义无法直接予以涵摄之时，法官"展开"条款以涵摄案件事实的工作。⑧

我国很多学者也持续造论立场。黄茂荣认为一般条款属于因立法者之能力不足而产生的法律规定，开放性概念的存在而导致的不圆满性属于法律漏洞，因而一般条款的具体化属于法律续造的范畴。⑨ 于飞认为一般条款的"本质是立法者将其立法任务委托给法官，由法官在个案中通过概括条款具体化来追寻正义。这一作业的

---

① 克劳斯-威廉·卡纳里斯. 法律漏洞的确定：法官在法律外续造法之前提与界限的方法论研究［M］. 杨旭，译. 北京：北京大学出版社，2023：13-14.
② 卡尔·恩吉施. 法律思维导论［M］. 郑永流，译. 北京：法律出版社，2014：172.
③ 该款规定："无法从本法得出相应规定时，法官应依据习惯法裁判；如无习惯法时，依据自己如作为立法者应提出的规则裁判。"
④ 该条规定："本法指示法官自由裁量、判断情势或重要原因时，法官应公平合理地裁判。"
⑤ 贝蒂娜·许莉蔓-高朴，耶尔格·施密特. 瑞士民法：基本原则与人法［M］. 纪海龙，译. 北京：中国政法大学出版社，2015：63.
⑥ 伯恩·魏德士. 法理学［M］. 丁晓春，吴越，译. 北京：法律出版社，2013：348.
⑦ 罗尔夫·旺克. 法律解释［M］. 蒋毅，季红明，译. 北京：北京大学出版社，2020：87-88.
⑧ 托马斯·默勒斯. 法学方法论［M］. 杜志浩，译. 北京：北京大学出版社，2022：414，434.
⑨ 黄茂荣. 法学方法与现代民法［M］. 台北：未出版，2020：696-701.

性质及内容与漏洞补充更接近，它们都是实质性的立法行为"。① 刘亚东赞同一般条款的本质是"立法者明确的法律授权"，并认为其适用属于"法内漏洞"的范畴，即"即法律明文授权法院填补的漏洞，也称为立法者有计划的不圆满"。②

最后是折中论立场。折中论未对这一问题给出明确的答案，而是采取了解释和续造两者皆有可能的立场。拉伦茨认为一般条款是依赖于法官之价值判断的、需予具体化的规范，而"每次成功的具体化同时也是对标准本身的续造"，因此一般条款之具体化同时展现了"法律适用与法的续造"的"如影随形，共属同一过程"。③ 克莱默对一般条款的定义是"规范性构成要件要素"，因此与拉伦茨一样，他强调了价值评价这一核心工作。他指出，一般条款具体化是在规范构成要件组成部分的文义框架内运作，形式上看属于狭义的解释范畴，但因为目的性衡量在其中的重要作用，这种具体化具有明显的以法定评价作为基础的"受约束的法官法"色彩。④ 王利明认为适用一般条款时，应首先从文义解释入手，判断该一般条款属于具体裁判规范还是法律原则。如果是前者，则应纳入狭义的法律解释方法中处理；如果是后者，则纳入漏洞填补的范围内，综合考虑文义、立法目的、体系等因素。⑤

适用范畴上的不明确是导致一般条款适用随意的重要原因。界定特定规范类型的适用范畴，然后给予相应的方法指引和限制，能够妥善地实现裁判方法论的建构和推动裁判实践的发展。本文将致力于解决这一基础性和争议性的问题，探讨一般条款的司法适用究竟属于什么范畴，是法解释还是法续造。在本部分交代完问题意识和既有观点之后，接下来笔者将分析为什么传统的法解释与法续造界分视角难以回答该问题；然后结合一般条款的规范特性，从法解释与法续造之区分的本质功能出发，给出划定法解释和法续造的新标准；最后运用这一标准，分析我国私法上几个典型一般条款的适用范畴问题。

二、传统区分视角的局限性

学者们对于"一般条款的适用属于法解释还是法续造"这一问题的回答，是建

---

① 于飞.《民法典》公序良俗概括条款司法适用的谦抑性 [J]. 中国法律评论, 2022 (4): 52-61.
② 刘亚东. 民法概括条款适用的方法论 [J]. 政治与法律, 2019 (12): 78-94.
③ 卡尔·拉伦茨. 法学方法论 [M]. 黄家镇, 译. 北京: 商务印书馆, 2020: 365-370.
④ 恩斯特·克莱默. 法律方法论 [M]. 周万里, 译. 北京: 法律出版社, 2019: 24-25.
⑤ 王利明. 法学方法论教程 [M]. 北京: 中国人民大学出版社, 2022: 243.

立在其对法解释与法续造的区分观点之上的。然而"解释与续造的区分"同样是个颇具争议的问题。笔者认为在这一问题上，存在三个观察视角，即制定法体系的圆满性角度、解释活动（广义的）的性质角度和规范的创制权力角度。在将一般条款的适用归属于法解释或法续造的过程中，对"解释与续造的区分"持不同的立场就会得出不同的答案。

（一）制定法体系的圆满性

民法法系对于制定法体系的认识存在前后两个不同的阶段。在18世纪末和整个19世纪，伴随着奥地利、普鲁士、法国等欧陆国家民法典的颁布，"完满体系的演绎思维"的法学时代迎来了高峰。制定法体系的圆满性成为主流观点，"法律是完美无漏洞的存有者"，法律界普遍抱持法的安定性和司法裁判的可预见性重于实现正义的观念，将形式逻辑的思考方式发挥到了极致。[1] 然而，想象中的圆满难以应对现实裁判中的棘手问题，有时制定法难以提供有效的指引，有时严格依制定法文义裁判会导致个案不正义。伴随着现代国家和社会需求的发展，制定法漏洞的存在越发得到证实，法官续造法律以填补法律漏洞成为常态。

教义学对"法律续造"（Rechtsfortbildung）越发重视起来，以至于发展出了方法论上的"通说"。这一主流观点主要建立在利益法学派和评价法学派的理论之上，力求在严格的制定法约束和法官的自由裁量之间寻求平衡。它承认法律漏洞的客观存在，主张法解释与法续造应当区分和可以区分，其界限是"可能的文义范围"，解释和续造在司法裁判中其所对应的具体方法是不同的。

在"制定法体系的圆满性"视角下，对一般条款的适用范畴进行界定，需要回答两个问题：一是一般条款是否属于制定法漏洞；二是对于一般条款的适用，是否超越了其"可能的文义范围"。持解释论的卡纳里斯和恩吉施，持续造论的魏德士和黄茂荣即回答了第一个问题，然而给出了截然对立的回答。持解释论的许莉蔓和施密特，持续造论的旺克和默勒斯，持折中论的克莱默回答了第二个问题，同样也给出了不同的回答。笔者认为这并不奇怪，而且这些对立的观点皆有道理，原因就在于一般条款的双面性或悖反性：它是立法者的有意规定，却不能提供清晰的指引；它能以文义涵摄案件事实，但文义的过度宽泛使得适用者妄加其不具有的意义也成

---

[1] 卡尔·拉伦茨. 法学方法论 [M]. 黄家镇，译. 北京：商务印书馆，2020：34-35，40，462；阿图尔·考夫曼. 法律哲学 [M]. 刘幸义，等译. 北京：法律出版社，2011：60.

为可能。因此，从制定法体系的圆满性角度，我们难以为"一般条款的适用属于法解释还是法续造"这一问题给出断然的回答。

（二）解释的性质

如果说前一视角是从被适用对象即制定法的特征出发，那么第二个视角则更侧重于探讨适用或者解释活动本身的性质。这一视角主要受伽达默尔的诠释学理论的影响。哲学诠释学主张"文本意义超越它的作者"，理解和解释"不只是一种复制的行为，而始终是一种创造的行为"，因此法官的任务"不仅应用法律于具体事件中，而且通过他的裁决对法律（'法官的法律'）的发展作出贡献"。[①] 这对裁判过程来说，其一，法律解释（广义上的）被纳入了统一的诠释学模式；其二，强调解释主体即法官在解释中的创造性作用，立法者甚至法律文本本身的作用和地位被弱化；其三，不再强调解释与续造的区分，或者说解释之中必有续造，创造性的法律补充成为法官的任务。

受哲学诠释学影响的法学家会认为解释本身就是创造性活动，因而主张法解释与法续造的连续性甚至同一性。特别是一般条款，其适用过程似乎成为印证法解释与法续造之界限模糊性的绝佳范例。可以看到，在"一般条款的适用属于法解释还是法续造"这个问题上，拉伦茨显然受到了哲学诠释学的影响。然而，也正因为不对解释和续造加以区分，实践中能够以解释完成适用却转而进行续造、仅能进行续造却以文义解释包装，这两种滥用一般条款的情形也就出现了。

因解释和续造区分上的困难而拒绝进行区分不具备正当性。诠释学关于解释活动的主张会忽略司法实务上关于解释与续造之区分的必要，[②] 并模糊审判活动的制度性权限[③]，因而不值得提倡。界定一般条款的适用属于法解释还是法续造的目的在于明确一般条款的适用方法和限制，施予法官合理的论证责任，以实现妥当裁判。因此，"解释的性质"角度虽然有助于理解适用过程，但无法回答本文的主要问题与实现相应的法治追求。

（三）规范的创制权力

第三个视角奠基于现代民主法治国家关于立法与司法之职权划分的基本原则之

[①] 汉斯-格奥尔格·伽达默尔. 真理与方法（上卷）[M]. 洪汉鼎，译. 上海：上海译文出版社，1999：302.
[②] 黄茂荣. 法学方法与现代民法 [M]. 台北：未出版，2020：771.
[③] 陈坤. 法律解释与法律续造的区分标准 [J]. 法学研究，2021，43（4）：21-38.

上。在民主法治国家，由民众代表组成的机构是拥有立法权的权力机关，而"司"法机关的首要职责在于依法裁判，法官只能进行有限的法律解释活动。即使是普通法国家，其政治法律权力架构和遵循先例等司法义务决定了依现行法裁判仍是对普通法法官的根本性要求。

在我国的法律体系中，根据《宪法》第67条、《立法法》第48条和第119条、《人民法院组织法》第18条的规定，仅限最高人民法院作出"具体应用法律的解释"。基于法体系统一性的要求，从《立法法》第48条规定的"法律解释"的适用情况来看，这里的"解释"包含学理上的法解释和法续造。这可以得出的推论是，最高人民法院是可以就具体的法律条文进行法续造的，尽管其会尽可能地避免使用类似的措辞。司法解释制度和案例指导制度的实践证明了这一点。但是对于其他各级法院是否具有在个案中进行法续造的权力，我国的制定法并未作出明文规定。

对此权限问题，可能存在两种回答思路：一是认为这属于立法者"有意的沉默"，既然立法没有明文授权，那么法官就没有权力在个案中超越具体规定的文义进行裁判。二是认为在具体规定的文义之外，运用法律中的原则性规定进行裁判是宪法和法律体系赋予法官之"审判权"的题中之意。笔者赞同第二种观点，认为尽管这属于立法者"有意的沉默"，但并不能当然排除法官进行法续造的权限。之所以"沉默"，是由于在我国的法律体系中"法律解释同法律具有同等效力"，因此法体系否定的仅是最高法院外其他法院续造具有一般法效力之规则的权力，但并不否定在个案中按照法律的精神和目的进行裁判以避免个案不正义。实现个案正义是法官的法定职权，是司法活动不可放弃的构成性义务。[1]

但是对于一般条款而言，这一视角可能也无法给出令人满意的回答。其一，如《瑞士民法典》第1条第2款与第4条的区分，严谨地说它只是作了情形上的划分，而没有对两种情形分别属于哪个范畴作出规定。在此困难的可能不是将一般条款归属于第4条，而是证成第4条的情形属于法解释而非法续造。换言之，立法可能给出司法权力的范围和限制，但不会对具体活动或特定条款进行性质上的界定。其二，"规范的创制权力"依托的是特定法体系的政治权力架构，因而具有地域性和特殊性；而解释和续造的区分、一般条款的适用范畴问题属于一般性的理论问题，前者可以为解答后者提供启发和依据，但是不可能成为充分要件。其三，此视角可能无

---

[1] 雷磊. 同案同判：司法裁判中的衍生性义务与表征性价值 [J]. 法律科学（西北政法大学学报），2021，39 (4)：35 – 48.

法揭示一般条款适用中的真实过程,并且制造合法性与正当性之间不必要的对立。这再次展现了一般条款在适用中的双面性或悖反性:一般条款是授予法官特定情况下超越具体规则之权力的授权条款,是法官据以展开法律评价的渊源条款。与此同时,这种对权力的运用和对规范内容的适用也是法官使用司法权力的结果,这也就导致一般条款的司法适用总带有一种循环证成和自我授权的意味。

对于我国《竞争法》第 2 条是否属于一般条款的争议可以作为一个例证。据立法机关和参与立法工作专家的表态,"违反本法规定"的立法意图是仅规制该法第二章所列举的行为。[①] 但是司法实践和很多理论观点都会把"违反本法规定"中的"本法"理解和解释为包含第 2 条本身在内;于是第 2 条就被作为一般条款,广泛地用以判定在第二章所列举的行为之外的不正当竞争行为。从效果上看,这种做法有效地应对了层出不穷的不正当竞争行为,极大地发展了竞争法的体系,维护了市场和经济的健康发展。然而以"规范的创制权力"视角观之,这一做法的正当性并非来自授权,而是司法自我证成的结果;将特定条款视作一般条款并广泛适用它,这一行为的正当性和合法性之间就出现了张力。如果放弃这种浓厚的立法中心主义的视角,反而能够更好地将一般条款的司法适用看作立法与司法、供给与需求、合法性与正当性之间互动和合作的结果。因此,"规范的创制权力"视角不仅无法回答"一般条款的适用属于法解释还是法续造"这个问题,而且会在不经意间制造制度上的疑难。

三、"文本含义—目的意义"关系标准

从上文关于法解释与法续造之区分的论述中可以看到,实有必要区分法解释与法续造。然而相关视角并未充分解决如何进行区分以及界限在哪里的问题。特别是当将应用对象确定为一般条款时,现有理论存在明显的局限性。在这一部分,笔者试图提出一个新标准来区分法解释与法续造,即基于"文本含义—目的意义"关系的界限标准。这一标准主要源自两个方面的思考:一是从一般条款适用症结中发现的关键特征,二是从区分解释与续造之努力当中认识到的区分的本质功能。

---

① 孙琬钟. 反不正当竞争法实用全书(中国法律年鉴 1993 年分册)[M]. 北京:中国法律年鉴社,1993:26 - 29.

（一）一般条款的关键特征

一般条款本身是个模糊的概念。一个妥当的定义方法，或许是寻求与其相对的规范类型，即常见的具体规定或具体规则之间的差异性。对比之下会发现，具体规定以对具体实在之事实的描述为构成要件，而一般条款则通常并不表明具体实在之事实，而是以一般性的评价要素作为规范的核心内容。

一般条款实现规范性评价或价值评价，借助的是一个或多个构成法条核心的法律概念，如《民法典》第132条"民事主体不得滥用民事权利损害国家利益、社会公共利益或者他人合法权益"中的"滥用民事权利"、第153条第2款"违背公序良俗的民事法律行为无效"中的"公序良俗"。对于一般条款之适用的重点和难点就在于处理这些核心概念。

这些核心概念在事实描述上具有抽象性。一般条款通常不蕴含描述性的实在事实，因而与案件中发生的客观事实之间存在较大差距，这给法官运用一般条款评价事实带来了困难。规范性评价构筑起了一般条款此种规范类型。规范性评价的主导，弥补了列举描述性事实的局限，使得法律评价融贯且开放；一般条款成为法律文本具有普遍规范效力的有力证明。[1]

"空间"维度上，这些核心概念通常是法体系中重要且常见的概念，因此在理解和适用这些概念时要尊重法秩序的统一性，自觉接受法内评价。这样一个法内评价体系包括该条款本身所处的特定法领域（如侵权法、竞争法）、基本法律部门（如民法）和宪法以及所有法原则和法理念所组成的融贯性整体。同时，这些核心概念展现了制定法与其所依据的社会评价间的内在关联，禁止权利滥用、尊重公序良俗等本身也是社会规范和道德规范的展现。因此在理解和适用时，考虑构成该法律概念的社会基本评价也属必要。[2] "时间"维度上，一般条款是有生命的、动态的"冲突规则"，其可以适应发展的法体系和社会，"角色要求可以根据情形被重新定义"[3]，从而能够在无须立法者次次干预的情况下，评价新的事实，形成新的裁判规范，发展法律体系。

正是描述性事实要素的缺失、规范性评价之来源的多元性和动态性，使得法官

---

[1] 恩斯特·克莱默. 法律方法论 [M]. 周万里, 译. 北京：法律出版社, 2019：41.
[2] 卡尔·拉伦茨. 法学方法论 [M]. 黄家镇, 译. 北京：商务印书馆, 2020：366.
[3] 贡塔·托依布纳. 法律：一个自创生系统 [M]. 张骐, 译. 北京：北京大学出版社, 2004：130.

对于一般条款的偏差适用成为可能。对于"一般条款的适用属于法解释还是法续造"问题的回答,这两个特征意味着:

其一,核心概念的肯定性和否定性文义范围极度收缩,而中性候选则极度膨胀,文义基本失去了其涵摄事实的功能。在此需要借用"三领域模式"理论,所谓的"三领域"是在学者们"确定的概念核心"和"模糊的概念边缘"之区分[①]上的进一步分类。如果一个事实或对象确定无疑地适用于某个概念,那它就属于肯定性候选;相反如果它一定不能适用于某个概念,则是否定性候选;而处于中间的,即不能确定是否适用的话就属于中性候选。如"公共场所"的认定,火车站就属于肯定性候选,私人住所属于否定性候选,而高铁上的卫生间、学生宿舍是否属于公共场所则需要进一步的判断,属于中性候选。

通常来说,越是描述性的概念,人们对其的语义疑义就越少,判断就越简单。而对于"违背公序良俗"这类涉及基本价值评价而关乎法律正当性的概念,肯定性候选(明确无疑地违背了公序良俗)意味着立法者具有很强的必要性去对它进行单独的法律规制,那些典型事实多为社会公众和立法者所熟知,基本以具体规则的形式被规定下来了。因此当出现具体规则以外的案件事实时,确定无疑的肯定候选是较为罕见的。同时,否定性候选(明确无疑地符合公序良俗)也没有那么容易断定。面对新鲜事物,人们的价值观、道德感以及既存利益总会受到一定的冲击,当事人诉诸法院寻求救济,说明所涉事实或行为已经对当事人甚至社会造成了损害。但是通常情况下,损害的客观存在并不是得到法律负面评价的充分条件。因此,否定性候选大量地向中性候选转移。中性的、有待进一步判断的候选成为这些概念适用的主要对象。文义——无论是为社会公众所惯用或理解的一般语义,还是在此基础上的法律专门性语义[②]——的功能或许就止步于此了,它顶多能够印证已经被具体规则确定下来的肯定性候选,而无力对中性候选作出进一步的判断。

其二,真正产生法律评价功能的是对核心概念的评价性考量,即目的考量。中性候选的膨胀使得概念之文义的功能近乎丧失,而不得不求助"规范目的"。法律是一种规范性的评价,包括描述性概念在内的所有法律要素、任一规范的适用都服务于特定的法律目的。但是与一般条款相比较,具体规则所服务的价值是不外显的(opaque),或者说无须诉诸背后的规范目的,而径直适用该规则,就能够实现规范

---

① HART H. The Concept of Law [M]. Oxford: Oxford University Press, 2012: 123.
② 卡尔·拉伦茨. 法学方法论 [M]. 黄家镇, 译. 北京: 商务印书馆, 2020: 404.

目的。然而，一般条款不仅将规范目的显现，而且具有情境敏感性（context‐sensitive），[1] 需要在适用中作出评价性的判断。

更重要的是，这一评价性判断不是单维地实现特定目的的过程，而是一种目的上的权衡。比如《民法典》第1012条"自然人享有姓名权，有权依法决定、使用、变更或者许可他人使用自己的姓名，但是不得违背公序良俗"，此但书与其说表达了对于社会公共秩序和善良风俗的尊重，不如说是在以公序良俗来限制对姓名权的自由行使。因此，一个充分的说理论证不能单维地判定一个姓名是否存在公序良俗上的责难，更重要的是要证成这种责难已经足以压制私法自治所支持的自由和权利。在私法体系中，"诚实信用"和"公序良俗"统率的大多数一般条款都旨在对私法自治的负面效果进行干预和限制，[2] 借此来弥补具体的禁止性规定的不足，所以每一次借助一般条款对涉案事实进行负面评价，都是对私法自治这一基本原则的挑战。特定法领域的一般条款也是这种对抗的延伸。例如在市场竞争中，原告利益受损、被告行为存在道德上可谴责之处，这些因素都难以充分证明被告的行为就是《竞争法》第2条一般条款中的不正当竞争行为。[3] 关键在于，法官需要在竞争的公平性与自由性之间进行价值和利益上的权衡，[4] 论证特定行为的存在对于市场经济来说，其对公平性的损害超过了自由竞争所带来的利益。

总之，文义的退却、目的的扩张预示着处理这两者的关系成为界定一般条款的适用范畴、明确其适用方法的重要内容。

（二）解释与续造之区分的本质功能

法解释与法续造的区分和界限并非客观事物，而是基于特定认识和目的的建构。因此，解释与续造之区分这一问题可能并不存在客观上的答案及对错，而重点在于某个回答能否实现建构者的目标，特别是要考察它是否符合法治的理想。

教义学通说上"可能的文义范围"界限之所以能够汇聚最多的共识，就在于规范之文义对于法律适用和实现法治的重要意义。在规范与条文的关系上，条文的文

---

[1] ALEXANDER L, KRESS K. Against Legal Principles [J]. Iowa Law Review, 2010, 82 (3): 739–786.
[2] 朱芸阳. 论民法上的一般条款的理念和功能 [J]. 湖北社会科学, 2013 (4): 157–160.
[3] 于志.《反不正当竞争法》一般条款适用的泛化困局与绕行破解——以重构"二维指征下的三元目标叠加"标准为进路 [J]. 中国应用法学, 2020 (1): 112–132.
[4] 宁立志, 赵丰. 论反不正当竞争法一般条款的规范演进与司法适用 [J]. 知识产权, 2022 (12): 40–65.

义可以承载规范的意义,探究规范意义的最首要、最便捷的方法就是查明条文的文义。作为论证的依据,文义不仅通常具有较为稳定的内涵,而且以较易探明的形式展现了立法者施予的权威理由,这减轻了法官的论证负担,保障了裁判的合法性和正当性。在制度意义上,民主社会通过立法机关制定的法律条文,通常具有能够为公众所理解的一般含义或者为法律共同体所确立的规定性意义,这使得法律适用者严格受制定法约束,保障了社会公众对于法律规制的可预见性,进而实现民主社会对于司法权力的控制。① 简言之,文义使得法律及其适用符合民主社会的需要,保障了法律的确定性和安定性。文义在实现法治上的重要意义,决定了它在法律适用中最优先、最基础的地位,文义作为解释之边界具有很强的正当性和合法性。

对于以文义为解释和续造之界限的观点同样存在质疑声音,这主要是因为文义与规范目的之间的不对等性,据此有学者主张以"规范意旨论"取而代之。规范意旨主要是指立法者意图或目的,规范意旨论认为,当适用者偏离法律的意旨与目的而追求新的目的时,即为续造。② 这一主张的依据包括,其一,文义可能无法体现立法意图。比如我国原《婚姻法》第22条"子女可以随父姓,可以随母姓",有人根据文义认为这是法律对子女姓氏作出了规制,子女的姓氏须在父姓或母姓之间选取,但立法资料显示该条款旨在彰显男女平等和夫妻平等,而非对姓氏权作出规定和限制。其二,文义可能与立法意图冲突,从而产生背离立法目的的结论。比如"天安门广场内禁止车辆驶入"的例子,从文义上看,急救车、警车显然是"车辆",因而属于"禁止驶入"的范围;但从规则制定者的意图来看,此规定旨在维护广场秩序,因而用于保障人身安全的急救车和警车当然不在禁止范围内。以严格的文义禁止急救车和警车进入广场背离规则之宗旨和目的。依据立法目的对法律条文的文义进行修正,在法律适用中并不罕见。规范意旨论认为,这仍是法解释的范畴。

不过,以立法意图作为解释的界限仍难避免局限性的存在,例如"立法者"可能是不明确的,意图和目的通常是难以确定的,③ 立法目的并非支持者主张的那样

---

① 陈金钊. 文义解释:法律方法的优位选择 [J]. 文史哲,2005 (6):144-150;孔祥俊. 法律解释方法与判解研究 [M]. 北京:人民法院出版社,2004:552-553.
② 罗尔夫·旺克. 法律解释 [M]. 蒋毅,季红明,译. 北京:北京大学出版社,2020:74-75.
③ 卡尔·拉伦茨. 法学方法论 [M]. 黄家镇,译. 北京:商务印书馆,2020:414-418;WALDRON J. Legislators' Intentions and Unintentional Legislation [M] //MARMOR A. Law and Interpretation. Oxford:Oxford University Press,1995:352-354.

是能够被发现的客观事实，特别是避免不了其会成为适用者建构之产物,[①] 以立法意图之名贯彻自身的目的。如此一来，试图通过划分界限而施加的续造限制就成为空谈。

或许我们可以从诸种寻找界限的努力中，发现学者们所试图构建的在形式合法性与实质合理性之间的权衡性标尺。前者主要体现为以规则文义为主导的法律文本的约束，后者则体现为各种目的考量。做个比喻，如果说这是一段左边为形式合法性约束，右边是实质正当性考量的线段，那么可能的文义范围标尺就落在线段靠左位置，规范意旨标尺则落在它的靠右位置。而那个真正适合作为权衡之结果的点，可能游荡在它们之内和之外。笔者认为，或许应当放弃寻找这种固定标尺的努力，而转换为对于实质正当性与形式合法性之动态关系的描述，即将法解释与法续造的界限确定为文本含义与目的意义的关系。

（三）"文本含义—目的意义"关系标准的提出

在"文本含义—目的意义"关系标准中，所谓的"文本含义"是指具有明确法律文本作为依据、具有较强形式合法性的实然含义，它包括规范的约定性文义、与其他法律法规融贯的体系性含义、有立法资料佐证的立法含义、立法和司法机关作出的有效力的解释含义等，主要发现方式是查明以被解释规范为核心的相关法律文本所具有的可能含义。而"目的意义"是指对法律文本基于可能的实质性目的得出的意义，阐明"目的意义"既包括对于主观目的和客观目的的探求，也容纳社会政策、后果考量、经济分析等寻求实质合理性的方法，主要发现方式是在个案情形下基于某种目的考量来论证规范的意义。法解释和法续造的界限就在于"目的意义"与"文本含义"的动态取舍关系，主要有以下几种情形。

其一，文本含义存在且明确时，适用此含义即为解释。大多数法律规则都有清晰的"文本含义"可循，无须探明相关的"目的意义"，即可实现妥当的裁判。此时，"目的意义"与"文本含义"是统一的，这是典型法解释活动。比如在"持武器抢劫属于加重情节"的规定中，将手枪认定为"武器"而不作或无须作目的的考量即为解释。如果有立法资料证明，"武器"的立法含义是指"对人身可以造成严重

[①] 科恩正确地指出，当我们在争论立法者意图在成文法解释中的地位时，这个争论、对立法者意图尚未有定论的态度及其解释实践本身就是答案的一部分；这些活动建构着立法者意图，甚至在很大程度上建构了立法活动的意义。COHEN M. Interpreting Official Speech [M] // MARMOR A. Law and Interpretation. Oxford: Oxford University Press, 1995: 447-448.

伤害后果的物品"，那么将硫酸认定为"武器"也为解释。

其二，文本含义存在且明确时，以目的意义取代此含义则为续造。存在法律规则且"文本含义"较易查明，但经适用者对"目的意义"的论证，认为"文本含义"对案件事实的评价不妥当。这种不妥当既有可能是自始存在的、一般性的，也有可能是仅在极端个案情形下才会出现。前者可能是由于立法者的错误或疏忽，后者则更多是因为个案情形下"目的意义"与"文本含义"存在较大冲突。从法官的论证负担上讲，这是最重的情形。法官偏离明确的、实然的、权威的"文本含义"，原则上应当是被禁止的，除非适用相关的规则已经构成严重的不正义。此种情形中，法官要完成"文本含义"的查明、"目的意义"的论理以及最困难的证成"目的意义"对"文本含义"的取代。在上述例子中，如果对"武器"之"文本含义"的查明显示其只是限于"对人身造成力学性伤害的器械"，那么将硫酸认定为"武器"就属于续造。能否基于理性的立法者目的、客观目的或社会效果等目的考量将泼洒硫酸抢劫认定为加重情形，则需要将其与另一目的即"罪刑法定"这一基本原则进行权衡。

其三，文本含义不存在时，诉诸目的意义为续造。这是一种"无法可依"的情形，但需要做的工作是对"法"进行界定。按照"规则—原则—理念"的三分法，这里指的是不存在能够评价案件事实的制定法规则可循的情形。这一判断假设了两条界限的存在，一是制定法规则和法原则、法理念的区分，它承认制定法规则是存在漏洞的，但整体的法秩序被认为是无漏洞的，因而法官可以根据法原则和法理念，在个案中进行规则的续造。二是法内渊源和法外渊源的区分，依据法内渊源完成目的意义的论证具有优先性，法内渊源既包括实定的法规则和法原则，也包括被广泛承认的、没有制定在法律中的法原则和法理念；其次才会诉诸一般性的道德规范、社会政策和后果考量等法外渊源。在"文本含义不存在"的情形下，为避免个案不正义，法官的确需要"如同立法者"那样进行规则填补活动。[①] 不过对此观点需要补充或者修正的是，法官完成此项工作应主要借助法内渊源，而不能真如立法者那样，可以从容地利用法外渊源进行规则创制。这既是法官利用法外渊源之能力不足所致，也是"依法裁判"这一根本要求所限。

其四，文本含义模糊时，诉诸目的意义为续造。在文本含义明确和不存在文本

[①] 恩斯特·克莱默. 法律方法论［M］. 周万里, 译. 北京：法律出版社, 2019：151.

含义之间，有着文本含义模糊的情形，例如基于不同来源考证的立法含义存在冲突、特定语词在不同法律文本之间存在多义性、载有"重大""明显"此类的不确定性概念等。在此，需要反对两种极端观点。一是前面提到的机械主义式或概念主义式的理解，它主张文本的含义总是清晰可循的。这显然不符合法律适用的实际情况。二是模糊性的"泛在论"，它主张除诸如时间概念和计量数字外，文本总是模糊的，而含义总是解释（广义的）后的结果。这种观点同样不符合实际情况，特别是对描述性事实组成的构成要件而言，它们总有典型的事实得以对应，并且能够获得解释者和社会公众的一致认可。此观点的可取之处在于，它实际上主张了要基于特定情境或事实来理解文本。换言之，并不是文本的含义总是模糊的，而是文本的含义总存在模糊的可能性。因此，关键在于要对文本适用者施加一个合理的强制性责任，即如果他主张文本含义模糊，就需要对此主张以及其认为正确或合理的意义进行论证。

笔者在前文"一般条款的关键特征"中指出，一般条款描述性事实要素的缺失、规范性评价之来源的多元性和动态性，导致在适用中文义的退却和目的的扩张。然而尚不能按照"文本含义—目的意义"关系标准，一概地将一般条款的适用认定为"以目的意义取代文本含义"的法续造情形。原因在于"文义"不等于"文本含义"。文本含义强调的是具有明确法律文本作为依据、具有较强形式合法性的实然含义，因此在文义退却的情况下，可以通过合法有效的方式弥补这一局限，使得"文本含义"本身并不匮乏，进而保障确定性。这种弥补或对一般条款的具体化可以由制定法本身对一般条款的详尽展开、立法解释、司法解释和具有指导意义的案例、行政法规和部门规章等来完成。这种对"文本含义"的确定和发展路径在完善一般条款之适用上具有优先性和基础性。

与区分解释与续造的"可能的文义范围"通说标准相比较，这一新标准的优势在于：其一，它肯定了规范之文本含义随立法和司法实践的发展性，拒绝将对文本含义的理解限定在固定的、静态的"文义范围"本身，这有助于激励法体系和法官吸纳一般条款规范含义和具体化规则的发展成果，避免重复动用更为复杂的续造方法和程序。其二，排除了蕴含在"可能的"之中的模糊性，强调"目的意义"的运用特别是将其取代文本含义时的续造属性，这向特定情形下的适用者施加了更强的论证义务，避免滥用一般条款。其三，这一标准更具兼容性和可操作性，重视一般条款在立法样态和具体裁判过程的差异，避免笼统定性，从而准确地判定、反思和总结特定一般条款的适用方法。

四、基于新标准对一般条款的解读

"文本含义—目的意义"关系标准强调优先考察"有迹可循"的文本含义的重要性，尊重安定性在法治理想中的首要地位，然后通过加入合理性目的，揭示对于裁判结论具有真正决定性意义的因素，从而为法官施予合理的论证负担，调和依法裁判和个案正义之间的张力。这一标准可能会因规范类型和表述上的区别、具体案件情境的不同和法官裁判方法的差异而给出不同的判定。对于一般条款的司法适用而言，文本含义与目的意义的关系可能呈现出以下三种情形。

（一）目的意义主导

在有些一般条款中，表达规范性评价的核心概念是构成要件的主要甚至全部内容，在此之外几乎没有其他信息。如《民法典》第153条第2款"违背公序良俗的民事法律行为无效"、第500条"（三）有其他违背诚信原则的行为"，法官的主要适用工作就是判断能否以"违背公序良俗"和"违背诚信原则"评价案件事实。这属于典型的文本含义模糊的情形，且若案件事实无法被其他相关法律文本（如司法解释）的文本含义所涵摄，则在个案中该一般条款的适用是以目的考量和权衡为主要工作的续造。

同时，由于很多一般条款明显存在于一个"例示规则+评价性兜底条款"的结构体中，如上述《民法典》第500条。在此一个值得讨论的问题就是，在此结构体中，例示规则的续造与一般条款的适用何者优先？有学者主张，例示规则的类推优先于一般条款的适用。[①] 笔者赞同此观点，原则上例示规则的类推应优先于一般条款的适用。虽然这种情形下，例示规则的类推和评价性兜底条款的适用都属于法续造，但是前者的确定性更强，续造方法更为成熟，结论的范围比直接适用一般条款要小，因而更契合法律文本的合法性约束。但特别情形下，一般条款的适用要优先，因为这是基于实质正当性考量的结果。

---

① 于飞.《民法典》公序良俗概括条款司法适用的谦抑性 [J]. 中国法律评论，2022（4）：52-61；刘亚东. 民法概括条款适用的方法论 [J]. 政治与法律，2019（12）：78-94；邵建东. 我国反不正当竞争法中的一般条款及其在司法实践中的适用 [J]. 南京大学法律评论，2003（1）：196-205.

以《民法典》第 500 条和第 1015 条第 1 款[①]为例。这两个都是"例示规则＋一般条款"的结构，且具有以下共同点：例示规则符合一般条款的基本思想，彰显了其价值安排；适用时，例示规则优先于一般条款；结构体是开放性的，意味着立法者认可规范的弹性而允许法官创设新的类型。但细察两者，法律条文与私法价值理念之间的关系截然不同。

前者中私法自治（契约自由）是原则，以禁止性规范作出权利限制（两项具体规定加违背诚信原则的兜底规定）为例外，后者中权利证成（两项具体规定加不违背公序良俗的正当理由的兜底规定）为原则，私法自治（姓氏自主）为例外。正是在这个意义上，一个自由选择的姓氏可能很难与前两项的情形相当，无法通过具体规则的类推来证成其合法性。然而，如若独立适用一般条款，则可以通过诉诸私法的基本价值理念和客观目的等方法来规避该条款的缺陷。一般条款的适用要有"谦抑性"是正确的，但保持谦抑性的主要目的在于避免法官滥用一般条款限制民众自由、损害私法自治的基本价值，[②] 通过将一般条款的适用固定在具体规则的类推之后未必都能实现这一目标。一般条款的存在，使得法官可以在立法有缺陷的情况下，通过对"目的意义"的合理和充分论证实现个案正义。

（二）文本含义主导

与上述的"例示规则＋一般条款"的结构体不同，"封闭式或穷尽性列举＋一般条款"的结构体则属于"文本含义主导"的情形，它拒绝在例示规则之外基于一般条款的目的意义进行考量。典型的是著作权合理使用的一般条款。2020 年修订的《著作权法》第 24 条明确了合理使用制度的一般条款[③]，在具体列举的 12 种法定情形之外还增加了"法律、行政法规规定的其他情形"作为兜底条款。合理使用的判定遵循的是"具体情形列举＋一般性判断标准"的结构，将案件事实纳入有文本可循的这 12 种法定情形，并以一般条款作出实质认定，属于法解释的范畴。"法律、

---

① 《民法典》第 1015 条第 1 款规定："自然人应当随父姓或者母姓，但是有下列情形之一的，可以在父姓和母姓之外选取姓氏：（一）选取其他直系长辈血亲的姓氏；（二）因由法定扶养人以外的人扶养而选取扶养人姓氏；（三）有不违背公序良俗的其他正当理由。"

② 于飞.《民法典》公序良俗概括条款司法适用的谦抑性 [J]. 中国法律评论, 2022 (4)：52-61.

③ 学界大都以"合理使用一般条款"指称此规定，内容是"在下列情况下使用作品，可以不经著作权人许可，不向其支付报酬，但应当指明作者姓名或者名称、作品名称，并且不得影响该作品的正常使用，也不得不合理地损害著作权人的合法权益：……"在 2020 年修正《著作权法》之前，该内容被规定在《著作权法实施条例》第 21 条中。

行政法规规定的其他情形"是"指示参照性法条"①,要求在法定情形内运用一般条款进行判断,其适用仍属于法解释的范畴,不能作为开放性续造的法律依据。

同时,从制定法的文本含义角度看,这是一个封闭性列举,法律明确规定"在下列情况下",因此它并未对法定情形之外的情况保持开放,合理使用一般条款不能作为支持新型合理使用的法律依据。②然而,在诸如"王某诉北京谷翔信息技术有限公司等侵犯著作权纠纷案"③等案件中,涉案情形确已无法被解释进法定情形中,为保障裁判的合理性正当性,法官不得不诉诸客观目的、理性的立法目的等,将法定情况扩大为"特定情况",进行法续造。

尽管在新《著作权法》颁布之前就有不少学者提出,封闭性的具体列举性规定难以满足社会和时代发展的需求,针对性地提出了制定开放性条款的修法意见,④但是立法者并未采纳这些意见。因此,对于法官来说,两难境地仍然存在:该一般条款的适用本应属于"文本含义主导"的法解释情况,然而在特定的新情形中,法官仍要衡量是否要以"目的意义"突破存在且明确的"文本含义",进行法续造。

(三) 文本含义与目的意义组合运用

最后一类的一般条款,则需要文本含义与目的意义的组合运用,典型的如《竞争法》一般条款。主流观点认为,《竞争法》第 2 条属于判定不正当竞争行为的一般条款。相应地,该法第二章以及相关法(主要是《专利法》《商标法》《著作权法》等)的具体规定则属于不完全列举规则。该条款主要展现了"公平竞争"这一规范目的,而利用一般条款认定涉案行为属于不正当竞争,则意味着对"自由竞争"及其背后的私法自治这一基本原则的节制。适用该一般条款意味着总处于一定程度的目的衡量当中,那么是否可以由此推论,适用该一般条款就是法续造呢?

笔者认为并非如此,原因在于制定法已经将这种目的衡量的几个因素或标准具体化地规定下来了,对于这些标准的适用分别属于不同的范畴。根据《竞争法》第 2 条的规定,这几个因素或标准可以归纳为:其一,判定当事人是否属于"经营

---

① 卡尔·拉伦茨. 法学方法论 [M]. 黄家镇, 译. 北京:商务印书馆, 2020:332.
② 持该观点的,参见:刘明江. 著作权合理使用一般条款与特别条款关系研究 [J]. 电子知识产权, 2016 (6):54 - 65;孙山. 合理使用"一般条款"驳 [J]. 知识产权, 2016 (10):56 - 63.
③ 北京市第一中级人民法院 (2011) 一中民初字第 1321 号民事判决书、北京市高级人民法院 (2013) 高民终字第 1221 号民事判决书.
④ 卢海君. 论合理使用制度的立法模式 [J]. 法商研究, 2007 (3):24 - 30;张陈果. 解读"三步检验法"与"合理使用"——《著作权法(修订送审稿)》第43条研究 [J]. 环球法律评论, 2016, 38 (5):5 - 24.

者",双方是否具有竞争关系;其二,涉案行为是否"扰乱市场竞争秩序";其三,涉案行为是否"损害其他经营者的合法利益";其四,涉案行为是否"损害消费者的合法利益";其五,当事人是否违背"商业道德";其六,当事人是否违背"诚信原则"。它们可以分为两类,一类是集中体现在《竞争法》第2条第2款、第3款中的前4点,它们具有较强的描述性和具体性,因而其文本含义能够为法官提供较为明确的指引,法官运用它们裁判案件属于法解释的范畴。另一类是体现在第2条第1款的第5—6点,它们以文本含义模糊的规范性评价要件为主要内容,运用它们评价案件事实要完成目的意义的论证和衡量,属于法续造的范畴。在制定法之外,司法系统也在通过司法解释、指导性案例等来确定该一般条款下的类型化规则,适用它们属于法解释的范畴。

竞争法学界对于该一般条款给出的核心判准是什么的争议,[①] 实际上是在两个不可彼此取代的范畴上比较。笔者认为,适用该一般条款的妥当方式是对两组判准兼而用之,并且坚持解释性判准优先于续造性判准的原则。解释性判准是较为具象的一般条款,适用方法和限制也更为明确,形式合法性有赖于它们的保障,运用它们进行法解释具有优先性。续造性判准保留了在不正当竞争认定上根本的规范性评价标准,基于它们进行目的论证能够保障裁判的实质正当性,因而具有终局性。

五、结　语

立法者制定一般条款,一定程度上意味着将法律具体化的权力从法律制定阶段转移到了司法适用过程。这给法官的裁判工作制造了挑战,同时也使得以更符合法律之精神和目的的方式裁判当下案件成为可能。一般条款在司法实践中得到了广泛适用,但关于一般条款的一些基础性问题仍未得到很好的处理。本文聚焦于一般条款的适用范畴问题,提出"文本含义—目的意义"之关系标准能够反映法解释与法

[①] 支持一般条款的适用主要围绕第1款进行的,参见:谢晓尧. 竞争秩序的道德解读:反不正当竞争法研究[M]. 北京:法律出版社,2005:31-32;孟雁北. 反不正当竞争法视野中的商业道德解读——以互联网行业不正当竞争行为的规制为例证[J]. 中国工商管理研究,2012(12):18-22. 支持一般条款的适用主要围绕第2—3款进行的,参见:蒋舸. 竞争行为正当性评价中的商业惯例因素[J]. 法学评论,2019,37(2):72-83;蒋舸. 关于竞争行为正当性评判泛道德化之反思[J]. 现代法学,2013,35(6):85-95. 主张综合运用的,参见:张钦坤. 反不正当竞争法一般条款适用的逻辑分析——以新型互联网不正当竞争案件为例[J]. 知识产权,2015(3):30-36. 司法系统特别是最高人民法院早期强调以"诚实信用原则和公认的商业道德"来判定不正当竞争行为;而从近期发布的司法解释和典型案例来看,呈现出综合运用这些判准的特征。

续造区分工作的真实考量，平衡一般条款适用过程中的形式合法性与实质正当性。借助此文，笔者希望能够为学界解决一般条款的某些争议问题提供启发，并使得法官能够明确其适用一般条款时的裁判责任和裁判方法，从而避免对一般条款的滥用和误用。

（责任编辑：张靖辰）

The Application of General Clause of Private Law:
Interpretation or Creation of Law?

Wang Weizhi

Abstract: General clauses are subject to uncertainty, so they are controversial in judicial application. To regulate the application of general clauses, it is necessary to clarify whether the application of general clauses belongs to the interpretation of law or the creation of law, so as to resort to the corresponding application methods and clarify the application relationship between general clauses with specific provisions. However, the existing law-interpretation theory, law-creation theory and compromise theory may not be able to answer this question accurately and comprehensively, and the traditional standard of distinguishing between legal interpretation and creation has limitations. The absence of the elements of descriptive facts and the diversity and dynamics of the sources of normative evaluation lead to a retreat in meaning and an expansion of end in the application of the general clause. The effort to distinguish the interpretation and creation of law seeks a balance between formal legality and substantive legitimacy in essence. Based on these two considerations, the relation of 'meaning of the text - significance of the end' is more suitable as the distinguish standard. According to this standard, the general clauses in the private laws of our country mainly exist in three types: end-significance dominance, text-meaning dominance, and combination of text-meaning and end-significance. Their categories of application and corresponding application methods are different.

Key Words: General clause; Law interpretation; Law creation; Meaning of the text; Significance of the end

编后语:"大传统"与"小传统"

罗伯特·芮德菲尔德于《农民社会与文化:人类学对于文明的一种诠释》中提出:"在某一种文明里面,总会存在着两个传统。其一是由为数很少,善于思考的人们创造出的一种大传统,其二是由为数很大,但基本上不会思考的人们创造出的一种小传统。""大传统"与"小传统"这对概念镜鉴着学术活动,直指问题意识。

如今,科研自由已是人人享有的宪法性权利。"大传统"不再必然由"庙堂"所专属,"小传统"也并非当然是"民间"的产物。"大传统"与"小传统"之间不再仅仅是"溢进和溢出"的关系,甚至时常相互影响并自然分工。在此意义上,如果仍要在学术研究语境下界分二者,那更可能的标准便是问题的真与假,而无关研究者的身份。

对问题本身去伪存真是学术研究的首要任务。真问题的特征便是它与社会现实间的紧密联系,回答真问题即构成对社会需求的回应。也因此其总是社会发展所致,非人为刻意渲染。在当下,有太多学术热点。元宇宙、人工智能等命题正为知识产权注入新气。这类命题彰显科学魅力的同时,也"创造"出颇多等待被研究的"新"问题。知识产权制度穿梭于传统性与现代性之间,力图因应。但或是被恣意培育,又或是世俗目的使然,不在少数的研究者们正以牢不可破的"信仰"追寻这些"新"问题的答案,而几近忘却"大传统"的使命。

《北大知识产权评论》(以下简称《评论》)始终遵循"大传统"的基本逻辑,重问题而非作者。本卷《评论》在刘银良教授与孙靖洲博士的主持下,由笔者与张钧凯、王颖三位博士生协同完成。一如既往,《评论》竭力辨别假思潮与伪观念。编刊之本身即是精神交流,这是一个悲喜交集的工作过程,也是惴惴不安的心路历程,恐误人文章,又恐文章无"用"。一项深刻的体会便是,那些朴素的"老"问题之上仍能呈现新思想,而那些喧嚣的"新"问题的价值也并不只局限于"新",

直奔问题要害方才是文章魅力散发的来源。减少认识的局限，避免认知的差异，为真切的理论贡献提供土壤，是《评论》曾经、现在与未来义不容辞的课题。

谨在此，荣幸为《北大知识产权评论》献上新一卷。《评论》诚盼知识产权研究领域的专家、学者、学子拨冗赐稿——执一襟豁达，笔墨潇洒，不离"大传统"。

张靖辰

2023 年冬于燕园